U0836473

JIAOJIYUJING XIEZUO

交际语境写作

荣维东　著

语文出版社
·北京·

图书在版编目（CIP）数据

交际语境写作 / 荣维东著. — 北京 ：语文出版社，2016.4（2023.12重印）
ISBN 978-7-5187-0338-8

Ⅰ. ①交… Ⅱ. ①荣… Ⅲ. ①汉语－应用文－写作 Ⅳ. ①H152.3

中国版本图书馆CIP数据核字（2016）第054194号

责任编辑	过　超
装帧设计	王菊红　梁　明
出　　版	语文出版社
地　　址	北京市东城区朝阳门内南小街51号　100010
电子信箱	ywcbsywp@163.com
排　　版	北京科教创新书刊社有限公司
印刷装订	北京市科星印刷有限责任公司
发　　行	语文出版社　新华书店经销
规　　格	787mm×1092mm
开　　本	1/16
印　　张	30.5
字　　数	390千字
版　　次	2016年4月第1版
印　　次	2023年12月第6次印刷
印　　数	11,001-13,000
定　　价	58.00元

010-65253954（咨询）010-65251033（购书）010-65250075（印装质量）

贺荣维东新著出版

新春伊始，海外飞鸿。
语文同道，荣君维东。
精研覃思，久久为功。
写作教学，尤重应用。
交际语境，蹊径寻踪。
中西别裁，肆外闳中。
大著付梓，书坛风涌。
嘤其鸣矣，我心是从。

顾之川
丙申年瑞月

序

一部具有理论创新和实践智慧的写作教学新论

倪文锦

荣维东的专著《交际语境写作》即将出版，我很高兴。一则因为看到他从一个语文一线教师逐渐成长为理论建构者；二是看到我国当代写作教学理论新的突破和进展。

由于种种原因，我国语文教育中存在着“重阅读、轻写作”倾向。阅读教学领域的研究，人多、成果多，写作教学领域的研究，人少、成果更少。这自然是因为写作比阅读要难得多，一般人知难而退，不大愿意去碰这个“老大难”问题。要研究写作，尤其是写作教学理论，是需要坚实的学术积累、广阔的理论视野、丰厚的实践经验、执着的钻研精神，以及非凡的探索勇气的。荣维东能不畏艰难、知难而进，让我看到了一个语文学人应该具有的品格。

众所周知，写作教学在我国长期以来研究薄弱、问题成堆、沉疴难治，再加上应试教育等原因，正常的写作教学严重异化，甚至一些基本概念都没有共识。

在这里，我想从区分几个相关概念开始，帮读者澄清某些基本认识。

一是作文和写作。写作是指真实生活、工作、学习中一切写的活动和结果。它比“作文”的概念要宽泛而且科学得多。目前，“作文”在我国已经演变成一种奇怪的课程形态。它本来应该以训练学生的书面表达和交流技能为主要目的，但却发生了严重异化：真实的写作技能训练被放逐，应付考试成了作文的主要目标，为文造文、为文造情、为文造假长期得不到根治。写文章的本来目的应该是交流和应用，而今学生写作文却已经失去其应用和交际功能，异化为一种“假写作”。作文不是为考试，而是为世用；不能培养伪技法，而要培养真能力。正基于此，荣维东等人积极倡导像真实生活中的写作那样的“交际语境写作”，而不是已经几乎完全异化为考试工具的“作文教学”。一词之别，境界不同，教育观、课程观也就大不一样了。

二是写作学和写作教学。我国古代虽然有比较丰厚的写作经验积存，但我国正式的写作学是从20世纪80年代开始的。自那时起，一批优秀的写作学者建构起我国的写作学理论体系，但是并没有与我国中小学写作教学很好衔接，再加上我国作文教学理论研究主要囿于文章学话语体系，很多相关学科的新成果没有进入到中小学写作教学中来。这造成我国作文教学理论比较滞后，实践中更是问题重重。自20世纪70年代开始，国际上的写作学和写作教学研究开始有了突飞猛进的发展，尤其是基于认知心理学和信息加工理论的“过程写作运动”之后，欧美的写作教学基本走向独立，与语言教学、阅读教学、文学教学分立并教；而在我国，写作教学长期作为阅读教学的附庸地位一直没有转变，写作教学一直没有受到应有的重视。

三是写作教育和应试作文。写作教育应该以真实生活、工作、学习中的写作能力训练为主，以培养具有准确、流畅、自如的表达和交流能力的现代公民为根本目标。可是，由于受传统思想教育、泛人文教育和应试教育的影响，我国的写作教育目标严重泛化和偏离，不但忽视了写作技能训练这一主目标，还长期徘徊于它的诸多侧面。比如，“作文即做人”使作文教学走向思想政治教育的侧面；对文学写作的错误理解使作文走向“文艺范”和“小文人”语篇写作，作为写作训练主阵地的学习型（认知性、跨学科）写作、应用型写作、学术型写作、文艺型写作反而不受重视。作文考试本来应该与写作教育同向而行，或者说应该考查学生真实有效的写作能力才对，可是，目前我国的作文教学已经演变为一种特殊目标、特殊话语、特殊知识、特殊招数的特殊教学。这些特殊背后是我国写作教育在课程目标、内容、测试上的全面异化，这是亟须检讨和警醒的。

四是写作课程。写作有它自己独特的学科规律、特点和价值功能。写作教学的理论基础应该是写作学、写作心理学、写作教学心理、写作测量和评价等。写作教学应该建立在这些专门的学科理论之上，同时又要研究社会的需要、学生的认知以及与其他课程之间的关系，然后进行独立的课程设计。写作课程应该有独立的目标内容和教材体系。可是，我国目前的写作教学中存在理论滞后，内容陈旧，学生怕写，老师怕教，该教的不教，不该教的乱教的混乱局面。写作教学的空心化、随意化，甚至不作为、乱作为等问题严重。当下，写作教学遭到放逐，作文教学畸形繁荣，写作学研究与写作教学存在隔膜，写作教学理论与国际水平存在较大差距。

五是写作教学理论和写作学理论。前者主要以研究“教学生写作”为着眼点，后者主要以研究写作现象和规律为目的。写作学理论不能直接下放到写作教学中来，要进行学校情境中应用理论和策略的研究和开发。写作教学理论应该建立在写作学、写作心理学，恐怕还有语用学、语篇学等研究的基础上，而我国各学科之间壁垒森严，跨学科研究意识薄弱，专注于写作教学研究的人才极端匮乏，正因为此，我国写作教学理论严重滞后，科学化、专业化程度不高。我国现有的写作教学理论基本上仍属于传统的“文章写作”体系，千百年来没有本质的进展和变化。这就是当代写作教学理论的一个学科背景和视野局限。上述问题大都与我国当代语文教育中写作教学理论研究薄弱有关。

从语文教育史观之，我国民国时期的一些著名语文学者是比较重视写作教学理论建设的。如五四时期刘半农的《应用文之教授》，1922年陈望道的《作文法讲义》，1924年梁启超的《作文入门》，1925年叶圣陶的《作文论》，1926年夏丏尊、刘薰宇的《文章作法》，1927年胡怀琛的《作文研究》，1932年梁启超的《中学以上作文教学法》，1933年胡云翼、谢秋萍的《文章作法》等。20世纪80年代以来，特别是进入新世纪前后，写作学得到振兴，一批大学从事写作教育的学者对写作理论进行了新的探索，可是这些探索中，真正从中小学作文教学角度的研究还是比较少的。尽管市面上充斥着各种各样的作文辅导书，但那些多是在教孩子们应试作文的技巧。客观地说，我国当今写作教学理论研究比较落后，已经到了严重影响语文教育整体健康发展的地步了。

目前人类正处于深度全球化、信息化、知识经济和社会转型的关键时期，人类进步和我国经济、社会、文化发展对公民的语文素养和交流能力提出了更高的要求，写作教育理念必然面临着全新变革。写作教育是以培养学生的文章制作能力为主，还是以培养全媒介环境下的实用交流能力为主，写作课程理论如何实现其发展转型，写作教学有哪些科学原理、有效策略和实施途径，这些都是亟待研究思考的问题。

荣维东是我在华东师范大学课程与教学系任职时2010届语文教育方向博士生。当时的毕业论文是《写作课程范式研究》。在那篇学位论文中，他将写作课程与教学理论发展清晰地归纳为三个范型，即“文章取向的写作—过程取向的写作—交际语境写作”，并明确提出我国写作教育发展的方向应该是“交际语境写作”。

尽管“交际写作”在国外文献中早已有之，但明确提出“交际语境写作”应该是他的一个创造。这也是他的博士论文中最重要、最具创造性、最有价值的一部分。在那篇学位论文中，尽管他表示要构建这一新的写作教学理论范式，但受制于时间和条件，并未单独立论和系统阐释。可喜的是，今天他通过跨学科的深入研究和这几年持续不断的理论探索，终于从“语境—语篇互动生成”的角度取得了积极成果。

本书主要观点认为：写作是作者在特定语境中，面向明确或潜在读者，构造书面语篇进行表达和交流的活动。任何写作都面临着以什么角色、对谁、为什么目的、写什么、用什么方式写等交际语境问题。写作时，作者要揣摩语境要素，设想读者的需求和已有知识，根据写作目的选择话题，并对文章的结构、体式、语言以及内容详略等进行安排。写作时的话题、角色、读者、目的等语境要素决定着语篇的内容和形式。这就是他提出的“交际语境写作”的基本思想。

书中广泛运用了语用学、语境学、语篇学等相关学科新的理论成果，研究并阐释了基于交际语境的语篇写作的原理机制。这项研究突破了我国沿袭千百年的传统“文章学”话语系统，构建了一个基于“话题、读者、作者、目的、语言”等交际语境要素的全新写作理论框架。交际语境写作倡导培养学生的交流意识、读者意识、主体（角色）意识、文体（功能）意识，致力于科学有效的写作内容和写作策略开发，这是我国写作课程要关注的深层次理论问题和科学实践问题。这项研究不仅为解决学生的写作动机缺失、写作内容匮乏以及文章材料、体式、语言选择等一系列重要问题提供了新的理论阐释，也为写作教学提供了全新的实践范式。

本书可以称得上是一部具有理论开创和实践智慧的写作教学新论，它预示着我国的写作理论和教学可能要发生一些根本转变。其主要价值体现在以下三个方面：

第一，为写作教育正本清源。本书从辨析“作文”“习作”“说话”“写作”“创作”等概念开始，意在论述写作的本质到底是什么，我们应该树立什么样的写作观，建构什么样的写作教学理论，什么才是我国写作教学的发展方向等原点、基点问题。

第二，为写作教学建构新论。作者在梳理中外写作理论发展范式的基础上提出了“文章写作—过程写作—交际语境写作”三种范式整体融合的课程框架的构想，并进一步提出了“写作即特定语境下的语篇建构”的思想。本书的核心内容在于具体阐述“交际语境写作”的概念、原理，模型与机制，写作知识和教学策略。书中对写作活动所涉及的六个重要因素：读者、作者、目的、话题、文体和表达注入了全新的内涵和理解。

第三，为写作教学实践指路。本书从实践的角度阐述了基于交际语境的写作策略和教学策略，包括语境分析策略、语境构思策略、读写结合策略、写作任务设计策略，以及基于“6+1”指标的作文评价策略，还对写作任务设计、作文修改、作文评价等提供了新的方案。最后讨论我国写作教学的核心问题，即为什么写，写什么，怎么写等，并提出了一些切实可行的解决路径。

本书看似只是一种写作教学理论研究，其实它已经超越了写作教学研究本身，而对整个语文教育研究都具有启示作用。作者运用语用学、语篇学这样一些新的学科理论，论述语境、语篇与语文的关系，提出“语文是研究语境和语篇互动生成的学科”的观点，对整个语文课程教学理论建设也提供了一个独特视角。

目前，我国主流的写作教学理论大都局限于“文章学”视野，已经很难有新突破。本书作者有意识地采用了跨学科融合和国际比较视角，吸收并借鉴了国内外诸多相关学科研究的最新理论成果，使得本书视野开阔、观点新颖、立论严密、材料翔实而有说服力。

理论创新需要跨学科融合，需要国际视野，需要借鉴国外先进的研究成果。当然，也需要立足我国实际，从解决我国写作教学的实际问题出发，探索适合中国文化习惯和现实需要的理论体系。然而，不可否认的是，目前欧美的写作教学理论研究比较系统扎实、专业化程度较高，这与他们从20世纪七八十年代开始就将“读写算”作为“新三艺”给予极高重视有关，涌现了一些写作研究机构，实现了学术成果不断累进，写作课程也基本实现了独立。相对来说，我国系统科学的写作教学理论研究尚待开启，写作课程建设尚未引起足够重视。不过，从近些年荣维东等人的研究来看，这一局面有望得到改善。

写作教学是一个广阔领域，可以从多层面、多视角去研究。荣维东的研究只是一个尝试，我认为他的这个尝试是别开生面而卓有成效的。我期待有更多的人投入写作课程教学研究中来，从新的视角，用新的理论和方法，不断发展完善我国的写作教学理论研究，将我国的写作教育推向新境地。

是为序。

2016年3月6日于上海

目录

MULU

第一章

写作教学理论范式转型

【提示】本章从写作观谈起，阐述写作教学理论的三大范式转型，并指出“交际语境写作”是写作教学的发展方向。

第一节　写作与写作教学观

作文教学是个“老大难”，究其原因当如张志公先生所说，“与我们对待作文这件事有些不对头的看法有关”①。观念和理论指导并塑造着教学实践。我国写作教学的根本问题很可能出在整体滞后的、错误的写作教学理论上面。

首先，在价值取向上，我国道统主义写作观向来盛行。由于受儒家思想影响，诸如“文章乃经国之大业”“宣上下之象，明人伦之叙”“文

① 张志公．作文教学论集·序言［C］．天津：新蕾出版社，1982：1.

以载道”以及“作文即做人”“要有真情实感”“思想积极健康向上”“传播正能量”等说法绵延不绝。与西方比较重视实用写作技能不同，我国习惯将道德评判置于至高地位，把道德教育与写作技能训练混为一谈。

其次，在写作理论上有一种神秘主义、经验主义倾向。比如将写作看作某些人的特殊天赋，并以一套玄虚概念加以阐释。这大概与《文赋》《文心》等文论传统有关。这在当代仍有诸多变体，比如说“作文即言语生命成长”“情感秩序建构”之类，阻碍着我们对写作教学的实证研究和科学认知。其实，写作应该主要属于科学和技术范畴。法国哲学家孔德说：“理论发展一般经历神学、玄学、科学三个阶段。”我国的写作恐怕尚处在神学、玄学阶段，离科学尚远。我国的写作教学对道德教育功能的过度强调和对写作科学理论研究的极端忽视，使得我国的写作教学经验主义、神秘主义、玄学思辨盛行，一向缺乏科学理论和有效策略的探索，科学化、专业化程度不高。我们的写作教学理论研究长期滞后，多数研究围绕那些干瘪的文章学术语和陈旧的写作学原理打转，因循守旧，缺乏实质进展。

再次，写作观念上的道统思想和理论上的神秘主义，直接导致实践上的经验主义、功利主义以及写作教学上的不作为和乱作为。一方面，老师怕教或不教作文；另一方面，应试作文俗招、作文模式和流派畸形繁荣，写作教育目标混乱，写作教学理论僵化，应试作文和“小文人语篇”（王荣生语）泛滥。事实上，现在的作文课，真的变得与“写作”越来越远，甚至成为对抗“写作”的怪东西了。[①]当一个泱泱大国亿万师生长时间、大规模、集团性地将作文教学变成应试工具而对真实写作

① 王荣生. 我国的语文课为什么几乎没有写作教学[J]. 语文教学通讯. 2007(12B).

能力不管不问的时候，任何良知未泯之士，都应该感到悲哀。

应该到了正视我国写作教育上存在着的问题的时候了！在这些问题中，最为关键和迫切的是一些基本理论问题。诸如：什么是写作？它的本质是什么？基础教育写作课的核心目标是什么？有何依据？从广阔的学术视野看，写作教学理论发展到了什么地步？有哪些有效的科学理论、方法、策略可以作为课程教学的依据？当所有这些问题还一片迷茫混沌之时，我们亟须做些正本清源的工作，从一些常识、通识谈起。

一、写作：相关概念及其理解

（一）写作系列概念辨析

刘锡庆先生在20世纪80年代，把写作看作“文章之制作”即“做文章”。什么是文章呢？他认为“是以文字为媒介，或宣明事理，或表情达意的有篇章组织形态的信息载体”①。在这里他强调了三点：一是书面语为媒介；二是篇章组织形态；三是传达信息的方式。很显然，此定义既有传统视角也有当时新学的影子，在当时基本上属于共识。

百度百科对写作定义为：“运用语言文字符号反映客观事物、表达思想感情、传递知识信息的创造性脑力劳动过程。”既然承认写作是“脑力劳动”，就涉及文章写作的复杂心理过程与活动程序。

在日常话语中，“写作”一词有比较宽泛的含义，大致有狭义、中义、广义之分。马正平分别称之为“狭义写作”“亚写作”和“广义写作”。“狭义写作”即写文章，指的是用书面语言表达信息和功能目的的书面语言制成品；“亚写作”则是不完全的文章写作活动、行为；“广义写作”除上述含义外，还包括音乐、绘画、电影、雕塑等艺术创作活

① 刘锡庆．基础写作学［M］．北京：人民教育出版社，2007：3.

动。[1]广义写作从过程上可以分为前写作、写作、后写作三个系统（如下图）。

图1. 1 马正平的广义写作过程图

《新牛津英语词典》把“写作”解释为“用连贯的词语在纸上制作并形成文本的活动和技能”“为了出版制作文本的活动或职业”“在纸上或者其他东西表面书写的一连串的字母、单词或符号等”[2]（Pearsall, 1998: 2133）。肖福寿列出了国外对写作的九种基本理解：

- 创造书面作品的行为
- 作家的著作
- 任何用文字表达出来的东西，尤其是被视作具有一定的风格类型和功能效果时
- 通常指收集的某一作家的作品集
- 书写或印刷在物体表面代表一定声音和文字的字母符号
- 用书面符号形式实施的活动
- 用符号进行交流的行为
- 制作连贯的文本的技能
- 为出版而创作文本的职业

值得注意的是，其中提到写作是“符号交流行为”。美国《英语语言艺术课程标准》（1996）这样定义“写作”：①使用文字或拼写的一定时间和空间内进行日常生活的沟通和交流。②利用手或者电脑、盲文等手

① 马正平. 高等写作学引论［M］. 北京：中国人民大学出版社，2002：55～56.

② 肖福寿. 英语写作教学的原则和策略［M］. 上海：上海大学出版社，2007:4.

段记录语言过程或结果。[1]其中有两点值得一提：一是写作是沟通和交流行为；二是写作既是结果又是过程。

国外的“写作”通常有三种含义：

(1)把写作(作文)看作一种产品、结果，即写出来的文章；

(2)把写作看成是一种心理活动或行为过程；

(3)把写作看作是自我表达和与人交流的方式和手段。

当然，从广义上讲，写作是人的权利、文化参与、传播和社会变革行动，除了课程、教学、心理学视野外，还有哲学、社会、文化、性别、种族、政治等丰富阐释。

关于“写作”，也许真的很难去定义，就目前我们所知：

- 写作不仅仅是制作完成一篇文章，因为文章仅仅是写作活动的一个结果。
- 写作是一个复杂的构思、行文、修改、发表的活动过程。
- 写作不仅是看得见的过程，还是隐含在大脑中复杂的信息加工和处理。
- 写作作为信息加工和处理，看似是作者一个人独自完成的，其实不然，它本质上是一种信息传播和社会交际行为。
- 写作与说话类似，都需要向受众发出信息，但又与说话不同。说话时交流双方有共有语境和即时反馈；而写作不同，它需要借助信息、文体、语体等复杂要素营造供读者理解的语境，从而达到信息传达的目的。
- 写作是借助书面语言文字进行的意义建构和交流活动，因为写文

① IRA & NCTE. Standards for the English Language Arts[S]. International Reading Association and National Council of Teachers of English, 1996.

章最终是要给别人看的，需要用别人能理解接受的语言、文体以及思维和交际的方式。

- 写作不仅仅是思维的结果，还是一种思维的过程和形式。
- 写作是语言学习的途径，也是生活、工作、学习的技能和手段。写作需要在所有学科教学中进行训练，所有学科教学都需要写作。
- 写作从本质上讲是在特定语境中，运用书面语言，针对明确或假想的读者进行的有目的的语篇建构和交流活动。

（二）写作课程教学系列概念及理解

写作课，或者写作课程是语文课程教学的一个主要组成部分。写作是所谓听、说、读、写四项基本技能之一。从课程建制上讲，听和说目前已经统一为口语交际，这是正确的选择。然而，从读和写的关系看，阅读和写作有着各自不同的学科知识体系和教学规律，它们属于语文教育的不同领域。阅读和写作教学分立合教，有利于避免读写结合型语文教学造成的“双附庸”地位。从国外的课程实践看，阅读和写作课程教材基本上同属于语言艺术课程，但又自成体系，即形成合科、分立、并教格局。

写作已经成为一个独立的学科领域，背后有“写作学”作为理论支撑。写作可以作为一个独立的课程进行设置，而不仅仅属于语文课程的一个领域。写作课程应该对于中小学写作教育的目标、内容（教学什么）和教学要求（如何教学）作出统一的筹划和安排。写作教学则主要关注如何教学生学习写作的具体目标、内容、方法、策略等问题。这样，我们宏观上讨论写作课程教学统称为“写作教育”；侧重课程内容、目标和教学时用“写作课程”；侧重于具体的教学目标、内容、方法、策略层面时用“写作教学”。

在写作课程教学领域，如下概念需要辨析：

①习作：练习写作。有时特指小学低学段的写作教学。

②作文：（学生）写文章或写的文章。具有训练性、虚拟性和阶段性。

③写作：一般指的是运用书面语进行表达和交流的行为与结果。包括社会生活中广泛的写的活动及产品，比如书信、新闻、便条、通知、表格、笔记、报告、计划、科学论文、文学创作等各种各样社会生活需要的真实的写作样式。

④创作：特指作家、艺术家的创造性活动。

在语文教育中，通常把学校里学生训练性的写话、习作等写的行为、课程和产品，称为“作文”，如“作文课”“口头作文”“片段作文”“优秀作文”“满分作文”“作文题”。其实，写作与作文并非一回事。简单地说，写作指一切真实存在的写的行为和形态；而作文只限于中小学教育领域。由于“写作”一词可以把应用写作、作家创作等广泛的写的活动、行为和结果包含进来，因而“写作”一词含义更为宽泛、更为真实，也更准确。

2001年我国语文课程标准中不再只用“作文”这个概念表述写作课程，似乎表明制订者已意识到它的负面效应或习惯性误区。笔者以为在语文课程中，作文应该趋向写作。这有利于改变作文一词固有的练习性、虚假性，使写作训练和真实写作趋于统一，让学校的作文教学走向生活世界的真实写作。

中小学的写作教学，其实有着非常丰富实用的形态。除了正式的有头有尾的文章写作、文学写作之外，还应该包括片段写作、缩写、扩写、仿写、笔记、问答、短信、跟帖以及各学科领域中广泛的写作活动。这些写作形态远非一个“作文”可以涵盖。基于概念准确表述的需要，我们有必要采用一个新的概念，即功能语言学中的“语篇”，化解写作课程教学名称上的混乱。

语篇（Text）既可以指成篇的文章，也可指一句话、一段话以及一整本著作等。能够表达一个相对完整的意思，达成一定的交际意图的话语都可以看作是语篇。中小学教育中所有的书写产品都可以看作一个语篇，因而语篇写作可以替代作文、文章作为中小学写作产品的准确表述。

二、写作：多元理解及课程教学路向

对写作的理解不同，写作教学的路向也不大相同。

从语言学角度看，写作是积字成词，积词成句，积句成段，积段成篇的语言组合训练过程。这种观点基于传统语言学、文章学，往往把文从句顺、改正错别字作为作文教学的重点。

从文章学角度看，写作即写文章，这是写作最基本的含义。基于此，文章知识成为作文教学的主要内容。这套知识体系包括主题（中心）、材料、结构、表达等要素。这大致是20世纪上半叶中外写作教学知识和理论的基本状况。

从信息加工心理学的角度看，写作是信息摄取、加工、转换、输出的过程。在这个过程中，写作内容主要源于生活观察以及阅读思考等，这相当于信息输入过程。作者根据作文要求对记忆中的相关材料进行加工处理。这是写作的构思、选材、起草、修改等过程。写文章就是信息输出，在这个过程中，作者还要对整个的过程进行监控。基于此，作文教学要关注学生的思维过程，并进行写作过程指导。这是20世纪下半叶“过程写作”的基本共识。

从写作学角度看，写作是作者运用书面符号表情达意、传递信息的心智活动。自20世纪80年代起，我国的写作学发展迅速，形成了包括一般写作原理、写作过程、写作能力、写作要素、写作文体、写作美学、写作文化学、写作思维学、写作措辞学以及普通写作学、应用写作学和文学写作学等庞大细密的学科体系，但是它与写作教学领域一直存在隔膜[①]，缺乏有效沟通，上述研究实用性也不强。

从文学角度看，写作被看作是创造性精神活动与文学创作活动。这种观点表现在作文教学中就是重视作文的文学色彩，推崇创造性表达的价值。现在学生写作中的“小文人语篇”写作，将文辞视为写作最重要评价指标，其实是对文学写作错误的、片面的、偏执的理解。

从人文教育的角度看，写作在我国有着悠久的传统，诸如写作被看作“代圣人立言”的“不朽之盛事，经国之大业”等等。当今这种道德主义的写作观常和思想、道德、情操、个性、真实、诚实、生命等所谓人文性教育结合，产生了诸如“作文，美丽的生命之流”“习作，儿童生命的曼舞轻扬”“唤醒沉睡的言语生命欲求”“作文，言语生命的成长”等说法。这容易使我国本来就云山雾罩的写作理论变得更玄妙笼统。

近年来关于中高考作文命题的吐槽不断，其原因大都与作文概念的理解直接相关。当今写作教学和考试中“伪圣化”“假写作”花样翻新，而生活、工作、学习需要的真实写作极端匮乏，这也与我们对写作课程的片面理解有关。

三、“虚假写作”与“真实写作”

近年来，在我国写作教学界存在着一个真实写作问题的讨论，大致

---

① “写作学”和写作课程与教学是不同的概念。写作学主要研究的是写作的原理、要素、机制等，属于科学领域；写作教学则要研究学校情境下教师如何“教学生写作”的问题。一个重理论，一个重实践。然而也有人认为“从写作的原理、写作知识教学与能力生成机制的原理来看，其实二者并无本质上的区别，只有量和程度的差别而已”。参见马正平．21 世纪作文教学需要一种什么样的体系？［J］．语文教学通讯（初中刊），2006（11）．

是因为学生写作中的“虚情假感”“伪圣化”泛滥，也就是王荣生说的那些“‘闪光点’的记叙文、‘格式化’的议论文、‘生动’的说明文、‘日常’的应用文、小文人语篇的‘好作文’”虚假写作现象。

“虚假写作”是指学校情景中反复演练的那种纯粹为了应试而没有其他实际用途的作文训练。这种作文训练从根本上离开真实写作和生活写作，演化成为了考试和为创新而创新的另一类写作，已经造成我国写作教育的深重灾难！

大家给出的解决方案是“写真实”，而许多人的理解又是写“生活真实”，而生活真实又是本质上深刻的、有教育意义的、令人感动的、生活的真实，这就把本来生活面比较狭窄的学生逼到了绝境，于是只好“胡编滥造”，那样的作文特点就是编造“好的故事”，编造“曲折的情节”，运用华丽的辞藻，最好是比喻、排比、景物描写等写作技巧，写完的文章，连自己都觉得如华丽包裹下的“粪蛋”，这就是典型的“文章写作”发展到极端的产物。

现在最流行的一种解决方案是：“制造生活，搞活动。”如特级教师张化万领着学生在课堂上“吃西瓜”，然后把这个事件现场写下来；特级教师王崧舟的“亲情测试”，现场制造了一个情感事件，让学生写出他们的真实感受，还有的擦皮鞋、做实验、放音乐等，都是如此。现场制造一个生活事件，让学生写是可以的，但课堂写作不可能总是这样去制作生活。

李海林教授曾经写过一篇短文《论真实的作文》[①]，指出中小学作文教学存在的最大问题是“虚假的作文”。

他通过分析学生写出了绝佳情书的案例，阐述了：

“真实的作文”的含义：真实的言语任务；真实的言语环境；真实的言

① 李海林．论真实的作文[J]．中学语文教学参考，2005(5)．

语成果。这是写好文章的根本保障和基本前提。这三项中有一项缺席，都不可能产生真正的好文章。这是写作的“大道”，也是写作的“常规”。中外古今无不如此。可是，我们中小学的作文教学偏偏把它忘记了：根本不需要写作却偏要你写；根本没有一个具体的语境，你让我写什么，怎么写；写出来了什么用都没有那我只能应付应付了事。真实的作文，不是指写的内容的真实性，而是指“写作”这个行为的真实性。真实的写作行为是什么呢？就是生活。这就是“写作生活化”这一理念的真谛！

李海林强调“真实的作文”是“写作行为的真实性，即写作任务、写作环境、写作成果、写作对象（即读者）的真实性”。这句话非常简洁清楚地揭示出真实写作的本质。

真实写作就是基于“交际语境”的写作。李海林还提到真实写作的三个真实即：

（1）真实的言语任务；

（2）真实的言语环境；

（3）真实的言语成果——就是我们将要论述的交际语境写作。

我国写作的核心问题是交际语境缺失。当作文与真实生活隔绝、与真实应用割裂，成为一种应付考试的手段时，写作最天然的交际功能和表达趣味就会丧失。那种应试作文技巧和高分作文俗招其实很多是一种伪知识，是在训练一种极其狭隘的应试写作能力。这种功利性极强且扭曲变形的应试写作与真实生活所需要的写作能力存在着根本的对立。目前的作文教学，已经不再是真实生活本身需要的那个样子，而是彻底搞成了另外的样子——作文成了某种在封闭真空中进行的文章制作、应试技艺和骗取高分的歪招，写作失去了基本的交际功能，与真实生活没有了联系不说，简直是教人如何作假的精致谎言训练，已经丧失了最基本的教育伦理。当作文只剩下被动地完成老师或考官交给的任务，这样枯燥、功利的目的，写作丰富的交际功能就没了，作文也就死了。尽管对于极少数人，被动言说仍有话可说，但是多数人不会。作文，只有在找到它的具体语境之后，言说才可以奇迹般地复活。

叶圣陶说一切写作“都是有所为的”。一切源于生活、生存需要的写作都应该像人的本能一样，自然而然、发自内心，无需作假。在真实世界中写，为了真实的学习工作需要去写，像生活中真实的人那样去写，才是作文的本真状态。作文教学应该是在一种真实或者拟真环境中运用语言文字表达和与人交流的社会活动，而不是没由头地写篇文章。作文不应该是一种令人头疼的作业形式。

有种说法是：“语文教育不是以培养作家、文学家为首要目的。”“作文只是学生的一种写作练习，它不同于应用写作，不同于文学创作。”①以为强调了作文和写作之间的差异（阶段性、层次性），就可以“为作文教学设计出科学、明确、合理的作文教学理论与实践教学的框架”“更好地进行作文教学”了。其实未必。这种主张看似有几分道理，然而过分强调学校写作教学的阶段性、特殊性、虚拟性的特征，同样会产生根本性的偏差，带来灾难性后果，进而导致“虚假写作”。

写作教学的真实性不是说所写的人和事都是真的，这样真实的生活对于学生是有限的。中小学真实写作的关键在于：在课堂这样的环境里可以模拟出真实的生活场景，从而形成真实的写作任务场景，即交际语境的真实或具体明确，这是真实写作的关键。真实写作的含义就是生活写作、实用写作、交际语境写作。

---

① 王洪玲，李莹翡．看“作文”与“写作”概念在语文作文教学理论中的混用现象[J]．现代语文，2006(3).

四、中小学写作教学的目的和本质

中小学写作（作文）的目的是什么？这是作文教学的逻辑起点。

写作教学观不同，作文教学目的、内容、策略、方法都有着很大的不同。着眼于提高学生应试写作能力的写作教学，培养学生自我表达和与人交流能力的写作教学，有着原则性的分别。尽管二者也许有共通之处，但总的来说属于两种截然不同的写作观。

单纯着眼于文章制作和应试作文的写作教学，容易忽视写作的真实目的、功能，将作文看作是语法、篇章、修辞的训练。应试作文自不必再说，就是前些年流行的“新概念作文”，之所以出现危机也是因为：作文成了虚假制作。语言变形夸张，想象怪异奇绝，构思稀奇古怪，以艰涩为高明，不以正常交流为目的，也就背离了作文教育的本质。

写作实质上是一种书面表达和交流活动，写作教学的主要目的就是要让学生获得应付生活需要的书面交流技能。余秋雨说“写作首先是练习一种与社会、与人沟通的方式，如果学会了很好的写作技能的话，实际上就学会了一种很好的与人沟通的方式，学会了一种和世界对话的方式”①。写作是生活、工作、学习、思维的工具，承担着生命塑造和书面交流训练的双重功能。作文不仅仅是“作文”，更重要的是学习、生活、工作需要的书面表达和交流。作文不应该局限于教师、学校为了应试的文章制作，而应该是真实生活所需要的真实写作。我国作文教学在传统上习惯把作文看作是文章制作，而不重视写作的交流功能。这在某种程度上使得作文成为一种苦差事。

作文只有先回归其书面交流功能，才能找回其真正本质。作文应该成为真实世界里的写作，应该模拟或者还原成现实生活中各式各样、功

① 余秋雨．写作——与世界对话[DB/OL]．http://www.jixue.cn/jyzx/yw/ywczdj/20127/16927.html，2015-07-22．

能各异、目的不同的真实写作活动和过程。作文应该是一种自我情感的表达以及与世界、他人沟通的方式，是一种书面（文字、图画、线条或者说涂鸦）的言说，是孩子的“另一张嘴巴”，是一场场别具魅力的交流和对话，作文应该是真实地写，有着真实的言语动机、真实的言语过程，应该让学生感受到书面交流的真实状态和趣味，其成品具有真实的表达与交流功能。作文绝不仅仅是一种文本的制作，不是一种令人头疼的作业。作文训练具有“虚拟性”“拟真性”，但真正有效的作文教学，其目标、内容、过程、方法及其结果，都应该具有一种“真实品质”。

写作是一种需要专门训练才能具备的语言技能。写作不同于说话，说话几乎像人的一种本能。写作需要具备一定的、相应的书面知识、篇章知识、交际知识，需要经过有效的训练。写作课不是历史、地理、生物这类具有较强的知识性的“反映型”学科，学习这类学科的重要方法是记忆；写作不是数学、物理、化学这样的“抽象型”学科，写作课属于“应用型”学科。“应用型”学科着眼于操作技能的培养。①写作教育尽管具有一定的人文教育色彩和思想道德塑造功能，但写作教学主要是培养技能。

写作教育绝不能仅仅定位于“应付考试”（或美其名曰“当下生存需要”）上。写作教学的主要目的必须是为了当下的学习成长以及将来职业和生活的真实需要，作文教学应该以培养学生真实的文字表达能力为目标。这种写作能力表现为灵活、自如、高效地完成各种写作任务，表达和交流知识、写作策略、方法程序等心智技能。这种心智技能大多需要在真实或拟真的交际性任务场景中才能获得。

作文不等于写话、习作、应试文章，作文应该是“运用语言文字进

① 章熊．关于中学写作教学的几点思考［J］．中学语文教学，2006（10）．

行表达和交流的重要方式”[①]。作文应该趋向于（真实或者拟真语境下的）写作，作文教学应该在一种真实的或者拟真的环境中进行。培养学生生活、学习、工作需要的书面交际能力，这是中小学写作课程的唯一重要目标。

我国的写作课程需要基于生活交际取向进行变革，向真实或模拟真实交际语境的写作全面回归。作文教学应该“回归真实生活”“在真实世界里写作”[②]“像作家那样去写作”[③]“在做中学写”——让写作回归到真实或拟真的表达和交流中来，成为学生生命成长历程中的一个个生活事件，一次次地焕发学生的交际冲动和表达欲望。只有具有生活和生命体验的写作，才能让作文教学走出囚笼与泥潭，也才能真正实现学生言语生命的成长。

① 中华人民共和国教育部．义务教育语文课程标准（2011年版）[S]．北京：北京师范大学出版社，2012：23.

② 这是美国加州写作教材《作者的选择》中贯彻的课程理念。

③ [美] Shirley R. Steinbery & Joe L. Kincheloe．学生作为研究者——创建有意义的课堂[M]．北京：中国轻工业出版社，2002：119.

第二节　写作教学理论三大范式

一个进步的科学研究纲领必须具有解释力和预测力。

——【匈牙利】拉卡托斯

美国科学哲学家托马斯·库恩认为：范式（Paradigm）是研究者群体所共同遵守的“公认的模型或模式”，是一组大家共同接受的假说、理论、准则、方法或信念。科学的发展就是一个新旧范式的更替和重建过程。①

这种“范式转换”（Paradigm Shift）理论可以作为方法和认识工具帮助我们考察写作课程理论的发展演变。

一、写作范式概述

分类是分析复杂事物和现象的便捷办法。

胡壮麟等著的《系统功能语言学概论》中提到语言教学理论的两大流派：一是以交际法、意念法、情境法为主的社会文化派；二是以视听法、沉默法、暗示法、商讨法等为主的人文心理派。

Keith Johnson & Helen Johnson（2001）将写作分为三种类型：

（1）写作作为产品（Writing as product）；

（2）写作作为过程（Writing as process）；

（3）写作作为社会活动（Writing as social activity）。

同时他们将教学方法分为“文本中心教学法、作者中心教学法、情

① ［美］托马斯·库恩．科学革命的结构［M］．北京：北京大学出版社，2003：1．这种把科学的发展归结为信念或心理转变的说法很有影响力，然其又不可避免地否认科学理论的继承性和进步性。

境中心教学法”[①]三类，这种分类法在写作教学界影响甚广。

Marjorie Hall Haley & Theresa Y. Austin[②]将写作类型分为：

（1）写作作为产品（Writing as product）；

（2）写作作为过程（Writing as process）；

（3）写作作为互动的文化实践（Writing as interactionally accomplished culture practice）；

（4）写作作为能力（Writing as power）。

Ken Hyland（2005）将写作类型和教学分为：文本中心的写作和教学；作者中心的写作和教学；读者中心的写作和教学三类。[③]在我国，马正平（2002）将当代中国写作学理论发展区分为“文本写作—过程写作—主体写作—文化写作”四个阶段。

依照Keith Johnson & Helen Johnson的《应用语言学百科词典：语言教学手册》，Penng Ur的《语言教学教程：实践与理论》，Ken Hyland的《写作教学与研究》等权威著作对写作教学的理论研究，我们倾向于从三个维度看待写作教学理论的发展，即写作作为作品；写作作为过程；写作作为交流。

基于此，会发现写作教学理论发展存在着三种范式转换，即传统以关注写作结果为主的“文章中心”写作；到20世纪60年代以来以关注写作过程为重心的“作者中心”的写作；以及当代以关注写作真实情境、动机和社会功能为重心的“读者中心”的写作。

---

① Keith Johnson & Helen Johnson. Encyclopedic Dictionary of Applied Linguistics: A Handbook for Language Teaching[M]. Beijing: Foreign Language Teaching and Research Press& Black Well Publish Ltd, 2001: 314 ~ 349.

② Marjorie Hall Haley & Theresa Y. Austin. 基于内容的第二语言教与学——互动的思路[M]. 北京：世界图书出版公司，2006: 252，238.

③ Ken Hyland. Teaching and Researching Writing[M]. Beijing: Foreign Language Teaching and Research Press, 2005: 5 ~ 48.

如果说“文章中心”的写作关注的是写作结果，即什么样的文章，那么“过程教学法”关注的则是文章是如何写出来的，即怎么写，而交际语境写作则应该重点关注为什么写、写什么和如何写等问题。三种写作范式的转换体现着人们对写作本质、写作理论、写作课程以及写作课程教学的目的、功能、科学性、有效性认识一步步走向深化。如下图所示：

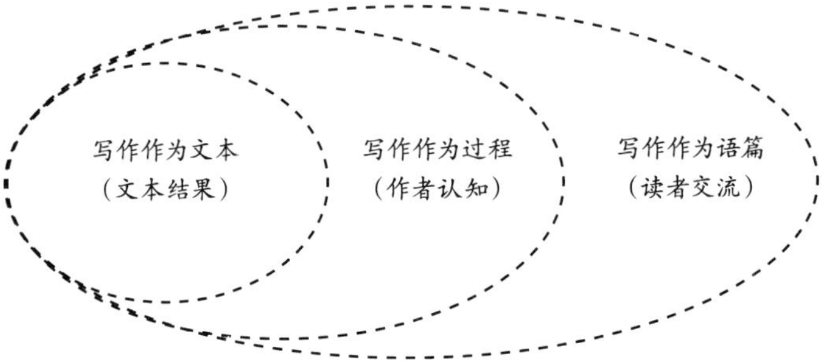

图1.2 写作教学理论的三次范式转型

二、写作课程和教学的三大范式

（一）写作即结果：文章中心的写作教学

写作最原始和最普泛的含义就是“写文章”。中国古代的八股文写作，欧美传统的写作教学，以及目前我国学校教学中的作文课程形态，其实质都是着眼于文章之制作。这种文章中心的写作教学目前是我国作文教学的主流。

文章中心的写作课程依据的是语言学、文章学和写作学知识体系。如从语言学的角度，考虑文章的遣词造句是否合乎语法规范，是否准确、连贯、得体；从修辞学的角度分析它的表现手法、表达技巧等等；从文章学的角度提炼出主题、内容、结构、语言、体裁等“八大块”文章知识和“三大文体”（记叙文、说明文、议论文）作文教学知识体系。我国的写作教学内容大多围绕审题、立意、构思、选材、组材、修改等进行。

衡量写作教学的依据基本上是看“写作结果”，即是否完成一篇主题正确、内容丰富、结构完整、语言通顺的文章。

文章中心的写作教学，其一般步骤是：教师提供课文或范文——分析和讲解写作知识——学生模仿范文进行写作——最后由教师评改评分。学生通过范文（课文）所展示的各类篇章的句法、结构及写作技巧，应对各种各样的写作任务。它关注的重心是“文章的制成品”。传统的“熟读唐诗三百首，不会作诗也会吟”“苏文熟，吃羊肉，苏文生，吃菜羹”等俗语，就反映了传统作文注重揣摩范文、仿制文章产品的情形。在这种写作教学理念支配下，教师所钻研的是如何审题、如何立意、如何选材组织材料、如何结构文章、语言如何文辞优美动人等，学生所关心的主要是如何潜心修炼写出高分作文的本领。这种以文章制作为中心的写作教学，在国内外一直都存在着。如果分析其存在的合理性，恐怕在于以下几点：第一，关注“写成品”，有利于直接训练学生初步的书面语言表达技能；第二，它能帮助初学者“依葫芦画瓢”，有“法”可依；第三，注重对范文揣摩、吸收、积累，有利于形成一定的语感和文感。

不过，文本取向的结果写作教学其理论基础是行为主义心理学。在这种理论观念下，写作被看成是一个“刺激—反应”的过程。写作容易沦为简单机械的模仿、输入和输出，这显然不符合现代写作的交际本质和现当代社会对人才的要求。

文章中心的写作教学其主要缺点有：

（1）重控制，轻自主。作文多采用命题的形式，讲究“审题立意”“代圣人立言”，不考虑写作主体的内在动机和写作活动的交际功能。教师在课堂上自始至终处于主导地位，学生没有自由发挥的空间。这种写作的整个过程是在教师的直接或间接的“控制”下完成的，学生没有充分自主发挥的空间，写作成了一种应付的苦差事，还有可能成为社会控制和专制统治的工具。

（2）重范文，轻情境。这种写作教学以范文阅读和机械模仿为主要特征。写出来的作品，往往内容虚假空洞，结构生搬硬套，表达四平八稳，有时甚至写作主题、内容、材料、手法都惊人的相似，因为文章制作式的写作，没有真实具体的应用情境，当然也就千人一面、万口一词、千篇一律，缺乏个性和创造了。判断这种写作教学是否达成目标就是简单地去看写作活动是否产生了“好的产品”。衡量产品“好坏”的标准也是着眼于一般的、通用的文章。至于这篇文章为什么写、写给谁、达到什么目的、有何用途是一概不考虑的。

（3）重结果，轻过程。在这种写作教学中，教师往往热衷于布置作文题目，对于写作过程很少过问。他不去考虑学生在写作时遇到的实际困难，有没有内容可写，会不会写，如何去写等问题。范文是有，但具体的写作方法技巧需要自己去“悟”。在整个写作过程中，学生缺乏来自同伴、教师的合作与帮助。学生在写作中出现了问题，教师也只能事后发现，写作中却得不到及时有效的指导。在文章中心的写作教学范式下，教师批改作文往往要求“精批细改”。教师撰写评语主要集中在主题是否健康，文章结构是否完整，语言是否通顺等方面，而这些批语基本流于“例行的套话”和“正确的废话”。大量的实验证明：这样的批改几乎没有实际效果，很难从根本上提高学生的写作水平。

（二）写作即过程：作者中心的写作教学

从20世纪60年代起，国外逐渐认识到传统的“结果作文教学法”的缺点。欧美一些语言学家和写作课教师对传统的写作教学开始进行激烈批评，认为“成品写作”根本不考虑学生实际的写作过程中发生了什么，不能提高他们的写作技能。同时，伴随着信息加工认知心理学的发展，西方对写作心理研究和写作过程的研究开始有了重要突破。一些研究者纷纷将写作看作是一个"认知和思维"活动，一种"信息处理"和"问题解决"的过程（Hayes, J. R. & Flower, L. S. , 1980、1981. Bereiter, S. L. & Scardamalia, M. 1987），提出一些写作过程模型。于是"写作即过程"的观念在西方流行起来并进入英美国家的课程标准、写作教材、写作教学之中。

1971年，珍妮特·埃米格（Janet Emig）首次用"有声思考（Think Aloud）法"来研究中学生的写作过程。同年，珍妮特·埃米格出版《十二年级学生的写作过程》一书，"写作过程"（Writing Process）一词出现。这被认为是从"结果写作"向"过程写作"转型的标志。[①]1972年，著名的写作教育专家唐纳德·默里（Donald Murray）发表著名论文《教写作：要作为过程，而不是作为产品》（Teach Writing as a Process Not Product）[②]指出：写作是一个"发现的过程"（Process of Discovery），一种沟通的工具，是学生认识和了解世界的方式，强烈要求引入"过程教学法"。

1981年，弗劳尔和海斯（Flower & Hayes）提出了著名"认知过程写作模型"。随后从20世纪80年代初至90年代初，一大批研究者和写作教师纷纷加入到"过程写作"的研究中来。除了Flower & Hayes（1981）外，还有Berlin（1982），Hamp-Lyon（1986），Horowits（1986），Bereiter & Scardamalia（1987），Keh（1990），Krashen（1984），Liebman-Kleine（1986），Miller（1992），Reid（1982；1994），Stanley（1992），Silva（1990）等等。这些学者相继论证并丰富了"过程写

① Gerald Nelms. Reassessing Janet Emig's the Composing Processes of Twelfth Graders: An Historical Perspective.[J] Rhetoric Review, 1994, 13(1).

② Donald M. Murray, Teach Writing as a Process Not Product[DB/OL]. http://www2.hawaii.edu/~weisser/Murray.pdf.

作”理论。在欧美等国，尤其是经过美国写作工程（Nation Writing Projects）的大力推广，“过程写作法”（Process Approach）与“批判性写作”“创造性写作”结合，风靡大中小学写作课程和教学领域，形成所谓的“过程写作运动”（The Wring Process Movement）。①

从表面上看，“过程写作”似乎就是重视“写作过程”或“写作环节”，最典型的如将写作过程分为预写（构思）—起草—修改—编辑、校对—出版、提交等环节。其实这是一种误解，实际上过程写作理论关注的应该是“写作主体”，即学生“作者”的认知心理过程。许多研究者从认知心理学出发，把写作看成是一种特殊领域的问题解决，认为写作是一种把思想转化为书面语篇的过程，其中包括一系列的问题解决策略、认知活动参与以及具体的写作策略，如目标设定、产生想法、篇章组织、起草、修改和校对等环节。一些写作心理研究者关注写作是如何发生的，建立了一些写作心理过程模型。其中最著名的就是Flower（1980）和Hayes（1981）提出的写作模型。

该模型认为：写作是一种目标导向的“问题解决”活动，作者通过三个认知过程——确定计划（目标）、执行计划和评价计划的执行情况来达到目的。该模型主要包括三个部分：作者的长时记忆、任务环境以及写作过程本身。作者的长时记忆指作者对于主题、读者、体裁和大脑中储存的文章图式和写作计划模式等陈述性知识；任务环境指写作的主题、读者和写作要求以及目前已经完成的部分；写作过程包括计划（产生思想、确立目标和组织）、用语言表达思想和监督检查（包括阅读和修订）三个阶段。继Hayes和Flower之后，Could（1980）、Hume

① Bruce McComiskey. THE WRITING PROCESS MOVEMENT[DB/OL]. http://www.proessay.com/college-composition/college-composition/the-writing-process-movement.html, 2010-01-08.

(1983)等人也相继提出了各自的写作模型，虽然他们对写作过程的看法有一些不同之处，但都体现出“写作即问题解决过程”这一基本思想。认知心理学家安德森(Anderson, 1990)认为，问题解决活动具有三个基本特征：目的指向性、子目标的分解和算子的选择；同时，梅耶(Mayer, 1994)等人把问题解决过程分为四个主要阶段：表征问题，确定解题计划，执行解题计划，监控与调节。将写作看作问题解决过程，写作教学就可以放在各个子过程所具有的问题解决能力上面。

伴随着过程写作运动，各种教学法应运而生。如“过程法”“情境法”“范文法”“体裁法”“社会—文化法”“认知法”“功能法”“任务法”“交际法”等等。其中影响较大的当属过程教学法(Process Approach)，体裁教学法(Genre Approach)和交际教学法(Communicative Approach)。

过程教学的最大特征在于研究写作发生的具体过程和写作者的认知心理机制。其写作教学的重心已经由外在的行为研究转向内在的心理过程研究上来，由关注写作的产品转移到关注写作主体上来，这是写作理论发展的重大变化。

过程写作理论的优势比较明显：

(1)强调写作过程和流程，使得作文可教可学。过程写作法认为写作过程是一系列思维和活动的环节。虽然各模型对写作过程的具体描述不一致，但较典型的是把写作教学过程分为写前构思(Prewriting)、撰写草稿(Composing/Drafting)、修改(Revising)和编辑(Editing)等三个阶段。正如过程教学法的首创者、美国西北大学教授Wallace Douglas 指出的那样：“写作是一个过程，写作课教授的应该是构成写作过程的一步步的操作方法。”这使得过去难以按部就班实施的写作教学有了具体可依的方法步骤，提高了写作教学的可教学性和可操作性。

（2）重视写作思维训练和写作策略开发。过程教学法不再把重点放在语法、篇章结构等语言知识上，而是放在内容的创生策略和文章的组织、结构、修改策略的运用上。它认为在制定计划、寻找素材、撰写草稿、修改编辑等写作过程的每一个环节，都有着大量的写作思维的技巧、方法和策略。比如：预写或者叫构思阶段可以使用头脑风暴（Brain storming）、集束（Clustering）思维、快速自由书写（Rapid free writing）、“5W1H”提问（Questioning）、思维图等写作策略帮助学生理清思路。起草要求学生尽可能地将自己的想法写下来，而不必过多关注语言形式的正确与否，以免打断思路，破坏思维的流畅性。修改阶段也有一些科学有效的写作策略。写作教学可以专注于写作策略的教学和应用。

（3）强调作者的主体意识和能动作用。过程写作绝不仅是一种外在的机械流程，而是复杂的心理过程。过程写作是一种“以作者为中心”的写作。在过程写作中作者成为自己写作的主人，它强调的更多的是作者个人的作用以及作者的内心世界：作者自己发现，生成写作内容。它需要作者调动自己的知识储备和心理机制，形成自主构思、自主写作和修改的能力。

（4）过程写作的课堂教学是一个互动交流的过程。过程写作将教学重心放在学生、老师、同学之间相互协作、激发与反馈上，多采用课堂活动、策略教学、知识支架、写作流程辅助写作。学生既可以自由发挥，又可以从多渠道获得对写作的帮助；既能够发挥学生在写作过程中的主体作用，又可以通过构建“写作共同体”发挥集体的力量和智慧。在写作过程中，师生可以互为写作的环境资源，共享彼此的信息和智慧，这样可以大大减轻写作中的障碍、焦虑，让写作成为一件轻松快乐的事情。

当然，过程写作有其自身的不足。

首先，过程写作没有充分关注写作动机问题。过程写作虽然提到读者、写作目的、写作对象、师生的合作交流、文章的出版发布等，但它们仅仅作为写作的一个任务环境因素，没有作为问题的关键。过程写作的重心在于写作流程、思维、信息处理等方面，其实质是一种“问题解决”流程。写作中需要选择哪些内容（素材的筛选），为什么要写这些内容（组材的依据），写什么样式的文章，为什么要写成这样的文章，写文章的目的是什么，什么是“好”的文章，为什么这样的文章是“好”的等问题没法解释和解决，这注定了过程写作还是一种“任务取向”的被动写作。

其次，过程写作和结果写作一样都把写作看作是脱离具体语境和动机的普泛的写作。正如一些“后过程”学者指出的那样，“过程写作的理论家认为我们能以某种方式陈述写作进程，并可以将这些陈述应用于所有或大部分的写作环境中去”①。大家知道，写作一定是针对特定目的和对象，解决某个具体问题的具体情境下的写作，离开复杂多变的交际语境，寻求通用的写作过程是不可能的事。

最后，过程写作有许多自身无法克服的其他问题。如：由于强调写作过程中大的环节，而忽视语言表达等基本技能；各类文章的写作都采用同样的过程，容易忽略不同体裁写作的区别；过程法费时费力效率不高，尤其师生交流费时多了，学生自主写作的时间没有保证；过程教学不能像结果教学法那样一次性地、有足够的时间完成写作任务，不利于进行限时作文写作技能的培养；过程写作一旦变成机械操作的流程，也就容易抑制学生的写作兴趣和创造冲动。其实，写作并非一个严格的、线性的计划—草稿—修改的流程，很多时候是一个迂回往复的过程，

① Thomas Kent. Post-Process Theory: Beyond the Writing-Process Paradigm [M]. Carbondale: Southern Illinois University Press, 1999: 7.

甚至类似弹球游戏随机触发的过程。作者所具有的内部资源、知识、信息，与外部资源、信息、任务发生作用，相互激活、互动生成。

总的来看，过程写作虽然提供了一个根据“作者的活动”，而不是根据其“最后成品”来思考写作的途径，但从根本上看，还是为了那个“文本的制作”。如果学生缺乏对于写作目的、文章效能和写作活动内在价值的具体认识，写作者的内在动机仍难于调动起来，过程写作实质上仍是机械状态下的写作行为，没有把学生放在真实的交际环境和作者的内在需要中去。为了克服这种缺陷，一种以读者为中心、以交流为目的、基于真实语境的写作模式——交流写作提了出来。

（三）写作即交流：读者取向的写作教学

从20世纪八九十年代以来，受社会建构和功能语言学等的影响，过程写作理论体系开始悄悄发生变化。人们进一步认识到：写作不仅仅是一种产品，一个过程，还应该是一种基于社会情境的社会交流和意义建构。这样，“后过程写作”或者“交际语境写作”时代开始降临（Matsnala，2003）。交际语境写作比较关注写作的功能，重视话题、读者、目的等交际语境要素在写作中的作用，倾向于采用交际教学法（Communicative Approach）。

“写作即交流”的理念与欧美语言教学中的交际教学法密切相关。交际教学法（Communicative Approach或者Communicative Language Teaching，简称CLT）又称“意念法”“功能法”或“意念—功能法”，是20世纪70年代以来欧美语言教学中较广泛采用的教学方法。它其实已经超越了教学法的含义，是一种以语言功能项目为纲，培养学生在特定的社会语境中运用语言进行交际能力的语言课程观。这种理念已经体现在当今欧美国家的课程标准（纲要）、课程材料、教材和课堂教学中。

交际教学法的主要观点是：①语言是一个意义系统，语言的基本构成不仅仅是语言知识，更重要的是语用意义；②语言的基本功能是社会交际，培养学生的交际能力是教学的最终目标；③语言教学应遵循“语言交流”的原则，在某种真实的或模拟真实的交流、交往、交际的场景中，通过听、说、读、写等具体的行为去获得交际能力。交际语境写作与过程写作具有鲜明的不同，即：从关注作者到关注读者；从关注个体信息处理到关注社会认知建构；从对外在写作流程的关注到交际情境下的意义建构。Arthur Brookes & Peter Grundy（1999）在其所著《开始写作》（Beginning to Write）中提出注意写作教学的真实性、趣味性、实用性，提倡“交互式”和“社会结构式”的写作训练。他们认为写作不完全是个人行为，而是发生在社团之中的行为，作品是作者和读者共同完成的。斯皮维（2002）认为，写作和理解都可以看作是意义的建构、修整、形成的过程。书面文本只是一个蓝本，提供线索，引导读者建立作者所设定的意义。

交际教学法由过程写作单纯关注写作者的心理认知过程，转到关注真实生活、写作语境、读者、文体、语域和真实的交际目的和真实功用上来，倡导在“真实世界中写作”“在真实学习中写作”“跨课程写作”“探究写作”“创意写作”“合作写作”“基于内容的写作”，教学环境也尽可能模拟还原或者成为真实学习和生活的一部分。

交际教学的理论基础十分复杂，其中包括美国语言学家乔姆斯基提出的语言能力（Linguistic Competence/ability）理论，Hymes在20世纪60年代中期提出的交际能力（Communicative Competence）理论，功能主义语言学家韩礼德的功能语言理论，威多森的语言交际观等。语言交际教学理论的心理学基础是20世纪60年代后期兴起的心理语言学、人本主义心理学以及20世纪90年代以来的建构主义心理学。交际法强调以学生为中心，教学内容和教学方法的确定都必须从学习者的需要出发，这与人本主义心理学强调以人为中心，重视发展个体的潜能发挥是一致的。20世纪80年代后期兴起的建构主义理论对写作教学理论也有重要影响，建构主义写作观认为：写作是作者和读者之间在一定的外部世界环境中的交流活动，把写作者和接受者基于知识、信息和周围环境的意义建构和交流作为着眼点。

基于交流取向的写作教学将写作看作作者和读者之间在社会文化环境中的外部交流行为，这是作品和它的接受者之间的一种互动交流。它已经超越了文章写作的结果关注，过程写作的个体认知和内在信息处理，让写作从真实生活语境和交际需要中获得写作所需要的内在驱动力和外在规范性。这样，就像产品最终要成为“商品”，实现它的流通价值一样，写作就不再是作者自己一个人的事，它需要考虑读者的背景知识、理解和接受能力并借此选择相应的话题、信息和表达方式。这种“读者中心”的写作范式要求写作者根据写作交流的直接的或潜在的对象、目的、功能来选择材料、内容、体裁、语言。这样的写作对学生来说才是有动力的、有意义的真实的写作，因为它最大程度上还原了写作的真实状态。

写作不仅仅是遣词、造句、谋篇的技能和问题解决的心智技能，而是学生同教师、同学、家长、社会环境、生活情境等互动交流中进行的一种言语生命的建构。目前这种“写作即交流”的理念，正成为西方主要的写作教学理念，成为课程标准、教材和教学的重要指导思想，交际语境写作教学法愈来愈得到人们的重视。

如果我们把过程写作之后的写作教学范式称为“后过程写作时代”的话，应该可以发现“后过程写作时代”对目的、功能、体裁、语境等写作因素的关注，不仅仅是写作要素简单地增加或强调，而是可以使得写作过程的整个机制发生根本的变化。这些变化不但可以解决基于信息加工心理学的过程写作的弊端，而且可以使得整个写作体系发生根本的范式转换。写作的许多深层次问题也可以借此得到比较好的阐释和解决。

三、不同写作范式特征比较与应用情境

对写作认知不同，其教学关注点、写作知识要素、写作教学模式等方面也迥然不同。结果写作、过程写作、交流写作背后的哲学、心理学、语言学基础也各自不同。

下面我们就三种写作范式各自不同的写作观、写作要素、知识型、教学模式方法以及各自的优缺点进行一下对比。见下表：

表1.1 三种写作教学范式特征一览表

类型 特征	结果（文本）范式	过程（作者）范式	交流（读者）范式
写作取向	写作作为产品（product）	写作作为过程（process）	写作作为社会交流（communicative）的手段和方式
关注点	以作品为中心	以作者为中心	以读者为中心
写作知识要素	中心、材料、词句、详略、格式、规范、结构、体式、语言等	审题、构思、立意、选材、组材、行文、修改等	话题、角色、读者、目的、体式
写作知识类型	陈述性知识	程序性知识	策略性知识（元认知知识）
教学资源	课文就是范文、模板，高于作者的作品。好作品有固定的标准。话题、题目固定	课文、资料作为写作的比较和参照物	课文、资料作为写作的语境、资源、触发、对象物

写作任务	文章写作	语篇写作	语篇交流
写作模式	直觉模式：教师解释怎样才能写好，利用语文教材向他们呈现好的范文。布置任务并给他们的作文打分	过程模式：自己挑选范文、小课型、同伴交流、修改、修订并发布	情境模式：教师让学生进行小组活动，明确交际语境，并教导他们依据语境目标撰写达成交际目的的作文
写作步骤	线性：大纲——写作——反馈	往复：草稿——修改——再修改	互动：环境任务——写作——交流
心理学依据	行为主义心理学（机械）	信息加工认知心理学（在封闭模拟环境中写作）	建构主义心理学（在真实世界写作）
写作中的师生双方的作用、地位、关系	教师控制：教师是任务发出者、读者、评判官	过程控制：以作者（学生）为主体，师生和同学之间合作、交流、互动	需求控制：以读者为中心，学生与环境互动并自我建构，教师是协作者、帮助者、促进者
学生参与方式	独立写作，一次完成	合作写作，多次反复	自主写作和互助写作
反馈	只有教师	通过课堂教师、同学等得到反馈	从教师、同学、家长、社会得到多方面反馈
优缺点	优点：适于大班教学；有利于写作形式、格式 缺点：写作知识概念灌输，不会应用，效率低；不利于个体、不利于发展思维、创造性不足	优点：帮助新手作者独立发展写作技能；帮助学生形成思维和学习策略；帮助学生控制写作过程；适于内容创生；写作是一个自主的积极过程	优点：在真实的交际情景中进行写作；师生互动，教学互动，启发、讲授、交流、讨论、对话、表演、练习等诸过程，达到熟练运用语言的目的。写作策略教学：写真实。作文即做人；作者的心理、思想、文化、精神境界、情意态度等全面素养提升，言语生命的成长

		缺点：在教学和评价时费时较多；需要作者明白写作过程；对教师课堂教学技能有一定挑战（观察、记忆、运思、架构、表达、反省等技能）。把写作当作机械技能进行训练，有效率，僵化封闭，纵使知道“怎么写”，也不知道“为什么写”	为什么写作？解决写作的动力、兴趣、目的、价值、意义、功能，和生活联通起来了。 缺点：效率低、周期长、要求高

黄永和（1999）在分析三种写作模式时曾经指出：从哲学的观点来看，阶段模式属于行为论，过程模式属于认知论，互动模式属于社会建构论。阶段模式所关注的焦点是文章，过程模式关注个体内在的心智运思，互动模式则关注作者与读者的沟通方式。

对写作不同的理解和认知影响着写作行为、写作结果以及写作方法的选择。郑博真（1999）指出：教师对写作模式持不同的观点，会影响写作教学的方法。写作教学时，持结果模式看法的教师，会鼓励学生多看多背范文，告知学生优美文章的要素；持认知取向的教师，会重视学生写作过程的指导，提供写作大纲与计划来协助学生；持社会互动模式的教师，会安排同侪互动的写作环境，鼓励学生小组讨论，进行语境还原和分析。

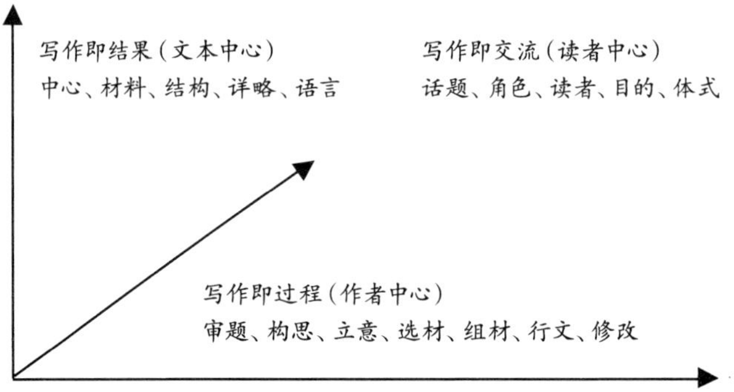

图1. 3 三种不同写作范型教学知识要素比较

从写作要素的角度看，三种写作范式知识具有截然不同的体系和学科知识来源。结果写作知识主要来自于文章学、语言学；过程写作的知识主要来自于心理学和写作学；交际语境写作的知识则涉及功能语言学、篇章语言学、传播学、社会学、文体学、语用学等。

很显然，目前我们已有的文章学写作知识体系，不足以应付过程写作和交际语境写作的需要，那些传统的写作知识需要在交际语境写作视野下进行改造。我们已经学习过一些过程写作知识，但大多属于写作步骤知识。过程写作所需要的写作活动设计、写作思维开发、写作内容生成、行文、修改等写作策略知识，以及写作者的心理知识、写作教学中的合作方式和互动模式、写作资源开发等尚需要开发。交际语境所需要的知识体系更为复杂：比如关于文体的知识，关于读者的知识，关于写作目的、类型的知识，关于写作角色、语体、语境、语用的大量知识，这些知识需要相关学科专家参与联合开发。

上述三种写作模式有着不同的应用条件和教学要求。

结果范式：着重于字、词、句、段等语言产品，因而比较适合初学写作者和低年级学生。在教学设计时需要明确的指导、设计较为细小的教学目标，比如如何写一个人、写一件事之类。适合于大班教学形式，适于传授基本写作知识和培养初级写作技能。当然，也适合于没有写作动机问题和具备一定写作技能的高级写作者，这时候需要以写作要求和结果标准直接对他们发出写作任务指令，因为高级写作者已经具备写作程序性知识和写作交际知识，已经具有读者意识、文体意识，对于文章写作的功能也了然于胸。

过程写作：适合于具有一些语言技能和篇章知识，可是没有东西可写，不知道如何去写的那些学生和初级写作者，以小学初中阶段的学生为主。他们还不具备写作的基本程序知识，在构思、审题、选材、组织材料甚至语言表达方面都还存在各种问题。这时候教师要帮助新手作者独立发展写作技能；教给他们写作思维和行为的程序、策略，养成良好的写作习惯；帮助学生控制写作过程；创生写作内容；让写作在一个富有帮助和友好的写作环境中完成。过程写作模式注重的是信息处理的方式，在使用这种模式时，教师必须配合学生的长期记忆来选择写作的主题，并透过写作计划的组织与检视来调控写作进程。当然过程写作在教学时费时较多，需要教师高超的课堂组织、掌控能力和较为丰富的写作教学技能。

交际语境写作：适合于当今社会所需要的真实写作技能的培养，适合于那些没有写作兴趣和动力、不知道为何要写作文、厌倦书面表达的那些学生，可以解决写作教学更深层次的动机缺失问题。它要求我们彻底转变传统的直觉主义和经验主义的写作观，跳出文章和写作过程来看待写作，从写作任务语境的分析到学生现有的知识经验状况；从写作的具体功能到读者对于这篇文章的需求状况。在教学上，交际语境写作教学要结合同侪互动与小组合作帮助学生分析写作任务、场景、需求、读者、目的、文体、材料、语言、表达等。

四、基于交际取向的写作要素整合重构

基于交际取向的写作在价值取向、课程目标、课程内容、写作知识要素、写作策略上与传统的文章写作、过程写作截然不同，但是这并不表明三种范式之间是截然对立的。三种写作范式只是一个事物发展变化的不同阶段，是不同关注点、不同取向、不同路径造成的。我们可以在交际语境写作取向下实现三者之间的一体整合。

如果说文章写作主要关注写作产品是什么样子，过程写作主要关注文章写出来的方法、步骤、策略等，那么交际语境写作则需要从为什么写、为谁写等更深层次上思考写什么、怎么写等问题。从文章写作的"产品中心"，到过程写作"作者中心"，再到交际语境写作的"读者中心"，这是人类对写作活动认识不断深入发展的结果，是人类对于写作认知和写作理论发展的重大飞跃。

这三种写作模式，对写作教学实践都具有重要的理论价值，并不能互相替代，但是却需要实现一种深度整合。这是因为任何对于写作的单一理解和基于不同理解的教学法，都不可能独立地解决写作中的所有问题，写作教学的实际状态应该是上述各种要素的协同作用。在"清晰、流畅、有效的思想交流"理念下，对上述三种写作范式的写作知识体系进行整合重构，可能是从根本上解决写作教学问题的一个比较可行的方案。

下面我们参考Raimes的"写作能力诸要素"进行整合重构，建立一个圆轮式的写作知识要素模型①。（如图1. 4）很明显，这里有一个核心就是"清晰、流畅、有效的思想交流"，即一切写作课程教学的根本目标，是需要每一个学生掌握的核心写作能力和语言素养，当然这是最基

① Keither Johnson & Helen Johnso. 应用语言学百科词典：语言教学手册[M]. 北京：外语教学与研究出版社，2001：344.

本的要求，不是最高要求（比如“灵活、得体、艺术”等）。在这个核心周围的一系列写作要素和要求，其实包括三大类，即关于文章的指标、关于写作过程的指标和关于交际语境写作的指标。当然，各自的具体细小指标的研发还需要大量严谨细致的研究工作，这项工作最好结合我国的写作课程标准的研制进行。

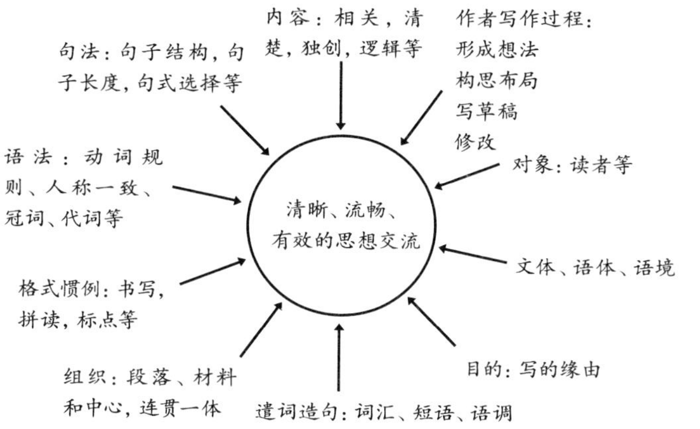

图1. 4 基于整合视角的写作教学知识图

美国新泽西州2004年写作内容标准框架（K–12）可以说是最典型的基于三种写作范式知识的写作课程内容标准框架。这种写作课程内容整合可以为我们提供一个参考。

【美国新泽西州2004年写作内容标准框架分析】

幼稚园毕业时，学生应该达到如下要求：

K1. 写作作为一个过程（构思、起草、修改、编辑、写后交流）

1. 认识到思想和说话可以用词语写下来。

2. 观察教师示范写作。

3. 创造和分享故事带来的思想和经验。

4. 尝试使用图片和初步的拼写或者篇章规范，记录思想想法。

5. 书写（打印）自己的姓名。

6. 参加诸如讲故事、互动写作和合作写作等小组活动。

7. 利用图片中的拼写或者文本规范记录一系列事件。

K2. 写作作为一种产品（作品样本）

1. 呈现并讨论包含图片、简单文字和大致成篇的文本。

2. 开始收集自己喜爱的作品放在自己的写作文件夹里。

K3. 拼写和手写技能

1. 使用字母/声音知识尝试写作（打印）一些词语。

2. 拼写自己的名字。

3. 认识到并开始使用从左到右、从上到下的方向和间隔写作。

4. 提高握笔的能力，其中包括抓握铅笔、纸的位置并开始学打字。

5. 依据范本书写所有大写和小写字母。

K4. 写作形式、对象、目的（探索各种文本）

1. 通过画画、述说或者书写交流自己对文学的反应。

2. 对教师和家庭成员呈现并谈论自己最喜欢的作品（绘图或书面）。

美国新泽西州的写作内容标准分为四个维度，即：过程写作要求（K1），文本写作要求（K2），书写和拼写技能（K3），交际语境写作内容（K4）。上述四种，如果将书写拼写技能与文本写作合一，就非常符合我们提出的三维度写作内容框架体系。

美国新泽西州2004年写作标准的写作形式、对象、用途（探索各种文本）中规定：（1）针对特定的目的和对象运用最有效的写作样式和策略（writing formats and strategies）。（2）能够满足写作各种各样的体裁文章的要求，如：劝说性文章、个人记述、研究报告、文学研究论文、描写性文章、评论、文学评论、模仿某种特定叙事风格的文章（寓言、神话、短篇小说）、诗歌等。对于各个年级的写作策略、文体和文本的特征以及写作惯例技术都作出要求。可见，他们在制定写作课程内容标准时，是充分考虑三种范式的写作知识的，这应该是对当今写作课程理论成果应用最好的案例。

在整合三种写作范式的时候，各种写作指标和要求并不是等比例的，它们各自的权重是可以针对不同学段、不同年级写作能力的要求，或逐级细化，或循环上升，或并列出现。

有一点需要说明，那就是无论是指标细化还是模式整合，都有一个立足点：写作的交际语境取向。为什么呢？因为书面交流是写作的本质，如果仍然将文章制作视为整合的最终目的，我们将会重新堕入传统写作教育的陷阱。以交际语境写作为思想指针，以文章写作为目标要求，以过程写作为实施路径，才可能是未来写作课程理论比较科学合理的选择。

基于这样的思路，建构一种基于交流取向兼顾整合过程和文章的中国当代写作课程理论体系和教学体系，实现我国的写作教育由结果写作向过程写作、交流写作的转型，可能是我国作文教学走出困境的希望所在！

第三节 交际语境写作：写作教学的发展方向

一、交际语境写作思想的萌芽与发展

我国对写作交际功能的关注由来已久。

《尚书·尧典》中有“赋诗言志”“神人以和”的说法。孔子重视写作的社会教化功能。两汉强调写作要发挥“上以风化下”“下以风刺上”的互动作用。杨雄视辞赋为“雕虫小技”，司马迁“发愤著书”，班固“缘事而发”，王充“文为世用”，白居易“文章合为时而著，歌诗合为事而作”等都显示了这种传统。

在现代，朱自清强调写作的“读者意识”，叶圣陶强调作文是“有所为的”。夏丏尊曾系统论述“文章的六种态度”，即：

(1)为什么要做这文？(目的)

(2)文中所要述的是什么？(话题)

(3)谁在做这文？(作者)

(4)在什么地方做这文？(环境或场合)

(5)在什么时候做这文？(时代观念)

(6)怎样做这文？(方法)

20世纪八九十年代我国写作学勃兴。林可夫(1989，1991，2002)提出的“四体化一律”将写作主体、客体、受体、载体(即人格、题材、读者、成品)进行系统研究，影响了后来一批写作者。金长民(1989)的“写作运思学”，陈国安(1995)的写作主体、表达、文体研究，马正平(1995)的写作动力、文化、分形、思维研究，董小玉的写作原理、文体、教学研究，潘新和的写作理论史研究，创造了那个时代写作学的最高成就，其中就包含着一些交际写作思想的因素。

近十年间不少语文教育专家如李海林、潘新和、李乾明、蔡伟、林一平、魏小娜、胡根林、郑桂华等，强调写作的读者意识、文体意识、目的意识、语体意识、过程写作以及真实写作，他们都从某个侧面体现出对写作的交际语境的不同关注。

尽管我国写作理论中对交际语境要素有着绵延不绝的关注，但它们至今都没有真正改变我国“文章写作”理论一统天下的现实。中国绝大多数写作（作文）论文话语脱不了文章的“四要素”或“八大块”知识，其理论陈旧且缺乏阐释力。这与二十多年来各相关学科的发展不相称，也明显滞后于国外写作理论的发展。

二、“重表达”与“重交流”：中外写作课程取向比较

（一）“重表达”：我国写作课程目标取向

我国的作文教学向来具有重表达、轻交流的倾向。长期以来，我们以追求“立意高、选材精、结构巧、语言美”为写作目标，注重文章的制作技艺和表达技巧，忽视写作的交际功能和学生的书面交际能力培养。过去教学大纲强调“能文从字顺地表述自己的意思”，现在的课程标准强调“有创意的表达”，都有着明显的“表达主义”的取向。其实质是“文章写作”观的体现。虽然目前的课标中有“与他人分享习作的快乐”（第二学段），“懂得写作是为了自我表达和与人交流”（第三学段），“写作时考虑不同的目的和对象”（第四学段）等交际语境写作理念，但与国外课标相比，内容笼统且缺乏实际可操作的内容。这与国外写作课程几乎一致在倡导“为自己写作”的同时，也倡导“为不同的读者写作”有很大不同。[①]

近年来，我国写作教育中探讨介绍“读者意识”的文章增多，但是

① 林一平．“读者意识”写作教学观的再认识［J］．语文新圃，2002（1）．

仅仅一个“读者意识”并不能准确概括写作课程理论的深刻变化。其实写作课程应该对所有的交流语境要素都给予充分的关注，“读者意识”只是其中一个比较重要的方面。写作的交际语境大致包括目的、对象、文体、话题、语言等。近年来，美、英、澳、俄、日甚至南非等国家都非常重视写作的社会交际和语境功能。世界写作课程理论正发生着从“文本—过程写作”向“交际—语境写作”的重大范式转型。从世界范围看，很多国家的写作课程标准研制，写作教材编撰（写作任务设计），写作教学实施中对于读者（对象）意识、目的意识、文体意识等构成的交际语境愈来愈关注。Nystrand提出写作的“社会互动模型”，指出写作不在于文章本身，而是作者与读者之间的交流；建构主义学者斯皮维（2002）对读者的论述，接受美学将写作视为作者向隐在的读者传达情感或信息的对话过程。这种对于写作交际意识的关注，也得到一些实证研究的支持。如Emig（1971）、Flower & Hayes（1980）、Krashen（1984）、Hillock（1986）的实证研究也表明高明的作者具有较强的读者意识。

（二）“重交流”：国外写作课程目标取向

国外写作教育有着比较明显的“重交流”取向。从写作目的和社会需要出发，培养学生语言交际能力是其母语课程的一贯思想。“写是为了有效地交流”[①]，几乎是美、英、澳、德、日等国写作课程的共同理念。

欧美向来重视写作的交流功能，这有着悠久的文化传统和现实要求。亚里士多德在《雄辩术》中提到交际活动是听话人、说话人、信息内容和形式的交互过程。近年来，美、英、澳、俄、日等国写作课程标准纷纷强调写作的交际和语境功能，提出“为读者而写”“为不同的目的写”“根据情境、目的和对象调整写作”，体现着鲜明的“重交流”的理

---

① ［美］威廉·W．韦斯特．提高写作技能［M］．福州：福建教育出版社，1984:2.

念。国外的语言教学中从幼儿园起就培养孩子写作的对象意识、目的意识、语体意识，而这些意识在课程标准、语言教材、课堂教学以及评价标准中都有具体体现。这种交际语境写作的理念与西方国家的实用主义教育观，写作教育要满足社会职业发展的需求相关。

（三）写作价值取向的文化差异与现实需要

“重表达”与“重交流”作为两种截然不同的写作观，其背后的文化、语言、哲学基础和价值意蕴都是不同的。其中，一个注重培养内向人格，一个注重培养外向人格；一个偏于个体情感表达，一个偏于交流社会经验；一个基于静态语言学，一个基于功能语言学；一个使用结果教学法，一个运用交际教学法。前者容易堕入虚假语言训练，后者必然趋向真实交流技能。

正如西方学者Casanave（2003）指出，当前西方写作教学中的“过程”和“后过程”现状与东方国家重结果的写作教学形成了鲜明的对照，而写作交际意识缺失，很可能是导致我国作文教学问题的深层原因。

值得注意的现象是：在儒文化或华文化圈内，多数国家几乎都存在着这种“重表达、轻交流”的特征。陈稀曾指出，“为读者而写”体现了国外写作课程教学改革的主流趋势。与美、加、英、日、韩、德等国的语文课程相比，“我国的语文课程‘为读者而写’的观念长期比较单薄，简直可以说是空白、缺席。我国香港、澳门、台湾地区乃至新加坡的华文课程标准都概莫能外”[①]。

这种“重表达、轻交流”的传统是不是由于中华文化基因天生缺陷造成的呢？中国人向来含蓄内敛不善交流，使得中华文化具有了某种“向内”特征。西方文化自希腊罗马始，就具有一种外向型文化人格，它

① 高文，徐斌艳，吴刚. 建构主义教育研究[M]. 北京：教育科学出版社，2008：236～137.

们的长老院议会制、政治演说、民主传统，形成了他们自由独立、批判精神、善于交流、外向征服的传统。中国的写作教学目标，是否应该改变过去那种“内向封闭”的弊端，借鉴西方“外向交流”的取向，重拾文化开放、博大、包容的气象呢?

在我们看来，上述差异虽有着中华文化封闭、内向、含蓄的内陆文明的特征，与西方海洋文明、商业文明不同，但国外作文教学中愈来愈重视写作的交际功能，主要不是文化传统的因素，而是现代社会经济文化发展愈来愈需要交流能力的现实需要。从当代社会发展看，“重交流”可以超越文化差异成为一种普世价值，因为这是当今社会对公民素质的基本要求。

三、世界各国写作课程对交际语境的关注

(一) 欧美诸国写作课程中的交际语境意识

为具体深入地了解国外语言课程对交际语境要素的重视，下面我们依据世界一些主要国家的课程标准或教学政策文本、语言语文教材、专家论述等进一步作印证和分析。

美国对写作中交际意识的培养是贯穿整个K-12义务教育过程的。他们从幼儿园开始就一直重视对学生进行系统的写作交际意识(考虑对象和目的)的渗透，直到高中、大学。美国1996年颁布的《国家语言艺术标准》中提出，“学生在写作时能够针对不同的对象和目的，能运用多种不同的策略和恰当的要素进行书面交流”，其中还提到“写作的经验，能够帮助他们找到自己的声音，并认识到写作赋予他们新的交流权力”[①]，写作交流在这里不仅仅是一种技能训练，还含有学生主体意识、公民意识

① NCTE and IRA. Standards for the English Language Arts[EB/OL] http://www.reading.org/downloads/publications/books/bk889.pdf.

培养甚至教育赋权的意味。美国各州的写作标准中包含有大量的交际语境写作的内容，南卡罗来纳州2007年《语言艺术标准》的十条原则中的第七条强调学生要“为读者而写”“为了写好，学生必须经常写并为不同的目的写”。美国马萨诸塞州《英语语言艺术课程标准》的核心观念是“教会学生如何进行逻辑推理，在理解、建构和表达意义时有目的地使用语言”。作文标准第九条规定“针对不同读者和修辞目的写作时，选择和运用恰当的体裁、推理方式、说话风格”。学段学习标准中又各有要求，比如幼儿园~4年级分级标准是“针对不同的读者写作时，能够运用各种不同的作文体裁”；5~8年级是“选择和使用恰当的体裁实现不同的修辞目的”；9~10年级是“针对不同读者写作时，运用不同正式程度的语言、风格和语调”；11~12年级是“使用有效的修辞策略，表现在完成表达性、劝说性、信息性或文学性写作任务时对语篇要素（目的、说话人、听众、形式）的理解”等等。[①]美国加利福尼亚州《公立学校英语课程标准》的写作策略中有“在写作时能考虑到读者和写作目的”的要求。《美国英语教学的要点》要求“学习对不同读者采取相应的表达方式”[②]。奥尼尔市的英语语言艺术课程“以发展学生的实际交际能力为教学目的”[③]。在美国，交际能力被看作核心语文能力，贯穿于各学段的课程标准。[④]

英国的写作课程和评价中重视写作的交际功能。教育部和科学部颁发的《英语：5~16岁》文件中对学生写作的要求是：“为多种目的而写作；针对写作目的用适当的方式去组织内容；针对写作目的和预期读者

① 洪宗礼，柳士镇，倪文锦主编. 母语教材研究（第六卷）：外国语文课程标准译介［C］. 南京：凤凰出版传媒集团，江苏教育出版社，2007：94，122.

② 马正平. 中学写作教学新思维［M］. 北京：中国人民大学出版社，2003：24.

③ 朱绍禹，庄文中. 国际中小学课程教材比较研究丛书：本国语文卷［C］. 北京：人民教育出版社，2001：243.

④ 洪宗礼，柳士镇，倪文锦主编. 母语教材研究（第六卷）：外国语文课程标准译介［C］. 南京：凤凰出版传媒集团，江苏教育出版社，2007：122.

采用合适的文章样式。”英国2007年新修订的《语言艺术标准》中指出：“在英语学习中，学生将发展听、说、读、写等各种参与社会和就业所需要的技能。学生将学会富有创造性和想象力地表达自己，并与他人自信、有效地沟通交流。”[①]英国母语课程第二阶段标准中要求：“指导学生练习为不同的读者群而写作，如老师、同学、学校或社区中其他的孩子和成年人，以及想象中的读者。”第三、四阶段标准中指出，要提供机会指导学生针对特别读者群、广泛未知的读者等进行写作训练。英国写作二级达标标准中也有“表现出对读者的考虑”的要求；八级达标标准中也提出：“写作中学生能选择有特色的表达方式，体现独特的写作效果，吸引读者的兴趣。”英国语文课程大纲写作部分明确要求“学生应知道自己所写文章的目的，并学习给不同的读者写作”（第一阶段学习大纲）；“提供机会指导学生为不同的目的而写作”“指导学生练习面向不同的读者群而写作，例如，老师、同学、学校或社区中其他的孩子和成年人，以及想象中的读者”（第二阶段学习大纲）；“提供机会指导学生针对特别读者群、广泛未知的读者群及自己进行写作训练”。[②]牛津、剑桥和皇家人文学会联合考试委员会普通中等教育证书（英语），关于写作的目标是“旨在提高学生的实际写作能力：（1）能表达自己的思想，通过广泛的词汇量和强有力的写作形式，与读者交际；（2）能根据语法规则组词造句，能使篇章整体连贯；（3）为不同的写作目的写不同文体的文章”[③]。伦敦大学考试及评估委员会为第四阶段（14～16

① QCA. The National Curriculum for English [EB/OL]. http://curriculum.qca.org.uk, 2015-07-16.

② 中外母语教材比较研究课题组. 中外母语课程标准译编 [M]. 南京：江苏教育出版社，2000：250，254，255，263，262，269，270.

③ 洪宗礼，柳士镇，倪文锦主编. 母语教材研究（第六卷）：外国语文课程标准译介 [C]. 南京：凤凰出版传媒集团，江苏教育出版社，2007：24.

岁）制订的1994年英语课程考试大纲，写作部分第3条评价目标：“具有读者观念和多种情境中的文体意识。”[①]1991年由查尔勒斯·莱兹出版公司出版的标有“国家课程”的一套英语教科书（约翰·巴博《英语》）导言部分对于写作技能提到：“重要的一点是，你将获得一种很强的听众和读者意识。”第三单元“写作”提到：“在头脑风暴之后，应整理笔记。此时需要了解两个问题：一是你为什么写，二是你写给谁看。”[②]另一套教科书《新阶梯》第2册第1单元：“单元要点：写作时考虑读者（听众）”“了解你的读者（或听众）：在你说话和写作前要问问自己，什么词语最适合于对特定的读者和听众表达我的目的。”[③]

澳大利亚维多利亚州《英语课程标准》的基本理念是：“积极有效地参与澳大利亚社会活动，需要能在广泛的语境中自信、愉快而有目的地听、说、读、写。”“了解语言随语境、目的、对象、内容而产生变化，并运用这种知识。”“了解不同的文本需要不同的语言类型，并运用这种知识，尤其是在写作中。”[④]“读写时一系列积极主动且生动活泼的交往实践活动，既包括从文本中获得意义，也包括通过文本建构意义。这里的‘文本’是广义的，包括所有与语言有关的信息交流。”它们还将写作中的交际能力细化到每一阶段的写作标准中去，比如写作结果的“情境性理解”一项，就包括如下内容：“识别自己和他人的写作目的”“说明自己和他人的写作目的和对象”“为特定的目的和对象选择恰当的文体类型来写作”“针对各种情境、目的、读者选择恰当的文本类型写作”“根据情境、目的和对象调整写作”“识别特定读者的特征和期望，并在写作时顺应和对抗这些期望”“针对特定的目的和读者，批判性地

① 洪宗礼，柳士镇．外语文教材评介［M］．南京：江苏教育出版社，2000：16．
② 洪宗礼，柳士镇．外语文教材评介［M］．南京：江苏教育出版社，2000：25，16．
③ 洪宗礼，柳士镇．外语文教材评价［M］．南京：江苏教育出版社，2000：25，77．
④ 丛立新，章燕译．澳大利亚课程标准［S］．北京：人民教育出版社，2005：9．

选择文本类型、主题和语言来写作”。然后在各年级的细化标准又有更细致的指标和要求。在世界母语写作课程标准中，澳洲的标准是最详尽而且交际意识也是最强的，这大概与英国语言学家韩礼德常年在那里开展功能语言学的理论研究和实践有关。[①]

加拿大阿尔伯塔省《中小学英语语言艺术课程标准》的目标是：“使每个学生理解和欣赏语言，在各种针对交际、个人发展和学习情境中，自信、自如地运用语言。”[②]

德国母语教学的基本原则是“以语言交际为方向和目标”。为了有效地培养学生的交际能力，德国教学界还提出了交际能力的两个标准：一是“交际—实用化”，二是“交际—标准规范化”。[③]德国5~6年级（即初中阶段）的作文教学目标，其中有“能根据自己的听众和读者有针对性地写文章”[④]，德国北威州出版的《现代德语》是一套以写作为主的教材，体现出写作教学很强的交际性。写作练习通常与完成一定的交际目的相结合，无论是传授语篇知识还是展现学习步骤，都从学习者的交际需要出发，突出言语行为的交际功能和内容。这种训练风格与形式训练有本质区别。[⑤]

苏联心理学教授A·K. 玛尔柯娃，在深入地研究了维果茨基学派的语言心理学理论及教学论和语言学的最新理论后，认为培养语言的

---

① 丛立新，章燕译. 澳大利亚课程标准[S]. 北京：人民教育出版社，2005：9，10，19～20.

② 洪宗礼，柳士镇，倪文锦主编. 母语教材研究（第六卷）：外国语文课程标准译介[C]. 南京：凤凰出版传媒集团，江苏教育出版社，2007：303.

③ 曾祥芹. 文章学与语文教育[M]. 上海：上海教育出版社，1995：85～86.

④ 刘锡庆，林三松. 外国作文教学理论辑评[M]. 内蒙古：内蒙古人民出版社，1996：156.

⑤ 刘锡庆，林三松. 外国作文教学理论辑评[M]. 内蒙古：内蒙古人民出版社，1996：391.

交际功能，应成为语文学科教学的主线，应抓住这个语文教学的“牛鼻子”。据此，她把语文教材的语法、语言发展和文学课程合并为一门统一的语言表达理论课程。语言表达理论课程是以培养语言的各种功能为目的，以培养交际能力为主线，把语文教材的各部分有机地串在一起，形成一门系统而独特的学科。整套教材的理论框架主要由以下六个部分组成[①]：

(1) 语言表达的一般概念；

(2) 语言表达的意义和目的；

(3) 根据交际的条件和任务进行语言表达；

(4) 语言表达和交际过程；

(5) 自觉地形成语言表达的个性；

(6) 文学作品是一种复杂的个人语言的表达。

日本的写作目标在“二战”前就规定，除了写表现自己的文章（包括日记、感想文等，这类文章以培养个性和创造力为目的）以外，还要写传达社会信息的文章（包括记录、通讯、报告、评论等，这类文章以沟通思想、交流信息为目的）。“二战”后日本的写作教学受美英的影响，对于后一类文章的重视程度在上升。[②]日本在2004年颁布的《初中学习指导纲要（教学大纲）》较过去对语言表达交流予以特别的重视，在国语总目标中指出：“培养适当表达和正确理解国语的能力，提高交流能力，同时养成思考和想象的习惯，丰富语感，加深对国语的认识，培养尊重国语的态度。”将表达、交流置于阅读理解之前，体现对于写作的重视。日本尽管不用读者意识的说法，而提对象意识，但其含义是相同

① 李文泉．交际功能的培养将成为国外语文教学的主线[DB/OL].http://tieba.baidu.com/p/208474713.

② 教育部基础教育司语文课程标准研制组编．全日制义务教育语文课程标准解读（实验稿）[M]．武汉：湖北教育出版社，2002：71.

的。对对象意识培养的重视是日本写作教学的一大特色。[1]无论是现行《学习指导纲要》的目标、内容设定，还是具体的学校教学计划中，从低年级起就对学生进行有计划的对象意识训练。如《学习指导纲要》中规定："（低年级）一边考虑对象和目的，一边写。""（中年级）对应不同的对象和目的能够注意段和段间的相互关系，把调查的事清楚明白地写出来。对应不同的对象与目的，恰如其分地表达。""（高年级）对应一定的目的和意图，把思考的事有条理地写成文章，养成考虑自己表达效果进行表达的习惯。对应一定的目的和意图，把自己的思考有效地进行书面表达。"他们还把"培养对象意识"作为作文教学的一个重要方法。他们认为，语言表达的目的可以分为五项：报告、说服、感动、导致行动、娱乐读者，因此写作必须要有对象意识，即使没有别人也要给自己看。如关于旅游，若写给父母看，就要以汇报为目的；写给兄弟看，主要以介绍为目的；写给游客看，则要以愉悦为目的了。对象不同，目的不同，表达方式自然就不一样。[2]日本1989年颁布的新的《学习指导纲要》（即教学大纲）对于说和写的能力要求为：六年级要求"根据一定的目的和意图进行表达"，初三年级要求具有"培养根据不同目的与场合进行确切表达的能力"。有一套最具代表性的初中语文教材（光村出版社和教育出版社编写出版），第一册第一单元第三课——《写给同学》，以新生相互作自我介绍的形式作为课文，其实是一次写作训练："进入这个学校还没有几天，同学们彼此之间也许还不太了解。可同班同学今后将是在一起度过初中生活的重要伙伴，为了让多数同学了解自己，彼此敞开心怀，写一篇向班上同学介绍自己的文章，彼此交换发表。"像这样的写作，学生自然会感到异常亲切，写起来就不会有什么困难了。

---

① 付宜红．日本语文教育研究［M］．北京：北京师范大学出版社，2003：106．
② 付宜红．日本语文教育研究［M］．北京：北京师范大学出版社，2003：106．

日本国语教育在表达（说写）教育方面提出了五种语言意识的主张，即“对谁”“抱什么目的”“在什么场合”“如何（说写）”、自己的话语是“如何传递”这五种意识，以提高学生表达的针对性、得体性、有效性。①日本《国语高中学习指导纲要》（日本文部科学省2004年1月修订版）就“国语表达”目标分级强调写作中的交际语境意识。如1～2年级“写作时，考虑到写作对象和写作目的”；3～4年级“写作时能从不同的读者出发，并且紧扣写作目的”；5～6年级紧扣“写作目的和意图，有效地表达自己的想法”。②日本把“培养读者意识”作为作文教学的一个重要目标，逐级落实。③

荷兰的写作技能目标也提到“让学生根据不同的目的进行写作”，使学生能够运用各种广泛的文体“表达他们的想法、情感和意图”，要求学生需能够根据下列目标进行写作：（1）给读者传递信息或从读者处获取信息；（2）使读者相信某事；（3）说服读者做某事。这样的文章需适合于下列读者群：朋友和亲戚；同学或其他学校同龄人；陌生的读者或官员。④

综观上述各国中小学写作课程标准和要求，都很重视语言文字的实际运用，强调听说读写要看对象、有目的，从而突出语言交际的实际能力，适应社会生活的实际需求。这是值得我们认真思考和借鉴的。

（二）关于我国交际语境写作意识缺失的反思

与国外母语课程标准中对于交际语境写作的重视相比，我国的作

---

① 马正平．中学写作教学新思维［M］．北京：中国人民大学出版社，2003：32.

② 洪宗礼，柳士镇，倪文锦主编．母语教材研究（第六卷）：外国语文课程标准译介［C］．南京：凤凰出版传媒集团，江苏教育出版社，2007：257～258.

③ 吴忠豪．外国小学语文教学研究［M］．上海：上海教育出版社，2009：185.

④ 洪宗礼，柳士镇，倪文锦主编．母语教材研究（第六卷）：外国语文课程标准译介［C］．南京：凤凰出版传媒集团，江苏教育出版社，2007：298～299.

文教学长期以来一直缺乏这方面的内容。读者意识的缺失、写作目的不明、文体淡化、学生写作时的语境意识缺乏，是导致我国目前作文教学困境的根本原因之一。

这是因为，文本写作从根本上会导致学生缺乏写作动力和写作的热情；写作教学目标不正确，没有落实到交际语境和实际应用上来，脱离社会生活和言语发展的本质，过分追求“立意高、选材精、结构巧、语言美”的评价指标，其结果是陷入了“虚假文本制作”的无意义写作的困境。

在我国的课程标准层面，交际语境写作意识是存在的，但比较薄弱。1978年《小学语文大纲（试行草案）》作文教学建议中的第三条就提出写作“要看对象。作文时要想到，文章是写给谁看的。例如请假条是写给老师看的，板报稿是写给同学看的等等”。如果说这还只是在教学建议中提出的，那么正式而明确地作为一个写作教学原则性的对于“交际语境写作”的表述是在《2000年全日制高中语文教学大纲》中的第10条，即“能有意识地考虑写作的目的和对象，负责地表达自己的看法”。在这一条中包含了写作目的、读者、作者、内容等要素。2001年颁布的《全日制义务教育语文课程标准》在学科特点的理解上定位于“语文是最重要的交际工具，是人类文化的重要组成部分”。初中阶段写作标准的第一条就是“写作时考虑不同的目的和对象”。高中阶段必修课程“表达与交流”目标中第二条就提出“能考虑不同的目的要求，以负责的态度陈述自己的看法，表达真情实感，培育科学理性精神”。这显然是一个大的进步，但从课程标准的一些解读来看，我们很可能只是人云亦云地这样规定，并没有真正达成交际语境写作的共识。而且在我国，交际语境写作只是作为一个理念出现，还没有相应的写作课程知识体系作支撑，这样的话，理念只能沦为一句空话。对我国来说，过程写作、交际语境写作理论和知识开发的工作都还没有真正开始。

近些年，我国关于“虚假写作”“千篇一律”“虚情假意”的抨击呼声越来越高，大家于是呼吁要“写真实”“抒真情”“写出个性，有创意的表达”等，可这只是看到了问题的表层，这是不可能单靠转变文风的呼吁就可以根本解决的！因为真实、真情、个性等这些东西，必须植根于真实的言语情境、真实的表达意图、真实的社会和生活的需要之中。我们只可能对某具体的读者发自内心的真实动机或目的，说出我们心里真实的话。如果仅仅是为了写真实而真实的话，那只会是空谈而已。要写出真实真情的文章，必须拥有或者营造出那样一种真实的情景或者氛围来。

（三）为什么要重视写作的交际功能

为什么世界各国纷纷重视语言的交际功能，并把它作为写作课程的核心理念呢？

第一，重视写作的交际功能是当今社会对于人才素养的现实要求。我们如今进入一个信息化、全球化与知识经济的时代。过去在农业经济和工业经济时代，靠原材料、人力、基本知识与基本技能就能胜任工作，而今个人发展、职业生涯、社会国家对人的能力和素质提出了新的要求，这就导致当代社会对人的学习能力、交往能力、合作能力、实践能力、创造能力的要求越来越高。具体到语文教育领域，对于人的语言运用能力，搜索信息、处理信息、传达信息的能力的要求越来越高，利用语言文字与人沟通交流合作的能力愈来愈重要。当代语文教育的目标也应该从过去简单语言技能教育向复杂社会情境中的语用交际能力转变。

第二，语文教育的语言观的转变。皮特·科德在其《应用语言学导论》中指出“语言的社会本质——交际工具”。英语课程所“关心的是不仅要教会他能说出语法正确的一连串话语，而且还要教会他能有效地使用语言与人交际，并且起某种社会作用”。“传统认为，语言是一个‘语言的’语言学概念。它很少关心‘适合性’这一概念，也不考虑语言行为对不同社会环境的反映方式。现代语言教学一个很大的优点是，它较多地从社会的角度来对待语言，并且注重语言在不同的社会环境中的交际功能问题。”①

第三，交际语境是写作教学有效性的内在要求。美国写作课程专家斯迪芬·德·克拉森（Stephen. D. Krasken）曾说：“作文时，最关键的是明确写什么，表达什么思想感情；当目标明确后，再明确读者对象，即文章是写给什么人看的。这样，写作者只需面对理想中的读者把想说的意思说清楚就够了，文章自然能写好。”②美国人的一般观念认为，好文章必须是“有效的”，即在读者那里发生了效果。一些实证研究也表明优秀写作者具有较强的读者意识。这就是美国语文教育界一直把读者意识和交际功能结合起来处理的学理上的原因。

四、交际：写作的本质和写作教育目标转向

写作是交流，这是国外作文教学和我国作文教学理念的一个大不同。当前西方写作教学中的“过程”和“后过程”现状与东方国家重结果的写作教学形成了鲜明的对照。欧美已经突破了文章写作的狭隘视角，把写作看作写作者的心理认知和问题解决过程，把写作看作交流的手段，研究真实交流情景下的写作机制，显示出新的理论和实践的生机。

真正的写作应该是基于生活、工作、学习以及精神、心灵的需要而产生的一种真实语境下的表达和交流，它总是针对特定的读者、环境，为着实现特定意图的言语表达行为，是有机的结构体和意义表现物。它绝不是按规定字数、不考虑读者和交际目的的无意义文字堆积。着眼

① ［英］S. 皮特·科德. 应用语言学导论［M］. 上海：上海外语教育出版社，1983：12.

② 张良田. 美国作文教学一瞥［EB/OL］. http://www. topzj. com/6/060225/68239. htm.

于真实意义表达和交流的真实写作，是能够唤起写作主体全身心参与的有意义的社会交往和意义建构行为。学生写作具有学习者、思想者、交际者的多重身份。无论他以哪种身份出现，他都应该是在为任务而写作，有目的地写作，有意义去写作。这样他才会有意愿、动机去写，也应该有内容可写，也会知道如何去写。为什么同样是书面表达，多数人喜欢发短信、网络聊天，或者诸如此类的交流活动，却讨厌作文？二者一个显著区别就在于：前者出于学生生活和情感交流的需要，具有真实的交流目的和交流机制。

任何一次写作行为都可以看作是一场特定语境下的对话交流，这个语境包括话题、读者、目的、文体等。语境决定并塑造了语篇，正是因为读者、目的、话题不同，写作的内容和形式才变得千变万化无以穷尽。写文章是向某个（些）对象进行的一场思想情感的倾诉或交流，发出信息是为了得到回应。实用文大多是有明确读者的，文学作品也是有潜在的读者群的，如果没有了对象和目的，任何写作都将变得毫无意义，失去其存在的价值。就是秘不示人的日记也有一个特殊读者——自己。写作的困苦是写作的无目的、无对象，没法揣摩清楚读者的状况和需求。写作的主要困难不是“没的写、不会写”，而是我们写的时候不知道向谁写（说），为什么目的写（说）。也就是古人说的“欲取鸣琴弹，恨无知音赏”以及“对牛弹琴”“鸡同鸭讲”的含义。

比如这样的题目《我难忘的________（人、事、活动、物）》，我们都不止一次地写过，一代又一代的学生还在写。可是，我们为什么要写它？我为什么要向别人说这样一个话题，目的何在？说不清楚搞不明白，只是劈空没由头地布置这样一个任务让你去写，而你又不得不写，这是最痛苦的。写作本来像说话一样，是一种面对对象的自由言说，可如果没有对象、目的，便没有了启动言说的基本动力，成为一桩被逼言说的苦差事和没头没脑的呓语。

“写作即交流”——这才是写作的本质特征。营造具体真实或拟真的写作任务场景，教学生自由地表达与交流，发展学生的书面交流能力，这才是中小学写作教学的核心目标。

写作是一种自我情感的表达以及与世界、他人沟通的方式，是孩子的“另一张嘴巴”，是学生的“书面言说”。作文教学应该模拟或还原成现实生活中各式各样、功能各异、目的不同的写的活动。

五、交际语境写作：写作教学的发展方向

为什么用“交际语境写作”命名这个新的写作范式呢？目前已有的后过程写作、社会互动写作、交际写作等说法，其实都不够准确：“后过程写作”特征不明显；“社会互动写作”有些狭隘；“交际写作”容易引起误解，以为仅仅限于日常意义上人与人的交往性写作，如信函之类。其实所有的写作包括应用写作、文学创作以及借助新媒介的信息发布和交流，都具有交际功能，都离不开语境的参与。交际是目的，语境是特征，交际语境写作能够最大程度表达这种新写作范型。交际语境写作是作者自造的一个新词①，它是继文章写作、过程写作之后提出的新的写作理论发展范式。这是基于当今功能语言学、社会认知论、建构主义、情境认知、传播学等多个领域理论的发展，基于当今对于写作中的读者意识、文体意识、写作目的意识等，基于交际语境—功能语篇的向

① “交际语境写作”的提出参考了如下权威著作：Keith Johnson& Helen Johnson. Encyclopedic Dictionary of Applied Linguistics: A Handbook for Language Teaching.Foreign Language Teaching and Research Press & Blach Well Publish Ltd, 2001: 314-349; Penny Ur. A Course Language Teaching Practice and Theory, Foreign Language Teaching and Research Press& Cambridge University Press, 2000: 162, 173; Ken Hyland. Teaching Researching Writing. Foreign Language Teaching and Research Press, 2005. 12(5-48).

度提出的重建当代写作理论的解决方案。

所谓交际语境写作，是指为达成特定交际目的，针对某个话题、面向明确或潜在的读者进行的意义建构和书面交流。这种写作的主要特点是：将写作置于真实或拟真的社会情境、任务场景或者具体语境中，强调写作中的读者意识、目的意识、功能意识、语境意识、语体意识、文体意识等，其实质就是真实写作、生活写作，就是最大程度接近于或者还原生活真实的写作，也是最大程度上满足学生技能培养、生存需要、生活需要、心灵需要、成长需要的写作，是最本质意义上的写作。

交际语境写作通俗地讲可以叫作真实写作，但这个“真实”不仅仅是真人、真事、真内容、真情感，还包括一种拟真状态，也就是语境的真实或者叫作交际语境要素上的具体。也就是说，学校里的写作教学任务要尽可能与现实生活、工作、学习中的写作样式和形态接轨或者合一，如果不能合一，那就要尽可能营造或者明示写作任务的语境要素：写给谁？为什么目的写？写什么？在一个怎样的任务情景下？一句话，交际语境写作就是在真实或拟真的语境下的书面表达和交流。

交际语境写作是一种情景化的写作。它还原了或者挖掘出了写作行为发生的原因：在于社会的需要，与人的交流等。这就在某种程度上解决了“为什么写”的内在动机缺失问题。

交际语境写作是一种交流性的写作。写作是传达、交流信息的行为，它不能不考虑写作的对象、目的和功能等问题，而这些正好是写作内容、写作体式以及写作技法的依据。

交际语境写作是一种社会化写作。它从写作前的动机到写作过程都是社会性、文化性的。语言表达不是纯粹的心理行为，而是一种社会文化行为。

交际语境写作是一种功能性写作。它强调写作的内在目的。这种言语的意图感和方向感，为写作行为的发生提供了动力。

交际语境写作是一种合作性写作。在交际语境写作中，语言的文化语境、情景语境以及交际语境发挥着重要的作用，读者、作者、教师、学生、同伴都发挥着激发和辅助写作的作用。

交际语境写作是一种有意义的写作。这种写作的意义来自于作者对于写作目的、语境及动机的自我意识和判断，它可以从自身所处的文化、时代、情景和关系出发去安排写作内容、素材以及选择恰当的方法。

交际语境写作对解决写作教学中存在着的“不愿写、没的写、不会写”等问题，具有重要的理论和实际意义。

第一，它能赋予写作活动充分而具体真实的言语动机，有效解决“学生不愿写”的问题。语境要素如话题、读者、目的的交互作用就是最重要的动机源泉。

第二，它能有效解决写作过程中的思维和内容创生问题，有效解决“没的写”的问题，因为语境要素之间的对话过程就是内容的生成过程。我们总是针对读者需要提供他（她）所需要的信息，并与他（她）进行对话交流，这种对话交流过程就是写作内容、材料产生的过程。

第三，它可以有效解决“怎么表达”的问题，因为只有符合具体语境的表达才是对的、好的、得体的，就可以克服滥用文采的虚假表达现象。

第四，它对生活写作、跨课程写作、探究写作、创意写作、基于内容的写作具有理论指导意义，因为这些写作都是有具体交际语境的写作。

第五，它可以解决困扰我们的应试写作问题。在命题时，只要加入具体的交际语境条件的限制，就可以克服“虚构作文”“假话作文”“文艺腔作文”“小文人语篇”等作文教学的问题。

交际语境写作可以摆脱过去文章制作的被动和无意义感，可以找回语言表达最本质的交流功能。这正是当代全球化、信息化、联通化时代对公民书面交际能力的要求。强调和关注交际语境，学生不想写、没东西写、不知如何写的问题就可以从根本层面得以解决。

基于此，我们认为交际语境写作很可能是解决我国写作教学问题的科学理论，是未来写作教育理论与实践的发展方向。

第二章

语境、语篇与写作

【提示】本章拟论述语境、语篇与语文的关系，揭示语文即研究语境与语篇互动生成规律的学科。在此基础上提出“写作即特定语境中的语篇建构”的思想。

第一节 语境与写作

如果单纯从文章制作角度看，写作似乎与语境没有什么关系，但写作同任何言语活动一样都离不开语境的参与。从语境角度看，写作是基于特定语境的有目的、有意识的书面交流。从语境和语篇互动生成的角度能够具体深入地了解写作的交际本质和言语生成机制。本节将讨论语境的概念和类别，建构一个语境层次模型，并讨论语境在写作中的功能及发挥作用的方式。

一、语境及其研究

(一) 国外的语境研究

早在公元前3世纪，亚里士多德（Aristotélēs）就注意到语境对语义的影响。1885年，德国语言学家魏格纳（Wegener）提出语境的概念，可是并没有引起很大反响。①真正对语境研究作出开创性贡献的是英国人类学家马林诺夫斯基（Malinowski）。从他开始，语境理论发展大致经历了三个阶段：

第一阶段，语境理论的初创，时间大致是20世纪20年代至60年代。马林诺夫斯基把语境分为情景语境和文化语境两大类，到弗斯（Firth）把语境思想引入语言学。

第二阶段，语境理论拓展，时间大致是20世纪60年代至80年代。这一时期许多语言学家认识到语境对语言使用的重要性，对复杂的语境变量进行抽象归纳，并在不同程度探讨语境与语言结构或语言功能之间的对应关系。代表人物有韩礼德（Halliday）、雅柯布逊（Jakobson）、格里高利（Gregory）、海姆斯（Hymes）、范·戴克（Van Dijk）、莱昂斯（Lyons）、哈桑（Hasan）等。

第三阶段，从20世纪80年代到现在。这是前一阶段的深入研究，克服前一阶段静态研究多、动态研究少等缺陷，并把语境研究与许多相关领域的研究结合起来。

下面简要介绍在语境研究中的几个代表性人物及其观点：

1. 马林诺夫斯基（Malinowski）的语境观

马林诺夫斯基早年在巴布亚新几内亚等地研究当地语言时发现语

① 魏格纳在他的“情景理论”中，把“情景”分为“明显情景”（即交际双方所处的直接情景）和“记忆情景”（即交际双方根据记忆中的所获得的背景知识），并阐述了情景因素在方言研究中的作用。

境对语言理解的重要。1923年，他在给《意义的意义》写补录时提到，“话语和环境相互紧密地纠合在一起，语言环境对于理解语言来说是必不可少的”。马林诺夫斯基认为：话语的意义并不来自于构成话语的词的意义，而是来自于话语与其所发生的情景之间的关系。语境一旦改变，语言的意义也可能会随之改变。他之后区分了话语语境、情景语境和文化语境，并打开了语境研究的新局面。

2. 弗斯（Firth）的语境论

20世纪50年代，马林诺夫斯基的观点被英国语言学家弗斯继承发扬。弗斯在《社会中的个性与语言》中对语境作了比较详细的阐述。弗斯秉持社会语言观，既不把语言看作是完全天生，也不把语言看作是完全后天获得的，而是把语言看作一个社会过程。语言既是一种做事的行为手段，也是一种使他人做事的生活手段。人类为了生活，必须去学习语言。弗斯认为语境的意义有两种：形式意义和情景意义，分别出自言内语境和言外语境。

3. 韩礼德（Halliday）的语域语境理论

从20世纪60年代中期开始，韩礼德逐渐把语境看作是语篇之外的情景因素，即情境语境，而不再包括语篇内部的上下文，即语篇语境。1964年他提出了“语域（Register）”这一术语。“语域”是语言使用的场合或领域的总称，这是个类似“情境语境”的概念。韩礼德把“语域”（或情景语境）分为语场（Field）、语旨（Tenor）和语式（Mode）三个方面：（1）语场即话语范围，指语言使用时所要表达的话题内容、活动或发生的事情和事件；（2）语旨即话语基调，指交际活动参与者的社会地位、角色关系以及交际意图；（3）语式即交际方式，指进行交际所采用的媒介或渠道，语篇的组织方式、信息的呈现方式、衔接、修辞方式等。简单地说，就是通盘考虑在什么场合下、为了什么目的、以什么样的得体正确的方式去交流。

韩礼德认为，语言系统是人类表达意义和交流思想的主要手段，它总是在一定的社会文化背景中形成、发展并发挥作用。意义是系统与环境相互作用的产物。韩礼德等人始终把研究语言意义的产生、传达和理解与研究语言环境紧密联系在一起，他确信语言的意义存在于语境（如会场、教室、语篇）之中，应当从外部，而不是内部或者它们的语法形式来研究语言。语言不是“所有合乎语法的句子的集合”，不是“完美的自足系统”，语言的意义来自情境之中。内容（Substance）、形式（Form）和上下文（Context）是语言学描述的三个层次。语言学研究由形式开始转入语义领域。

1965年，美国语言学家费什曼（Fishman）也提出他对“语域”的看法。他着眼于语言变体产生的社会因素，认为“语域”是受共同行为规则制约的社会情境的影响，包括地点、时间、身份和主题，也就是何时何地对谁说什么。

4. 海姆斯（Hymes）、莱昂斯（J. Lyons）、利奇（G.N.Leech）等人的语用学理论

海姆斯1968年提出“交际能力”的概念，认为交际能力包括四个参数：可能性、可行性、得体性、现实性。1972年海姆斯提出语境包括背景和场景（Setting and Scene），参与者（Participants: speaker & hearer），目的（Ends: purposes, goals and intentions），行为程序（Act Sequence: form & order of the event），关键点（Key: tone, manner or spirit），风格媒介、发布形式、言语形式和风格（Instrumentalities: Forms & Styles of the speech），手段规范（Norms: social rules），类型或题材、体裁（Genre）等八方面因素，简称SPEAKING。

受海姆斯交际能力理论的影响，英国语言学家莱昂斯在他1977年出版的《语义学》中主张把语言能力看作是：发话者能否根据语境因素的要求得体而有效地传达意义。他在书中归纳了构成语境的六个方面：参与者扮演的角色和地位、参与者所处的时间位置、交际的正式程度、交际得以实现的媒体、交谈的话题、话题涉及的范围和领域等六个语境变量，认为这些语境变量是交际双方都必须共同具备的语言知识。

语言学家利奇在《语用学原则》一书中提出"语用学是研究有关言语环境中的意义的科学"。语用学研究的言语环境（语境）包括：（1）言语发出者（说者、作者）/言语接收者（听众、读者）；（2）话语语境；（3）话语目的；（4）作为行为或活动形式的话语：言语行为；（5）作为言辞行为的结果的话语。

语用学是关于人们在一定语境中实际运用语言的一门科学，特别是话语表达和话语理解等活动。语言的实际应用主要是进行交际对话，就是用语言进行信息交流和交换。具体表现为在特定的语境中说话人和受话人进行话语交际：说话人根据特定的交际情景准确而又得体地表达自己的思想感情，受话人根据特定的交际情景准确理解说话人的意思并作出积极的回应。

进入20世纪80年代，一批有影响力的语用学专著相继问世。其中李维森（Levinson，1983）的《语用学》讨论话语的一些基本语境参数，包括参与者、身份、角色、言语活动的时间、地点、参与者对所知事物的种种假设等。20世纪80年代，转换生成语言学派的代表人物乔姆斯基（Avram Noam Chomsky）也在其理论后期的语义分析中，强调了语境的重要性。

5. 斯珀波（D. Sperber）和威尔逊（D. Wilson）等提出的认知语境

1986年，斯珀波和威尔逊合作出版了《关联：交际与认知》（Relevance：Communication & Cognition）一书，创立"关联理论"

(the Relevance Theory)来修正和替代格赖斯的“合作理论”。Sperber和Wilson把语境定义为一个“心理建构体”，并提出语言交际的基础是双方共有的认知语境(Cognitive Environment)。同时语境也不是一个静态、凝固的概念，而是一个动态、发展的概念，因为交际本身就是一个动态的过程，认知环境中交际双方互知、互明的部分才能成为表达和理解话语的语境。在交际过程中有些语境因素如知识背景、交际时间、地点等相对来说比较稳定，但有些语境因素特别是共有知识(Mutual Knowledge)会随着交际的进行而不断地扩大，使原来不为双方共同拥有的知识可能在交际过程中变为共有知识，成为进一步交际的基础。在交际中，说话者根据交际目的和意图不断地选择语境，而语境也随着交际的进行不断得到扩展和补充。①同以往许多语境论者相比，Sperber和Wilson关于语境的论述更符合人们的认知规律，因而更具概括力和解释力，成为近三十年来最具革命性的语境理论。

6. 范·戴克(Van Dijk)的动态语境论

随着语用学的发展，又出现了动态语境概念。荷兰语言学家范·戴克(Van Dijk)是动态语境论者。范·戴克(2008)批评韩礼德的系统功能语言学对认知缺乏兴趣，不去认识语境的心理表征(Mental Representation)以及知识和其他相关语言使用者的认知特征和社会特征所具有的重要作用，因而无法解释语境的动态性。他从语境真实性的角度出发，把语境分成“可能语境”和“真实语境”两种；从语境涉及的范围出发，把语境分成“局部语境”和“整体语境”两种。范·戴克的语境模式主要包括三个方面，即背景、参与者、交际及其他行为/事件。

---

① Dan Sperber & Deirdre Wilson. Relevance Theory. pdf[DB/OL]. http://people.bu.edu/bfraser/Relevance%20Theory%20Oriented/Sperber%20&%20Wilson%20-%20RT%20Revisited.pdf, 2015-07-19.

背景包括时空环境，参与者分为自我和他人。范·戴克强调自我是语境模式的中心和关键。语境模式具有关联性，但范·戴克认为他的关联性与Sperbe和Wilson所提出的关联性不是一回事。Sperber和Wilson对关联性的研究其实并不属于认知范畴，而是一种形式研究和哲学研究。语境与交际参与者共有的或新增的知识以及交际的目标和意图密切关联，范·戴克特别强调知识或者说共有的社会文化知识在语境建构中的重要性。在语境模式中，有一个中心装置即K装置（Knowledge-device），负责调节话语中的知识表达或不表达。在话语进行的每一时刻，K装置都在不断输入说话人的当前知识，计算着有多少这样的知识已被接受者所共有。就话语产生的总体认识策略而言，共有知识是不需要被表达出来的，因此可保持隐含状态，此时接受者被认为已经有了这一知识，或者被假定具有从已知知识推导这一知识的能力。这一共有的知识即所谓说话人和接受者之间的共有知识场（Common Ground）。K装置在说话者与接受者之间建立起共有知识场帮助人们根据共有知识推断出别人的感受、信念和知识等，连同语境模式的其他成分对交际行为和语篇进行协调。[①]范·戴克还认为语境是参与者的主观建构，是一种独特的经验和心理模型，是一种图式结构，语境研究离不开语类（Genre）研究，是社会的变体和文化的变体，语境控制话语的产生和理解，经常而且基本上是有计划的。语境不可被简化为语篇或谈话。

此外，国内学者周礼全、王建华、熊学亮、钱冠连、何兆熊等也明确提到了动态性是语境的重要性质之一。从长远的观点来看，动态地研究语境更能揭示其真面目。

---

① 陈春燕，Van Dijk.《话语与语境》介绍[J]. 外语教学与研究（外国语文双月刊），2010(1).

目前国外已将语境理论广泛应用于语言教学中。美国学者赫德利（A. O. Hadley）著的《在语境中教语言》由汤姆森学习出版集团出版，于2004年外语教学与研究出版社引进在我国出版发行。语境学已逐步发展成为一门学科，为语言学研究、语言学习和语言教学作出了不可估量的贡献。

（二）国内的语境研究

我国关于语境的思想由来已久。自《易经》《老子》提出“言意”关系后，三国王弼有“存象忘意”论。唐朝诗人王昌龄提出“情境”一词，在《诗格》中，他提出“诗有三境”，即“物境”“情境”和“意境”，后来明有“情景交融”（谢榛），清有“意境说”（王国维），均涉及后世语境学研究范畴。

在现代，1932年陈望道先生在《修辞学发凡》中提到的“题旨语境”大致相当于今天的语境。他在书中提到的“六何”（即“何故、何事、何人、何地、何时、何如”）被中国语言学界公认为是有关语境的最早阐述。他指出“修辞以适应题旨情景为第一要义”“写说是要适应题旨情景的，只有适应当时的题旨情景的修辞，才是好的修辞”。陈先生的这种语境观，直接影响了夏丏尊等人的写作思想。

张弓先生在其1963年出版的《现代汉语修辞学》一书中指出：“修辞的原则是结合现实语境，注重交际效果。所谓语境，包括社会情境、自然环境及上下文。”①吕叔湘在1979年撰文提出“一句话离开了上下文或说话的环境意思就不清楚”②的问题。张志公先生在其1985年所主编的《现代汉语》一书中专辟一节谈“语义与语言环境”。他认为语言是在某种社会的某种环境中使用。理解和使用语言，都离不开一定的语

① 张弓. 现代汉语修辞学［M］. 天津：天津人民出版社，1963：2～3.
② 吕叔湘. 汉语语法分析问题［M］. 北京：商务印书馆，2005：59.

言环境。①

20世纪80年代开始，随着国门开放，西方语言学和语用学研究的引进，语境学研究受到人们的关注，语境的研究无论从数量上还是从深度上都有了一个极大的飞跃。这一时期的语境研究几乎涉及了与语境有关的所有问题，如语境的构成、语境的分类、语境的性质、语境的功能等，但大部分关于语境的研究几乎都属于静态语境要素研究。②

20世纪90年代以来，语境研究涉及的范围越来越广。语境问题被作为专门的研究对象和一门独立学科来研究，出现了大量的专著。日本学者西稹光正选编的《语境研究论文集》（北京语言出版社，1992）是语境研究之集大成，比较全面地反映了那时语境的研究概貌。这一时期，很多以“语境学”为主题的著作出版，如朱永生的《语言·语篇·语境》（清华大学出版社，1993），王占馥的《语境学导论》（内蒙古大学出版社，1993），《语境与语言运用》（内蒙古教育出版社，1995）和《汉语语境学概论》（南方出版社，1998），才镇东的《语境与修辞》（贵州人民出版社，1996），刘文义的《语境学》（河北人民出版社，1996），冯广艺的《汉语语境学概论》（宁夏人民出版社，1998）和《语境适应论》（湖北教育出版社，1999），裴文的《现代英语语境学》（安徽大学出版社，2000），王建华的《现代汉语语境研究》（浙江大学出版社，2002）等专著相继出版，为我国语境学这门新学科的建立作出了贡献。

21世纪，王建华等人所著的《现代汉语语境研究》（2002）主要着眼于语境本体的研究，重点是语境的性质、构成、分类等内部关系的研究，语境功能的研究，语境与话语、语用主体的关系等外部联系的

① 张志公．现代汉语［M］．北京：人民教育出版社，1982：278～282．

② 何兆熊，蒋艳梅．语境的动态研究［J］．外国语，1997（6）．

研究，还涉及语境与语言运用、语文教学的关系等。这本著作在全面吸收前贤研究成果的基础上，运用语用学理论对现代汉语语境中的诸多问题进行了比较全面而深入的分析，构建了语境研究较为完整的体系，是一部较为全面的研究语境问题的著作。熊学亮在其《认知语用学概论》中认为“语言交际的基础是交际双方共有的认知环境”，这个认知环境就是他们所谓“共有的知识或共有假设”，否则理解和交流无法发生。[①]朱永生所著的《语境动态研究》（2005）从社会文化的角度集中讨论语境与语言使用之间的辩证关系，论述了语境的界定、语境变量的分类、语境变量与语义结构之间的关系、语境的动态特征以及语境研究的理论意义与实用价值等问题。这对于加深语境概念的理解和语言使用规律的认识多有贡献。周明强所著的《现代汉语实用语境学》（2005）主要是在论述语境的定义、意义、功能等基础上探讨具体语境条件下的语言运用，也涉及教学语境与语文教学的内容。

（三）语境学与语文教学研究

语言学术界有关语境研究的一些著作中，基本不具体涉及语文教学层面的问题，有的只是作为一种教学思路予以简略提及。但是，语文教育界对于语境学思想理论的吸收应用一直没有停止。

早年陈望道先生提出的“题旨语境观”对夏丏尊的作文教学思想和叶圣陶的阅读教学思想均有一定影响。我国的语文教学大纲或课程标准教材中并不缺乏语境教学思想的痕迹。如在口语交际教学时“说话要看目的和对象”，在阅读教学中“词不离句、句不离段、段不离篇”“结合上下文（语境）理解字词句子”等提法早已存在，但是将语境作为语文教学理论进行研究是近二三十年的事。

---

① 熊学亮. 认知语用学概论［M］. 上海：上海外语教育出版社，2004：89.

章熊、王建华、王尚文、李海林等是把语境学应用于语文教育的开拓者。早在1990年章熊先生撰写的《语言的运用和语境》一文中就指出语文教学“从根本上来说，是要使学生了解语言的运用和语境的关系”[①]。1993年李海林撰文指出：“语境是言语交际得以实现的环境系统，阅读教学的实质是言语交际训练。基于这种认识，语文阅读教学必须依傍语境、结合语境来进行，以语境为核心。语文阅读教学实际上就是语境教学。”[②] 1993年4月王建华的《语用学在语文教学中的运用》由杭州大学出版社出版。后改为《语用学与语文教学》作为全国中小学教师继续教育教材于2000年由浙江师范大学修订出版，该书专章探讨了“语境策略”问题。王尚文先生出版于1995年的《语感论》专章探讨语感和语言环境的问题，并提出了“境感”。2000年7月由上海教育出版社出版的李海林的《言语教学论》专门讨论了“语境教学”问题。他在致力于从“言语教学论”构建语文课程与教学理论体系的过程中，已经发现语境学、语用学对语文教育的重要理论价值，并提出了极具创见的学术观点。

世纪之交，一些学者将语境学运用于阅读教学。何贤景在1998年所著的《语词语境语感》中提到：“所谓语境教学，属阅读教学范畴，它侧重于充分利用语境因素来探讨句子、句群或段落、篇章的隐含信息。这有别于一般文章学意义上的剖析课文，也有别于审美意义上的鉴赏课文。”2001年，黄新宇在《语境教学三议》中也指出：“语境教学，属于阅读教学的范畴，它侧重于利用语境因素探讨语言文字的隐含信息。”另有一些零散的论文，如朱跃平的《语境策略在语文阅读中的若干应用》（《语文教学通讯》，2000（2））。香港的岑绍基将功能语言学应用于语

① 章熊. 语言的运用和语境[J]. 语文教学通讯，1990(4).
② 李海林. 语境学与语文阅读教学[J]. 语文学习，1993(11).

文教育并系统地研究了“语篇、语域、文类”的关系以及语文教育中的语境分析。以上这些研究大多停留在阅读教学层面。

将语境理论应用于写作教学领域的研究更是凤毛麟角。吴立岗《言语交际作文教学》和于永正的《小学言语交际表达训练作文实验》明显含有语境学因素和意识。王建华等人所著的《现代汉语语境研究》中提到要针对命题作文利用语境的提示功能，通过联想，使命题作文有新意，有时代感；要针对材料作文利用语境的匹配功能，使作文符合题旨。他们所提出的作文同语境的结合还是被动的，停留在强调写作时与语境因素吻合，而不是主动地创设语境，利用语境。周明强所著的《现代汉语实用语境学》中，简略地探讨了语境策略在写作教学中的地位以及语境策略在写作中的运用。

近年来以语境与语文教学为题出现了一些学位论文。如沙欧的《语境与非预设性语文阅读教学》（四川师范大学，2004）、何如的《语境和中学语文教学》（福建师范大学，2003）、孙世明的《语境语法教学》（东北师范大学，2003）、陈海东的《语境与中学作文教学》（华东师范大学，2007）、汪倩的《语文教学中的语境教学》（辽宁师范大学，2007）、朱峰的《语境与中学语文阅读教学》（浙江师范大学，2008）、郭烈萍的《小学语文语境式词语教学探究》（苏州大学，2011）等等。

目前，将语境学系统自觉地应用于语文教育理论和实践的是孔凡成教授。孔凡成认为“语境教学是语文教学的发展方向”[①]。其原因在于：第一，语文教学本身就是语境教学，汉语规律和特点决定了语文教学必须借助语境教学。第二，我国的语文教学就语言学而言，很少有结合语境来指导语言学习的，结果学生所掌握的只是一些静态的语言知识，严

① 孔凡成．语境教学：语文教学的发展方向［J］．语文建设，2014（2）．

重制约了学生的符合实际需要的语文能力的提高。他指出“语境教学”是以培养学生的言语能力为宗旨的对话型言语交际活动，须遵循和运用语境理论来指导教师的教和学生的学。具体而言，在语文教学中，教师必须以语境理论为指导，顺应教学语境的变化，遵循语境教学原则，根据语境教学特点和语境教学途径，运用语境设计法、因境定教法、语境教学法和语境评价法教给学生语境知识，指导学生掌握语境学习法，切实提高学生生活需要的语文能力。[1]孔凡成的语境教学研究很大部分是从研究语文名师李吉林的“情境教学”开始的。他指出“情境教学”和“语境教学”不是一回事。“情境教学”是从情与境、情与辞、情与理、情与全面发展的辩证关系出发，创设典型的场景，激起儿童热烈的情绪，把情感活动和认知活动结合起来的一种教学模式。李吉林的“情境”实质是“人为优化了的环境，是促使儿童能动地活动于其中的环境”。语境指人们运用语言进行言语交际的言语环境，不是人为“优化”的典型场景，而是真实的言语环境。孔凡成认为语境教学不是简单的对“情境教学”偷换概念的产物，也不是“语境”与“教学”简单拼凑的结合体，它的出现具有其自身的价值，尤其对于学生言语能力及其语文素养的提高必然产生不可忽视的价值。可是，孔凡成的“语境教学”也基本属于语文阅读教学法层面，其实是可以向语文课程各领域包括写作教学领域拓展的。

二、语境的定义、要素和类别

(一) 语境的定义

语境的概念最初出现于人类学和语言学领域，后来扩展到传播学、哲学、社会学、文化学、心理学、逻辑学、文艺学、人工智能、计算机和

① 孔凡成. 语境教学研究[M]. 北京：人民出版社，2009：119.

信息科学等众多领域。由于不同学派观点纷繁杂陈，要对语境下一个定义不是一件容易的事情，加上语境的定义与其要素构成、类别划分很难分开，下面我们也只好综合加以讨论。

语境(Context)，简单地说即语言运用所涉及的所有主客观因素。有人从哲学角度认为："语境指的是物质世界、人类社会和思维三大世界中决定或影响人类的思想、意思的表达和具体表达方式的所有因素的集合体。"①尽管语境本身是一个几乎包罗万象的概念，它简直就是整个世界、时空以及人类的社会、文化、心理的总和，但这样说似乎过于笼统，没有揭示出语境的本质。鉴于语境定义过于复杂，王建华在《现代汉语语境研究》②中把语境定义归纳为如下几种类型：

第一，语境是所有语言运用、语言实践的条件。它包括主观语境，即人的因素，如交际双方的身份、职业、思想、修养、情感、性格、习惯、爱好、心理、处境，双方的关系亲疏、交际过程中的情感变化等。客观语境即环境因素，包括交际的时间、地点、场合、话题、内容、题旨、目的、氛围、风格、习惯、文化、时代等。语言的自身语境即上下文或言辞语境即词语语境、短语语境、句子语境、段落语境和篇章语境以及辅助语言(指体态语、手势、旗语、自然物等)构成的语境、语体特点语境等。

第二，从语言实体角度分为语言性语境和非语言性语境两方面。语言性语境有语言环境和副语言环境；非语言性语境有社会、文化、自然和语体环境。刘国祥认为"语境是人们在言语交际中理解和运用语言所依赖的各种表现为言辞的上下文或不表现为言辞的主客观因素"③。前者指语言要素系统内部之间的关系即上下文、上下段或上下句；后者即

① 刘晓峰．语境研究的哲学思考［J］．宁波大学学报(人文科学版)，2005(3)．
② 王建华．现代汉语语境研究［M］．杭州：浙江大学出版社，2002：33～34．
③ 刘国祥．浅谈语境在语用学研究中的作用［J］．外语学刊，1997(1)．

影响交际的社会情景，包括场所、话题、会话人以及其身份、会话人之间的关系和社会背景等。

第三，强调语境的动态性，认为语境就是语言行为发生的环境，分为即时语境和背景语境。前者包括使用语言者发出行为的时间、地点、话语的前言后语及其当时的思维和表达方式等；背景语境包括使用语言者所处的时代背景、社会状况、生活经验、人际关系、性格特征、职业身份、文化修养、思想品质以及语言行为等各种潜在的背景因素。①

第四，从语言与认知关系的角度，认为话语本身就是语言的、认知的、人际之间的相互作用以及社会文化方面内容的综合表现。其中认知环境包括同话语生成、理解与表现密切相关的各种认知现象；社会环境包括话语活动参与者之间的关系、话语活动的场所和目的等；文化和种族环境。

第五，"知识命题激活说"。该说认为语境是"一次交际中，发话者为了使受话者理解一段主题话语所传递的真正意义而试图激活的交际双方共有的相关知识命题，这些命题最终表现为帮助主题话语形成意义的预设命题、帮助主题话语补充命题以及帮助主题话语推导言外之意的前提命题等"。这些命题如果源于上下文就称为上下文语境；如果源于交际现场，就称为现场语境；如果源于受话者的知识背景，就称为背景语境。②

仇鑫奕认为语境最具代表性的定义当属下面两种③：

（1）语境是假定被发话人和受话人所共享的背景知识，它有助于受话人理解对方话语的意义。（Leech，1983）

① 申镇．语境选择的若干问题［J］．外国语，1993（3）．
② 徐默凡．论语境科学定义的推导［J］．语言文字应用，2001（2）．
③ 仇鑫奕．语境是相对于什么而言的［J］．汉语学习，2006（5）．

（2）语境是心理产物，是受话人对世界一系列假设中的一组。正是这些假设，而非客观世界，制约着受话人对话语的理解。（Sperber & Wilson, 1986）

这两个定义基本都是从认知语言学角度讲的。Sperber和Wilson将外界的信息、先前话语、对未来的期盼、科学假设、宗教信仰、轶事记忆、文化观念、对说话者心理状态的固有看法等都包括在语境的范围内。他们认为语境不仅包括话语的上下文或交际时的物质环境，而且也包括一套用以理解交际意图的假设、信念、记忆、讲话人的心理状态等。语境信息不仅可以从话语的上下文、观察讲话人以及交际现场中得到，而且还可以从文化科学知识、普通常识以及听话人在现场所能获得的任何共有或特殊信息中得到。换言之，语境不仅是静态的，而且是动态的、不断发展的。

（二）语境的分类和构成要素

1. 国外的语境分类

亚里士多德在《雄辩术》中提到交际事件中的基本变量：说话人（Speaker）、信息（Message）、听话人（Audience）、形式（Form），这些可以看作是交际语境要素的基本构成。

1923年马林诺夫斯基最初区分出了两类语境，一是“情景语境”，二是“文化语境”。“情景语境”是指言语行为发生时的具体情境；“文化语境”是指说话者生活于其中的社会文化。“伦敦学派”创始人弗斯继承、发展了此观点，并在他的《社会中的个性和语言》中把语境定义为：“上下文语境”（即一句话的上句和下句，一段话的上段和下段）和“情景语境”（即语言与社会环境之间的关系）。弗斯把语言环境分为两个层次。（1）篇章本身的内部关系：①结构的成分间的组合关系；②

系统中单位的聚合关系，以及这种关系的价值；（2）语言环境的内部关系：①篇章与非语言成分之间的关系，以及它们总的效果；②篇章中的“小片段”和“大片段”（如词、词的部分、短语）与环境的特殊组成成分（如项目、物体、人物、性格、事件）之间的关系。在1957年出版的《语言学论文集》中，弗斯对语言环境给出了一个图解，不但概括了情景语境，而且概括了语言环境。（1）参加者的有关特征：人物，性格。①参加者的语言行为；②参加者的语言行为以外的行为。（2）有关的主题，包括物体、事件以及非语言性和非人格性的事件。（3）语言行为的效果。继费斯之后，语言学家Hymes、Halliday、Lyons和Fisherman都从各种角度讨论了语境，提出了各自的看法。Halliday提出语域（Register）的概念，语域所反映的就是语境。他认为语场（Field）、语旨（Tenor）、语式（Mode）为情景语境中的三个重要因素。

美国社会语言学家Hymes将语境分为话语的形式和内容、背景、参与者、交际工具、风格、目的、音调、相互作用八个规范要素。国际语用学会秘书长维索尔伦在《语用学新解》中把语境话分为交际语境和语言语境。交际语境包括物理世界、社交世界和心理世界三方面的内容；语言语境则指交际者对所使用语言的掌握程度。

Sperber和Wilson从认知的角度出发，把语境定义为“一个心理结构体”（Psychological Construct），是“一系列显映的事实或假设”（A Set of Assumptions）。Sperber 和Wilson将话语理解所需要的语境分为下列因素：（1）演绎装置中的记忆内容，即已经经过逻辑推理而获得的结论或假设；（2）具有综合目的或用途的短期记忆内容；（3）有关世界的百科知识；（4）可以从场景中直接获取的信息。可见，认知语境不仅包括交际的具体环境和上下文的信息，还包括对未来的期待、科学假设、宗教信仰、长期或短期的记忆、总体文化概念以及受话者对说话人心智状态的判断等。语境不是外在于交际参与者的客观现实，而是存在于人的头脑之中，是人脑对外界信息进行内化的结果。由于每个人的经历、感知能力、认知能力、推理能力以及记忆能力各不相同，因此认知环境也因人而异。但是，认知环境仅为一个人理解话语提供了一个潜在的语境，只有发话者和接受方的认知环境中显映的事实或假设出现重叠的部分才能成为双方共同的认知环境。在交际过程中，交际参与者根据具体需要，从其认知环境中选择较为相关的内容，临时建构适合于特定交际的语境，这个语境不一定是双方事先知道的，也不是固定不变的，而是动态生成的。这些认知、假设、百科知识、信息等，无疑需要从生活、学习、读书等活动中来，是言语主体不断积累、建构、生成的结果。尽管这种基于内在的、认知心理的语境要素应该更接近于人类交际活动的本质，但不能因为直接影响认知推理过程的要素主要来源于大脑的认知推理，就否认交际语境、社会文化语境的作用。事实上，认知语境是语篇语境、交际语境和文化语境的内化生成状态。

受关联理论和认知语境的影响，维索尔伦（1999）认为语境是指与话语相互顺应的一切因素或影响话语处理的一切因素，不仅包括物质语境、社会语境，也包括心理语境、交际语境、语言语境，从全新的视角提出了语境关系顺应论及语境的动态生成观。

2. 国内的语境分类

我国语言学家对于语境分类也有重要的学术成果。陈望道先生从修辞学的角度出发提出了“题旨情景”。所谓“题旨”就是“立言的意旨”，包括作品的主题思想、写作者的主观因素、风格上的追求和语体上的选择。所谓“情景”，指的是写文章或说话时所处的种种具体环境。他认为“六何”是“情景”上的六个分题，“何故”即写说的目的，是为劝化人还是想使别人了解自己的观点、意见；“何事”即写说的事项，是日常的琐事还是学术讨论等等；“何人”即写说的对象，为谁写说，要处理好写说者和听读者的关系；“何地”即写说的地点，是城市还是乡村，是学校还是工厂之类；“何时”即写说的时间，小至年月、大至时代；“何如”即写说的方式，如怎样立意、怎样阐述、怎样裁剪、怎样配置等等。[①]陈望道先生的语境要素基本上属于外在的情景语境，也就是交际语境。

1963年张弓先生提出的语境要素包括以下六个方面[②]：

（1）联系说话时的情境；

（2）利用时间地点等条件；

（3）利用自然景物特点；

（4）适合说话人和听众读者的关系；

（5）适应听众读者的情况；

（6）照顾上下文的关系等项。

这是新中国成立后较早的关于语境的论述，张弓先生还将它们应用于文章分析。

张志公在他主编的《现代汉语》中把语境分为现实语境、时代社会语境和个人语境。他指出：“所谓语言环境，从比较小的范围来说，对语义的影响是最直接的，是现实的语言环境，也就是说话和听话时的场合以及前言后语。此外，大至一个时代、社会的性质和特点，小至交际双方个人的情况，如文化教育、知识水平、生活经验、语言风格和方言基础等，也是一种语言环境。与现实的语言环境相对称，这两种语言环境可以称为广义的语言环境。”[③]

---

① 陈望道．修辞学发凡［M］．上海：上海教育出版社，1976：6．

② 张弓．现代汉语修辞学［J］．天津：天津人民出版社，1963：2～3．

③ 张志公．现代汉语［M］．北京：人民教育出版社，1982：213．

著名修辞学家王德春认为："语境就是时间、地点、场合、对象等客观因素和使用语言的人、身份、思想、性格、职业、修养、处境、心情等主观因素所构成的使用语言的环境。"①他的这种观点称为语境的"主观客观说"。

何兆熊把语境概括为语言的知识和语言外的知识，其中语言的知识包括所使用的语言的知识和对语言的上下文的了解；语言外的知识包括情景知识（交际活动的时间、地点、话题，交际的正式程度和参与者的关系）和背景知识（文化，会话规则，关于世界的一般知识和参与者的相互了解）。②

徐翁宇和王冬竹认为语境分为广义语境（大语境）和狭义语境（小语境）。广义语境主要包括两大要素：一是参与者的个人因素（性别、年龄、职业）；二是政治、经济、文化背景。狭义语境包括三个要素：一是上下文或前言后语；二是情景；三是参与者的共知信息。广义语境从客观上和总体上对话语产生影响；狭义语境从微观上、结构上和语义上对话语产生影响。如果说广义语境对书面语的理解有重要作用，那么狭义语境对话语的生成和理解起着十分重要的作用。③

廖秋忠认为，语境包括上下文、交际双方的目的、交际双方对彼此的认识与假设、说话的现场知识、世界知识、彼此的信仰、文化背景与社会行为模式的知识等。④这显然受到认知语境学派的影响。

熊学亮认为语境其实多半是认知性质的语境，即在语言使用中起

---

① 王德春．修辞学探索［M］．北京：北京出版社，1983：70．

② 何兆熊．新编语用学概要［M］．上海：上海外语教育出版社，2000：19～22．

③ 李占芳．语境理论研究对语言教学的启示［J］．华北电力大学学报（社会科学版），2006（1）．

④ 廖秋忠．语用研究论集：篇章与语用和句法研究［C］．北京：北京语言学院出版社，1994：2．

作用的大脑知识结构和控制若干知识结构排列组合的规律或规则。熊学亮把语境分为语言语境和非语言语境，而非语言语境包含物理语境和认知语境。[①]他还提出“一切语境都是认知语境”的看法，并指出“语用因素结构化、认知化的结果就是大脑中的认知语境”[②]。熊学亮认为认知语境包括语言使用涉及的情景知识（具体场合）、语言上下文知识（工作记忆）和背景知识（知识结构）三个语用范畴，也包括社会团体所共有的集体意识，即社会文化团体办事、思维或信仰的方法。

王希杰认为，语言环境是交际活动中四个世界的统一，即由语言的世界、物理的世界、文化的世界和心理的世界所构成。[③]

陈治安、文旭总结了前人对语境的分类，得出六对主要类型：广义语境和狭义语境；情景语境和上下文；主观语境和客观语境；显现语境和隐性语境；真实语境和虚拟语境；言辞内语境和言辞外语境。胡状麟把语境归结为三类：语言语境；篇章内部的环境，或称上下文情景语境；篇章产生时的周围情况，事件的性质、参与者的关系、时间、地点、方式等文化语境；说话人或作者所在语言社团的历史、文化和风俗人情。

我国学者钟锟茂把语境分成“言内语境”和“言外语境”两大类，这两大类又可进行更下位的分类。（如图2.1）根据他的研究，情景语境是位于语言之外的第一级非语言语境。从言内语境到言外语境，语境由稳定性向动态性、由外显性向内隐性、由制约性向生成性过渡。[④]

---

① 熊学亮．语用学和认知语境［J］．外语学刊（黑龙江大学学报），1996（3）．
② 熊学亮．语用学和认知语境［J］．外语学刊（黑龙江大学学报），1996（3）．
③ 王希杰．四个世界和语境类型［J］．宁夏师范学院学报，2007（1）．
④ 钟锟茂．浅议语境的分类［J］．龙岩学院学报，2006（1）．

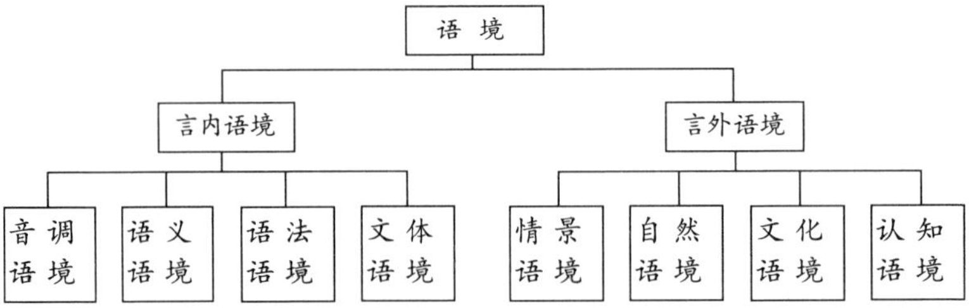

图2.1 钟锟茂语境分类图

表2.1 王建华语境构成和分类表

第一层次	第二层次	第三层次	活动形态	影响方式	呈现性质	显示功能
言外语境	认知背景语境	非现实虚拟世界的知识 整个世界的百科性知识	动态性	内隐性	差异性	生成性
	社会文化语境	文化传统 思维方式 民俗习惯 时代环境 社会心理				
言伴语境	伴随语境	其他各种临时因素 语言 风格 情绪 状态 关系 媒介				
	现场语境	时间 地点 场合 情况 话题 事件 目的 对象				
言内语境	语篇语境	语篇 段落				
	句际语境	前后句 上下文	稳定性	外显性	共同性	制约性

王建华在《关于语境的构成和分类》（2002）中确定了周遍性、层次性和简明性三个分类原则，而后把语境分为言内语境、言伴语境和言外语境，同时根据它们的活动形态、影响方式、呈现性质和显示功能分成：动态/稳定，内隐/外显，差异/共同，生成/制约的动态变化的两极。

可见，不同学派的语言学家从不同角度、不同层面对语境进行了划分，如广义语境和狭义语境，语言语境（或言辞内语境）和非语言语境（或言辞外语境），宏观语境和微观语境，显现语境和隐性语境，主观语境和客观语境，真实语境和虚拟语境，情境语境和上下文语境等。

总括以上不同的观点，可以发现人们所说的语境的构成因素是相当庞杂的。大到社会、时代、文化，小到具体的话语形式和内容、上下文，几乎无所不包。难怪有人说，"语言是一种社会现象，社会上的一切都可能成为语境。语言是一种物质现象，自然界的万事万物都可能成为语境"①。由于任何因素都可能成为语篇的相关因素，语境理论有可能成为"万有理论"（Theory of Everything）。

三、语境层次统合模型

（一）语境层次模型

我国语言学家胡壮麟先生（1994）在Halliday的框架模式上把语境分为三类：语言语境（Linguistic Context）、情景语境（Situational Context）和文化语境（Cultural Context）。（1）语言语境，指语篇内部环境，也就是文本前后出现的词语或句子，可以称为"上下文"（Context）。（2）情景语境，指交际事件发生时，参与者是谁，参与者的社会地位，交际事件发生的时间和地点，交际的渠道，交际的内容以

① 王建华．关于语境的构成与分类［J］．语言文字应用，2002(3)．

及交际的正式程度等一系列因素，可以称作“小语境”。(3)文化语境，是指交流过程中某一话语结构表达某种特定意义时所依赖的各种主客观因素，包括时间、地点、场合、话题、交际者的身份、地位、心理背景、文化背景、交际目的、交际方式、交际内容所涉及的对象等，也叫“大语境”。

根据上述研究，结合语文课程实际，我们把语境分为内外两个类别：一个是外部语境，一个是内部语境。

外部语境包含三个层面：直接影响着文章的前言后语或者上下文呈现在我们眼前的文本语境或语篇语境；直接或间接地体现为写作的任务要求，比如写给谁（读者）、为什么（目的）、采用什么文体和语言去表达的交际语境或者叫情景语境；我们看不见、摸不着，存在于我们意识深处潜在地影响我们思维、行为、习惯的社会文化语境也可以叫背景语境。这三者可以分别称为微观语境、中观语境和宏观语境，它们之间是一个由小到大、由近及远、由可见到不可见的层叠蕴含结构。某种程度上，语境就是外在于我们的整个物质世界、社会生活和文化世界。

在上述三重外在语境之外，还有一个内部语境，即认知语境也在发挥直接作用。交际者是语境世界的焦点，语境世界里的所有因素都要通过语言使用者的认知来激活才能在交际中发挥作用。①在具体的交际事件中，只有进入说话人和听话人的认知活动的语境知识，或者说话人在明示意图和听话人进行语用推理时从语境世界所选择的语境知识，才是真正起作用的语境知识。如果这个外在的语境世界不与内部的认知语境发生联系，它就对交际不起直接作用。“我思故我在”，所有语境要素只有被语用主体（即发话者或受话者）意识到或与话语主体的

---

① 刘澍心. 语境构建论[M]. 长沙：湖南人民出版社，2006：20～24.

认知发生关联，一切语境才真正起作用。这样来说，语言主体的认知意图、愿望以及提取加工外在语境世界的过程、心理和能力，是语境认知的关键。

这样我们就构建起一个以认知语境为底座，以语篇语境、交际语境、背景语境为纵轴的语境层次模型。如图所示：

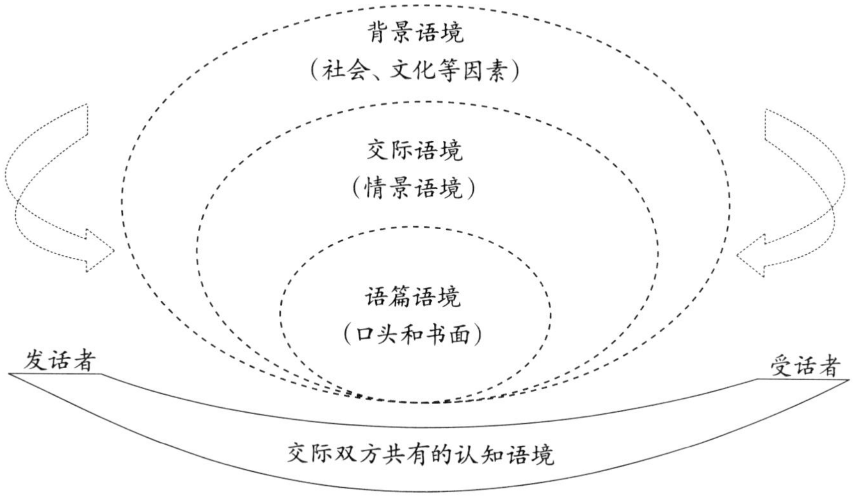

图2. 2 语境层次模型

在这个语境层次模型中，认知语境是核心，它存在于语用主体的大脑认知系统之中，处在不断变动之中；而语篇语境、交际语境、背景语境则是相对客观、固定的语境总量，它悬浮于认知语境之中，并不断实现着二者之间的转换生成。认知语境之中包含发话者和受话者双方，只有双方共有的知识信息，才能产生有效的理解沟通。从教育的角度看，要基于学生已有的认知语境状况，发展、构建、丰富其新的认知语境，学生的一切经验、知识、能力、技能、见识、素养等都在学生的不断生成着的认知语境之中。

(二) 语文教育中语境层次内涵阐释

1. 语篇语境

语篇语境又可以称为上下文语境或文内语境，指的是构成言语作品（包括口头和书面）的词语、句子、段落的上下文、前言后语，以及声音交流时的语气、语音、词语、句子与言语交谈的前后联系。语篇语境是文章内容、形式所涉及的意义和篇章的表现形式，是文章所呈现的信息集合体。从媒介形式上它可以分为话语语境（口头的）和篇章语境（书面的）。篇章语境又可以分为形式语境和内容语境。

篇章形式语境是指文本的可见形态与表现形式。如字词的搭配、句子的连贯、段落之间的衔接等。也就是文章的前言后语与一个个句子、段落组成的上下文，文章由哪几个部分组成，如何开头、结尾、过渡，它们之间是否协调一致、呼应连贯等形成一个有机的整体。文章由哪些材料构成，运用了什么表达方式和呈现形式（包括标题、小标题、字号、段落，甚至分栏、色彩等）。无论是纸质载体，还是电子屏幕篇章的形式语境都是可见的，甚至可以触摸的，是通过符号、空间、色彩来呈现的。

篇章内容语境，也可以叫做文本语义语境，指的是篇章在人的头脑中建构形成的意义，包括文章主旨、材料、体裁、语体、风格等。从文本内容看，它包括了写作者或说话者的“题旨”、主观愿望等；从作品的语体风格看，它包括了写作者或说话者所选用的语体、所追求的表现风格等；它是作者通过文本中的事物、人物、事件、画面、场面、信息等所营造的文章的“物象世界”“想象世界”“意义世界”，是已经写成的文字所呈现的意义和情景。

维索尔伦认为语篇语境主要包括以下三个方面：

(1) 篇内衔接（Cohesion），即利用连词、前指、自指、省略、数词、强调、对比、重复、替代、结构相似性等方式实现语篇语意相关。

（2）篇际制约（Intertextuality），即语篇要受其谈论的主题、使用的文体类型等语用风格或是情景因素的影响和制约。

（3）线性序列（Sequencing），即选择语言时要注意语篇上下文的逻辑—语义关系，按次序对话语作出先后安排。[①]语文教育最值得注意的是语篇语境。“语篇语境”也可以简单地理解为“文章的形式和意义”，即作者建构出来的语篇内容以及所采用的形式。

2. 交际语境

交际语境，又称为情境语境，是指为完成一个交际意图所涉及的交际主体（作者）、交际对象（读者）、交际目的和交际话题等构成的一个场域。它与语篇语境的不同之处在于，它指的是与语篇的内容和形式粘连在一起的交际的时空因素、人与人的关系、交流的目的等。它相当于韩礼德功能语言学中的“情境语境”，即语域、语旨、语式，包括交际目的、交际对象、交际关系、话题、角色、时间、地点、场景、处境等。言语交际活动总是要涉及对谁（读者、对象），说（写）什么（内容、话题），要达到什么目的，要采用什么语言表达形式等问题。如果语篇语境是一个语篇的内容和形式，那么交际语境就是孕育这个内容和形式的母体。在《欧洲语言学习、教学、评价共同参考框架》中，语境“指一系列事件和情景要素（包括物质要素和其他要素），包括人内部及外部的事件和要素，这些事件和要素中包括交际行为”[②]。这里指的主要是交际语境及其要素。

写作中的交际语境指的是文本所要面对的外部交往世界，即产生为文章的外部语境和符合这个语境的话题及交流知识。在交际语境写

① Verschueren. J. Understanding Pragmatics[M]. Beijing: Foreign Language Teaching and Research Press, 2000: 55 ~ 56.

② 洪宗礼，柳士镇，倪文锦主编．母语教材研究（第六卷）：外国语文课程标准译介[C]．南京：凤凰出版传媒集团，江苏教育出版社，2007：381.

作中主要有五个要素，即主题、听众/读者/观众、目的、文体、语言表达等。

3. 社会文化语境

社会文化语境，又称宏观背景或大语境，它包括言语交际双方所生活的社会、文化、风俗、习惯以及交际双方心理、社会角色和交际双方的百科知识等语境。它涵盖了意识层面（理想、信念、价值观念、世界观等）的文化心理语境和文化操作语境（习俗化场景、对象化情景、特定的日常交际规范——方式、态度、程度等外部具体情景）。它表现为参与语境交流的社会文化知识、认知能力、期待、猜想、宗教信仰、文化习俗、思维偏好等。高登亮认为，语境是一个包含多层次语言文化集合的“场”。在这些特殊的语言文化集合体中，语言文化的特定意蕴表现为表象、习惯化、沉淀三个层次，它们之间紧密结合，互为一体。[①]有人从写作学的角度认为，“语境指的是现实社会提供给写作者思想言论表达的条件，又称表达空间”[②]。这就是从大语境上说的。

文化是人类活动的背景和资源，是语言交流的宏观背景，包括人的因素（包括言语表达者和接受者，他们的思想、身份、文化程度、性格、修养、处境、心情等），社会因素（包括社会特点、地域风貌、政治制度、经济情况等），文化因素（包括文化心态、人文特征、文化活动、文化积淀等），历史因素（包括时代特点、历史背景、历史沿革等），民族因素（包括民族特征、民族风格、民族习惯、民族交往等）。

文化是社会的遗产，既包括信念、价值观念、习俗、知识等，也包括

---

① 高登亮，钟锟茂，詹仁美. 语境学概论［M］. 北京：中国电力出版社，2006：42.

② 周森龙. 写作语境功能论［J］. 应用写作，2007（10）.

实物，是人们行动的指南。[1]它包围着我们语言的、物质的、精神的、制度文明的、习俗的、政治的、想象的、艺术的世界，它可以以各种文本形态呈现，也可以以世俗、习惯以及集体无意识的形态呈现。它以一种潜移默化的理解、感悟、观察、体验、经历的形式存在着。在写作中以一种隐在的方式影响着我们的思维、构思、情绪、价值判断、道德情感，它们像一只无形的手、眼睛，制约着我们写作中的语感、文感、构思、立意，影响着文章风格追求的最终文本形态。因此语言是一个民族的文化载体，又是一个民族文化的家园，由于受该民族的生活习惯、思维方式、价值观念、传统习俗等的影响，语篇写作从内容到形式都有该民族文化的深深印痕。

文化语境制约着语篇的体裁结构。体裁结构是指有阶段、有步骤的语篇纲要式结构（Schematic Structure），它所代表的是人们在日常社会活动中的一种抽象化形式。据Kaplan（1963-1965）研究发现：母语为英语的作文，语篇结构呈直线型；母语为东方语言（包括汉语）的作文段落的发展呈螺旋型。在对比分析与归纳的基础上，Kaplan认为语言和写作是一种文化现象，每一种语言或者文化都有着自己独特的篇章组织方式及修辞特征，这种语言和文化的特殊性反映了人的思维模式。[2]

贾玉新在他的著作《跨文化交际学》中也描述了英语和汉语不同的思维模式对于语篇结构的影响。中国受“天人合一”思想的影响，说话、写文章往往表现出把思想发散出去还要收拢回来，落到原点的习惯，这就使得语篇结构呈现圆式或者聚集式（螺旋式）结构；西方人认为世界万物都是对立的，一切二分的，对待事物习惯采用分析和逻辑思维的模式，并追求“精确”的语言观。他们的语篇结构中，每一个句子都自然地

① 巫萍．高职英语学生跨文化交际能力的培养[J]．新课程研究，2008(6).

② http://www.xzedu.net.cn/ktoblog/u/181/archives/2007/5374.html.

从前面的句子中产生分化出来，段落的发展呈直线型，具有流动感，是在所说的事物上的更深、更高方向发展。英语语篇具有开门见山、重点突出、结构紧凑、层次分明、逻辑严谨、衔接流畅的特点；而汉语注重形象思维、曲线思维和辩证思维，受其影响，汉语语篇具有注重铺垫、烘托、含蓄委婉、结构松散的特点。①

在上述写作的三种语境中，语篇语境即上下文，是我们早已熟悉的东西，它既是我们遣词造句的依据，也是写作思维运作的结果。交际语境对于我们来说是比较陌生的东西，需要引进介绍到写作课程中来。它对我们的语文教学理论建设具有至关重要的意义。文化语境相对于正常的母语写作教育来说有作用，但作用不那么明显，因此我们重点讨论交际语境的作用，也就是我们常说的读者意识、目的意识、话题意识、文体意识等。

以上因素大多属于客观因素，这些因素只有进入主体的认知领域或意识现场才能发挥作用。因此还有一个直接承载、包含、激活上述三种语境，而又是人类主体所特有的重要语境，即认知语境。

4. 认知语境

认知语境指言语交际双方在生成和理解话语时所具有的心理感知、记忆、推理、想象、假设等心理建构。它包括参与交际的言语主体大脑中和正在感受到的具有的一切记忆、信息、知识等；言语表达者和接受者已有的知识、经历、思想、身份、文化程度、性格、修养等；言语交际双方记忆中的内容，经过逻辑推理而获得的结论或假设，具有综合目的或用途的短期记忆内容，有关世界的百科知识，可以从场景中直接获取的信息。

依据Sperber和Wilson（1986）的观点，语境并不指话语交际双方外

① 贾玉新. 跨文化交际学［M］. 上海：上海外语教育出版社，1997：390～402.

部环境的某一个部分，如某话语前后的语段、环境情况、文化因素等等，而是指交际双方关于世界的假设的部分，即“认知语境”。认知语境是一个人所能感知或推断的一组事实，即所有对他来说是明显的事实。它不但由他已知的事实组成，还包括他能够意识到的所有事实。“某一个体的认知环境就是他所拥有的一系列假设”（Assumptions）。（Sperber & Wilson，1999）人们在使用语言进行交际时，会从一些事实或假设中选择某些他们认为比较相关的内容。如果双方所作的选择相同或相似，便会产生意义的重叠或交叉，而正是这些重叠和交叉形成了交际双方共有的认知语境。从这个意义上说，语境不是无边的外在信息，而是人们头脑所形成的对现实世界的认知与假设。

范·戴克（Van Dijk）说“语境就在你头脑里”（Context is right in your mind）。有人研究发现：在具体现场情景因素缺席（如人被关在自己不知为何处的暗室里）的情况下或者所谓脱离语境的情况下，已经内化了的认知语境仍然会发挥作用，成为人们使用与理解语言的依靠；而且，理解话语虽需要语境，但往往只需激活语境中的某些方面就行了，并不一定要调动全部语境知识。正像范·戴克所说“语境是语篇参与者对同语篇相关联的制约因素的主观构建（Subjective Construction），是参与者对语篇活动来源发生的社会情境所作的主观定义”①。当然，交际的最理想状态应该是语言语境、交际语境和文化语境的总和。虽然，一个人的认知语境可以趋向于洞悉所有的文化知识、交际场景信息和语篇知识，可是事实上这是不可能的。熊学亮通过实验证明认知语境即语用者系统化了的语用知识。语用者对信息超载部分的推导并不一定依赖具体的语境。在具体场合不明确的情况下，语言使用者可以自觉或不自

① Teun A. Van Dijk. Discourse and Context: A Sociocognitive Approach [M]. Cambridge: Cambridge University Press, 2008.

觉地运用已经内在化、知识化了的具体语境知识进行推导，而这种知识所依赖的主要是认知语境。

认知语境也可以分为客观的认知语境和虚拟的认知语境。在语文教学中为达成某种目的，在语篇与语境基础上，通过虚拟、想象的方式，如语言虚拟、表演虚拟、活动设计方式来创造的某种假定的语言活动环境，这就是“人造虚拟语境”。其实认知语境大都具有虚拟或者假设的本质，在语言教学中，我们可以基于学生已有的认知语境，但更多时候需要“人造虚拟语境”提高他的认知能力。这些认知能力包括丰富的背景知识、百科知识、篇章图式、表达知识以及思维推理印证的方法技巧等。

交际语境写作所说的语境，很大程度上是情境语境，也就是写作任务的背景语境，即读者、目的、话题、文体等要素。可是，这些要素需要通过言语主体的认知语境才能发挥作用，也就是要“情境语境认知化”。语文教学的本质是基于学生已有的认知语境，塑造、丰富并发展学生新的认知语境，通过各种语境任务分析，培养学生的读者意识、目的意识、文体意识、语体意识以及各种语言策略，则是培养学生言语技能的必要途径。

四、语境的功能

关于语境的具体功能，不同的学者有不同的看法。日本学者西稹光正提出语境具有绝对功能、制约功能、解释功能、设计功能、滤补功能、转化功能、习得功能等。写作作为一种书面交流，总是在一定的语言环境中进行，总要以一定的语言环境作为依靠。语境对于写作具有指示、预测、制约、填补和解释等作用。

（一）制约功能

在一定的语境里，话语主体是不能任意说话的，而要选择符合语境要求的语言符号、话语方式、话语风格和表达惯例等进行。制约功能指语境对于语言应用所起的限制作用。人们在言语交际中，必须根据具体的语境，选择恰当的言语表达形式进行交际。这就是语境的制约作用。语境的制约不仅表现在词语方面，同时也表现在句法方面和章法方面。

弗斯说“与大多数人们所想象的不同，谈话更像一种大体上规定好的仪式，一旦有人向你说话，你则基本上处于一种规定好了的环境，你再也不能想说什么就说什么”①。这就是语境对语言运用的制约和限制作用。由于要受到这种语言环境的制约，我们在说话和写作中其实是“不自由”的，这也是语言表达所具有的“障碍和困难”。

语境的制约功能源于语境所具有的整体性、层次性特征，可以分为整体制约、上下制约、文化制约和情景制约。整体制约既可大至人类社会，也可小至一个句子或短语，甚至一个词语，这与语境的确定性保持一致。上下制约功能更多地指“前言后语”。文化制约和情景制约同样会影响我们表达的意义、方式和习惯，就是我们要基于文化和情境去理解和表达，合乎语境的理解和表达才是准确的、得体的。系统功能语法认为语境支配言语活动并决定意义的选择。语境对语篇的制约表现在两个方面：一是语境制约语篇的类型；二是语境制约语篇意义的选择。语境的这种制约功能是通过语义结构（Semiotic Structure）来实现的。

写作的困难之一来自于语境对写作表达具有制约、限制作用，因为作者必须选择适合自己设定的意义和语境的表达方式。它不能像想象

① 参考弗斯的理论（语言学教程）[DB/OL].http://www.enmajor.com/cn/Html/Linguistics/3927405562.html，2015-08-03.

一样天马行空，因为想象没有读者，属于自我，无需交流，无需这些语言、句法、章法的制约；说话为什么自由自在甚至信口开河、张口就来？就在于没有写作那么多文字和章法上的规范和限制。

书面语之于口语，既有语法、句法上的不同，还有章法上面的限制。掌握一定章法知识、文章图式、文体知识是学习写作的必要前提。作者总是选择最恰当的字词、句式来表达自己的意思，语法、句法、章法都给予作者有形的、无形的制约。在段落层面乃至整篇的安排上，他要遵守文章体式的一般规范，除非他有意去打破某些规范，做一种创新或者冒险。没有人告诉你必须这样，但遵循语法、句法、章法——这是写作交际顺利实现的前提和基础。写作表达最大的困难和障碍有时候不是没有东西、材料、信息、意识、想象，我们时时刻刻都处在信息的接受、处理、想象的生成之中。写作的核心困难之一是我们要受到语言、句式、篇章的制约，因为那些文字符号、句式表达和篇章图式，是读者理解的重要凭借，我们必须凭借它们把意义顺利地传达给读者。这种制约不仅仅是语篇语境即这一篇文章，还要考虑大的社会环境、读者的需求以及文化等方面的制约。这些制约最终通过篇章外的大语境体现出来。

语境的制约作用，在写作中是以调控功能形式存在的。任何一篇文章都有自己设定的特定语境，这个语境对于写作过程具有调控作用。作者总是将与语篇语境相关度高的材料、意念、细节提取出来，运用最合适的结构和表达方式，达成自己所需要的效果。如果写作中的任何一个环节偏离了这个语境的要求，就会表现为“不得体”“游离主题”“效果不好”，语境及其要素是调控写作行为的主要依据。刘宓庆把语境视为表现式的终端调节者。他认为将意义赋之于表达有两个步骤：一是意义和意向的把握；二是意义和意向的赋形。在这两个步骤中间，应该存在一个语境要素的综合调节机制，他用下图表示[①]：

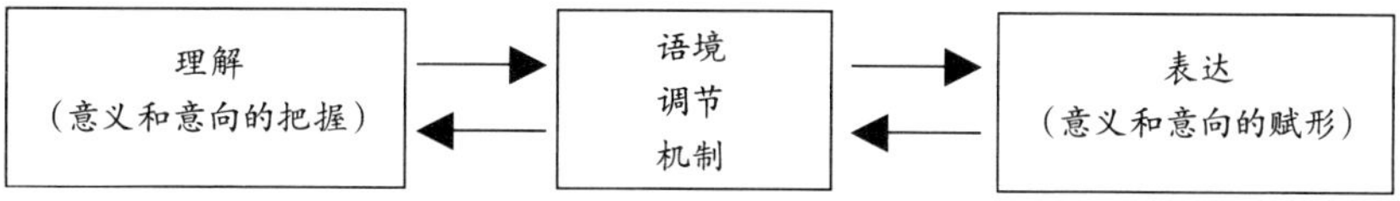

图2. 3“理解—语境化—表达”过程示意图

图2. 3显示了“理解—语境化—表达”的过程不是单向的，而是双向的反复性运动，其功能和目的是为了保证目的语表现形式的可读性及可接受性（对目的语读者而言）。

（二）预示功能

预示功能指的是语境总是对于语篇生成和理解起着提示或者预测的作用。

好的作者是运用文字进行表演、启发、提示的大师。作者总是通过语言、符号、结构、内容，甚至色彩、字体等提示或暗示读者如何对自己语篇的内容、意指、美妙意境和动人的情感、故事作出自己的感悟理解。当然，这种文字的表演、暗示、提示，很多时候是自动完成的，甚至是一种无意识的自动化行为，它体现为写作的语感、文章感。作者在写作的时候，兼具表达者和读者、说者和听者的双重角色，他一边写，一边扫读、回读自己正在制作的作品，以便不时地作出调整，并决定下一步如何表达。就像好的演员，总会运用话语的高低起伏、夸张和造型传达自己的意图一样，好的作者总是娴熟地操纵着自己文字的大军，将这样的一场文字表演进行下去。王建华具体阐述如何利用语境的提示功能展开合理的联想想象，可以生成写作内容；同时，利用语境的匹配功能，使作文内容符合题旨的要求。[②]

① 刘宓庆. 当代翻译理论［M］. 台北：书林出版社，1993：42 ~ 45.

② 王建华等. 现代汉语语境研究［M］. 杭州：浙江大学出版社，2002：414 ~ 417.

语境具有预测功能。预测功能是指在语言理解和运用时，语境可以通过语言知识、篇章图式、关于读者的知识、背景知识、社会知识即阅历、见识、洞察力等百科知识，对篇章写作或理解尚未出现的内容产生影响，它可能是通过推理、想象、直觉方式而产生的一种语言知觉状态。这种预测功能是语文能力的基本要素之一。对于接受者（听众、读者）来说，当然会根据标题、语句等文章的语句线索预测语篇的内容信息，比如当听到“虽然”的时候，便知道下文可能是“但是”，内容要有转折变换了；比如我们在网络主页上看到很多新闻标题，总是通过阅读经验预测内容并决定是否点击打开链接继续阅读（当然现在的一些“标题党”恶意利用这种预测心理，故弄玄虚欺骗读者，增加点击量）。对于表达主体（说话者和作者）而言，这种预测功能是要根据语境预测来决定言语交际的内容、表达形式和方法，如日常聊天你要根据交际场合、对方的身份、性情、爱好、时间以及听众的表情预测他（们）关心的问题，达到交流的目的。

在写作之前，审题和构思阶段，作者一般要对将要撰写的篇章作出宏观、中观甚至微观的预测。宏观、中观的包括主题、材料、结构，微观的包括细节、情节、表现手法和语言表达，这些都要作出大致的设想与安排。语境的这种预测作用是：当作者安排一个细节、情节的时候要预想到它对于其他细节、情节、结构的安排产生的各种影响。作者要处理所有这一切信息之间的互动关系，不断作出新的调整。高明的作者，总是会想象到自己某一种文字表达和篇章的某一个“安排”，会引起的读者认知理解上的变化和所起的作用、效果，并据此预判自己作品的好坏优劣，从而及时作出调整。

比如，作者在撰写开头的时候，会顺带想一下如何收尾；在安排每一段的文字、每一节的标题时，会想到这个内容与其他内容是并列、递进还是分总的关系。如在撰写小说时，一个作者在开头特别提到的道具、人物、线索等，在后面的情节发展中一定会发挥它的作用，出现与之相关的“故事”，否则就会成为表达的“冗余信息”，干扰理解或者成为文本的累赘和瑕疵。作者要善于运用语境的预测功能或者说读者的期待心理进行写作，比如当你写到“那是在很久以前的事了……”，是想提示读者以下是进入对过去事情的回忆了。各种文体本身就是一个大的接受—预测模式，有利于作者和读者在同一个语篇语境中指示和理解对方的意指。

（三）生成功能

在语言交际中，人的认知语境是不断变化的，随着话语进行所产生的语用意义将会成为另一轮对话的情景语境。依此类推，新的语境环境不断地产生和变化，话语也在不断地进行和发展。先前的语境总是影响着后续生成的语境，前后语境总是处于不断地构建、生成和创造出新的后语境状态，就像息壤一样具有不断生成的特点，即语境的动态生成功能。

对于语言表达来说，这种语境的生成性非常有用，比如我们通常因为一个话题、一个谈得来的朋友、某种好的心情或灵感，有了一种表达和写作的欲望，这就是语境的触发和激活作用。在谈话之中有一种“话赶话”的现象，就是一句话或激活一连串的话语，于是就汩汩滔滔地说出来或者写出来，这就是语境的生成和激活作用。语境的这种功能可以帮助解决“不愿写、没东西写”的问题。

（四）衔接功能

由于语境具有整体性、统一性、生成性，这就造成了特定语境、先后语境之间的连贯、统一、传递、衔接的特点。这种语境之间的连贯、统一、传递与衔接，造就了话语的连贯、衔接与流动。写作表达要利用这种语境的连续性，实现语篇的语义和语篇的衔接。

当然，有形的连接也是必要的，尤其是在“弱语境”下，语段之间具有较大转换的时候，这种衔接就更必要了。“虽然……但是……”“不但……而且……”“一方面……另一方面……”等等。

有时候，因为语境的作用，尤其在“强语境”之下，我们可以省去很多词语，达成语境的黏结和衔接。比如“枯藤、老树、昏鸦。小桥、流水、人家。古道、西风、瘦马。夕阳西下，断肠人在天涯”。通篇没有句法和连接词，靠着这些名词创造出的意境，足够艺术地将这些意象连接起来了。

（五）解释功能

语境的解释功能指话语理解依赖于语境，语境的解释力涉及语言的各个层面，语音、语法、词汇、语义、语用、修辞、逻辑、语篇等。①裴文川认为语境的解释功能能显示语义、排除歧义、消除含糊、确定所指、完善省略意义、延伸语义赋予言外之意，产生相反意义、产生语境歧义、引发联想意义、取舍语义、舍去原始意义、采用俗成意义。金定元认为：“语境在交际中主要有两大功能——解释功能和过滤功能。”解释功能指能帮助听者进行推断，使他能够获得说者想要传递的全部信息。

过滤功能是对表达一方说的，指在某种语境下，不能出现某种语言形式。张绍滔把语境的解释功能分为确定所指语义、选择命题内容、体现言语行为三个不同阶段。濮侃从制约、解释、判断、生成四个方面谈论语境的功能。王建华从限定、协调、省略、补充、制约、创造谈语境的功能，并且认为它们两两相对、辩证统一。②

① 黄元清，刘言生．语境研究概述[J]．西华大学学报（哲学社会科学版），2005(S1).
② 王建华等．现代汉语语境研究[M]．杭州：浙江大学出版社，2002：22.

五、语境在写作中发挥作用的方式途径

（一）语境与写作任务

写作任务或者作文题本身就是语境内容的重要部分。写作命题有的时候是交际语境中的话题，比如《暑假趣事》《恩师》《中国传统节日》；有的就是主题，如《生命绽放的炫美》《书，我的良师益友》《办法总比困难多》；有的是不确定的语境或者话语，体现的是写作话题、体裁的相对自由，如：《为________让出一条道》《________教我成长》《我们携手走进________》《难忘________的眼神》；有的是材料作文或者话题作文本身那些提示性的材料就是一种语境信息；还有作文的一些要求，比如：①写一篇不少于600字的记叙文；②综合运用多种表达方式；③用规范的汉字书写；④不得抄袭，不得套作；⑤文中不得出现真实的人名、地名等。

还有的更是直接设定写作的任务场景，这种题目曾经有过，但目前还不多，比如：

（1985年全国高考题）以“澄溪中学学生会”的名义，给《光明日报》编辑部写一封信，反映情况、申诉理由、呼吁尽快解决（化工厂排放废水、有害气体、污染），文题《给〈光明日报〉编辑部的信》。

（2004年全国卷吉林、四川、黑龙江、上海等地区）阅读下面的文字，根据要求作文。

某网站“4220聊天室”有这样一段谈话。

A：快乐的人生，也会有痛苦。有的人能直面挫折，化解痛苦；有的人却常常夸大挫折，放大痛苦。

B：是呀，有的人能把不小心打破一个鸡蛋，放大成失去一个养鸡场的痛苦。

C：考试失手，竞争失利，恋爱失败，亲友失和，面子失落，哪怕是其中的一点点，都是无法排解的痛苦啊！

请以“遭遇挫折和放大痛苦”为话题，自定立意，自选文体，自拟标题，写一篇不少于800字的文章。所写内容必须在话题范围之内。

我们认为上述两个题目，1985年的给《光明日报》写信，语境要素更明确一些，因为其中作者身份：澄溪中学学生会；对象：《光明日报》编辑部；文体：书信；内容和目的：反映情况、申诉理由、呼吁尽快解决。这样的作文题目是好写的，也值得写，写了也能考查出学生真实的写作能力。

但是绝大多数的作文题不是这样，比如2004年上海卷以“忙”为话题写一篇文章。要求：

（1）题目自拟。

（2）1000字左右。

（3）不要写成诗歌。

这个题目除了话题、字数是有效的语境要素，其他几乎没有说明，这样的文章往往不好写，因为你不知道写给谁、为什么写，写什么也就犯难。

又比如有些题目，看似一连串的“不限”似乎应该给学生最大自由了，其实这样的文章更难写。比如2013年江苏高考作文题目：

阅读下面的材料，按照要求作文——几位朋友说起这样一段探险经历：他们无意中来到一个人迹罕至的山洞。因对洞中环境不清楚，便点燃了几支蜡烛靠在石壁上。在进入洞穴后不久，他们发现了许多色彩斑斓的大蝴蝶安静地附在洞壁上栖息，他们屏住呼吸，放轻脚步，唯恐惊扰了这群美丽的精灵。数日后再来，他们发现这群蝴蝶早已不在原处，而是远远地退到了更深的洞穴。他们恍然大悟，也许那里环境更适宜吧，小小的蜡烛竟然会带来这么大的影响。

要求：①立意自定；②角度自选；③题目自拟；④除诗歌外，文体自选；⑤不少于800字。

这个题目不但材料内容让人莫名其妙，还要求立意、角度、题目、文体的一系列自定、自选。面对这样交际语境不确定的题目，学生会陷入任务迷惘，就好像你要人替你做一件让他满意的事，但是做什么，他只打哈哈“你看着来”，具体什么事情，如何做他最满意他就是不说，让你猜。这往好了说是含蓄、替人着想，但事实上是故意为难人甚至刁难人。更有一种情况是有些人想靠这种方式教会学生一种“揣度上级或者别人的喜好”的庸俗、世故、油滑习气，还有的企图将学生引向一种故弄玄虚的文风上去。

如果我们的写作教育真的需要培养这样世故圆滑，善于揣摩上级、领导心理的奴才人格，这种命题就很合理，但是教育不能这样做啊！那为什么这样命题呢？实在让人莫名其妙。

有一些材料作文将材料弄得模棱两可，看似多元自由，其实这样考查的不过是阅读能力，而不是写作能力，反而因为“审题”，即阅读能力上的失误造成影响整篇文章的大失误，比如跑题，这种情形很多，说是材料很多元，其实还是有主题立意上的限定的。那到底是在考查什么？其实命题人自己也不一定明白，却往往自以为是、自鸣得意。

命题作文写作任务，应该是一些明确的关于所需要的文章的场合、读者、目的的指示，只有这样才能不让学生为难，才能培养社会需要的真实写作能力。

（二）语境与作者

任何写作活动，同说话一样，都是置身于特定的交际语境，面向明确或潜在的阅读者的交流行为。语境对写作表达有着重要的制约作用，因为作为表达者（作者），为了使接受者（读者）既能准确地理解文章中所传达的思想、情感和信息，获得最佳交际效果，必须选择符合语境的语言表达式。[①]有人认为语境指的是现实社会提供给写作者思想言论表达的条件，又称表达空间。一方面，具体的写作行为总是在具体的生活事件的基础上发生，写作的主题思想总是在写作者对客观生活及各种事件的认识基础上提炼而来；另一方面，现存的社会生活环境又成为制约写作的条件，它是否接纳或容许写作者的思想，还要看它是否触及语境中的种种禁忌。简言之，在发生的意义上，生活是写作的源头；在生活的意义上，语境是写作的条件。[②]其实，语境不但是整个语篇（文章）写作的重要制约因素，而且它可以说就是语境的产物——语篇也就是我们写出的文章，是我们头脑中感知到的交际语境与自己内在的写作心理交互作用的产物，从这个意义上说，文章就是语境孕育出的一个婴儿。写作是特定语境中，运用语言文字等手段，生成意义、构造语篇、进行书面表达和交流的活动。

语境对写作的作用，主要是通过写作任务（作文题目）指示或者影响作者认知、思维过程实现的。这种影响作者自己也许并不能直接意识到，但是在写作时是无处不在的。这其中包括作者对于写作任务的理解，他会根据自己的理解，激活相应的生活场景、各种信息、百科知识，并借此猜想读者的知识状况、阅读需求、阅读习惯和阅读心理。作者还要考虑到社会上的各种禁忌，设想到选取这个材料、信息以及这样表达

① 胡光明．论语境对话语的作用［J］．绥化学院学报，2007（4）．

② 谢少万．语境理论的交际观［J］．山东外语教学，2002（4）．

的各种效果、影响。这都是语境在支配作者的情形。

（三）语境对写作过程的影响

语境对写作过程的影响主要表现为如下方面：

第一，交际语境具有引发写作动机的作用。比如，写作的初始动机很可能是生活中的某种事物、事件或者信息引发的，也可能是某些个人（读者）触发的，还可能就是你自己想写点什么，表达点什么东西，想告诉别人或者与他们交流，尤其是某个话题让你有浓厚的兴趣，你又怀有一定目的的时候，写作活动就可能发生了。正是交际语境引发了你的写作动机。

交际语境可能是客观的、随机的、偶发的、真实的生活，也可能是人造的、虚拟的课堂教学中的写作任务所规设的语境。前者是来自于生活的自然写作、自由写作，后者指的是学校教育中的写作教学。情境的创设应该是教育者分内的事，成功的写作交际语境创设能够引发学生写作欲望，让他们"想写"。

斯皮维从读者要素出发写道："读者对作者具有重要的启发价值，能成为作者发明创造的有力工具。正如许多老师所意识到的，一旦作者能预想出读者已知的、想要知道的和将对他们的思维方式产生影响的东西，反过来会有助于创作。"①我们的语境创设还可以从目的、动机、作者、话题上进行设计。

第二，文章写成之前要依据这个交际语境，进行话题选择、内容筛选、结构营造以及文体、语言、风格等的构思。交际语境这个方面的作用，可以在某种程度上解决"写什么"和"如何写"的难题。在写作表达或者行文过程中，交际语境一般是以潜隐的方式存在着的，除非作者停

① ［美］莱斯利·P. 斯特弗等. 教育中的建构主义——《21世纪人类学习的革命》译丛［M］. 上海：华东师范大学出版社，2002：244.

下来有意识地去思索，或者教师在教学时，运用一定的教学策略、手段、活动、设计来唤醒写作者（学生）的这种交际语境意识。

语境对写作者兼具指引功能和限制功能。指引功能就是作者要按照写作的目的、要求去选材、组材、选取写法和表达方式，只有这样才能完成交际功能，达到相应的交际效果；你如果不考虑这些，就会出现败笔，造成读者的误解，就完不成相应的写作目的，达不到应有的写作效果。制约功能是说作者在写作时要考虑写作任务的要求，不能违背这些要求并满足这些要求。作者在写作时必须根据具体的语境，选择恰当的言语表达形式进行书面交际，达成预想的交际目的和效果。

第三，在写作完成后的修改环节中，交际语境和文内语境一样是衡量判断语言表达准确、得体与否的依据。我们过去一般只重视文本语境，不考虑文本外的语境，这就有可能损伤写作者写作的最本质、最原始也是最有效的动机，因为只有具有清醒的交际语境意识的作者，才是一个真正知道并熟练运用语言文字进行表达的作者，才能进入语言应用的自由美妙的境界中来。这个层面的写作要求不仅仅是准确，还要求能够打动读者、吸引读者的注意力，看是否具有应有的语言效果，是否符合文章的体裁的要求，能否达成自己写前设定的意图，发挥文章的表达和交际功能。

我们认为交际语境写作可以将语境对于语篇写作的影响、制约因素、指示和协助作用明确出来，化成作者的显性知识或者知识系统、写作意识和写作习惯。这是成功有效的写作能力的必要构成成分之一。过去的文章写作之所以出现这样那样的问题，比如写作动机缺失、文章内容虚假、结构混乱、详略不当、文体错乱、语言表达不清等，大都由于没有考虑写作活动中的交际语境因素，尤其是读者、目的、要求等造成的。

任何交际的顺利进行都离不开特定的语言环境（即语境）。语境是写作前后发生和进行的信息环境，对写作行为有约束和限制作用，也有指示、提醒、激活、生成、衔接、补充等作用，这是语境复杂的生态对于语篇生产和消费的重要作用，就像生态环境对万事万物的生长一样。

第二节　语篇与写作

语篇是语境可见的物质形态。从写作角度看，语篇是特定语境下的书面交流。写作的结果是构造出语篇。本节将介绍语篇的概念、类型以及结构特征。①

一、何为语篇

语篇是语言学已有的概念，现在已经有《篇章语言学》《语篇学》《话语分析》《语篇分析》等专门学问。将这个术语引入语文教育领域，可以表述语文教学中复杂多样的篇章样态。

韩礼德和哈桑在其著作《英语中的衔接》（Cohesion in English）中第一次系统地提出了篇章的概念，并对篇章的功能进行了深入的研究。早在1978年，韩礼德就指出组成语言的不是句子，而是语篇或话语。后来又说，“对一个语言学家来说，描写语言而不说明语篇是徒劳无功的；描写语篇而不结合语言是空洞的”。什么是语篇呢？韩礼德认为，“语篇一词在语言学中指任意的语言片段，不管是口头语还是书面语，不论长短，只要他们表达一个完整的意思”。他认为语篇可以是一个极为简单的表述，如“help”，但在多数情况下却需要若干句话甚至更多的话才能体现说话者根据一定语境所想要表达的完整的意思。他写道：“语篇（Text）指你所听到和阅读的，你所说和所写的全部语言实例。”②“篇

① 本部分参考：岑绍基．语言功能与中文教学［M］．香港：香港大学出版社，2003；李先锋．全球语境下的实用文章研究与教学应用［D］．西南大学．2011；张德禄，刘汝山．语篇连贯与衔接理论的发展及应用［M］．上海：上海外语教育出版社，2003；以及篇章语言学类的书籍论文。

② ［英］唐纳德·韩礼德．韩礼德语言学文集［M］．长沙：湖南教育出版社，2006：400.

章是一定长度的语言文字。”①

Quirk等人认为，“语篇是连贯性的一段语言，在生活实际中该语篇在语义上和语用上与现实语境‘相一致’，而且它在内部或语言上也具有连贯性”②。应该说Quirk等人对语篇的理解和韩礼德等人的见解基本一致，这就奠定了语篇成熟定义的基础。与此观点相类似的是Hoey 给出的定义：“语篇可定义为作者和读者之间一种有目的性的独立互动过程，数量上可以是一对一、一对多、多对多的形式，两者中作者掌控着互动的节奏，并生产大部分或所有的语言。”③上述语言研究者都着重对语篇的形式进行研究、定义。随着社会的发展，研究者对语篇的研究不断深入，并从多角度进行阐释。

Brown和Yule从语篇交际功能入手进行研究，把语篇分成书面语篇和口头语篇两种。他们认为，实际生活中产生的“写作者在书面语篇生产过程中没有办法利用副语言提示，也不能得到及时的信息反馈；而口头语篇就是像一个音像带一样被保存下来的交际行为，除语篇本身外，其他与语篇无关的声音也可能被保存下来。虽然这些声音图像可以形成相关语境的一部分，但是在实际应用中不会构成语篇的任何部分”④。这一概括有非常实用的价值，它关注了人们日常的生活事例，并形成定义内容的一部分，使得语篇的定义更加简明。

与Brown和Yule有相同看法的语篇语言学家Beaugrande 和Dressle在1981共同出版的著作《语篇语言学导论》中指出：应该从人类交际视

---

① [英]唐纳德·韩礼德，姜望琪，付毓玲. 篇章、语篇、信息——系统功能语言学视角[J]. 北京大学学报(哲学社会科学版)，2011(1).

② 谭弘剑，刘绍忠. 近年来国外语境研究综述[J]. 四川外语学院学报，2002(6).

③ 张维友. 英语词汇学[M]. 北京：外语教学与研究出版社，1997：150.

④ Kasher, Asa. Pragmatics: Critical Concepts[M]. London: Routledge, 1998.

角来阐释语篇分析。同时，他们“在语言学、文体学、心理学、社会学、认知科学、人类学等多学科的研究基础上对语篇下了比较严谨的定义，即语篇是满足七个标准（衔接、连贯、目的性、可接受性、信息性、情景性和篇际性）的交际事件”[①]。其中语篇的衔接特征被Brown和Yule认为是一个非常重要的语篇特征。从这七个标准的内部逻辑关系来看，衔接应该是构成语篇不可或缺的要素。

在我国，韩礼德的弟子胡壮麟先生定义语篇为“任何不完全受句子语法约束的，在一定语境下表示完整语义的自然语言”[②]。“自然语言”是人们在交际中实际使用的语言或实例，它可以体现为一篇文章，一段话，一句话，甚至是一个词，只要它能完整地表示一个意义，而不应该局限于“片段”（Passage）。这是胡壮麟与其老师不同的地方。篇章可以有层面的呈现形式，比如可以是：一个词（如“火！　火！”），一个小句（如“此路不通”）；可以是一副对联、一首小诗、一篇散文、一则日记、一部小说（三部曲或其中的章节）等；也可以是一句口号、一首歌曲、一次对话、一场口角、一次长达两三小时的演讲等。[③]另外，张德禄也认为篇章是一个意义单位，是人们实际进行的语言交流的实例，是在一定的语境中讲的话或写的文章，从最简短的表述，如人们临危时喊出的“Help! Help!”到多数情况下要由若干句话、数十句话以至更多的话组成。黄国文在《语篇分析概要》中对语篇的定义是“语篇通常指一系列连续的话段或句子构成的语言整体。它可以是讲话，也可以是文章；短者一、二句可成篇，长者可洋洋万言以上”。这些说法基本大同小异。

《欧洲语言共同参考框架：学习、教学、评价》定义“语篇”为“与

① Lecercle,Jean Jacques. Interpretation as Pragmatics[M]. NewYork: St. Martin's Press,1999.

② 胡壮麟. 语篇的衔接与连贯[M]. 上海：上海外语教育出版社，1994：1.

③ 王云桥. 关于语篇研究的几个问题[J]. 山东外语教学，1998(1).

特定领域有关的片段或口头/书面表达。在完成语言任务的过程中，语篇是语言活动的载体，是语言活动的支持者或语言活动的目标，是语言活动的成果或过程”①。他们认为学生需要针对不同目的和对象创作各种语篇，并且每种高中英语语言艺术课程中均要求所有学生创作口语、印刷、视觉和多媒体语篇，还鼓励学生合作创作语篇；鼓励学生模仿写得好的语篇范文，以提高学生对语篇种类、形式和技巧的认识。非洲的课程标准认为：语篇一词用于语言“学科描述”时，含义极为广泛，包括所有的口语、书面语、视觉、声音、视听和多媒体形式。

美国学者卫真道在《篇章语言学》中，用通俗的语言解释语篇的含义：“篇章就是我参与了一次人际交流行动，也就是我和别人交流了自己的思想，交流了我自己的世界观，交流了我自己对生活经历的看法。我的交际是否成功，取决于各种因素，其中包括你，也就是听者，是否在听我所讲的东西。”②在这里卫真道其实在强调语篇的交际功能。胡壮麟先生在定义语篇时也说“目的是为了通过语言这个媒介实现一定的交际任务或者完成一定的行为”。强调语篇要完成交际任务，这点很关键。

从上述观点可以看出：语篇既可以是文本（Text），还可以是语段（Paragraph），也可以是话语（Dicourse），可以是文章（Article），总之只要能独立地达成一个交际意图的一个语言单位就能称为语篇。语篇有大有小、有繁有简。一般情况下，语篇大于一个句子，可以是句群、段落、段群（两个或几个意义上有密切联系的段落），主要是整篇的文章，涉及作者（发话人）、读者（受话人），既包括书面语，也包括口语。

---

① 洪宗礼，柳士镇，倪文锦主编．母语教材研究（第六卷）：外国语文课程标准译介［C］．南京：凤凰出版传媒集团，江苏教育出版社，2007：381.

② ［美］卫真道．篇章语言学［M］．徐赳赳译．北京：中国社会科学出版社，2002：2.

基于此，我们将语篇定义为：具有任意长度，意思相对完整，能完成交际任务的言语作品。[①]语篇是基本的语言交际单位，既包括一句话、几句话、一个段落，也包括成篇的文章、著作等言语作品。只要它们表达一个相对完整的意思，达成一定的交际意图，就可以看作是语篇。比如一部小说是一个语篇，报刊上一篇文章也是一个语篇，在街道上立一个牌子，上面写着Parking也是语篇，因为它们都有完整的语境、语用目的和意图并具有语义功能。

在所有的语言教学中，语篇是语言教学的对象、材料、凭借；语文教育的过程就是分析、理解、鉴赏、创造语篇的过程；学生语篇能力的提高则是语文教学的目的和结果。基于此，我们认为语篇应该成为中小学语文教育中的一个核心概念，它可以涵盖一切的听说读写产品，也将言语交际的内涵包含在里面，具有深刻的学理基础，也有助于语文教育语言观的根本改变。

二、语篇与语文教育

（一）语篇语言学与语文教育

语文教育的语言学基础决定着语文课程教学的理论形态。

传统的语文教育的语言学基础是结构语言学。基于结构语言学的语文教育将抽象概括的词法、句法、章法等语言知识、文章知识教学作为语文教育的目标，以为通过语法和章法知识教学就可以形成语文技

---

① 一般来说：话语，是为了完成交际任务而说出来的话；篇章，是为了完成交际任务而写出来的文章。另外，美国学者倾向于 discourse 和 discourse analysis，而欧洲大陆的学者喜欢用 text和 text linguistics。在国内，也有话语分析和篇章语言学的区别。韩礼德新近认为篇章和语篇是同一种事物，只不过看问题的角度不同；所以这两个词可以互相定义。“篇章”是作为语言过程（的产品）的语篇；“语篇”是社会文化语境中的篇章。

能，其实这是有问题的，因为语言能力不能仅靠语法知识完成，词法、句法、章法、修辞等知识是准语言能力要素，但还不是真正的语言能力。

真正的语言能力是以语篇为对象，以交际为目的的语篇能力，它的理论基础是语篇语言学。语篇语言学认为"语言即语篇"，它与其他结构语言观最大的区别在于：其他语言观认为语篇和语音、词汇、语法一样，是语言众多层次中的一个；"语篇"观点认为，语言就是语篇，因此，作为语篇有机组成部分的语音、词汇、语法，不能和语篇并列。语篇语言学的研究对象不是编写或杜撰出来的语言，而是真实的、使用中的语言。努南（1999）等人指出："课程大纲的设计、教学材料的选择和编制、课堂教学过程的设计与实施、教学结果的评价等都要首先考虑人们实际使用语言的情况。"（彭漪、柴同文，2010）语篇语言学主要研究语境与语言使用的关系、语言与文化和意识形态的关系、语言使用者间的关系以及人们如何在真实的语境中运用语言实现交际目的。[①]

语文教育要培养的语言能力，其实质是基于真实语言的语用能力、语篇能力、交际能力，而不是语法能力和语言知识。如果只着眼于语法句子层面，要求学生写出符合语法、结构完整的句子，结构语言学就可以满足这个层面的要求。

基于结构语言学和语篇语言学的语料不同，结构语言学以句子为语料，而语篇语言学以语篇为对象。据刘辰诞先生的研究，二者有如下不同：

表2.2　句字语言学与语篇语言学语料的不同

句子语言学语料	语篇语言学语料
孤立的句子	一连串读者/听者感觉到的是整体的语言信号
符合语法/结构完好	获得意义

① 杨学前．语言教学的"语篇"观点［J］．外国语文（双月刊），2014（4）．

脱离语境	在交际语境中
杜撰的/概念化的	实际观察到的

（引自刘辰诞，1999）

陈力指出，传统的研究中人们关心的是“语言是什么样的”，结构主义语言学运用语言内部成分分析的方法能比较好地满足这一需要。人们对语言的内部结构规则有了较多了解后，才转而关心“语言怎么用”的问题，将眼光转向语言的实际使用单位——语篇。语篇语言学就是人们对语言认识深化过程中的必然产物。语言教学的实践表明：语言知识学习并不能确保学习者具有运用这些知识的能力。以往受结构主义语言学和行为主义心理学思想的影响，教学实践中习惯于把语言学习在结构上分成语音、词汇和语法结构几个部分，把语言技能的培养分解成听、说、读、写几个侧面，教师的教学活动也是围绕这几个侧面展开。这种划分虽有根据，但是这种教学方法和过程与所希望达到的教学目标之间还缺少一个强有力的中介，那就是：语篇知识和语篇能力。①

因此，引进吸收语篇学知识和原理，重建语文教育理论势在必行。

（二）基于语篇的语文教育

1. 语篇能力是语言能力的重要成分

麦卡锡和卡特（McCarthy和Carter，1994）基于语篇研究提出了一个重要概念，即语篇能力（Discourse Competence）。人们使用语言的能力既包括由语法和词汇构成的简单的语言能力（Linguistic Competence），也包括由社会语言能力（Socio-linguistic Competence）和策略能力（Strategic Competence）等构成的所谓的交际能力。根据

① 陈力. 语篇教学思想与新课程背景下的英语教学[J]. 课程·教材·教法，2006(8).

“语言即语篇”的思想，无论是语法结构、词汇，还是交际功能，都是语篇的组成部分。这种基于语篇层面将语言能力和交际能力融合在一起的语言使用能力就是语篇能力。

陈力指出，传统的语言知识、语法知识和文章知识都不过是语言学习中的准备性知识，或称准语用知识（Pre-pragmatic Knowledge），这些知识还不足以保证语言能力的形成。语言交际不是以词汇或句子形式进行的，词汇和句子不是语言交际的现实单位，只有语篇才是语言交际的现实形式。语篇的构成机制不是由词汇知识和句子结构知识所能够解释的；语篇本身有自己的组织运行机制，有关这些机制的知识同样需要专门的学习才能获得。要把语言知识转化为语言能力，足量的实践也不可少。语言技能的实际操练同样需要围绕“意义”进行，也就是说，这些操练活动需要围绕某个交际目的，需要一个宏观监控者（Monitor），这个监控者就是语篇意识（Text Consciousness）。比如，让学习者进行口语表达练习时，说话者需要事先了解：跟谁说（Relation），什么时候说，在哪儿说（Setting），说话的目的（Purpose）以及怎么说（Style）等。这些事项的了解需要有相应的语篇知识储备，有了这些储备，口语表达的训练才能在语篇意识的监控下实现“真实”和“交际性”。[①]

不仅仅口语交际如此，所有的语文能力都应该存在一个语篇层面或者叫做语篇语境的层面。只有从语篇语境的层面来教学词汇、句法、修辞、章法，这样的语言能力才是真实的、具体的。语法、修辞不是抽象的规则，而是在语境—语篇层面的互动应用中的语言功能和表达手段之间的调适。语篇能力既包含词法、句法、章法，又从言语交际情境的角

① 陈力. 语篇教学思想与新课程背景下的英语教学[J]. 课程·教材·教法，2006(8).

度调控它们使之发挥最佳效果。人们使用语言的过程是产生或理解语篇的过程，而不是使用语法结构或词汇的过程，也不纯粹是完成某些言语行为的过程。从语言运用的角度看，人们的语言能力主要是语篇能力。

2. 基于语篇的语文课程教学

麦卡锡和卡特（McCarthy和Carter，1994）在《作为语篇的语言：对语言教学的启示》（Language as Discourse: Perspectives for Language Teaching）一书中，在语篇语言学和语篇分析的基础上，基于“语言即语篇”的思想指出语言教学不能停留在语音、词汇、句子的层次上，而应上升到语篇层次。他们指出凡是只在语篇以下的层次对语言进行分析和分类，并在此基础上设计教学大纲，都是不合理的，至少是不全面的。这种教学大纲“只涉及语篇的组成部分，而没有涉及语篇本身”（Widdowson，1979）。一种改进的做法是在语言教学大纲中增加一个关于语篇的组成部分，即语篇结构（Discourse Structure），如语篇的衔接与连贯、语篇中的修辞结构、话轮转换手法，但是，这种改良的做法仍然是把语篇看作是语言的一个层次，而并没有充分体现“语言即语篇”的语言观。所以，麦卡锡和卡特主张把语篇完全融入语言教学大纲，而不仅仅是在词汇、语法等层次的基础上增加一个语篇的层次。语言教学要以“语言即语篇”的语言观培养学生的语篇能力，首先要设计一种基于语篇的教学大纲（The Discourse Syllabus）。[①]

除了麦卡锡和卡特以外，还有其他具有语言学背景的语言教育学者从不同的角度对其进行研究。例如，努南（1999）就曾详细地讨论了一个有机的、基于语篇（Discourse-driven）的语言教学思路。有机是指语言

① 程晓堂．基于语篇的语言教学途径［J］．国外外语教学，2005(1).

教学不能将语言视为孤立词、句来教，而应关注词句组成的语篇，强调结合语境教学，语言教学中的“语篇”观点，核心就是要让学习者在一定的语境中接触、体验、学习和使用语言，了解语言各要素是如何相互联系并根据需要发挥功能、传达意义的。[①]

基于语篇的语言教学需要培养学生的语篇策略（Discourse Strategies）。所谓语篇策略，就是说话者或作者在生产语篇的各个阶段所作的各种选择。在作出这些选择时，说话者或作者要考虑很多方面，如听话者或读者将如何理解语篇的信息，什么样的言语行为是必要的或可取的，哪种交流方式最合适。显然，语篇策略包括语言使用者在词汇、语法、语类、社会文化准则等各个方面所作出的选择，而语言学习者如何才能学习和掌握语篇策略呢？麦卡锡和卡特（1994）认为，学习者只有通过使用语篇才能掌握语篇策略。这一思路与任务型语言教学（Task-based Language Teaching）有不谋而合之处。任务型语言教学的核心思想是，学习者在完成各种任务的过程中使用语言；在使用语言的过程学习语言（参见Candlin &Murphy, 1987; Prabhu, 1987; Nunan, 1989; Elli, 2003）。

虽然上述研究主要针对英语教学而言，但同样适用于我们的语文教育。过去我国的语文教育中重视文章知识、章法、篇章的教学，这显然是正确的，但对语篇能力尤其是言语交际能力重视不够。我国的语文教育虽然一直有篇章分析和章法教学的传统，但主要是基于语言学和文章学知识的语文教育，与语篇教学还不是一回事。[②]学生们知道主谓宾定状补的句子结构和比喻、排比、拟人等修辞手法，但语言交际能力仍

① 杨学前. 语言教学的“语篇”观点[J]. 外国语文(双月刊), 2014(4).

② [英]唐纳德·韩礼德. 韩礼德语言学文集[M]. 长沙：湖南教育出版社，2006：400.

比较差，普遍存在着语言不得体以及语篇思路、结构、逻辑上的各种问题，这主要是由于缺乏语篇意识和语篇知识造成的。语篇能力是一种运用合适的文体、恰当的结构、得体的语言、基于明确的意图进行交流的语言运用能力。如果一个学生仅着眼于词法、句法层面学习语言，结果可能他说的每一句话都正确，但是合成一篇文章的时候，会结构混乱、重点不突出、详略不当、语篇主旨不明，让人不知所云。这就是基于结构语言学的传统语文教育的问题所在。语文教育离不开词法、句法、章法教学，而它们必须基于语言的交际功能和语篇能力的层面。

语篇能力是语文能力的核心内容。基于语篇的语文教育，要树立“语言即语篇”的语言观，将语篇作为基本的语义单位，将语篇能力作为重点，设计基于语篇的语文课程和教学大纲，建立基于语境—语篇的语文教育体系，培养学生的语篇交际能力。这种基于语篇交际能力的语文教育，更接近语文真实应用能力的本质。

三、语篇类型

（一）口头语篇和书面语篇

语篇不仅包括书面语篇，也包括口头语篇。张良田是我国较早研究语文教育中语篇交际的学者，他认为：“语篇，包括话语（Discourse）和篇章（Text），指的是语言交际的单位。话语，即为了完成交际任务而说出来的话；篇章，即为了完成交际而写出来的文章。”[①]我们觉得这个定义非常贴切，它既突出了语篇的特征，也合乎国人的习惯。对于语文教育来说，主要是以文章也就是书面语篇为主的。

① 张良田．语篇交际原理与语文教学［M］．湖南师范大学出版社，2003：9.

（二）认知语篇和语篇产品

根据语篇的酝酿、生成与流通过程，可以将语篇分为认知语篇、语篇产品。斯皮维区分为写作中的“认知产品”和“文本产品”。[①]文本产品就是写出的文章，就是上面提到的语篇，而认知产品的提出则别具意义。

1. 认知语篇

《符号学辞典》对语境曾经定义为：“在特定的所指单位之前或伴随单位的语篇，语义赖之而存在。”[②]这种将语境与语篇联系起来的看法很新颖，因为语境是出于认知状态未成形的语篇，而语篇则是语境的物质形态。

当写作被看作意义建构时，写之前作者心目中的想法、意图、画面、意象等就可以被看作是作者尚处于认知状态的语篇，即语篇的认知产品。作者的构思、选材、立意等在大脑中形成的关于文章的意思、材料、细节或者写作手法等都可以视为写作中的认知产品。有的时候我们写之前只是感觉“满肚子话要说”“文思泉涌”或者就是一个“意义的云团”，这都是作者尚未成型的语篇作品——认知产品，用一个比较中国化的词语叫做“腹稿”。试想，我们人类，无论大人小孩、大学教授，还是村妇愚蒙、文章高手，甚至芸芸众生，我们时时刻刻都在感知、观察、体悟、联想，甚至在梦中我们的意识都在运行……我们本来应该拥有无尽可以供写作的东西。

人们写不出来，面临很多写作上的障碍。这些障碍要么是你对于一个特定的话题了解不够，你不知道，没有起码的知识、认知和信息；要么是你的那一团“意义”还没有思考清楚；要么是你已经拥有的信息，不

① ［美］莱斯利·P. 斯特弗等. 教育中的建构主义——《21世纪人类学习的革命》译丛［M］. 上海：华东师范大学出版社，2002：244.

② 胡壮麟. 语境研究的多元化［M］. 外语教学与研究，2002（3）.

知道如何表达——缺乏基本的表达的技能，“你知道、心里有”，但表达不出来；要么是你不知道向谁表达——你拟想的读者是谁；要么是你不知道哪些需要表达；要么你对面前的题目或话题，提不起兴趣，产生了认知上、情感上的障碍或者思路发生了堵塞；要么找不到合适的文体形式、语言形式，缺乏一个线索或模具让它成型；还有可能是你在认知产品转化为文本产品时，面临着一系列技术的、情感的、交际环境等许许多多的复杂问题。

这些写作前或者写作中的障碍是正常的，任何一个作者都会面对，甚至时刻会面对。倚马可待、下笔千言的具有写作天赋的人毕竟是少数，就是那些写作天才，也很有可能，他们写之前的认知产品并未成型。写作的过程就是一个认知产品孕育形成的过程。

提出认知产品这个概念可以帮助我们摆脱过去那种狭隘的客观物质主义的写作观，以为只有写出来的东西，才称得上作文、作品。其实，写作之前的想法、念头一旦发生、存在，已经是文本作品产生的前奏。写作的内容，在没写出来之前，它原来就储存在我们的大脑中，或者写作的过程就是一个思考的过程、一个认知的发生、一场对话的展开、一个问题的解决、一个意义发生的过程。写作不仅仅是记录我们已经拥有的经验世界，还是我们开动大脑创造出的另一个想象世界，是一种自由自在的“思想着的生命形态”。认知产品在作者大脑中表现为意念、构思、文章的模糊意义的云团。这个云团是降雨还是下雪，与外部交际语境有关，是语境孕育了你的作品。

图2. 4 认知产品与语篇产品关系图

对写作来说，认知产品的孕育是最关键的一环。我们对写作向来是写后关注或者写中指导，现在看来应该将这一切提到写作之前，即认知产品的酝酿、发生阶段。事实上，研究表明：这才是写作耗时最多，最艰苦的，也是最重要的阶段。

2. 语篇产品

将认知产品说出来、写出来，就成了语篇产品。语篇产品就是语段、文章、著作。我们这里的语篇产品一词，通常指的就是语篇，即语言活动生成的那个结果形态，它与存在于人的大脑中，尚未形成语篇的认知存在物，即认知产品相对应。

（三）一些国家母语教育中的语篇类型

语篇是语文教育的基本载体和课程内容形态，包括听说读写的一切对象物和结果。语篇无疑是语境活动运行的结果。

世界很多国家的语言教育中都有对于语篇类型的具体规定：

英国在2007年颁布的最新《国家课程标准英语3~4学段》标准中涉及的语篇类型有：故事、诗歌、戏剧剧本、自传、电影剧本、日记、速写、笔记、资料活页、计划、摘要、小册子、广告、编者按以及表达自己观点看法的文章、文学作品、辩论、评论、解说词、论文、散文小品和通讯报道等。

下面是美国加利福尼亚州语文课程标准中关于“写作应用：体裁及其特点”（Writing Applications: Genres and Their speaking Characteristics）的内容：

5年级学生应能够运用流畅标准的英语写作记叙的、说明的、说服性、描述性的语篇，每篇至少500到700字。另外，还要求学生写记叙文、文学反应、劝说性的信件或作品以及关于重要想法、问题或事件的研究报告。

8年级学生应继续写出长度为500至700字的语篇（两到三页，双倍行距打印）。类别包括：小说或自传体的叙述、文学反应、研究报告和说服力的作品。8年级学生的作文应该体现出更多复杂的因素和要求。例如，学生在7年级的记叙文中要求掌握和运用故事情节（例如开始、冲突、发展），但在8年级学生的作品中需要高于这些结构要素（比如还要揭示出作者对这个问题的态度）。

8年级不再要求写7年级要求的摘要写作，但要求引入两种新的写作类型：

（1）与职业发展相关的文本，比如简单的商业信函和求职信；

（2）关于解释复杂操作或工作流程的技术性文本。（比如：设计一个系统，使用一种工具，或者为一个组织撰写规章制度等）。

11和12年级学生应能够综合运用记叙、说明、议论和描写的修辞策略来写作，每篇至少1500字。学生在写作时应能够展现出写作标准中列出的关于美国英语以及探究、组织和起草文章的策略。

美国新泽西州2004年写作标准的“写作形式、对象、用途（探索各种形式）”中规定：“1. 针对特定的目的和对象运用最有效的写作样式和策略（Writing Formats and Strategies）；2. 能够满足写作各种各样的体裁文章的要求，如：劝说性文章、个人记述、研究报告、文学研究论文、描写性文章、评论、文学评论、模仿某种特定叙事风格的文章（寓言、神话、短篇小说）、诗歌等。”

国外语文课程标准中对于语篇类型划分最为明晰的是《澳大利亚

维多利亚州课程和标准框架》中简称CSF的《英语学科课程标准》[①]，它把文本类型分为以下四种，即文学作品、日常文本、媒体文本和工作文本。

文学作品：文学作品用语言再现、再造、塑造和探讨人类的经验，是英语课程的基础。文学作品可以建立在虚构的基础上，也可以建立在实施的基础上；可以是书面文本，也可以是口头文本。文学作品包括图画故事书、传说故事、演讲、小说、短小的故事、戏剧、诗歌、译作、非印刷文本和非虚构著作，如传记等。通过阅读、写作、聆听、谈论文学作品，学生能扩展对世界和自身的理解，懂得文化信仰和价值观是如何形成的。

日常文本：日常文本包括日常生活中的各种口头的、印刷的、非印刷的文本，也包括各种分类广告、个人信函、电话交谈、留言、说明书、标签、电子邮件、网页，还包括消息、通知，以及与特殊的学习相关的标志、时刻表等等。总的来说，英语课程逐渐从强调在家庭和学校处于个人的非正式目的的简单日常文本，转向在家庭和更广泛的社区运用的，更加正式和复杂的文本。

媒体文本：媒体文本包括面向公众的口头的、印刷的图表和电子信息。它们的建构涉及许多人，并受其制作过程所运用的技术影响。英语课所学的媒体和多媒体文本可以来自报纸、杂志、电视、录像、电影、广播、电脑软件、互联网等。

工作文本：工作文本包括经常在企事业工作场合遇到的口头的、印刷的和电子信息，包括商务信函、个人简历、备忘录、简短的报告、正式和非正式的会议纪要。练习理解和创作这些文本对学生为未来工作和

---

① 从立新，章燕主．Standards for the English Language Arts[M]．北京：人民教育出版社，2005：7～72．

继续教育作准备很有价值。

澳大利亚维多利亚州课程目标提出一系列对于文本类型的表述和意见，这些表述从不同侧面体现了其语文文本观。如第二条“了解语言随语境、目的、对象和内容而产生的变化，并能运用这种知识”，是说不同的听说读写目的造成了或期许着不同的语境。第三条“了解不同的文本需要用不同的语言类型，并能运用这种知识，尤其是在写作中”，是说不同的写作目的要求采用不同的语言类型。第四条“广泛了解各种类型的文本，并能将这种知识与当代社会和个人经验的相关方面建立联系”，是说为了认识社会、认识自我，需要广泛了解各种类型的文本。第五条“能批判性地讨论和分析文本和语言”，更突出了阅读的目的性——不是盲目跟着文本作者跑，而是要有自己的主见。没有目的性就没有主体性，主体性的前提是主体有自己的独立目的。第六条“知道理解文本的多种方法、知道人们对文本的理解存在文化、社会及个体差异，能有理有据地阐述对文本的理解”，这是讲文本差异的。为什么要认识差异？是为了选择。根据什么选择？根据不同的目的。他们强调“不同的文本需要不同的语言类型”，可见，澳大利亚的语文工作者很注意语言形式的多样性。他们给自己确定的任务不是教给学生某一种语言，而是多种语言，以适应未来学生实际生活的多种需要。

南非国家母语课程标准在文体上也体现出极大的丰富性，如下表：

表2. 3 南非母语课程标准中的教学语篇

用于10~12年级母语综合语言教学的语篇
戏剧、长篇小说、诗歌、民间文学、短篇小说、电影、议论文（小品文）、传记、自传
10~12年级学习的其他种类的语篇包括：应用性语篇、参考文献、创意语篇、视觉语篇、声音语篇、视听语篇和多媒体语篇

应用性语篇： 广告、宣传册、对话（书面）、日记、社论、电子邮件、传真、（广告）传单、邀请函、信函、杂志文章、备忘录、会议纪要和日程安排、报纸文章、便条、通知、讣告、海报、报告、综述、电报
参考文献： 字典、百科全书、计划表、电话号码簿、教材、分类辞典、时刻表、电视指南
创意语篇： 学生生成的创意语篇、对话、日记、改编剧作品、民间音乐、民间故事、笑话、文学语篇、音乐、神话和传说、谜语、歌曲、演讲、故事
视觉、声音、视听和多媒体语篇： 卡通片、图表、连环漫画、版画、涂鸦、插图画、（有插图）的笑话、讽刺画、音乐录像、照片、电台节目、戏剧朗诵、长篇小说或短篇小说朗读、演讲录音、标牌、幻灯片、符号、投影膜、电视节目和纪录片

表2.4 南非母语课程标准中的教学生成语篇

10~12年级母语课程综合语言教学中生成的语篇
应用性语篇： 广告、宣传册、简历、对话、社论、电子邮件、传真、写给新闻界的正式和非正式信函、（申请、要求、投诉等）正式信函、慰问函、邀请函、友谊信函、邀请卡、杂志文章、备忘录、会议纪要和日程安排、报纸文章、讣告、明信片、（正式和非正式）报告、综述、短信
创意语篇： 记叙文、描述文、反思性文章、漫谈、说明文、议论文、文学评论
参考语篇和信息语篇： 指令说明、脑图、便条、释义、研究报告、梗概
口语、视觉和多媒体语篇： 广告、对话、（广告）传单、正式和非正式讲话、访谈、海报、用图表/声音等手段发表语篇、研究报告
可选择的语篇： 戏剧改编、讲故事、电台和电视新闻、广播剧和电视剧、小组讨论、自己创作的短篇小说/诗歌/戏剧、卡通片、连环漫画、笑话、标牌等等

这样做有什么好处呢？我们认为：（1）可以帮助学生训练真实的写作能力，他们不需要像我们这样苦练一种应试作文的虚假扭曲的写作

本领，而直接练习真实的写作语篇就可以了；（2）直接在生活中、学习中、应用中接触到大量的可以模仿的语篇作品和学习资源，而不需要像我们这样交给学生揣摩一种叫做“满分作文”的语篇；（3）这种真实语篇类型的写作可以培养学生基本的文体感、语体感，以及它们在真实的交际语境中与文本相关的各种因素，这样就会将一种基于语境需要进行表达交流的能力，潜移默化地内化在心中。这就是真正的写作能力。

南非课程标准中对语篇有如下认识：“语篇在特定语境中针对特定目的和对象而生成。”不同种类的语篇所起的作用不同，在结构、文体、语法、词汇和内容上遵循的规则也不同，这些被称为体裁。要求学生理解和生成不同体裁的语篇。语篇也反映语篇生成时作者的文化背景和政治背景。语篇中的语言表达了与作者的文化价值观和政治立场有关的信息，因此语篇不是中立的，要求学生能够理解、解释语篇传达的价值观和情感态度，并提出自己的看法。

南非将语篇分为使用的语篇和生成的语篇。这在上表中有详细说明，表格中所列的并非所有的语篇类型——教师可以加入用于综合语言教学的语篇。表格中所列语篇，目的是可以让教师有选择地让学生使用或生成某些类型的语篇。关于语篇复杂度和语体正式程度的内容，“学习项目指导原则”将作详细说明。

语篇一词用于语言学科描述时，含义极为广泛，包括所有的口语、书面语、视觉、声音、视听和多媒体形式。在所有的语言教学中，语篇是语言教学的出发点，而某些类型的语篇则是过程教学的结果。

不过我们在使用语篇时，主要说的还是文章，它一般指由主题、内容、材料、文体、语言等要素构成的文本产品，是有形的、客观可见的、或长或短的、能达成一定交际功能的书面篇章。因而口头文本、音频视频等媒介文本暂时不在我们语篇写作讨论的范围之内。

(四) 写作教学中的语篇类型

在写作教学中，语篇专门指学生所写的长度任意、能达成交际目的的话语，包括广告、短信、各种类型的作文以及各种文体的文章或者著作。作文的概念不应该是孤立静止的文章，而是基于具体语境中完成交际功能的篇章，比如短信、留言、摘要、笔记、备忘录、各类应用文章、文学作品以及书籍等。语篇写作具有多目的、多功能的特征，比如信息记录与传达，经验记录以及文学审美等。语篇要达成一个交际目的或者达成某种交际功能。

这样定义的目的有以下两点：一是可以排除目前那种写作教学只能写具有规定长度如600字或800字、有头有尾、像模像样的文章的机械做法，可以将教学中各种各样的写作样式都纳入进来，比如写广告语、编发短信、网络跟帖、QQ聊天、博客日志以及传统的各类作文、文章、创作等；二是改变文章写作观念，强化写作的交际意识和功能意识。这是语篇概念最关键的特点——交际性。

语篇产品和文章不是一回事。主要就在于文章一般仅止于静态作品，是从语言学、文章学角度说的；而语篇是从语用学、篇章学上说的，是着眼于人的书面交际能力，是动态的、真实的。

我国历来的写作教学，注重的是篇章训练。[①]这种篇章训练，从某种程度上说就是文本结果取向的文章制作。它一般不考虑写作过程和写作主体的心理发生，不考虑写作的目的、动机、对象、语境和写作的功用，只是让学生去写罢了。这种以篇章训练为中心的结果范式的写作教学的好处是便于操作，看得见、摸得着。不过这也正是它的先天不足，因而有人认为“我们的一个毛病就是我们在教作文的时候，只把看

① 章熊．中国当代写作与阅读测试［M］．成都：四川教育出版社，1995：90．

见的部分教给学生”[①]。

与我国写作教学重视应试语篇训练不同，世界上很多国家的写作教学语篇丰富、真实而实用。换句话说就是，他们很多的写作样式就是生活工作学习中出现的那些语篇。

语篇写作不是我们平常意义上的作文，因为我们理解的作文仅仅关注写作结果，是完整的、好的、有字数规定的成品，是有头有尾的文章。我们认为作文教学不应该仅止于此，它应该是更灵活的书面语表达行为，包括片段、缩写、扩写、仿写以及课堂笔记、会议记录、通知、短信、摘抄以及各个学科领域学习中的书面作业等。只有这样理解语篇写作，才有可能摆脱目前以应试为目的的狭窄的作文教学，回归以真实语境交流和实际应用为目的的真写作。

四、语篇的文类特征

语篇需要达成一定的交际功能，并且语篇的交际习惯在一定的民族和文化背景下是相对固定的一种状态，因此无论是何种形态的语言作品，都是具有文本特征的。这种文本特征，在微观层面上表现为一定的语法规则；在较高层面表现为篇章特点，也就是文体特征；在更高层面上还可以表现为不同的语言文化上的特点。

从更深层面上看，文本的特征既是一种人们语言交际时共通的信息和心理所概括抽象出的文本规律，又是一种在语篇交际过程中达成的交际规范。这些被抽象、提炼、相对固定的规范成为表达方式的来源。比如叙述性语篇、描写性语篇、说明性语篇、议论性语篇、抒情性语篇，这些语篇同时也蕴含着明显的交际目的和意图在其中。不是说这就

---

① 作文前期准备中的隐性原则[EB/OL]. www.douban.com/group/topic/3201091/17K, 2009-05-16.

是记叙文、说明文、议论文，而是在书面交流过程中，应表达的目的和需要，我们需要有一段这样的文字或者文章，才能实现作者的意图，这样才有了表达方式、文章体式和语体规范。

当我们说到某一种文体或者文学史上作品类型的时候总是在大脑中浮现出这些文本的样式特征。最典型的如绝句、律诗、散文诗、章回体小说、伊索寓言、神话故事、科学小品、社论、通知、报告、新闻、科技论文、短信祝福、网络跟帖等，它们都有很鲜明的语篇特征。

这些特征首先来自于此种类型文本的概括归纳，然后成为规范被大家遵循。就像在荒原上原来没有路，有人踩出了最初的脚印，渐渐地大家跟随他去，逐渐变成了一条条大大小小的道路一样，文体就是这样的“道路”。它的出现一是便于大家阅读时避免阅读障碍，轻松地找到阅读的便捷途径；二是从作者的角度来说，有这样的一些文体规范作为“知识支架”，可以减轻写作者的认知负载，腾出更多的精力专注于内容、细节等方面。

文章根据不同表达功能和取向可以分为若干类型：叙述性、说明性、描述性、劝说性等。下面我们结合从美国加利福尼亚州波威统一校区的《写作和文体写作指导手册》，来看一下几种类型语篇的文本特征：

（一）叙述性写作（Narrative Writing）

叙述性写作是用来讲述故事的。叙述往往通过一系列活动来通知或娱乐读者。叙述性写作既可以是虚构性的作品，也可以是非虚构性的作品。叙述的首要目标是发生在真实或虚构的世界中的一系列事件。叙述性写作往往伴随着描述的方式（比如在设置背景和描写人物时）以及说明性的方式（比如直接向读者说明背景或其他信息时）。在学术文章中，叙述性文字可用于讲述有关的轶事，特别是引入或叙述例子。

我们常在下面的写作任务中使用记叙：

(1) 轶事和举例说明；

(2) 个人经历；

(3) 创造性写作；

(4) 小说。

(二) 说明性写作 (Expository Writing)

说明性写作主要是就有关的议题提供客观真实的事实，其主要目的是告知。说明性写作关注的是向读者提出事实，应该客观而公正。说明性写作经常应用在科学中，它是新闻记者所使用的主要体式。在学术文章中，当我们提供事实资料时我们也会使用说明性写作，如背景情况或研究成果等。

我们一般在下面的写作任务使用说明性文字：

(1) 报告事实；

(2) 总结思想；

(3) 定义术语；

(4) 解释过程；

(5) 提供指导。

(三) 描述性写作 (Descriptive Writing)

描述性写作是指通过生动形象的语言和具体细节描述一个主题。描述性写作试图用“词语来绘画”以形成关于人物、场景或事物的深刻印象，从而表达作者的情感和态度。这种表达方式常和其他写作形式综合使用。生动的描述可以成为说服的重要手段，也往往会对开头或结论有益，它能引发人的兴趣。

告知指用解释的方式写，而呈现是指用描述的方式写。好的写作往往兼而有之。如： 告知：蛇爬进我们的生物课堂。 呈现：一条玫瑰色的蟒蛇沿着破碎的砖铺的地板晃动。

图2.5　告知与呈现的不同

我们一般在下面写作任务中使用描述性写作的方式：

(1) 记叙文或故事；

(2) 报道；

(3) 个人亲身经历；

(4) 人物刻画；

(5) 广告宣传；

(6) 诗歌。

(四) 说服性写作 (Persuasive Writing)

说服性写作是用来说服观众相信或同意作者的论点或解释的，大多数的学术著作采用的是说服方式。说服性写作主要依靠逻辑和具体支持的例子，但它往往包含说明性、叙述性，偶尔也采用叙述模式。

下面写作任务采用说服性写作方式：

(1) 文学分析；

(2) 历史分析；

(3) 辩论；

(4) 研究论文；

(5) 广告。

上述资料译自美国加利福尼亚州波威统一校区的《写作和文体写作指导手册》。

从这个手册呈现的语篇类型可以看出来：语篇的类别是由一些共同的表达方式，比如记叙、说明、议论决定的；而决定这些表达方式的，又是交际意图和写作目的。各种具体的文体，比如书信、传记、广告、小说、诗歌等要采取哪一种表达方式，要看你在这个文本中的意图是什么。不是说记叙文中不能有议论，议论文中不能有描写、说明等诸如此类的文体交叉融合问题。起作用的是背后的写作目的。作者采用哪种表达方式与自己的写作意图和达成设想的写作效果相关。当然，从读者的角度说，一个作者不能肆意妄为地突破某种文体的限制。这并不是说作者没有这个权利，作者写作的时候当然没人逼着他要遵守某种文体规范，可是从接受者（读者群）的角度，你又不得不去遵循这些文体规范，因为你不遵循它，会引起接受者的误解、理解上的混乱，进而影响你文章的传达效果。

不同类型的语篇文本有它们独特的结构规律。这种规律是文本特征的重要内容构成。文章写作上的规范，不仅仅体现在文体特征上面，还体现在文本的结构和语言特征上面。

五、语篇结构

（一）何谓语篇结构

语篇结构是指语篇作为言语交际文本各个部分之间的相互关系特征。这些关系分为微观结构特征（Micro-structural Properties）和宏观结构组织（Macro-structural Organization）。语法结构、词汇以及句子之间的衔接手段都属于微观结构特征，而句子与句子之间以及更大语篇成分之间的逻辑—语义关系则属于宏观结构组织。

（二）语篇的微结构

在功能语言学中常常用“主位—述位”来描述语篇局部的结构

模式：

一是平行型：第一句是主位，其他各句从不同角度加以解释阐发；

二是延续型：第一句的述位或者部分是第二句的主位；

三是集中型：第一句的主位、述位作了基本叙述以后，第二、三分句分别以新的主位开始，各句不同的主位都集中归结为同一述位（或述位的一部分）；

四是交叉型：指主位、述位交叉混合着进行表述；

五是并列型：指同一结构的表述并列呈现；

六是派生型：第一句的主位、述位作了描述后，后面各句的主位均从第一句的述位中的某部分派生出来。

（三）语篇的宏结构

语篇中常见的宏观结构组织就是小句关系（Clause Relations）。所谓小句关系，就是语篇中一个或一组小句与另一个或一组小句之间的逻辑—语义关系（参见胡壮麟，1999；程晓堂、王琦，2004）。Winter（1977）和Hoey（1983）是小句关系理论的主要创始人。他们把小句关系归纳为三种：问题—解决方法（Problem-solution）、假设—真实（Hypothetical-real）、一般—个别（General-particular）。在“问题—解决方法”的小句关系中，第一个小句提出问题，后面的小句提出解决问题的方法；在“假设—真实”的小句关系中，前一个小句是假设部分，陈述别人已经说过的观点或情况，后面的小句是真实部分，说明作者自己的观点，即支持或否定假设部分提出的观点或情况；在“一般—个别”的关系中，前面的小句陈述一般的或概括性的内容，后面的小句提供具体的例证或细节内容。

在我国传统的文章学中，一个完整的、较大的语篇通常有开头、中间、结尾三部分。而这三部分的构成方式、内容及结构技巧有一些共同的要求。如古人曾有“凤头、猪肚、豹尾”之说，就是说开篇要新颖，中间要厚重，结尾要响亮。这是读者接受心理的体现，因为文章开头新颖精彩，才能引起读者的阅读兴趣；中间部分只有内容丰富，才能给读者想要的知识信息；结尾或收束全文，或点明题旨，或呼应开头，或深化引申，或言犹未尽，或发出号召，或清音余响，这样才能给人以完型感或美感。“寿星头、马蜂腰、水蛇尾”的文章之所以拙劣，就是因为一开始信息会太多太杂让人莫名其妙，而文章中间部分语焉不详或虎头蛇尾也不能满足读者的求知欲求。清代戏剧理论家李渔说：“开卷之初，当以奇句夺目，使人一见而惊，不敢弃去，此一法也。终篇之际，当以媚语摄魂，使之执笔流连，苦难遽别，此一法也。”好的开头应该新奇脱俗、引人入胜，结尾是全文内容发展的结果，也要起到缩结全文、发人深思的作用。正如古人所说：“起句当如爆竹，骤响易彻；结句当如撞钟，清音有余。”

结构布局时，要把一堆杂乱无章的材料组成一篇井然有序的文章，需要围绕主题，形成文章的层次，并要加以有机地排列、组合与连贯。层次就是指文章中思想内容的表现次序，是作者在表述主题的过程中形成的相对完整、相对独立的思想单位，又叫意义段、逻辑段或部分。

层次，或者是事物发展的一个阶段，或者是事物矛盾的一个侧面，或者是中心论点的一个分论点。安排层次是作者思想脉络的直接体现，因此在结构诸要素中，层次居于核心地位。

文章中划分层次的形式，常见的有以下几种：

1. 纵式

纵式，即按照纵向进程的顺序划分层次，各层次之间是延续和承接的关 系。纵式层次，又有以下三种形式：

（1）时序式，按时间的顺序安排层次；

（2）递进式，按事件的发展演变过程安排层次；

（3）逻辑式，按事理的内在联系安排层次，如从属关系、因果关系、总分关系、分总关系、总分总关系等。

2. 横式

横式，即按照横向展开的顺序划分层次，各层次之间是依次展开的并列关系。横式层次，又有以下两种形式：

（1）条款式，按问题的性质分为条款安排层次；

（2）部分式，把一个完整的主旨划分成若干部分来安排层次，每一部分分别从不同的角度来反映整体思想的某一侧面，几个部分合起来反映主旨思想的全部。

3. 纵横混合式

纵横混合式，即将纵式和横式两种层次安排形式结合起来，或是先纵式后横式，或是大层次为纵式，纵式里面包含着横式，或是横式当中包含着纵式。这种形式往往以时间为“经”，以空间为“纬”，一“经”一“纬”，相互关联，既在纵的方面注意了时间的连贯性，又从横的方面照顾了空间的平列性，纵横交错，使文章层次分明。

4. 总分式（或叫分总式）

文章的几个部分是总说和分说的关系。总说是为了概括或总结全文，分说是为了展开内容，逐项、逐条论述有关问题。这种有总有分、总分结合划分层次的方式形式也是多样的，有先分后总式，有先总后分式，有总分总式，还有分总分式等。

总之，划分层次的方式是多种多样的，写作时要根据文章内容的需要灵活使用。

拉波夫（Labov, 1972）提出过著名的叙述文体的结构模式，他根据自然叙事顺序总结出的结构模式包括六个部分：

(1)点题(Abstraction)；

(2)指向(Orientation)；

(3)发展(Complicating events)；

(4)评价(Evaluation)；

(5)结局(Resolution)；

(6)尾声(Coda)。

点题是叙事之始把要讲的内容简短概括。例如："我与父亲不相见已二年余了，我最不能忘记的是他的背影。"大多数(并非所有)自然叙事作品都会有这个成分。

指向是叙事者对时间、地点、人物所作的交代。例如："那年冬天，祖母死了，父亲的差使也交卸了，正是祸不单行的日子……"指向的语言标记多是过去进行时和时间、方式、地点状语。

发展指接下来发生的事情，是对构成故事的主要事件的发展安排，如《背影》中"嘱托茶房""车站离别""望父买橘"等情节。在语体中往往采用追忆的口吻，有时还可能回到现实中偶尔议论。

评价指叙事者以直接或间接的方式告诉读者或听者故事的可读性、可听性。评价包括外部评价和内部评价。外部评价是情节之外的叙事者的评论，内部评价是情节发展的特定时刻角色发出的评论。例如："我那时真是聪明过分，总觉他说话不大漂亮，非自己插嘴不可……""唉，我现在想想，那时真是太聪明了！"

结局或尾声指一系列事件的结束，这一部分所描述的是故事的结果、结局，其中包括人物的下场、目的的实现或失败等。例如："近几年来，父亲和我都是东奔西走，家中光景是一日不如一日。""但最近两年不见，他终于忘却我的不好，只是惦记着我，惦记着他的儿子。""我北来后，他写了一封信给我，信中说……”“唉！我不知何时再能与他相见！”

（四）语篇结构特征

语篇的结构，实质上是作者认识和反映客观事物并通过构思在语篇中有层次的反映，是文章材料有秩序、有规律的呈现，它体现着人类认知的一般规律，是作者和读者双方共享的知识信息，是文本形式的抽象概括并定型化、规律性的呈现。它虽然有丰富多样的形态，但又不能超越人们一般的认知习惯，实际上是被大家共同认可的一些书面交际范型。

语篇在情景中的功能通常是以一定的语义结构来实现的。语篇功能与语篇结构的这种对应关系使语篇形成许多比较稳定的结构模式，称为语类。它与语篇所行使的功能类型的稳定性是一致的。[①]由于各种语篇的交际功能不同，语篇的主题和内容有异，读者的需求不同，造成文章的体裁有别，语篇的结构也各异。比如：故事虽然大致遵循开始、发展、高潮、结局的一般规律，但又不能过于呆板直接。有时采取悬念、渲染、倒叙、插叙等手法打乱一般事物的发展进程，是为了迎合读者审美接受的“文似看山不喜平”的独特心理。说明文的结构形式是纲举目张、层次井然，它是由读者接受科学知识、信息时候的心态必须是简洁明快的阅读需求造成的。议论文一般遵循提出问题、分析问题、解决问题的惯例，是由这类文章需要以理服人、说服别人认同自己的观点的写作目的决定的。书信的开头是称呼，中间是正文，结尾是结束语和落款，这种格式化写作是为了日常办事的要求。这些结构上的不同，是与写作目的、意图紧密联系着的，是这种共同的交际需求规范化、固定化形成的。

文本结构一般具有某种共通的规则，这些规则也是必须去遵循

---

① 张德禄．语言的功能与文体［M］．北京：高等教育出版社，2005：77.

的。刘勰曾提出“总文理”和“总纲领”，就是要求作者在安排结构时，首先要表现文章的主题。抓住了文章的主题，也就抓住了事物的纲领，然后才能“驱万涂于同归，贞百虑于一致；使众理虽繁，而无倒置之乖，群言虽多，而无棼丝之乱”。(《文心雕龙·附会》)可见，文章的内容尽管复杂多样，但在布局谋篇时，都必须紧密围绕主题确定材料的主次详略、先后次序以及相互联系。同时，结构安排的各个环节，也必须紧扣主题，为表达主题思想服务，此为安排结构的首要原则。

文章的结构具有普遍性和普适性，是人类共同认知规律的体现。比如记叙文的结构主要有三种：(1)按照事件的时间先后顺序安排材料所构成的纵式结构；(2)按照地点、人物、材料的不同性质安排的横式结构；(3)按照客观事物的感受、印象、观点、态度等思想感情的变化，把生活中的事件综合概括起来的综括式结构。(张寿康等，1983)

尽管文章结构有一定规律，但把文章的结构看成是凝固的、一成不变的程式是错误的。文章的结构总是和文章的目的、读者的心理、文章的内容相结合、相搭配的。内容一变，结构即变，从来都没有万古不变的结构模式。古人说文章“定体则无、大体须有”就是这个道理。

语篇特征、文章体式、组织结构体现的是某种文化背景下言语社团或者是人类共同的思维特征和交际原则。比如叙事结构的语篇的语言特征有：(1)用词最丰富，可能会涉及诸多领域的词汇；(2)语体类型最多，可能综合穿插运用于正式和非正式、口语和书面语，甚至俚语、行话、方言等等；(3)句式变化多，修辞手段多，特别是比喻、夸张、拟人等手法的运用。这些语篇要素特征本身是文本语境的组成部分，其特征来源于言语社团对于书面交际模式的协调与认同。

语篇知识是写作者和阅读者共有的语境知识，在写作和阅读过程中具有支架、指引和创生意义的作用，在阅读理解和语篇写作过程中发挥着“共享知识”的功能。

语篇知识与过去所说的文章知识系统，有重复交叉，但又有本质的不同：一个是文章静态要素以及关系的视角；一个是篇章交际以及要素的视角。用语篇知识整合重构文章知识，重建语文篇章教学知识系统，是目前及今后一段时间语文课程建设应该迫切要做的事情。

第三节 语文即语境与语篇的相互转换

一、语文三要素：语境、语篇和主体

从语用学角度看，语文课程分三个系统：语境系统、语篇系统、语用主体系统。

语用主体指一切运用语言进行表达交流和活动的人，包括发话人（说写者）、受话人（听读者）。在语文教学情境中，语用主体具体包括作者、读者、教师、学生、编者等语用主体。当然，学生是语文教育最重要的语用主体，其他一切语用主体都必须为这一语用主体服务。语用主体作为一个独立的，有自己自由思想、丰富情感的人，他有自己说话的权利和倾听的权利。语用主体的人格、能力、素养等将是语文教育的必然内容。语用主体的人格、态度、见识、信实等，是主体在语言使用过程中形成的态度、德行、习惯、原则的总和。比如“修辞立其诚”“言行一致”既是语用原则，也是语用人格成分。总有一些见风使舵、八面玲珑的人是“懂得”交际规律和传达效果的，只不过当他们的言语主体人格一旦出现了问题——“言而无信”地违背了言语行为的真实原则的时候，他发出的信息会在了解他底细和为人的受众（读者）那里将真实信息“打折”处理，从而损失传达的最终结果，这样只会弄巧成拙、得不偿失。孔子讲“巧言令色鲜矣仁”“君子讷于言敏于行”其实可以看作是一种话语表达策略。从这个角度讲，“文如其人”“文责自负”就是说，我们不但生产话语、发出话语，而且我们生产和发出的话语是代表言语主体的性格、道德、认识水平的，一旦你的文章或话语成为读者对于你的作品语境的一部分，就会反过来影响你的话语效果。语文教育中所谓的“工具性和人文性的统一”可以在语用原则比如“礼貌原则”“信实原则”“经济原则”上实施。工具性就是语言的表达和交际功能，人文性不是语言的外挂因素，而是在语用过程中。

语篇系统指的是语言主体听说读写的结果和产品，它可以是一个字词、一个句子、一个段落、一篇文章、一部作品，只要达到了一定的交际目的、完成了一定的交际意图，就成为语篇。语篇分口头文本、书面文本、媒体文本等。语篇具有它的结构规律和要素。我们已专门论述。

语境是指语言运用的一切相关因素。它包括语篇语境、情景语境、社会文化语境以及它们在大脑中的内化，即认知语境。语境从语篇结构上看包括上下文、篇、段、句、词等；从作品语言结构要素看，语法上下文、语义上下文等有机结合，构成作品内语言形式；从作品内容看，它包括了写作者或说话者的“题旨”、主观愿望等；从作品的语体风格看，它包括了写作者或说话者所选用的语体、所追求的表现风格等。可以这么说，语境就是隐性化的语篇，或者说语篇就是显性化的语境。但语境永远不能等同于语篇，因为语境所包含的东西远远大于语篇所能呈现出来的信息。语境除了语言符号之外，还有弥漫在文字之间、文本之中的人的因素、社会因素、文化因素、历史因素、民族因素、伴随因素等。这些以共享知识的方式存在于作者和读者的认知、想象之中。

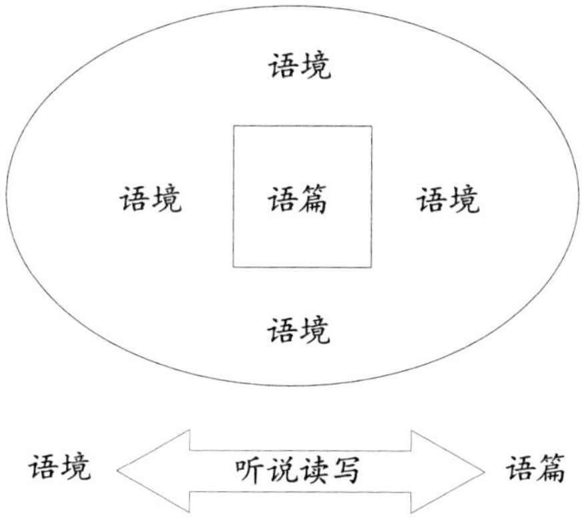

图2. 6 语文即“语境-语篇的转换生成”

语文是一门专门研究语境和语篇互动生成规律的学科。语境与语篇之间具有一种互动生成的关系。听说读写等语言活动，都可以看作是语境与语篇之间互动生成和双向塑造的过程。语文说写活动从语境要素（话题、读者、言语者、目的）分析出发考虑语篇（包括口头书面）的呈现形式；而听读活动则需要分析发话人的意图、场合、目的，进行语境还原。任何语篇都是具体的、一定语境中的语篇，不存在超越语境的语篇。语境的诸要素如读者、作者的角色以及交际目的，决定着语篇的内容、体裁、详略、表达方式、语言等语篇的形态特征。

语文教育的目标是培养学生在特定语境中理解和表达交流的能力。根据关联理论，言语交际是一个示意—推理的认知过程。语篇写作就是作者依据语境通过各种语言符号“示意”的过程。在这个过程中，说写是作者通过语境分析，以合乎语境的言语形式向交际对象提供最大关联性的信息，示意交际意图；而听读理解则是基于语篇形式，进行关联性想象，还原语境并基于语境进行语义推理的过程。过去的语文观是基于传统语言学、文章学的，是静态机械的符号理解和制作能力；基于“语境—语篇”互转的语文能力观是基于语用学、功能语言学、语境学、语篇学的，将把“言语交往能力”作为语文能力的核心内容。语文能力的本质不仅仅是理解和运用语言文字，还要能够应付各种语境中的语篇理解和交流。

李维鼎先生的“言意互转”理论与此相似，但又有不同。“言”和“意”，从某种程度上说，是一种主客观思维的意味，以为从语言文本中可以揣摩出作者的原始思想。原来说，理解应该是由文入境、披文入情、因言识意，其实不然，应该是从语言成品，去揣摩那个包括“意”的更宏大的语境，甚至“意”，也是宏大语境的一个产物。同理，写作应该是一个触景生情、以意定文、由境生文的过程。写作即语境下的思考，写作即选择。

二、语文：语境—语篇的互动生成

（一）语境要素和语篇系统之间的对应关系

皮特·科德说“我们在什么时间、什么地方、同谁在一起等情况可能限制我们谈话的内容和方式”“我们进行交际所采用的方式会在各方面受言语环境的制约”[①]。如果将这种思想加以拓展，从语用学的角度看，语文是语境—语篇的相互转换。语文教育学是研究语境—语篇互动生成规律的科学。

说话和写作是特定语境中建构语篇（包括口头语和书面语）的行为，是根据语境信息生成文本；倾听和阅读是特定语境中的语篇理解行为，是将语篇符号信息通过语境想象、分析、还原为意义。语文学科课程要研究语境和语篇的相互作用与转换生成。语文教育的目的就是培养学生基于语境的语言理解和运用能力。

从语境—语篇互转的角度理解语文课程，与“言语形式（言）和言语内容（意）”语文教学论有很大不同。过去的语文观是基于传统语言学、文章学的，是静态机械的符号理解和制作能力；基于“语境—语篇”互转的语文能力观是基于语用学、功能语言学、语境学、语篇学的，将把“言语交往能力”作为语文能力核心内容，其语文能力的本质不仅仅是理解和运用语言文字，而是能够应付各种语境中的语篇理解和交流。

根据系统功能语言学的观点，任何一个情景因素的改变都会引起所交流的意义的变化，从而引起语言的变异，产生不同类型的语域。语域的差异导致语法和词汇方面的不同选择。这就是说语境与语言功能以及语篇之间存在着一一对应关系。具体来说，话语范围激发语义系

① ［英］S. 皮特·科德. 应用语言学导论［M］. 上海：上海外语教育出版社，1983：26～28.

统中的经验意义，话语基调激发语义系统中的人际意义，话语方式激发语义系统中的语篇意义。换言之，话语范围、话语基调和话语方式等因素在语篇中分别由经验、人际和语篇意义所体现，因此语境和语篇之间存在一种相关性，这又被称为语境和纯理功能的耦合假设（Context-Metafunction Hook-up Hypothesis）。这三种元功能又分别影响语言使用者对语言的及物系统、语气系统、主位系统等的选择。作为语篇，首先应是选择的结果，同时语篇还应表现为一定的结构。语篇是语义系统和语域共同作用的结果，是层层选择的结果。①语境与语篇之间存在的对应关系如下表②：

表2. 5 语境与语篇之间的关系

语境变量	语义系统（由……体现）		语篇系统
语场	发生了什么	经验功能	及物系统和语态
语旨	谁参加了	人际功能	语气、情态、语调
语式	如何发生的	语篇功能	主位结构、信息结构和衔接

表2. 5基本揭示出语境的三个变量（语场、语旨、语式）与语言的三种元功能（经验功能、人际功能、语篇功能）以及语言表达（句式、措辞）之间存在密切关系。具体说来：

语场，即话语范围（Field of discourse），指篇章所涉话题范围、事件、活动等，是关于什么领域（如政治、经济、历史、军事、科学、文学、科技、广告等等）发生了什么事情，它连接着语言的经验成分（即概念功能），揭示我们对世界的经验和看法。它在语言范畴中表现为及物性（Transitivity）、归一性（Polarity）和语态（Voice）。及物性分为物理、

① 刘立国，刘立华. 语境的语篇制约功能［J］. 滨州师专学报，2003(1).

② 常晨光，陈瑜敏. 系统功能语言学语域研究［J］. 北京科技大学学报（社会科学版），2011(3).

心理、关系、行为、言语、过程等六种。归一性指语言中的正与反、肯定和否定等语言极化现象。语态反映主语和谓语之间的关系，通常表现为主动和被动语态。

语旨，即话语基调（Tenor of discourse），指交际过程中的参与者是谁及在某一交际过程中所要达到的目的。它表现为交际过程中参与者的社会地位、角色以及参与者之间存在的交际关系、言语意图、人物关系（正式、随便还是亲密等）。它协调交际者之间的关系，引导言语表达的方向与话语走向，保障交际顺利进行。具体到写作方面，就是指作者的身份、口吻；读者是什么人，是长辈、老师还是同龄人，或是普通社会大众。写作的目的又是什么，是说明、劝诫、安慰还是号召。读者不同，写作目的不一样，写作方式也要有相应改变。

语式，即话语方式（Mode of discourse），指交际是如何表达的，包括交际方式是即兴的还是有准备的，交际渠道或者媒介传播方式是书面还是口头。其中，书面又可分为写出来给自己阅读的（书籍、报刊文章、布告、广告）和写出来念给人听的（广播稿）、背给人听的（台词）或说给人听的。口头又有私下交谈、正式会谈和发表演讲等区别。

简单地说，语域变量与语言功能的相互对应就是：语场是关于“发生了什么”，对应着语言的概念功能；语旨是回答“谁参加了”，对应着语言的人际功能；语式是关于“如何发生的”，对应着语言的语篇功能。同时三者与语言表达方式又有着密切联系，或者说语言表达和语篇建构要依据情境语境和语言功能进行。换句话说，语境及其功能要由语篇表达去体现和达成，因此说，语境塑造着语篇，语篇体现着语境。

（二）基于语境—语篇互动的语文教学

在语文教育情境下，不仅要研究作品，即语篇的形式，语篇的结构形式、衔接和连贯，研究语篇类型、风格、特点、功能等，还要研究语篇之所以成为这样的语篇形式的语境特征对语篇的制约作用。要建立起这样一种逻辑：一切的语篇表现形式，都是由语境塑造的，是为了完整准确地呈现作者的意义情境所制造出来的。阅读教学要尽可能地结合上下文语境、篇章结构语境、文体语境以及这个作品的交际情境，即在什么情形下、写给谁、为什么写的，然后才有可能揣摩和研究之所以如此的文本特征。写作教学也要从语篇的交际语境、背景、目的等去分析文本之所以这样的理据。

比如毛泽东的《纪念白求恩》和《为人民服务》，从语境—语篇的角度看，会有很多新的发现：

两篇文章的相同点：(1) 体裁都是议论文、演讲。(2) 时间都在抗战时期。(3) 论证方法都用了道理论证、事例论证、正反对比论证。(4) 都是红色经典，同属“老三篇”，受众广，影响大；都是革命传统教育的好教材；都饱含深情……

两篇文章的不同点：(1) 时间背景：一个1939年，国民党挟英美发起反共浪潮；一个1944年抗战相持，边区经济困难，大生产运动。(2) 对象：一个未曾谋面的国际战士；一个身边熟悉的普通战士。(3) 场合：一个在追悼会现场；一个在延安周年纪念会上。(4) 听众：一个是中直机关战士和周围群众；一个是延安中高层干部。(5) 表达方式：一个夹叙夹议，一个议论为主。(6) 开头：《为人民服务》是在警卫团领导介绍张思德的生平事迹后进行的，故开头与《纪念白求恩》叙述死者的简历不同。(7) 语言风格：《为人民服务》面对一般军民，在现场，更通俗更口语化；《纪念白求恩》文面向广大干部知识分子，更典雅书面化。

两篇文章之所以有上述不同就在于产生语篇的具体语境和语篇的意图有所不同。尤其是语言风格和话语风格上的不同，是和当时语篇应用场合和对象有密切关联的。

从写作的角度看，就是在写作的时候要具体依据语境情形，选择合乎语境和表达需要的语篇形式。话题、作者掌握的知识材料以及写作目的决定着词语和语类（文体）的选择；作者和读者的关系影响着表达的语气、态度和口吻；话语方式直接影响着行文过程中的连贯、衔接与遣词造句的方式。

比如，我们要写一篇关于北京冬奥会的文章，就需要考虑：如果你是新闻记者，在申报投票现场刚刚获得这个新闻，在向国内读者报道这一消息时，就需要写一篇新闻快讯——《北京赢得了2020年冬奥会的主办权》，你的文体格式和话语风格都必须是新闻体的，内容也无需过分详尽；如果是想叙述在这个过程中发生的感人的人或事情，那就写一篇报告文学；如果你想抒发一些兴奋激动的感情，可能需要运用诗歌的形式；当然，还有评论、建议、企划等形式，这些都需要根据文章的需要、应用场景以及写作目的进行分析筹划，从而确定最合适的形式和内容。

在阅读理解中同样如此，仅仅从篇章内部——上下文或者局部的语境分析，是很难全面把握一个文本的妙处以及之所以如此的原因的。语篇理解需要从多重语境的还原中，才能找到它的文本奥秘。

语文听说读写活动都可以看作是语境语篇之间的转化生成。说写活动应该从语境的分析出发，考虑到信息给谁——要有受众意识；要有话语的主体角色意识、作者意识，因为不同的角色发出话语的方式、风格也是不一样的；要有目的意识，它直接影响着语篇类型的选择。听读活动则需要分析发话人的意图、场合、目的并作出理解，这个理解过程主要是一个语境还原的过程。语境还原包括上下文内意义的关联，语篇意义情境的还原和语篇外的社会文化语境的把握。这是准确深入理解的必要前提。

语境与语篇之间具有一种互动生成的关系，即在特定的语境中，为了达成一定的交际意图，需要作者建构特定的语篇来实现言语主体的交际功能；而一个特定的语篇若要准确地理解它，需要还原产生这个语篇的内外语境要素。听说读写等语言活动，都可以看作是语境与语篇之间互动生成和双向转换的过程。

三、语境—语篇的双向预测与转换

语境是塑造语篇的外在环境，语篇是语境意义的物质载体。从语篇写作角度看，语境对语篇具有明示、预测、定向、制约、塑型作用；从阅读角度看，推理还原语篇产生时的各种语境要素，从而得出作者要传达的意义。语境与语篇之间具有预测与转换关系。

英国语言学家弗斯曾经用一个图直观地展示了语境—语篇之间的预测关系和转换关系。如下图所示：

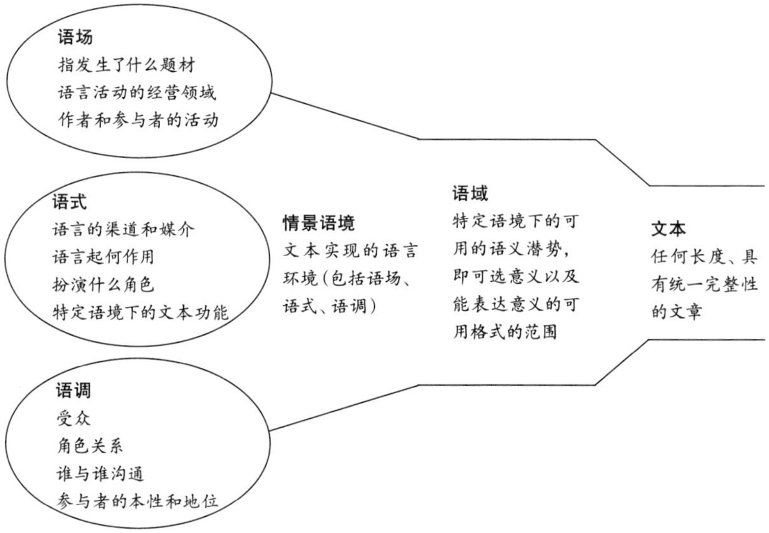

图2.7 弗斯的语境—语篇双向预测关系图

语境—语篇双向预测关系图可以较好地解释阅读和写作的相互转换过程。写作的时候，作者要经过一系列的语境揣摩和思考，比如：关于什么话题、以什么角色、写给谁、选用什么文体、以什么样的话语，这一切的语境要素，决定着一篇文章的形态面貌，形成一个具有一定长度和完整性的文章，而阅读则是它的逆反过程：根据文本的符号呈现形式，还原各种语境要素，揣摩文本的意义。

常晨光、陈瑜敏指出："语域最重要的功能是其预测功能。语境与语言使用之间有互为预测的关系，因此语篇分析者可以根据语境来预测语篇，包括根据已知语境预测其中有可能交流的意义、语篇结构、所使用的词汇、语法等。反过来，我们也可以根据语篇来预测可能产生这个语篇的语境。语域的预测功能与其封闭程度密切相关，语域的封闭性越强，预测语言形式的精确性就越高。"①一些实用语篇写作因为语域封闭性很强，或者因为情境语境要素更为具体，其文本形式也经常是程式化的，甚至是固定的；而开放式的语域比如话题作文——自选视角、不限文体，而语篇的交际情境更为开放自由，其可供选择的语言形式也更灵活。不过，这种自由与不限制对写作新手来说，也许会造成选择上的困难，因为更多的可能性，就必然带来构思上的更多认知负荷；对写作高手来说，这可能会带来更大的自由度，而写出更加富有个性和创造性的文章。

语篇不能脱离语境独立存在，受语境的制约，这是由语篇的交际功能所决定的。我们知道，人们只有在一定的语境中才能进行交际。语篇作为交际的手段之一，它是语言在某个语境中的具体运用，而语境则是语篇得以产生的环境条件。语篇和语境的关系是一种辩证关系：特定的语境要求特定的语篇，特定的语篇创造了特定的语境。因此非正式的语境导致人们使用非正式的语言，而正式的语境则要求人们使用正式的语

① 常晨光，陈瑜敏．系统功能语言学语域研究［J］．北京科技大学学报（社会科学版），2011（3）.

言（Thompson，1996）。系统功能理论中的功能观揭示了人们如何利用语言来达到各种目的，实现各种功能。语言行为总是发生在特定的语言情景中，语言行为者须各自根据不同的情景从语言“潜势”中选择合适的语言，实现相应的语言功能。[①]

可见，根据语境要素，可以构思谋划塑造语篇，根据语篇可以想象、还原其写作意图和语境。这种语境和语篇的双向预测和转换，为语文课程教学提供了新的理论视野和教学路径。

我国传统的语篇研究是从文章学角度，立足于阅读鉴赏和作文之道，很少涉及从语境与语篇的关系视角看待二者的关系。20世纪80年代开始，廖秋忠、胡壮麟、王建华等人的语篇研究开始自觉运用语用学的原理和方法，开辟了新的格局。

廖秋忠一方面以汉语为语料，另一方面运用国外篇章分析和语用学方法，进行语篇研究取得了一些开创性成果。胡壮麟运用了系统功能语法的及物性理论、主位—述位理论、信息理论、语境理论以及语用学的理论来探讨语篇结合连贯的原因和手段，开辟了语篇研究的新领域。[②]王建华《语用学与语文教学》则从语文教学角度研究了语用学与语文教学、阅读理解的关系，话语的语言意义、语话的语用意义、话语理解的主体活动和话语理解的语境影响等方面的问题。他指出“一部作品的意义总是同当时的社会时代环境相适应的，不管这是明确地、有意识地适应，还是本能地、无意识地适应”。

何自然认为：“言语交际是一个动态过程；语言的使用过程就是在不同的语境条件下语言的选择过程。”[③]杜国宁认为：“语篇是语言在某

① 符祝平，语境、语篇的辩证关系和《一封家书》解读［J］．和田师范专科学校学报，2006（6）．

② 胡壮麟．语篇的衔接与连贯［M］．上海：上海外语教育出版社，1994：3．

③ 何自然．语用学对修辞研究的启示［J］．暨南学报（哲学社会科学），2000（6）．

一语境中的具体运用，而语境则是（语篇）得以产生的环境条件，对语篇起着相应的选择作用，如选择语篇的组织结构、语体风格等。”①申镇认为语境对语篇的选择作用主要体现在“对语篇的组织结构、语篇的语体、语篇风格、语篇的语言条件、语篇的句法特征、语篇的主题意义的选择等等”②。刘立国等也认为：“语篇是一定语境的产物，语境类型或语类结构决定了语篇类型和语篇意义的选择。”③这些观点都告诉我们语境和语篇制作之间互相影响和塑造的关系。

从阅读角度看，对语境的意义理解具有限制和补充作用。最典型的如W·伊瑟尔提出“文本的召唤结构”的概念：文本是一个布满了未定点和空白点的纲式化结构，文本的句子结构与其意向性关联物之间也呈现出非连续性（即“空缺”），这些都是文本召唤读者阅读的机制。④这种理论告诉我们言语发出者只需要编织话语的结构化网络以指示语义，而语言接受者则需要借助话语网络结构还原语境获得语义。写作者是语义网络的编织者，需要运用语言的金丝线像蜘蛛织网、绣工刺绣一样；而解读者则需要从可见的文本信息中解读背后的含义。

语篇是语境语义的显性呈现；语境是语篇意义的隐性存在。就像宇宙中的日月星辰、万事万物是可见的，而背后还有看不见的暗物质和引力对物质世界发挥重要影响一样。

语文教材中的文章（课文）就是语篇。任何一个语篇都是在一定语境下表达交流的产品，从某种程度上看是语用主体针对特定的语用受众，为了特定的目的进行言语表达交流的结果。任何语篇都是特定语境

① 杜国宁. 语境与语篇理解［J］. 山东外语教学，1996（4）.
② 申镇. 语境选择的若干问题［J］. 外国语，1993（3）.
③ 刘立国，刘立华. 语境的语篇制约功能［J］. 滨州师专学报，2003（1）.
④ 朱立元. 当代西方文艺理论［M］. 上海：华东师范大学出版社，1997：294～295.

中的书面交流。

张良田认为：语篇是交际的产物，存在于交际活动的“场”中，参与交际活动的语篇表达者（作者系统）与接受者（读者系统）以及用于交际的语篇本身（文本系统）构成了语篇交际场中的三个基本世界，用于交际的语篇之所以只能成为最终存在的状态，实际上是同时受到这三个世界制约的结果。

语篇表达者的交际目的（包括直接目的与间接目的）、个性特征（包括内在心理与外在特征）与修养水平（包括人格修养水平、学识修养水平与能力修养水平）能够直接决定语篇的存在形式。

语篇接受者的心理需求（包括个体接受者的接受心理、群体接受者的接受心理与整体接受者的接受心理）、身份特征（包括个体接受者的身份特征、群体接受者的身份特征与整体接受者的身份特征）与接受能力（包括一般接受能力与特殊接受能力）也能够直接影响语篇的存在形式。

张良田的语篇交际场，实际就是语境。他指出的语篇表达者、语篇接受者和语篇本身，其实正是交际语境写作的重要因素：作者、读者和文本形式。

书面语篇是作者与读者进行言语交际的表现形式，根据关联理论，言语交际是一个示意——推理的认知过程。就书面语篇而言，示意是指作者的写作过程，在这个过程中，作者通过对语境的选择，以文字的形式向作为交际对象的读者提供关联性最大的语言信息，示意其写作意图。所以作者的文化背景、身份地位、立场观点和交际意图影响着他对语境的选择。

基于这样的考虑，写作可以看成是作者和读者不见面的、超时空的、别开生面的对话交流，写作是作者和想象中的读者在进行一种意义的舞蹈，作者运用文字的手臂，牵引或者指引着读者旋转、挪移、视角变化，意义在一系列的脚步中向前发展。

四、基于“语境—语篇”的语文教育课程体系

人们只有在一定的语境中才能进行交际。语篇作为交际的手段之一，它是语言在某个语境中的具体运用，而语境则是语篇得以产生的环境条件。语篇与语境之间的这种相互依存的关系，可以构成语文课程教学最基本的矛盾关系。

然而，从语境和语篇的互动视角理解语文课程的工作，尚未真正开始。语文教育理论建构也存在很多根本问题。韩雪屏先生认为，由于当代语文课程与教学缺乏“语用”这个上位概念，因此就不可能自觉地衍生出诸如话语、文体、语体、语境、语篇、语用原则、语用失误等一系列下位概念和知识体系，也就不可能有效地研制和转化出相应的、用以指导学生言语实践的动态性知识。[①]虽然语用学是20世纪七八十年代由西方学者创立和发展起来的语言学的一门独立的新学科，但至今“语用”概念还没有正式进入我国语文课程与教学领域。这种状况主要源于语文课程知识理论建设上认识的误区和行动上对相关学科最新研究成果的隔膜与拒斥。目前，进行基于语用的语文教学理论研究（已有王建华的《语用学与语文教学》，王元华的《语用学视野下的语文教学》，孔凡成的《语境教学研究》等），构建基于语用的语文课程知识体系是当务之急。这对课程标准制定、语文教材编写、语文教学改革具有内容变革的实质意义。

基于语用学原理，理解语文教育会得出如下结论：语文即语境与语篇之间的互动生成。

---

① 韩雪屏．审理我国百年语文课程的语用知识［J］．课程·教材·教法，2010（10）．

第一，语篇是语境运行的结果。语篇的产生是作者针对语境要素进行思考、判断、联想、选择的结果。也就是说，说写者总是在一定语境下，针对特定的或者潜在的受众，围绕某个话题，达成某种目的的表达交际行为。所有的语篇都是为交际而产生的，就是纯粹写给自己看的、秘不示人的日记或者作品，也是自己与自己心灵的对话或者记录。写作或者大部分的写作，总是面向别人、公众和社会的，是有着交流的潜在欲望的。

第二，语境制约着写作的内容、形态、语言等语篇特征。语境（具体情景、目的、作者）的客观存在塑造和规约着语篇的具体形态。比如要表达哪些内容，固然与作者自己的经验积累、生活阅历、思想认识以及掌握的资料信息有关，但这些东西之中的“哪些”用到文章中，也就是说素材如何成为题材，就需要作者对读者群体、写作目的等进行思考、判断、选择。如果作者发现，已经足够清楚地表达自我，或者足以达到目的了，他就可以动笔了。如果不行，有些问题他不清楚，比如“是写给谁看的”“这篇文章要干什么（达到什么目的）”，如果不清楚的话，是没法写的。写了有可能是白写，因为那是无的放矢，是一种无意义的自我呓语或者文字资料的堆积。语篇文本的内容规律（包括主题规律与材料规律）与形式规律（包括信息传播途径的规律、信息承载媒介的规律与信息表述符号的规律）直接制约语篇的存在形式。

第三，成功的、有效的、有意义的交流总是语境和语篇互动运行的结果。这个结果是一个产品的粗胚，它的完善和成型，还需要作者进一步地探索语境，思考语境中方方面面的要素，作出最优化的选择，比如以什么口吻、谈什么内容，何详何略甚至不说。怎么谈，什么内容读者理解有困难，需要详细阐述；什么内容读者不需要，可以不写，并基于此安排文章的内容和结构。作品是否成功，还要去经受读者的检验，看文章是否发挥了设定的功能。

《欧洲语言共同参考框架：学习、教学、评价》指出：

> 语境包括交际环境中出现的所有要素，这些要素影响语篇的形成和对语篇的理解。本课程标准强调包括目的、对象和情境等要素的语境在学生理解和创作语篇过程中的重要性。语篇作者对目的和对象的理解影响其对语篇形式和内容的选择和发展。同样，语篇产生所需语境的其他要素，如时间和空间的限制、性别和文化问题等，都会影响语篇的生成。
>
> 学生理解和创作用于不同目的的语篇，并对这些语篇作出反应。在学习和创作文学语篇，及对文学作品进行批判性地、创意地提出个人看法和进行思考的过程中，学生反思人类的生存、发展和提高对自己作为人的理解。他们还将学习欣赏语言的艺术本质，及语言对思维和精神的作用。
>
> 学生还学习理解、创作提供信息、表达观点、进行劝说的语篇，并对这些语篇提出自己的看法。在学习和创作信息语篇和劝说语篇的过程中，学生逐步理解事实和观点、论据和论点、言外之意和字面意义、语言本义和比喻意义、辩论和情感之间的相互关系和相互作用。
>
> 在有些交际情景中，交际的创作人需要想象交际对象。交际的即时语境中有时可以没有交流对象；语境也可以不考虑时间和空间限制，例如在阅读小说时。在有些交际情景中，交际对象却是具体的、真实存在的——“目标”对象——并出现于交际的即时语境中。语境受空间和时间的影响，也受到对交际对象年龄、性别和文化等特点的影响。

从“语境—语篇”互动的视角看待语文课程体系，会有全新内涵。下面列表简要说明。

表2.6 “语用型”语文课程教学体系概观

五个方面	要义	阐释
教育目标	培养学生符合语境的言语交际能力	包括在特定语境下准确理解和得体表达的能力，需要语境、语体、文体、语用等知识
语文课程	语文是学习和掌握语境与语篇之间的互动生成规律的学科课程	说、写是在语境感知驱动下进行言语表达和交流，听、读则是对言语作品的语境进行猜测、还原与意义建构，它们都离不开必要的背景分析、语境分析、语境还原策略
语文教材	为培养学生的“语用能力”而编撰的语用精品、范例和教学活动材料与程序	定篇选取语用文化经典；例文展示各类语篇读写策略；语文知识短文以语用知识为主；练习系统以语用活动为主
语文教学	主要任务是通过语用产品开展语用实践活动	让学生在各种各样的语用活动中获得语用知识、经验和智慧
考试评价	语文考试应以考查具体语境中的语言运用能力为主	应基于真实的情境、科学规律，考查出学生的语用能力水平、言语智慧和语言文化素养

基于语境—语篇的语文学科定位对语文课程教学理论重建有新的理论意义和实践价值。

从语文课程的本质看，语文是学习和掌握语境与语篇之间互动生成规律的学科课程。说、写是在语境感知驱动下进行言语表达和交流，听、读则是对言语作品的语境进行猜测、还原与意义建构，它们都离不开必要的背景分析、语境分析、语境还原策略。

从语文教育目标上看，培养学生特定语境下准确理解和得体表达的能力是语文教育的核心目标。语文课程知识体系的重建，包括语境、语体、文体、语用知识、交际知识等，都应该是语文学科教育的内容。

从语文教学内容看，所选语篇，应该为培养学生的语用能力服务。课文作为一个独立语篇，具有作为独立语篇语义、语用目的、语境知识和能力的示例功能。作为课文，更具有教学功能，这个语篇要让学生学会什么，可能学会的是语言项目、篇章结构、语用表达等。

从语文学习的角度看，语文是语境与语篇之间的互动生成，包括听说读写皆是如此。比如说、写是在语境感知驱动下进行言语表达和交流；而听、读，则是对言语作品的语境的猜测、还原与意义建构。

从语文教学过程看，教师的主要任务就是通过语用产品，开展语用实践活动，让学生在各种各样的语用活动中获得语用经验和智慧。

从语文教育评价看，语文考查的主要应该是具体语境中的语言运用能力，而且这种考查应该基于真实的情境、科学规律，考查出学生的语用能力和智慧。

传统的语文课程主要是“文章教学”，即把语篇作为静态语言产品的阅读分析和文章制作教学，忽视了语篇的交际功能以及语篇和语境的相关制约生成功能，而且文章教学也多偏重于关键字词句段的理解与写作，基本属于语法层面。

语文教育要建立“语言即语篇”观念，也就是要从语篇交际的角度去看待语言、词汇、句式的选择以及语段读写。这就要在语文教育中不仅进行语音、词汇、语法等层次的教学，还要渗透语篇层次的教学，如分析语篇的结构、语篇的写作目的等等。

我们现在还没有构建一个真正意义的基于语篇的课程教学体系。这个语文教育体系包括语文课程标准（包括教学目标和教学内容的描述）、教材的编写、教学的实施以及教学结果的评价等课程环节。

从最近二三十年的情况来看，以功能主义语言学为基础的语篇语言学发展非常迅速，其影响也越来越广泛，语篇语言学的研究成果也开始广泛应用到各个语言实践领域，包括语言教学，所以，可以预言基于语篇的语言教学途径将是未来语言教学的一个重要发展趋势。①

① 程晓堂．基于语篇的语言教学途径［J］．国外外语教学，2005（1）．

第三章

写作即特定语境中的语篇建构

【提示】前面已经介绍了“语境”“语篇”等概念及“语境—语篇”的互动生成关系。任何写作行为，不论作者是否意识到，都离不开语境的参与。从语境的角度看，写作就是特定语境下的书面表达和交流。本章将重点阐述“交际语境写作”的概念、原理、模型与机制。

第一节　交际语境写作及语境要素

一、写作：特定语境中的书面交流

写作是面对特定读者，为达成某种目的，运用语言文字等手段，明示信息，传达意义，构造语篇表达和交流的活动、过程与结果。理解这一定义，需要注意以下三点：

第一，写作是特定语境中的书面交流。[1]在这里，“写作”可以泛指一切书面表达活动和结果。“语境”指言语交际双方具有影响交际的所有主客观因素的总和。它包括上下文语境、情景语境、社会文化语境、认知语境和虚拟语境等，不过最主要的是交际语境以及交际时存在于大脑中所激活的一系列信息或者假设。这些要素一般包括作者、读者、话题、目的、语言等（Willian & Taylor, 1989）。

从本质上讲，写作与说话一样，都是表达思想欲求、与他人交流的方式。写作和说话有很多共同点，如需要有思想、信息以及表达交流的愿望和动机，需要有语言符号、句法规则、话语方式。然而，写作与说话又有很多不同，比如：人们一两岁就会口头表达，可是学会书面表达绝非易事。说话用嘴巴，张口就来，似乎不假思索；而写作用纸笔或屏幕键盘，必须用别人明白的语言和文章体式。写作是信息的一种有秩序、结构性的线性表达，需要一定的语言技能和篇章结构技巧。说话一般有着明确的对象和共有语境，而写作除非写信或网聊，读者是间接的，语境是未知的、不确定的。说话是即时发生的，而写作则是超越时空限制的交流。其实，写作和说话一样都是在特定语境下，面向明确或潜在的受众的语言交流，是轻而易举、轻松自如的事情。

尽管由于媒介及其运行方式的不同造就了写作非同寻常的困难，然而写作作为语言交流毕竟和说话具有相似的语境机制。如果我们的写作也建立这样一个模拟对话交流的情境和机制，写作的很多深层次问题就有可能得到解决。这也就是我们为什么将交际语境和写作联系起

① 当今已经处于信息技术时代，写作除了纸、笔、语言文字之外，各种符号、色彩、线条、图表、动画、音频、视频等也可能成为写作表达的手段。写作的环境除了纸张之外，已经更多地使用电脑、键盘、屏幕等载体了。这就是说，写作已经成为数字化环境下的多媒体传播。这将极大地影响传统写作的情形并改变写作的形态甚至写作的发生机制。

来研究的原因之一。

第二，写作既是一个过程，又是一个产品。写作的过程，就是书面语篇的构造过程。写作的产品，称语篇。不叫“作文”，因为太狭隘；不叫“作品”，因为太正规；不叫“文章”，因为太陈旧僵化而且不能包含很多“非文章”的写作样式进去，更重要的是不能凸显写作的交际功能。

第三，写作既是表达和交流的手段，又是思考和探究的工具。写作，有时是因为有某种见闻、信息、思想、情感、经验需要向人表达；有时则是通过“写”这种方式，去思考、探究、发现、创造。“写作过程能帮助你把凌乱的思想条理化，使你的想法经过提炼而清晰起来，并且进一步发展你的思想。”①写作不是想好了再表达，写作本身就意味着思考。“写作是思想。当学生写作时，实际上进入了一个批判、分析和反思的往复循环过程之中。”②

写作是交流和办事的方式。在现实生活、学习和工作中，我们经常用便条、通知、笔记、书信、日记、表格、短信、留言、QQ聊天、发言、设想、购物单、请假条、感谢信、申请书、应聘书、报告、计划、博客、新闻、通讯这些丰富多彩的日常活动进行实际交流和处理事务，它们是实用的写作活动。另外，散文、诗歌、小说、戏剧等艺术形式也属于广义上的“作文”，它们更准确地说应该叫做“写作”或者“创作”活动。作文虽然不是将我们每人都培养为文学家，但基本的写作表达能力是我们工作、生活、学习所必需的。

写作是学习思考的工具。写的过程就是一个思想的过程。我们通

---

① ［美］威廉·W·韦斯特．提高写作技能［M］．章熊，章学淳译．福州：福建教育出版社，1984：2．

② South Carolina Department of Education. South Carolina Academic Standards for English Language Arts［DB/OL］. http://ed.sc.gov/agency/pr/Standards-and-Curriculum/old/cso/standards/ela/.

常认为写作是把在他们头脑中已有的东西写下来，其实不然。写作是思维的工具，这种观念很重要。写作可以有效地促进我们思考，是一个思考、探索和发现的过程，它能帮助我们提出问题、搜集和分析资料、提出假设、形成自己的观点，它帮助我们修改和完善先前思考的不足，它使得我们的思考更缜密、细致、明晰、有效。平时，我们在学习或思考问题时运用的记笔记、画草图、列提纲，以及整理学习的要点和体会等都是很有效的写作练习的方式。

写作是思想情感与心灵成长的过程。余秋雨说："作文是和世界对话、和世界沟通的一种方式，是灵魂的表述方式，也是灵魂的挖掘方式；作文更可能使其中一部分人成为一个比较有意识的思考者和观察者。"写作练习可以帮助我们整理自己的生活和纷纭变化的世界，在将这些转化为语言文字的过程中，需要我们心灵、认识、情感的投入。写作记录着我们成长的足迹，记录着我们的喜怒哀乐和对宇宙人生的思考，它使得我们的人生变得丰富。写作记录着我们那颗求真向善爱美的心灵成长和人性成长的伟大历程。正是从这个意义上，可以说是"作文即做人"。

二、交际语境写作的要素

国外关于写作的修辞语境要素其实就是交际语境要素。主要包括"三要素说"（读者、作者、信息）、"四要素说"（题目、目的、读者、作者）、"五要素说"（目的、读者、话题、场合、作者）三种。我们认为写作的交际语境主要有作者、读者、话题、目的、语言五个。[1]

---

[1] Willian. E. Messenger& Peter. A. Taylor. Essentials of Writing[M]. Ontario: Prentice-Hall Canada Inc. 1989. 书中有这样一句话，"你总是在不同的场合说着不同的话，这取决于听众和场景。同样，写作也是面向特定情境的：你总是关于某个话题、针对特定目的和读者、选择符合那种场景的语言来写作"。

(一)作者

作者即进入写作状态的人。写作者的思想、修养、知识、阅历以及他的语言表达能力,即他的生活经验和语文经验、情绪状态和表达意愿等,决定着他的写作过程和结果。

写作时,作者要有一种“角色意识”。角色意识,是指你在文中以什么身份、口吻来说话,是以专家、学者、经历者、朋友、法官、记者、商人、推销者还是其他的什么身份说话。写作者的不同身份,直接影响写作内容和行文风格,决定着行文的语气、语体以及内容呈现方式。

(二)读者

读者即读你文章的人。作者在写作时要尽可能预想到那些明确的或潜在的阅读者。比如学者、一般公众、老年人、父母、考官、报刊编辑等,这就是写作中的“读者意识”。

研究发现:专家作者“以读者为中心”,他们比新手作者更加关心读者。专家作者用较长的时间构思,思考读者有什么样的背景知识,与之交流什么,怎样交流和呈现意义等;而新手作者则是“以自我为中心”,往往自顾自地写与话题有关或无关的东西。

好的作者总是能够清晰地确定文章的读者是谁。如果你不能具体确定你的读者,那就想象他们读你文章时作何反应吧。试着想象你自己就是读者也可以帮助你进行写作。预想的读者不同,写作内容和行文方式就需要有相应的变化。

读者一般分为三种类型:

(1)你(作者)与读者的社会关系:亲疏、上下、远近、买卖、主客等的清醒意识,对于把握文体、内容、结构,甚至称呼等的得体和尺度都有积极意义。

(2)读者对题目的熟悉和了解程度:对说明文、解释文和争论文尤为重要，这决定着材料、基本内容的重点、详略等。

（3）读者对题目以及你（作者）所要阐述的观点的态度和立场：同意的读者、中立或犹豫不决的读者、持反对态度的读者。对第一类有必要强调、鼓励士气。第二类读者最有潜力，值得下功夫，要具体分析他们的来源、背景、原因等，以最有效的方式达到写作目的。持反对态度的读者最难对付。反对原因不外乎：一是对文章的基本事实不了解或有不同解读；二是有自己的政治、文化和宗教等价值观。对于前者要提供有关资料、解释，对于后者要尊重，平心静气地指出分歧。

（三）话题

话题就是你要与读者交流的东西、想法或内容，涉及人、事、景、物、情、理等诸方面，一般是一些相对较大的、笼统的范畴。

高明的作者总是从读者感兴趣的话题进入交际。写作时，话题的选择权似乎主要在作者一方，其实如果你谈论的话题读者不感兴趣，交流也很难进行下去。

话题是写作语境中最显见的要素，对写作者而言，话题可分为自设和外发两种。自设话题，即写作者基于自身的生活经验所选择的写作题材和内容；外发话题，即写作者依据指定的话题任务去交流。在写作学习中，鼓励多写、勤写自发生成的话题，但为了锻炼写作能力，往往要布置一些特定的话题，按指定要求，完成写作任务。如第二次世界大战的起因；上网的利弊；最喜爱的风景旅游点；理想与现实，等等。

（四）目的

目的指的是你的文章要达到的意图、愿望等，是传播知识信息，唤起别人行动；还是给人情绪的感染，产生审美愉悦；抑或是为了生活、工作、学习的需要。

每篇文章都有目的，有时目的还不止一个。写作的目的有时候作者能意识到，有时候也许一时意识不到，但是，无论你意识到与否，写作目的都是客观存在的文章要素。在写作教学中，要指导学生辨别并确定写作目的，从而建立起鲜明的目的意识。比如："争辩矛盾的议题""描述你发现的有趣的事情""你的读者可能会感兴趣的信息""就某些你感受强烈的事情向读者表达"等意识。

高明的作者应该具有强烈的目的意识，因为写作目的意识决定着你选择什么话题，如何安排行文，采用什么手法，达成什么效果等。

（五）语言

语言即根据表达需要所选择的文体和表达方式，包括措辞、口吻等。写小说还是散文？是采用生活口语，还是采用典雅的书面语？是用较多的段落来表达，还是用几层意思逻辑勾连的长段？是多用轻巧的短句，还是构造严密的长句，等等。

在写作学习中，鼓励学生发展自身擅长的语言表达，但为锻炼写作能力，往往要布置一些有特定语言要求的写作任务，以培养写作的"语言意识"和语言表达能力。

如果从交际要素对于写作内容、材料、体式、语言制约作用的角度看，一旦话题（写什么）、角色（我是谁）、对象（写给谁）、目的（为什么写）这些问题确定下来之后，写作就变得相对轻松起来了。写作时之所以容易出现障碍，很大程度上是由于写作之前的一些潜在问题没有得到解决。

写作时可以采用"提问策略"，生成写作内容并谋划写作样态。理论上讲，考虑到的要素越多、越具体，写作内容、形式和风格就越丰富、明晰地呈现在你的心目中。比如：

作者—话题：对于我要写作的话题，我知道什么，思考到什么，感受到什么？

作者—读者：关于我的读者，我知道些什么，思考到什么，感受到什么？我如何选择？

作者—目的：我这篇文章的主要目的是什么？

话题—读者：我的读者关于这个话题会想些什么？

话题—目的：话题和目的，谁先谁后？谁决定谁？

读者—目的：我的读者会以什么目的读我的文章？是由他们决定我的写作目的吗？

读者—语言：读者会在哪些方面留意我的语言？他们希望何种风格的语言？

读者—作者：我的读者考虑到或者感受到我了吗？我想让他们怎么感受到我？

读者—话题：关于我的这个话题，我的读者知道些什么？

目的—语言：在何种程度上，我的目的决定或者影响我所使用的语言和风格？

目的—作者：在这篇文章的情境中，我的目的是怎么影响我扮演的角色的？

写作过程就是分析并确定话题（写什么）、角色（我是谁）、读者（写给谁）、目的（为什么写）的过程。美国写作课程专家斯迪芬·克拉森（Stephen. Krashen）说："作文时，最关键的是明确写什么，表达什么样的思想感情；当目标明确后，再明确读者对象，即文章是写给什么人看的。这样，写作者只需面对理想中的读者，把想说的意思说清楚就够了，文章自然能写好。"

交际语境要素之间的"交互提问"，为写作提供了某种"思维支架"和"会话场域"，这个提问和会话的过程就是我们构思、撰写、修改文章的心智活动过程。交际语境要素驱动了"构思、行文、修改、发布"

的写作过程，写作过程导致了“语篇作品”的诞生和赋形。

三、语境和写作

皮特·科德说过：“我们在什么时间、什么地方、同谁在一起等情况可能限制我们谈话的内容和方式，但这些并不因此而成为我们的话题。”“当我们同一个人进行交际时，我们就是在传递某种信息。我们进行交际所采用的方式会在各方面受言语环境的制约。”[①]这给予我们的启示是：语篇的意义来自于语境，受制于语境，通过语境形成。

写作不是我们一个人在写作，我们总是在一个交际语境下写。我们的语言、想象、意象或者生活表象来自于语境、通过语境、为了语境，或者说写作来自语境、写作凭借语境、写作成就语境。

写作来自语境指的是你写的一切物象、事情、想法、内容、信息等都是从语境中来的，就是你的大脑内的想法也不属于你，也是你存在的语境的一部分。

写作凭借语境指的是你的写作行为需要通过语境要素的触发、牵引、规范，你的语言、思维以及写作知识、惯例和技巧等，是你所在的语境给予的，它们是你写作不可或缺的工具。

写作成就语境的意思是说，是写作使得你思考的话题、认识、思想成型、明确以致完成。这个“写成的作品”作为一个语境个体存在，等待读者去领悟和体验。

李海林在《论真实的作文》一文中提出了一个有趣的现象：一个写作能力很差的学生，给自己班级一名心仪的女生写了一封情书，被老师截获。该情书“差不多两千字，不但文从字顺，而且层次、意境、表达的

① ［英］S．皮特·科德．应用语言学导论［M］．上海：上海外语教育出版社，1983：26～28．

分寸、情感的抒发、景物的点缀性描写，结尾的意味深长，都十分周到，十分得体，十分到位，而且情真意切，打动人心，表现出了高超的语言能力和表达技巧。”老师一开始怀疑这是抄袭的，但经过调查发现，确系该男生所为。那么，一个写作水平不怎么高的学生怎么写出了“好的作品”？这如何解释呢？

李老师认为真实的言语动机、真实的言语情境、真实的言语过程产生了真实的言语作品。这就是说：只有语境的真实才能焕发出真正强大的写作动机。这个语境的真实有时并不一定是真实的生活，关键要有真实的情境（自己、心仪的女孩、情感，也许还有其他触发他写的偶发事件）和真实的功能（求爱），这些构成了写作的真实情感动力。语境是最大的触发写作动机的驱动力量，或者说语境是写作动机的源泉。一旦语境能够触发作者语言表达欲望，其他如何进行文字表述、结构、篇章的营造都是自然而言的枝节上的事。

写作动机关键是要解决“为什么写、为谁写、写了有什么用”的问题，就是写作任务环境、读者、写作目的等问题。基于交际语境的真实写作可以解决很多问题，如写作动机的缺失问题，写作内容材料的贫乏，文章的详略、体式、语言的选择问题等等。

文章写作将写看作是语言符号的排列，自然没有动力可言；过程写作如果仅仅停留在外在流程上也难于唤起写作动机，只有交际语境写作能真正回到语言的本质上来，这就是它的交际功能。写作教学很重要的一个难题——写作动力缺失的问题可能就迎刃而解了。

如果我们基于写作的交际语境理论去设计作文课程，整个的传统写作理论体系将发生根本性的变化，写作课程与教学的许多深层次问题有可能会得到根本解决。

第二节　交际语境写作模型建构

前面已经提出“写作即特定语境中的语篇建构”，并且分析了交际语境的一些要素。那么，语境要素是如何影响并最终塑造语篇的呢？本节我们将通过一个理论模型，对交际语境写作的机制进行阐释与说明。

一、写作即特定交际语境中构造语篇

根据写作者所面对的写作交际要素，将语境要素和语篇形态放在一起，我们就可以得到一个下面的模型。

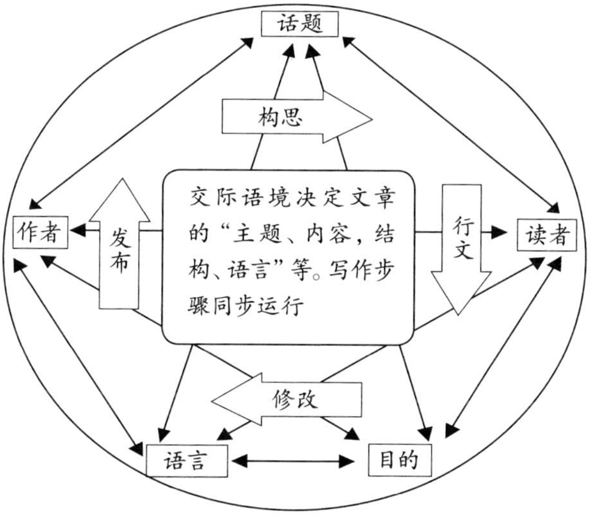

图3.1 写作即特定交际语境中构造语篇

（1）写作的交际语境主要由“话题、作者、读者、目的、语言”五个要素构成，它借鉴了Willian E. Messenger 和Peter A. Taylor的写作五要素修辞语境（交际语境）五边形模型。我们认为，这五个要素是写作行为非常重要的影响因素。这五个要素之间，每两个要素之间都用双向的箭头连接，表示它们之间的“交际发生”，而当所有这些交际要素相互连接触发时，就会引起作者就一个话题进行一系列有趣的思维链式反应。

（2）当写作的交际语境要素之间的思维链式反应发生时，不仅仅体现在形式方面，它还可以以“自我提问”的方式由作者或者写作的协作者（比如教师、家长、同学甚至是教材），依照一定的顺序不断提出新的问题。对这些问题的回答自然会源源不断地引发并触发写作者的认知发生，这些认知发生就是语篇未产生之前的认知产品或者认知产品原料（也可以理解为过去文章写作中说的素材、题材等所谓的文章内容）。所有这些触发生成的东西，形成正在写作的“认知产品”。这时的“认知产品”，从形态上讲，可能是一团包含有作者要写的物象、信息、事物、原理、情感、语言、段落、词句、巧妙的构思甚至某种说不清的冲动。它也许是一个写作内容提纲，更多时候只是一团意绪，纷乱如麻、模糊不清，不断涌动凝聚，不断有新的念头冒出来……以上主要就是我们写作中的构思（计划）环节。

（3）上述由交际语境要素产生的认知产品，被写作者用适当的表达方式，比如语言、结构和一定的技巧，组织成一定的线性的语篇，也就是语篇产品的产生。我们认为认知产品是语篇产品形成的前提。有了成熟的认知产品，语篇产品的诞生就成了相对简单得多的事情，就自然会水到渠成，毕竟学生写作中最主要的困难，还在于“没有内容”，一旦有了内容，表达对于母语写作者来说，应该是相对容易的事。

最外面的大圆圈表示写作行为发生的“大语境”，它就是韩礼德说的“文化语境”。韩礼德认为，学习语言不仅仅是要“学习语言的运用，更重要的是发展他的语言潜势，即掌握整个语言的意义潜势，而这个意义潜势是由语篇来表现的，语篇就是语言运用的实例。文化语境构成整个语言系统的语境，而语篇的语境就是情景语境，情景语境是文化语境的实例”[1]。因为它对写作的作用是间接的、缓慢的、长期的，几乎以一种“集体无意识”的特征存在着，是一种写作教学的隐性因素，我们暂时不讨论。

上述“交际语境—认知产品—语篇产品”之间，三者构成一个由大到小、由外到内的包含关系。换句话说就是外在的交际语境要素之间的运作产生了作者头脑中语篇的认知产品（构思），认知产品被作者记录或者表达（起草）下来就是语篇产品（可见的成形的真实的作品或文章）。这就是基于交际语境下的写作发生机制和原理，即我们构想的交际语境写作发生模型。因为它主要是由大圆形代表的文化语境、五边形代表的交际语境、小圆形代表的认知产品以及小方块代表的语篇产品构成，我们就将它称之为“五星三层语境—语篇交际语境写作模型”。因为它是从宏观、中观层面说的，所以又可以称为“语境—语篇写作模型”。

二、交际语境写作的原理

为了更清晰具体地说明交际语境写作的原理，我们将上面的“五角三层交际语境写作模型”作一个简化或者聚焦，进一步讨论交际语境和语篇的互动生成机制。由于文化语境因素在写作中是间接的、潜藏的，尤其是对于母语写作者来说，可以暂时抛开。这样的话，我们就可以集中讨论交际语境因素对语篇写作的影响。下面我们选择交际语境的四个要素，即作者、读者、目的和话题，制作成一个简易的“四要素交际语境写作示意图”，进一步来探讨写作的发生原理和机制。如下图所示：

---

① 韩礼德. 语言与教育［M］. 北京：北京大学出版社，2007：24.

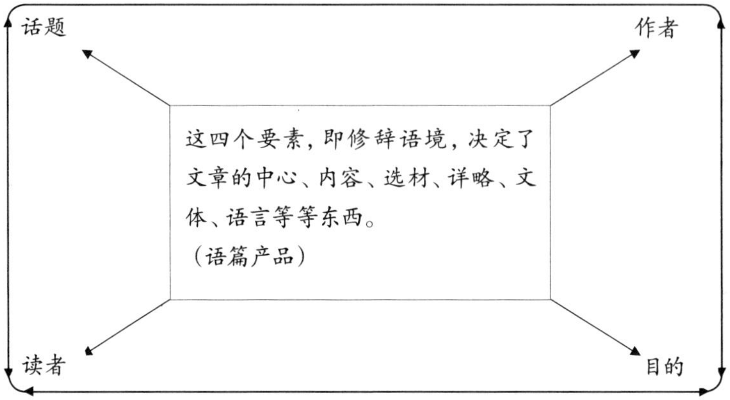

图3. 2 交际语境要素决定语篇产品的产生

写作是如何发生的呢？写作时，你要揣摩写作的语境，设想读者的要求、心理和已有知识状况，根据自己的写作目的，选择话题或者文章的体式、语言风格甚至内容的详略等。这个依据语境、对象、目的选择内容、结构以及行文方式的过程就是一个理解、体验与语境对话、与社会互动的过程，就是一个对要写作的话题进行重新认识、理解、判断的过程，就是写作主体与语境之间进行互动对话的过程。

在这个过程中，写作不仅仅是用文字符号表达，而首先是对语境进行审视、观察、理解、判断、探索……这是一个思维的过程，是一个问题解决的过程，是一个认识和对话的过程。写作是你总是在运用语言、想象、意象或者生活表象在思考，这好像是你自己在思考，在写，可是仔细想想，你会发现：你是在针对读者、话题和写作目的在想，因而写作就不是一个单纯的个体表达行为，而是一个复杂的对话行为。对话交流的对象就是写作明确的或者尚不明确的交流语境。

《写作者的选择》中提道："学好写作的第一步是要明白写作面临着一系列互为联系的选择行为。不妨想想当你进行写作的时候到底做了些什么。有时你的写作意图是要取悦读者，有时则是想与人争辩或说服他人，有时你想要表现想了些什么（如果我不写出来，别人又怎么能够知道我有哪些想法呢）。你的读者也是多种多样的，他或许是你最亲密的朋友，或许是些不知姓名、从未谋面的陌生人。这一切便形成了来自以下各方面的选择（意识的或潜意识的）：你的经历，你作品中所代表的自我，以及用于传播书面信息并称之为语码的结构和语言。因此写作就是一种选择行为。”①

如图3．2所示：一旦话题（写什么）、角色（我是谁）、对象（写给谁）、目的（为什么写），这些问题确定下来之后，写作就变得相对轻松起来了。写作时，之所以容易出现障碍，很大程度上是写之前这些潜在问题没有解决。

写作是一种语境选择行为，或者语境探究行为。写作不是你一个独立个体单纯的表达行为，而是一个复杂的与内外情境之间的对话。这个对话交流的对象就是写作明确的或者尚不明确的交流语境。写作是作者面对一大堆未知语境空间运用文字进行探究和对话的过程。

语境要素对写作内容、材料、体式、语言既有限制作用，也有激活和生成作用。语篇的交际语境的诸要素如读者、作者的角色以及交际目的，决定着语篇的内容、体裁、详略、表达方式、语言等语篇的形态特征。

用一句话概括交际语境写作的原理就是：读者、目的、角色、话题等语境要素决定着语篇的内容和形式。

语境具有话语生成作用。在说话的时候，我们总是面对具体的听众，呼应着听者的需求、话语线索，不断产生出新的话语来。话语的内容和方式是受到听众、你的话语意图以及话题等要素的制约的。同样，

① ［美］迪恩·蒙莫里，福克兰·奥哈勒．写作者的选择．转引自：刘锡庆．外国写作教学理论辑评［M］．呼和浩特：内蒙古教育出版社，1992：6～7．

在写作的时候，语境要素如读者、目的、角色、话题也总是以直接或间接的方式决定着表达的内容和方式。

谈话时由于有相对明确的听众、目的、话题等语境要素可以直接激发并不断生成新的信息、念头，并不断实时进行调整。写作的时候，由于读者不在面前，话题也需要作者替读者选择，话语的目的也需要作者决定，但是作者的权利不是无限大的，不可以为读者包办一切。作者必须设身处地为读者着想，引导读者的兴趣，小心翼翼地调整话题和信息，周密地安排文本形式，以准确示意自己的思路、意图、方式等，因为只有这样去做，读者才有兴趣去读，才能知道作者的思路和意思，否则就会造成交际的障碍或者话语交际的中断。在语境和语篇两个系统之间存在着大量的问题空间，帮助我们构思产生新的话语。比如：我的读者是谁？我以什么角色来谈？我们谈什么？要达到什么目的？这些问题的潜意识提问过程，其实就是基于真实交流语境的写作构思、行文过程。

交际语境写作最基本的原理是：交际语境要素包括作者、读者、话题、目的等运作产生了语篇的内容和形式。就像我们总是以合乎语境的方式，说出合乎语境的话语一样。写作也是不断揣摩着写作语境，文章的可能读者、作者拟定的角色和话语方式、口吻风格等，以合乎语境的方式，发出合乎语境的信息。写作过程就是作者和读者之间基于某种假设的语境进行交际的过程。

写作的时候并不是说我们想好了某个话题、主题，甚至想好了文章的结构和表达，然后才去写作。很多时候，是我们一边思考、分析着写作中的语境要素即读者的需要、写作目的等一边写作。作者力图向假定的读者讲述某个话题——文章的题材和内容。讲述时需要借助语篇这个媒介形式。一种交际语境往往可以决定它所选择的文体、结构、使用的词汇和句法结构等等，这些要素构成语篇的文本形式。写作说到底就是在这样特定的语境中构造语篇的动态过程。

语境决定语篇。在写作的时候，写作的语境要素分析是第一位的、决定性的；而运用一定的字、词、句式和篇章形式表达出来的是第二位的、附属性的。

交际语境写作是通过还原写作对象、目的等语境要素，去寻找一种激活表达动机和激发表达内容的问题。由于表达动机、目的和内容可以在语境中自然而然地生成，这样我们就同交际语境建立起一个模拟的对话交流机制。这种机制可以解释写作中存在的很多深层次问题，比如：写作的动机（为什么写）、写作内容（写什么）和写作方法（怎么写）等问题，都可以从语境—语篇互动角度得以阐释和寻求解决的路径。

三、交际语境写作的发生模型

写作即在特定语境中的语篇赋形。在写作中，作者要揣摩语境要素，设想着读者的需求和已有的知识经验，根据写作目的选择话题，选择语篇的类型及相应的体裁、语体，作出内容详略等一系列安排，在大脑中形成写作成品意象，然后进行关联性想象并进行产品赋形。换句话说，就是将你所想象、构思的文章用恰当的文体、合宜的结构、得体的语言呈现出来。

下面我们再进一步，用一个更具体的模型来阐释交际语境写作的发生机制：

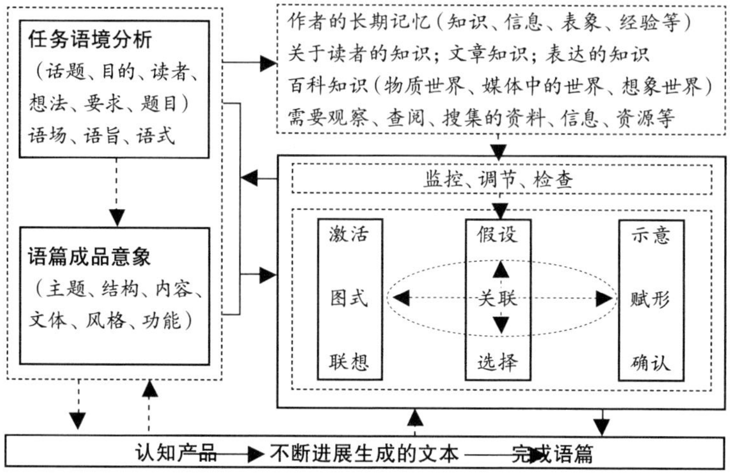

图3. 3 语篇写作过程示意图

如上图所示，写作包含三大系统：任务系统、运作系统、产品系统。写作的发生一般遵循如下的过程和情形：

首先是写作任务分析。包括两个小步骤：语境分析和语篇设想。

一是语境分析。

作者面对一个写作任务，先要对所写文章的目的、主题、读者等写作语境要素进行分析。也就是说作者要对为何写这篇文章、写给谁、写什么、有什么具体的要求（文体、话题、目的）等进行一番思考。

作者所面临的写作任务（包括命题、想法、要求）可能是自发的，就是有一个什么念头、场景、事件、冲动等触发了要通过文字干预生活的欲望。这种写作是自觉自愿自发的写作（书信、随笔、文学创作等多属于这种情形）；当然，更多时候，是有一个写作任务摆在了面前需要你去完成。这种写作属于任务型写作（生活、工作、学习中的写作，以及学校里的命题作文、材料作文、话题作文等都属于这种情形）。无论哪一种写作任务都会有一个交际场景，有时候这个任务场景的信息很笼统，就是一个题目；有时这个任务情境有比较明确具体的要求，有很多限定。

无论哪一种，作者写之前最好都要了然于胸。否则，你就不能很好地完成这个交际任务，达成书面交际的目的。

二是语篇意象。

分析写作交际语境的时候会触发写作冲动，产生一个关于要写的文章的意象。——可能是关于某一类文章的样子，也可能是某个自己理想中的名家作品的样子，或者是自己想象的一个产品的大致影像。作者在设想语篇产品的时候，会对自己的记忆库存、相关知识信息以及自己的能力作一个评估。当然作者如果不具备相应的知识、信息、记忆或者能力，就会改变产品的内容和形式。

从这个角度讲，写作前的构思，其实是语境分析和语篇设想能力。通过发散性思维广泛地思考并搜罗写作的内容、材料、信息、细节，然后以一定的结构和组织形态，运用书面语言将它转化成语篇产品。这个过程的核心是“关联性想象”。

其次，是行文过程。包括关联想象和赋形示意两个步骤：

一是关联想象。

作者会根据产品要求激活自己的想象、联想。“精骛八极、心游万仞”，就是描述这种关联性想象的过程的。关联性想象一头连接着“任务系统”，一头连接着长时记忆中的“资源系统”。一旦关联性想象激活，就像一场思维大爆炸——资料、信息呈放射状迸发四射，源源不断地生发出去……作者一旦启动这种关联性想象，它的功能是神奇的、巨大的，充满着创造的活力和激情。运用进入情境、语境的方式，激活大脑中信息，就像面粉发酵、小麦分蘖或链式反应，不断生成、生长、迸发出新的东西来，这是语境的生成功能在发挥作用。高明的作者的关联想象既是开放性的，又是有一定目的的。如果想象不开阔，内容就会单薄苍白，如果不与语篇语境相关，就会“跑题”。在这个过程中与自己的设想适配的信息，会留下来纳入语篇中去；如果缺少相关信息内容，一般也可以靠写作中的即时想象、联想、思维、分析等认知活动现场生成写作信息。因为写的过程就是一个思考的过程或者再造想象的过程。信息可以通过想象不断地生发出来。但如果是需要真实证据、资料、信息的写作，先需要有充分的准备才行；如果关联性想象进行不下去了，那可能面临无米之炊而暂时中断写作活动，就需要重新做准备工作：或观察生活或阅读资料或重新想象。

通过关联性想象，可以基本解决“写什么”以及“没东西可写”的问题。

二是赋形示意。

从认知关联理论的角度看，写作中的行文过程是先进行关联性想象，然后基于文本语境的需要进行意义、词汇、结构的选择，最后是进行准确地表达示意的过程。这是一个通过语言编码产生语义结构的过程，也就是“由意到文”的赋形过程。当作者有大量合适的信息、材料、内容、细节被关联性想象调取到“工作记忆”中的时候，就需要根据情况选取句子、篇章结构、模板，来容纳承载这些信息。在这个过程中涉及从意到言的转换，涉及文章结构样式的选择，涉及各种写作技巧和方法，需要运用大脑中积存的生活经验信息，各种文章知识、表达知识、读者的知识等。书面表达是线性的、有秩序的文字排列，有时候作者可能需要一些提纲或者思维图帮助自己记住已经构思好的框架结构，比如放射状、鱼骨图、总分总、并列小标题、现象—原理—应用、环境场景—人物—故事等行之有效的文章信息组织模板。这些文章模板或图式需要阅读大量的作品不断积淀而形成。很多时候，有的作者不是没有内容、信息，也不是不会思考，尤其是一些理科生，可能是因为缺乏这样的文章组织模板，而导致大量信息有了之后，找不到一个承载内容信息的器具。这时候，语句段落或文章的结构模板可以解决“如何组织信息”的问题。

在“产品赋形”过程中，需要作者有基本的语言表达技能，有足量的词汇、丰富的句式、段落表达的图式等语言和篇章知识。这个环节需要平时广泛的阅读，积累词汇和语言表达方式、表现方式、技巧等才能顺利完成。这个过程中语篇的衔接和连贯在写作中起着重要作用。流畅自如的写作取决于丰富的关联性信息、恰当的模板和娴熟的语言表达。

写作中的关联性示意有很多影响因素。比如字词层面，作者要有丰富的语言储备，如口语、学术性语言、俚语、网络用语、科学语言、政论体语言、文言字词等，要有丰富的语料、语体、语用知识等；在句子层面，对于长句、短句、复句以及陈述、疑问、祈使句等各种句式应用自如；在篇章层面，要有丰富的篇章组织结构图式储备。写作的关键是为读者提供合乎意图有效的关联性信息和准确的示意。

写作中赋形的困难，其一在于没有相应的语言、句式和语篇结构储备；其二在于运用这些词语、句式、段落和篇章结构形式表达意义建构语篇的时候，要受到读者、语体、文体等语境要素的制约。所谓的文思泉涌，其实就是丰富的语境信息和娴熟的语篇表现手法共同作用的结果。借助语境的生成功能，写作者可以进入信息延绵不断，书写自由流畅的理想状态。

第三个系统是语篇修缮系统。

当一个语篇草稿已经呈现在眼前时候，就需要作者回过头去对照写作任务要求和产品的意象，作一系列的比较、鉴别和评判，看一看你有没有实现最初的语篇构想，在语言表达上有没有什么问题，哪些地方需要修改、完善。

如果作者发现没有达到当初的设想目的，甚至需要推倒重来，就回到第一个环节；如果是部分达到了目的，有局部的问题，就需要内容和篇章结构的部分修改；有时候是一些文字表达的细枝末节问题，只需要简单修饰就可以了。

需要指出的是，文章的修改当以“任务语境”为重要的依据，一切以是否达成写作目的、任务，符合自己对作品的设想为中心进行。语言、表达、语体、文体、风格都需要以作品的目的、读者的接受以及自己的意图为旨归。这就是陈望道先生说的“修辞以适宜题旨语境为第一义”[①]。

在修改环节有两种情况：一个是大的结构、材料、主题的变动，即“大修改”；一个是小的字词句层面上的“小修改”。无论何种都是以自己的写作意图、文体和对于读者接受情况的设想而进行的。修改环节因为大量的信息、材料、结构、表达，也就是整个的粗胚已经成型，这时候的“认知负载”比较低——因而是比较轻松的了，但也是最不自由的时候，你写出来的文本整体上会对你有一个反作用的限制。不仅有原始的任务语境，构想的篇章意象，还有刚形成的篇章语境的制约，这时候“精细化”修辞是必需的策略。草稿中的话语，由于面临新的篇章语境或许会发生一些语意上的变化，需要重新通盘考虑后，加以修饰，力求语言表达准确、得体、完美。

最后，作者自检通过的作品，需要发布出去，行使语篇的交际功能，实现作品的交际目的。

还需要指出的是，写作过程不是一个单向的任务分析、产品意象、关联想象、赋形示意、修改发布的过程，而是一个往复循环过程，其中任何一个步骤都有可能回到上面的步骤重新开始，并对已经进行的步骤进行修正，而正在完成的语篇，也会作为当初任务语境的一部分，影响下一步语境的明确和语篇的继续生成。

正像Sperber和Wilson指出的，一个回合的交际结束时，这一回合的

---

① 陈望道. 修辞学发凡[M]. 上海：新文艺出版社，1954：13.

话语意义组成一个即刻语境（The immediately given context），构成下一回合释义所需语境的一个组成部分。交际者必须从三个方面对这一即刻语境进行扩展，才能最终建立一个完整的语境。交际者首先把上文中相关的话语意义包括进来，接着从共有常识中激活相关的语境要素，同时加入行为环境中相关的信息。[①]写作不仅仅基于语境任务实施，也是一个调整当初任务目标（构思）的过程，是语境语篇共同的双向交互影响、不断调整的动态过程。在这个过程中语境要素可能愈来愈明晰，从而使得语篇逐渐固定成型，而形成的语篇也会作为生成的语境的一部分，融入新的认知语境之中，影响下一个写作任务。

① 何兆熊，蒋艳梅．语境的动态研究［J］．外国语，1997（6）．

第三节　行文：关联—选择—示意

写作行文就是一个依据语境进行关联性思维，选择语篇呈现形式，并通过各种语言手段向不在场的读者展示交际意图、构建语篇雏形的过程。下面我们依据关联理论，并结合语用学上的顺应论、模因论、图式理论、语义网络激活和词块理论，阐释行文过程的科学原理。

一、写作即关联—示意

Sperber & Wilson的《关联性：交际与认知》（1986/1995）一书是近三四十年来重要的语言理论著作。书中提出的“关联理论”对阐释写作的过程与机制也提供了新的视角。

关联理论的基本思想是：语言交际是一种明示——推理交际（Ostensive-inferential Communication）。它涉及交际过程中的两个方面：“明示”是对发话人而言，指的是发话者以“显映的”（Manifest）方式进行编码，把信息意图明白地展现出来，向听话人表示一种意图；“推理”是对听话人而言，指的是听话人根据说话人的明示行为（即话语和语篇），结合认知语境形成一系列假设，推断说话人的交际意图。（Sperber & Wilson，1999）写作是明示性交际行为，人们表达意义和达成理解的关键在于交际双方的认知假设及其关联性。发话者通过明示行为向受话者展示信息和自己的交际意图，为推理提供必要的依据；受话者根据对方的明示行为，进行推理，寻找关联。写作应该是一个运用书面语言符号营造语境，向读者展示交际意图，并通过构造语篇示意的过程。

交际主要有两种模式：一是传统的代码模式（Code Model），即交际是一个发话人进行语言编码而后受话人解码获得意义的过程；二是推理模式（Inferential Model）。Sperber与Wilson认为在推理交际模式中，交际是说话人提供他要表达其意图的证据（前提），听话人根据这些证据，结合“共有知识”（即共有的语境部分）而推断出说话人意图的过程。语言交际会同时涉及这两种模式，但在交际过程中，认知—推理过程是基本的，编码—解码则附属于认知—推理过程。①

关联理论提出了两个重要原则。（1）认知关联原则：人类认知倾向于追求关联最大化；（2）交际关联原则：任何明示性交际行为都意味着本次行为所传递的假设，具有最佳关联性。②写作作为语言交际行为，交际关联原则将发挥主导作用。写作时应该以最大关联、最佳关联为准则去选择材料、组织材料、组织措辞、安排结构，以引发读者认知的最佳效果。

话语关联受两个因素影响：语境效果和心智努力。语境效果与关联成正比，与处理努力成反比。关联性越强，话语就越直接，认知所耗的脑力越小，给受话者带来的认知负荷就越小；关联性越弱，话语就越隐晦，消耗的脑力越大，受话人的认知负荷越大（Sperber & Wilson 2001）。鉴于此，作者有时故意使语境模糊、多义，增加读者的认知负荷，以达到审美鉴赏的目的。有的时候，这种模糊朦胧超过认知关联的限度，就会造成理解的障碍。学生写作内容逻辑混乱、内容杂乱无章，是没有考虑读者的认知需求和篇章规律，缺乏必要的文体知识、篇章知识、表达知识和必要的书面交流技能造成的。

根据关联原则，任何一个交际行为都传递着最佳关联的假设和期待，听话人总是以最小的认知努力来获得最大的语境效果，推导出说话人的交际意图。语言交际是通过句子和语段构成的语篇来实现的，写作

① 何兆熊. 新编语用学概要［M］. 上海：上海外语教育出版社，2002：183～184.
② 胡壮麟. 语言学教程［M］. 北京：北京大学出版社，2002：205.

过程其实就是作者与读者之间的交际活动，所以关联理论与写作有密切关系。[①]基于关联理论看待写作，会有一番新的认识：

（一）写作是一种书面交际

写作不仅仅是为了完成一篇文章，写文章的目的主要是为了交际。写作作为书面交际的特点在于：（1）缺乏直接反馈，交流具有间接性。由于作者和读者不在同一个物理语境中，不像说话那样拥有即时的共有语境，作者很多时候不知道读者是谁。作者必须与想象中的读者“说话”，并不断依循着变化的话语语境将一场对话进行到底。（2）书面交流需要凭借语篇实现，语篇具有独立性。作者一完成其语篇，完成设想的交际意图的示意过程，便退出场外，很难继续影响语篇。但是写作又有它独特的优势，就是能够实现跨越时空限制的交流，能够在一定的介质（比如纸张、电脑）上存储下来，能够传达更加丰富、细致、深刻的思想和文化。（3）交流具有强烈的动机。一个人如果不是有强烈的动机或者要求，是很难主动启动书面交际行为的。一般日常的事情，能够面谈或打电话，谁会非得用写作来交流呢？缺乏即时语境，需要构建语篇语境交流，同时需要较强的动机，这就是写作与说话的本质不同。

（二）写作是一种明示交际

胡壮麟等人著的《系统功能语言学概论》中提到“写作过程就是写作者作为交际者可能向作为交际对象的读者提供关联性最大的言语信息，以示意自己写作意图的心理过程”。（韦国欣，1999）从作者的角度看，交际是一种明示过程。所谓明示，就是明白无误地示意。写作时，作者用明白无误的话语表达出自己的意图；而从读者的角度看，交际又是

① 田旭．关联理论视阈下的英语写作研究［J］．经济研究导刊，2012（18）．

一种推理的过程。读者从作者用明示手段提供的信息中推断出说话人暗含的意图。作者用明示的手段来表达自己的观点，而读者就可以在作者明示的基础上进行推理，从而推断出作者的意图。这就是写作和阅读作为言语交际的阐释。

（三）写作交际的实质在于构建共有认知语境

从物质形态上看，写作是作者通过言语编码，构造语篇来实现与读者的交际的。然而从本质看，写作交际发生在于作者和读者拥有一种共有认知语境。仅仅有文本而读者没有相关的背景知识线索，也很难达成对于语篇准确深入的理解。“欲取鸣琴弹，恨无知音赏”就是说听众要有与演奏者同样的知识和能力，才能有欣赏发生。写作的时候，如要让读者能够顺畅地理解，作者必须有意识地操纵“共有知识”来构建有利于实现自己交际目的的语境统一体。作者一要在运用语言文字制造语篇时提供与读者的认知环境相关的信息，最大限度地减少读者理解话语时所付出的努力，最大程度地增加话语的语境效果，使读者容易、有效地理解和推断出自己的交际意图；二要具有构建语篇的知识和技能，能够熟练运用语言去表达示意，引发读者的最佳关联。[①]在写作交际过程中，作者所提供的假设或信息不但应该是新的，而且还能改变读者的认知环境，产生语境效果，使话语具有关联性。写作过程实际上就是语篇语境的营造过程，作者总是基于设想的读者已经拥有的语境知识，运用言语符号营造新的语境信息，生产出“当下语境（语篇）”信息，操纵和构建“即将语境（语篇）”，实现自己的交际意图。

（四）写作通过构建语篇来实现交际

写作通过语篇来示意自己的交际意图，达成与不在场的读者的交

① 田旭．关联理论视阈下的英语写作研究［J］．经济研究导刊，2012（18）．

际。构建语篇是一个有目的、有意图、有技巧的编织语篇的行为，它以句式、段落、篇章为手段，以引起读者最佳关联性示意为原则，进行艰苦的书面文本的制造。在这里，写作不是传统认为的字词句段的简单组合，而是以每个词汇、短语、句子、段落作为意义的载体，向读者指示意义的过程。语篇不仅仅是意义的载体，还是关联示意的线索。作者在遣词造句的时候，不仅考虑它们的客观意义，还要考虑它们在上下文中的临时意义以及在整个篇章中的意义和功能。作者不仅仅是在将自己的思想编码成文字，也是将它们编织成具有不同形态、目的、功能的语篇，其中的难度可想而知，但交际语境写作可以通过语境要素操作，模拟或将写作还原成一种即时对话行为。

高登亮在《语境学概论》中论述过“作者对语境的选择”，他写道：

书面语篇是作者与读者进行言语交际的表现形式。根据关联理论，言语交际是一个示意—推理的认知过程。就书面语篇而言，示意是指作者的写作过程。在这个过程中，作者通过对语境的选择，以文字的形式向作为交际对象的读者提供关联性最大的语言信息，示意其写作意图。……作者在表达自己的交际意图时，不仅要使自己的话语与一定的语境要素相符合，而且要能够构建一个对自己的言语交际有利的语境，因此有了交际动机，确定了交际内容，又考虑了读者的种种因素之后，在一定的语境中，正确使用语言形式以实施交际行为就显得重要。每一种言语行为总是针对特定的交际对象，只有交际双方的角色相配，交际才可能顺利进行。[①]

在写作中，作者明示的方式是多种多样的，句子结构就是作者示意的一种方式。句子结构的创作和理解也受关联原则的支配，因为作

① 高登亮等. 语境学概论[M]. 北京：中国电力出版社，2006：196.

者想要让读者了解自己的意图，就必然会根据可能的读者的认知水平来设计句子结构。读者也会根据自己的认知环境付出有效的努力之后推理出作者的意图，所以用长句子可以增加信息量以帮助读者进行推理。在写作时要考虑读者的认知水平，对不同的读者应采用不同的句式。另外，对于不同的写作目的，作者也可以使用不同的句型结构来表达。如在表示强调的时候，可以使用强调句、倒装句或状语前置的句式等。

基于关联理论的写作教学，有助于作者与读者之间可以进行更好的沟通。作者积极思考，敏锐地捕捉相关因素，有效地调动认知环境，创造关联性语境，达到准确地表达，努力把握自己和心目中的读者之间的共有认知环境，利用相关的语境因素把意思表达清楚，达到有效交际的目的。

二、选择与顺应：行文中的语篇赋形

所谓“选择”，指的是当大量相关信息被激活之后，言语主体要依据最佳关联性原则对信息进行选择、排序，并把它们作为有效假设，进行推理、分析、验证，以生成新的意义和信息。“言语交际是一个动态过程；语言的使用过程就是在不同的语境条件下语言的选择过程。”[①] 在这里我们也可以用比利时著名语言学家、国际语用学会秘书长Jef Verschueren提出的语言顺应论（Linguistic Adaptation Theory）作出阐释。语言顺应论认为：语言使用是语言发挥功能的过程，或者说是语言使用者根据交际语境的需要不断选择语言手段，以达到交际意图的过程。从顺应出发，语言使用被看作是发话人与受话人不断作出选择的过程。选择既在语言结构层面上发生，也在策略层面上展开。选择的过程

① 何自然. 语用学对修辞研究的启示[J]. 暨南学报(哲学社会科学), 2000(6).

是语境和语言选择二者相互顺应的动态过程，在这个过程中，语言使用者对交际过程的意识程度通过语言选择突显出来。[①]

所谓“顺应”是指语言使用的过程就是选择适合的语言表现形式以达到最佳表达效果的过程。在这个过程中语言交际遵循最大关联和最佳关联原则，进行语言、结构、章法等语篇手段以及语言环境之间的相互调适。写作的顺应也表现为对于词法、句法、章法、文体以及交际规范的遵循。

写作首先面临着一系列的选择行为，在话题和内容确定后，以什么样的文体形式去呈现，需要考虑文章的意图是什么，考虑语篇产生之前的语境要素和语境配置。如果是传递人生经验，可能是叙述类的文章体式，比如小说、散文、记叙文比较合适；如果是劝说类的，可能是议论文之类；如果是传递信息类的，可能采用说明书、科学论文、报告等形式。体裁本身就是语篇语境的一个组成部分，一旦体裁确定后，对于材料、内容、结构、细节、语言表达，也大致可以有比较明确的路径。在这个过程中，作者面临大量的、成系列的选择行为：什么体裁，什么结构以及什么样的句式、口吻、措辞，都需要作者依据文章设想的读者、意图，预测表达产生的效果，进行选择。作者可能需要对出现的大量材料、结构、语言表达按照语境的需要和表达效果的优劣不断进行排序、调整，从而选择最恰当的、体现自己意图的语言和文本形式呈现出来。

正如《写作者的选择》中说：“学好写作的第一步是要明白写作面临着一系列互为联系的选择行为。不妨想想当你进行写作的时候到底做了些什么，有时你的写作意图是要取悦读者，有时则是想与人争辩或说服他人，有时你想要发现想了些什么。你的读者也是多种多样的，他们或许是

① 李捷，何自然，霍永寿．语用学十二讲［M］．上海：华东师范大学出版社，2011：129．

你最亲密的朋友，或许是些不知姓名、从未谋面的陌生人。这一切便形成了来自以下各方面的选择：你的经历，你作品中所代表的自我，以及用于传播书面信息并称之为语码的结构和语言。写作就是一种选择行为。”①

美国马萨诸塞州的《英语语言艺术标准》指出，写作的时候“需要分析每一种情况，为特定目的和特定读者写作”。例如，我们通过写信和朋友、家人一起分享感情、思想和经历。给客人的邀请信中必须写明时间、地点等要求。写给未来老板的求职信要正式，还要写清楚自己适合某个职位的条件。在市政议会上，我们试图通过发表准备好的演讲说服别人同意关于某个问题的观点。我们给出版社的编辑寄去表达感悟的小说或诗歌。以上每个写作例子都出现在一定情景中，需要考虑特定目的和读者。……（写作的）风格、语调、体裁、写作细节、文章结构和用词，以及标准写作惯例等，都是我们在与他人交流时必须考虑的写作要素。②

其次，这些写作中选择的依据应该是各种层次类型的语境。包括面临写作任务和要求时候的题目语境：什么话题，写给谁，体裁、长度、目的等要求，也就是一个写作行为的交际语境，即语场、语旨、语式等要素。一旦开始行文，就进入篇章语境之中，文章的体裁、措辞、表现手法等都应该以合乎语境为基本准则。

一旦作者明确了写作任务和要求，进入构思阶段，就直接面临着语篇的赋形过程。随后的过程中，作者需作出一系列复杂的选择，而这些选择都是在顺应语境的过程中完成的。所谓的写作能力，实际上由关联

① ［美］迪恩·蒙莫里，福克兰·奥哈勒．写作者的选择．转引自：刘锡庆．外国写作教学理论辑评［M］．呼和浩特：内蒙古教育出版社，1992：6-7．

② 洪宗礼，柳士镇，倪文锦主编．母语教材研究（第六卷）：外国语文课程标准译介［C］．南京：凤凰出版传媒集团，江苏教育出版社，2007：119．

性想象力、信息选择力以及合乎语境的表达力构成。它们具体显现在不同的写作环节中。哈桑的语境和特定体裁结构的关系图，大致能够呈现写作中的这种情形：

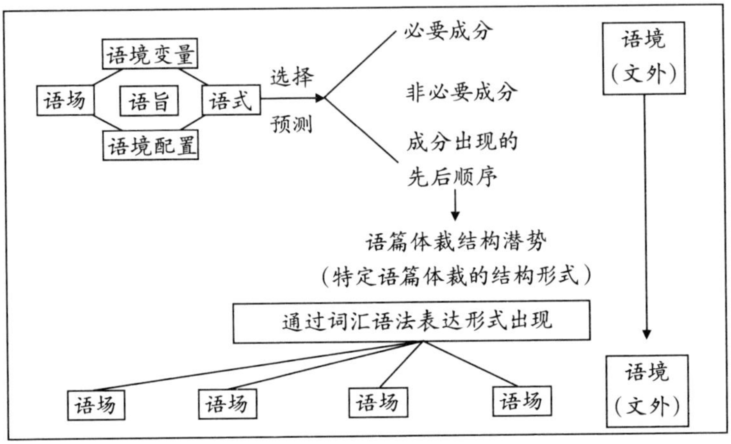

图3.4 哈桑的语境和特定体裁结构的关系图

从写作教育的角度来看，写作的过程就是对语境要素的分析、选择、洞悉和生成的过程；就是一个理解、体验万事万物、大千世界、宇宙人生的过程；就是与语境对话、与社会互动的过程；就是一个对要写作的话题进行重新认识、理解、判断的过程；就是与社会规范、文化系统进行对话调适的过程。从学习者的角度看，写作不仅仅是完成一篇文章，而是作者言语生命的吟唱，是作者由个体自我向社会化自我嬗变的过程，是成长的过程，即言语社会化的过程。

三、关联认知理论下的语篇写作

学生的写作技能主要包括关联性想象能力、对信息的恰当选择与处理能力，以及合乎语境的表达示意能力。

（一）写作材料的来源：关联性联想

写作时关键是要唤起各种相关性语境的相关性联想，各种情景、事件、经历、思想、信息以及驻留在记忆中的言辞等会纷至沓来，变成“候选材料”。作者会根据主题、目的、对象以及相关性进行筛选鉴别，变成题材，转换成文本，而转换成文本的东西，又会作为已经完成的文本语境材料，引发下一步语境的内容。语境越丰富具体，相关性越高。

在写作活动中，作者总是根据写作意图的需要，选择有效的语篇形式，谋求最佳的语境关联。话语的表达就是说话人明示自己的意图，提供言语线索，向听话人示意最佳关联的过程。

写作中的关联联想可分为强相关和弱相关两种情形。弱相关性联想是指与交际语境、文化语境联系不紧密的联想；强相关性联想是指与交际语境、文化语境联系紧密的联想。在写作思维中，非相关性越远，材料越宽泛、丰富；相关性越强，材料越深入、细致。如果是从内容丰富上说，就进行语境的弱相关联想；若想让文章的材料更贴切，就进行强相关性联想。

不同写作类型的联想方式也不同。创造性写作：主要是靠比较自由的物象之间的自由触发而进行的写作想象过程。比如郭沫若《天上的街市》的联想过程是：街灯—明星—空中—街市—物品—天河—牛郎织女—骑牛游览—流星—灯笼。也可能作者会想到玉皇大帝—天庭—王母娘娘—玉簪—天河—雷电—分离……就是神话传说的情节，但作者会因为与主题关联性不强而自我控制自己的思路往这个方向走，转而想象一种轻松、愉快、幸福、美好的生活画面寄托自己愿望。他也许想到很多丰富的细节、离奇的情节以及很多其他人物、事情，但这些与诗歌表现形式不契合，也要控制住。就是说想象是受“主题、意图、目的、文体”等语境要素的限制，是不自由的，可是这些主题、目的、意图、文体等要素作为想象的限制，同时又可以成为一种指引，当无数信息纷至沓来的时候又可以提供一种处理安置这些信息的程序，从而减轻写作中的认知负荷。

应用性写作：比如一般的学术论文等思维性写作。这些文章是有相对比较固定的思路的。这样的写作基本上运用的是理性的方式，运用概念、分析、比较、辨别、分解、联系、推论、概括、总结等基本的思维方法。写这样的文章时，关键是作者要会思考，思考的路向、品质以及思考的材料、资源等都影响着文本的质量。一旦选定文体，就也不能离开人们赋予该文体的思维规范。任何文体形式，都是有其固定的格式、惯例的，也有其独特的语境和解读方式。

当然，也有介乎两者之间的文本，其写作思维的方式也就不一样。比如报告文学，一方面有各种调查、观察得来的真实材料，可以采用观察报告的呈现方式；一方面又可以加入合理的想象，采用文学的表现手法。文体、表现手法、艺术技巧等其实都是思维方法而已。

（二）内容的组织：选择合适的文本模板

当有了充分的材料之后，如何安置这些材料，就涉及文本图式或模板的选择过程。这些文章的模板是有限的，尤其是对应用类文章写作来说，有着固定的格式和结构的基本框架。比如书信是有格式的，新闻一般是标题、导语、主体、背景、结语。可是，文学作品，比如诗歌和小说的写作，就不应当有固定的模板了，这是由文体的特点决定的，因为文学作品主观性、情感性、想象色彩以及不确定性太强，如果小说按照写一件小事的格式就没有什么艺术性可言了。但是文学性作品也不能离开人类基本的思维规范，就是意识流小说，也是有情境和解读方式的暗示或者提示的。写作者在创作时，不仅仅要考虑到已经有的体裁、信息、材料，还有言语表达模板的选择。有了合适的言语组织模板，就会使表达过程比较轻松，因为言语模板本身就是一个“支架”或者“水渠”，会将散漫无边的流水引导到河渠里去。

（三）写作中的转译：得体流畅地表达

当人们对写作的研究从外部转向内部之后，写作过程中另一个极为重要的因素——“从思维到表达转换”问题，仍有待解决。制约学生作文水平提高的一个重要因素是：学生常说“我心里有，可是写不出来”，这就涉及写作心理中的“转译”理论。“转译”理论认为，作文就是学生把思维活动转变为语言表达的心理过程。

写作中的转译指的是作者把想象和思维调取来的材料，依据文体特征和自己设定的文本模板，进行意义到语言转换的过程。就像制造水泥板或者制作陶器，把水泥注入模具一样，但是这个过程中不同的是语言表达的功夫。对高明的作者来说，是一种自动化的过程，即语感化书写的过程。

写作者会有意识地采取各种有效手段“示意”自己的交际意图。贝奇和哈尼将其概括为以下三个要点①：

（1）将要表达的信息转译成各种句子；

（2）对话语发出后所产生的效果进行斟酌和比较；

（3）选择最能表达发话人交际意图的句式加以表达。

苏联著名神经心理学家鲁利亚提出，在写作中要顺利完成把思维转换为“扩展性话语”，作者至少要在思维内部进行两次转换，即由思维转换为内部言语，再由内部言语转换为呈线性序列的外部言语。这两次转换，都离不开作为中间环节的内部言语，它是第一次转换的终点，又是第二次转换的起点。这就是他提出的“表述动机——语义初迹——内部言语——外部语言”的言语生成理论模型。②我们可以这样理解这一过程：在思维转化为语言的过程中，先是呈现表达动机，大脑

① 刘澍心．语境构建论［M］．长沙：湖南人民出版社，2006：21.

② ［苏］鲁利亚．神经语言学［M］．北京：北京大学出版社，1987：2～29.

激活相应的脑神经网络，即“言语初迹”——一种前语言状态，它们好像零碎闪烁的言语分子或者有的就是“词块”，它们启动、碰撞、酝酿、连缀、聚合，进而产生意义，而在意义转为字词和句子的过程中，同时又必然面临着一个时间上、书面上的秩序问题，需要大脑对最初的“意义云团”进行处理、加工、规范、转换，形成“可用的词块”。词块在语言交际时作为预制组块可以整体快速提取，提高语言表达的流畅性和组句成章的语篇能力。①思维本来是一种自由的、自足的、自我的状态，现在需要转化为语言甚至话语，就必须遵循语言的、文章的和文化上的规范，需要受相应的语体意识、文体意识、读者意识、文化意识等的制约。这就使得从“思维”到“语言”的道路变得狭窄、精致和细密，面临遣词造句、篇章结构和选材立意上的种种判断、筛选、转换，这种选择和转换的困惑和困难，也就是写作表达的困惑和困难。

刘淼认为作文从思维到外部书面语言表达的过程要经过“三级转换”。第一级转换是从思维到内部语言的转换，第二级转换是从内部语言到外部口头语言表达的转换，第三是内部语言到外部书面语言表达的转换。②在实际的作文过程中，由于书面语言表达比口头语言表达多经过一级转换（即需要经过第三级转换），因此需要更多的时间进行再加工，如推敲词语、斟酌语段、调整结构、增改内容等。同时，构思好的东西一边进入工作记忆，一边进行表达。由于两者所需时间存在较大差异，就会导致学生原有的构思丢失。这种认知过程中的“认知过载”现象，增加了书面表达（写作）的难度。刘淼的三级转换理论，解释了写作过程中表达困难产生的原因，为写作中的“口语书语互借策略”和“不

① 曾亚平. 英语阅读与写作研究［M］. 上海：上海交通大学出版社，2009：83～88.

② 刘淼. 作文心理学［M］. 北京：高等教育出版社，2001：39～44.

同水平加工之间区分训练”策略提供了理论依据。①

模因理论认为，文化中和大脑中存在一些可供模仿的信息单位，如想法、行为、风格、用法等，它们作为复制因子从一个大脑到另一个大脑像病毒一样传播，但始终保持着相同的特征或模式。如“酒吧”，可以变成“书吧、贴吧、网吧”；如“冬天已经来临，春天还会远吗”；又如近年来网络流行语言如“且行且珍惜”“世界那么大，我想去看看”。这些都成为人们话语表达时竞相模仿的模因。海利根（Francis Heylighen）将模因分为“同化—记忆—表达—传播”四个阶段，对于学生提高语言表达能力来说，积累词语、句式、段落甚至篇章结构上的模因，可以有效提高书面语言表达能力。

与之类似的词块理论认为，语言的记忆、存储、输出和使用不是以单个词为单位的，而是以固定或半固定模式化的组块结构出现的。在语言中存在大量、约定俗成、长度不等的集功能和形式为一体、兼具词汇和语法特征的语言构块。它们包括相对固定的短语或句型，是存在于人们大脑记忆中的信息储备，体现着一定的语言文化知识积累。

认知语言学的研究表明，母语使用者能够流利地使用自己的语言在很大程度上是通过这些单词组合来实现的。由于词汇短语形式相对固定、功能相对固定并且在语篇中频繁出现，所以便于在大脑中整块储存、整块提取，因而掌握大量带有语法和语用功能的词汇短语有助于提高学习者语言表达的准确性和流利程度。②引导学生积累这些具有特定话语功能且有极高的重现率的词块对写作表达也有促进作用。

① 刘森．作文心理学［M］．北京：高等教育出版社，2001：44.

② 词汇教学法［DB/OL］．http://www.langfly.com/a/20100426/100842.shtml，2015-08-05.

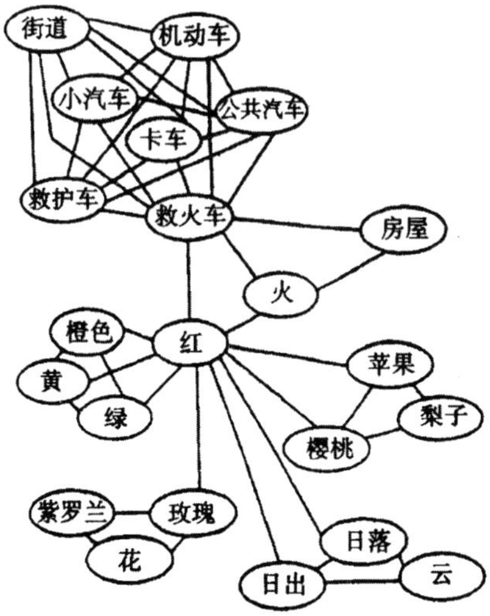

图3. 5 激活扩散模型 (Collins & Loftus,1975)

Collins和Loftus在1975年提出的语义激活扩散理论(Spreading activation theory)指出:任何一个单词或概念都是一个“节点(Nodes)”,一个词汇和其他词汇之间通过语义或语义相似性将概念组织起来。在人的心理结构中,语言不是像词典一样分条目排列的,而是以网络的形式储存着。每个人都按照自己对客观世界的理解和经验构筑起自己的语义网络,在网络中每个词或概念都是一个节点,每一个节点都代表着言语主体的一次经验积淀和知识输入,节点与节点互相联系在一起,形成纵横交错的网络结构。[①]节点或概念之间路径的长短体现了概念之间联系的紧密程度;某个节点被激活,它产生的兴奋就会沿着节点间的路径扩散,从而兴奋其他节点。众多节点的激活体现为某个特定脑区的兴奋,进入思维认知联想的活跃状态。“我们可以把这个模型想象为一个大电网:只要一个概念被激活,‘电流’就会扩散到连接的

---

① 丁寿平. 在语义网络的激活与重构中培养学生的创造思维[J]. 课程·教材·教法,2001(2).

概念。越往前扩散，能量就越弱。”（桂诗春，2000）

语言节点的每一次激活，刺激就会传递给相连接的概念节点，从而引起语义网络的局部或多向性扩展。一个人的语言能力水平，不仅取决于所掌握词汇总量的多少，更取决于词汇节点之间语义网络联结的丰富性、活跃性、快捷性以及开放性。语义节点和语义网络激活，不仅增加了量，而且会带来整个网络结构的重组。

写作中的构思、行文和表达过程与这种语义网络的激活、扩展、重组有密切关系。写作中的灵感其实就是语义网络和创造机制的激活状态。在写作教学中，教师的任务就是训练学生如何激活自己的语义网络——这是生成写作内容、词汇、句式、组织结构以及各种图式的源泉。语义网络的丰富程度、复杂程度直接影响着文章的丰富性、独特性、新颖性、创造性，这就是写作中的“语义联想”策略。作文教学就是要引导学生发现事物之间的联系点，展开丰富的想象，这样作文才有新意，作文教学才能取得好的效果。[①]

其实对于熟练的作者来说，语境联想—材料生成—模板选择—语言表达这些步骤可能是瞬间同步进行的。这需要作者有丰厚的生活经验积累、敏捷的运思技能和长时间艰苦的训练才能达成。

① 王建华. 现代汉语语境研究［M］. 杭州：浙江大学出版社，2002：415.

第四节 交际语境写作意蕴阐释

一、写作：语境与语篇之间潜势互动

（一）写作即在语境中对话

人是社会的动物。人总是有着各种各样交流的欲望。写作从表面上看是在“用文字符号表达”，其实，写作是人交流的一种方式。写作是你与别人或者这个世界、社会进行交流的工具。

写作好像是你在写自己的思考、观察、理解、判断、探索……可是仔细想想，你会发现：你说的话，写的文字，运用的语言和思维方式是有着指向性和目的性的。你总是在针对读者、话题有目的地在“说”。写作不是一个独立个体的自我表达，而是主体间复杂的对话。当然，这种对话交流的对象有时是明确的，有时是尚不明确甚至是无意识的。

写作是一场场别具风格的对话。写作不是你一个人在写，而是一群人在说，是作者运用语言在一个社会语义网络中说。可以这样讲：一切写作都是“被写作”。你总是在运用大家共有的语言在说，针对读者去说，运用符合规范的言语方式去说。一切的说写行为都要受到语境的规约、束缚。写作不是自说自话，而是作者与外部世界进行的动态对话。外在的语境、文化以及读者、社会对你的文章的功能性需求在影响、限制、塑造着你的写作。你所写的似乎是自己的“一孔之见”，其实你所思、所想、所写大都是“不自由的”，是外在语境规约和刺激后的“被写”。

（二）写作是用语篇来交际

通常的观点认为，作者是写作的主体。文章是作者思想认识、人生经历、情感思维的产物。文章句式的选择、段落的长短、文章的内容、结构、主题、文体甚至语言风格等都掌控在作者手中。然而这只是看到了事物的一个表面。语篇写作除了作者之外，还有读者、目的、文体、语言等语境要素参与，语篇是语境要素共同作用的产物，是语境孕育出来的结果。

语篇的产生是作者针对语境要素进行思考、判断、联想、选择的结果。写作总是在一定语境下，针对特定的或者潜在的读者，围绕某个话题，达成某种目的表达的交际行为。所有的语篇都是一定交际语境下的产物。实用类文章的写作自不必说，它们的交际语境是明确的、显在的。文学作品同样是交际语境的产物，因为文学作品只有考虑并呼应读者的接受，才能取得应有的艺术效果。

任何语篇的写作都离不开特定的语言环境（即语境）。语境是话语活动发生和进行的信息环境，又对话语行为进行约束和限制，语境对语言的理解和运用能力有着重要的、决定性的作用。

（三）语境制约着写作的内容、形态、语言等语篇特征

语境（具体情景、目的、作者）塑造和规约着语篇的具体形态。比如要表达哪些内容，固然与作者自己的经验积累、生活阅历、思想认识以及掌握的资料信息有关，但这些东西中的“哪些”用到文章中，素材如何成为题材，就需要作者对读者群体、写作目的等进行思考、判断、选择。从语境要素出发，一篇构想中的文章可以有若干角色，面向若干读者，达到若干目的，它决定着你文章内容的详略、结构和语言的呈现形态等要素。作者要不断设想读者的接受情况，并根据这种设想改变写作内容和写作手法。比如需要详尽描写的地方，可能是因为语境特殊或者引起读者逼真的想象；有时故意的模糊也是一种表现手法和效果，就像中国画中的“留白”一样。

成功的、有效的写作总是语境和语篇互动运行的结果。这个结果一

开始是一个思维产品。它的完善和成型，还需要作者进一步探索语境，思考语境中方方面面的要素，作出最优化的选择，如以什么口吻、谈什么内容，何详何略，甚至不说。怎么谈，什么内容读者理解有困难，需要详细阐述；什么内容读者不需要，可以不写；什么内容对读者有用，必须去写。作者总是想象着读者的需要去安排文章的内容和结构。语境形成和决定了语篇的一切特征。

（四）语境和语篇之间自由和限制的辩证法

二者之间的辩证法表现为：如果语境过于宽泛，作者的思维运作过程和思维负荷就相应加大，这就可能造成学生构思与表达的困难。尤其是低年级学生，会感到无从下手，因而，低年级学生或者新手，提供图画作文、具体语境是比较有利于写作的；而对于已学会思考的高年级学生，限定太死的语境和要求，如命题作文，会导致写作趣味的降低，因为作者自由选择的空间被堵死了，他只能照章办事，尤其是“主题先行”的命题作文，学生为什么深恶痛绝，就在于写作作为语境思维的乐趣和自由没有了，写作成了“按图施工”——写作主体的自主性和创造性受到抑制，写作兴趣被压抑，也使得写作不能发生。限制性写作如果过于被任务要求、语境束缚住，学生也会写不出来。比如封建社会的文字狱、八股文，国民党高压统治期间、“文革”中“动辄得咎”，文学写作事业一片萧条，就是语境对于语篇限制、抑制造成的。作者依据语境进行写作、运思、行文、构造的过程就是一个对于交际语境写作语境的把握、体察、了解、选择、判断的过程。

古人说的“世事洞明皆学问，人情练达即文章”，“世事洞明”“人情练达”是语境因素，而文章是世事和人情的语篇表现，是作者对于世态人情把握并且构造语篇的结果。语境、语篇之间存在某种张力。这种张力的营造和协调是一种写作艺术的体现。古代有“春秋笔法”，写作高手可以运用“曲笔”表达；20世纪七八十年代盛行的“朦胧诗”，就是语篇结构对于语境的一种反作用和适应性生存式的反应。语篇找到了自己的突破口，压抑语境中的思考便喷薄而出。

二、写作：读者与作者之间交际舞蹈

写作是一个作者不断地揣摩读者或者读者群的知识信息，通过想象的方式，与他们进行对话的过程。写作在斯皮维看来，不是书面符号的表达，而是一种意义建构。斯皮维说：“书面文本只是一个蓝本，提供线索：作者在写作过程中在心里建构意义的线索，作者向读者提供意义框架时所选用的线索、读者用来在心理上建构自身意义的线索。”①而意义又是什么呢？斯皮维说，“意义被比作社会交流行为中的一种认知活动过程，更具体地说，它通常被认为是一种‘心理表征’或‘意义表征’，即个体在组织和理解内容时内心生成的内容框架”，当写作的文本成为读者建构自己意义的线索，当写作被看作是意义建构和意义交流时，写作就成了一种认知产品的生产过程。

如此说来，写作即认知，即意义建构。任何写作都不是文字的堆积，而是为读者精心预设的一个由文字建构起来的意义的城堡，或者用文字铺展廾的一幅水墨，一团飘忽变换的意义云团，意义就在其中，由读者来建构生成。

书面语篇的特点在于“它是一种远距离的交际”，并具有储存功能。它使得言语交际可以跨越时间和空间的距离。作为交际者的作者在构建语篇时面对的是不在场的交际对象——读者，而且，作者一经完成其交际意图的示意过程，便退出场外，很难继续影响语篇。作者必

① [美]莱斯利·P. 斯特弗等. 教育中的建构主义——《21世纪人类学习的革命》译丛[M]. 上海：华东师范大学出版社，2002：242.

须有意识地操纵“共有知识”来构建有利于实现自己交际目的的语境统一体，所以，作者在选择语境时也要考虑读者的话语处理能力，以及年龄、知识结构、社会背景等，提供与读者的认知环境相关的信息，最大限度地减少读者理解话语时所付出的努力，最大程度地增加话语的语境效果，使读者容易、有效地理解和推断出自己的交际意图。

在阅读或文学解读中，读者对意义建构起着巨大作用，是众所周知的观点，也正是当今流行文本阐释学、接受美学等一再强调的。在文学批评或阅读学领域已经完成了由作者文本中心走向读者中心的范式转型。然而，从读者的角度看待写作或者创作，是新近才发生的事。其中最主要的人物当属建构主义学者斯皮维，她在经典文本《书面话语：一种建构主义观》中描述了一种全新的写作观，那就是以“读者为中心”来看待写作，是建构主义写作观最重要的突破口。

在写作时，尤其是交际语篇的写作，我们会考虑读者、对象。我们写的东西的阅读对象是谁，他或者他们，即读者具有什么样的知识背景、阅读兴趣、愿望需求等直接或者间接地影响和塑造着我们的写作。一个作者对于读者已经熟知的东西唠唠叨叨，是非常讨厌的；而过分的自说自话则可能使得读者不知所云，达不到写作应有的交际目的；写给小孩子还是写给专业人士，读者群的不同，对于写作的体裁以及语言会有着相应的要求。我们总不能要求孩童阅读科研论文，必须化为科普小品，才能达到传播科学知识、激发科学兴趣的目的。为什么有一种文艺性的科学小品文，在课文中占有重要的位置，就在于这样的文章面向一般公众，面向不了解一些科学知识的人群，作者就总是以一种有趣的方式、亲切的口吻来生动有趣地展示科学常识。作者是不能为所欲为的，因为不顾读者感受、知识背景、兴趣要求的写作，是没法实现写作者设定的传达意图的。

作者在表达自己的交际意图时，不仅要使自己的话语与一定的语境要素相符合，而且要能够构建一个对自己的言语交际有利的语境。有了交际动机，确定了交际内容，又考虑了读者的种种因素之后，在一定的语境中，正确使用语言形式以实施交际行为就显得非常重要。每一种言语行为总是针对特定的交际对象，只有交际双方的角色相配，交际才可能顺利进行，所以，为了明确表达交际意图，取得交际成功，作者在构建语篇的时候，会以不同的方式传递具有相同效果的信息。当作者认为读者和自己有共同的知识结构，有能力处理话语时，他可能会省去一些他认为是不言自明的信息，用较简洁的文字表达话语信息，以便让读者在阅读时补充；当作者认为读者不熟悉自己的知识结构，他可能会以详尽的文字描述，以增加更多的词汇信息或概念信息的方式提供语境，引导读者对语篇作出与自己相同的认知和推断。

基于这样的考虑，写作可以看成是作者和读者的不见面的、超时空的、别开生面的对话交流，写作是作者和想象中的读者在进行一种意义的舞蹈，作者运用文字的手臂，牵引或者指引着读者旋转、挪移、视角变化，意义在一系列的脚步中向前发展。

二、写作：作者—读者之间的示意与互明

关联理论认为言语交际是一种明示的活动，任何一段话语或其他的明示的交际活动都产生一种相关的期待。作者有目的地对语境进行选择，可以使读者在理解语篇时以付出较少的努力来获得较高的语境效果，有效、快捷地理解自己的交际意图。关联理论认为，说、写者与听、读者之间具有共知和互明关系，而一个人的认知能力又与他的社会文化背景等因素密切相关。不同的社会文化背景、不同的语言习惯衍生出不同的认知结构和话语表达方式。认知结构不同、语言表达方式不同的

人进行言语交际时，跨文化知识是很重要的。就书面语篇而言，读者一方具备跨文化知识尤为必要。缺少跨文化知识，缺乏对那些具有鲜明文化特征的表达方式的了解，在进行跨文化阅读时，就做不到将被作者省略的那部分信息进行补充、延伸或重构，就难以建立起理解话语所必备的相关语境。

依据关联理论，写作就是一个作者向读者运用语篇进行示意的过程。在这个过程中，作者通过对语境的选择，以文字的形式向作为交际对象的读者提供关联性最大的语言信息，示意其写作意图，所以，作者的文化背景、身份地位、立场观点和交际意图影响着他对语境的选择。

真正的行文过程，是作者运用语言文字对语境语义互明的过程。文章从来都是这一系列语境运作的结果。“语境—语篇”之间具有某种张力。这种张力的营造和协调是一种写作表达的艺术。写作教学一要引导学生掌握一种明确示意表达的技术，二要把让读者明白作为写作的一个基本要求。

第四章

交际语境写作要素新解

【提示】本章以交际语境写作的视角，关照和阐释写作活动所涉及的六个重要因素：读者、作者、目的、话题、文体和表达。阅读后你会发现，在交际语境写作视角下，传统的概念被赋予了崭新的内涵。

第一节　读者：从被动接受者到文本潜在塑造者

一、读者与读者意识

在传统写作中，读者意识缺乏一直是一个很大的缺陷。其实，在我国现代写作理论发展中，朱自清、夏丏尊、朱光潜等人都比较强调写作中“拟想读者”的作用，他们深谙写作中交际语境诸要素的潜在作用。

托尔斯泰曾经谈到过写作心理中一个十分奇特而又极为重要的事实：离开了读者，作者就无法写作，也无心写作。他说：“我写的作品的应力和质量，都取决于我心目中最先提出来的这个关于读者的概念。”“读者就是我的想象、经验和知识所理解的一个普通人。”“任何一个作家写作品时注意到的是特有的一种理想的读者，必须弄清楚这些理想的读者的要求。”①从写作心理发生机制看，作者想写什么和想怎样写，不仅受自己主观愿望的制约，还受制于心目中的对象，这就是读者意识。

国外大量关于优秀写作者的特征研究表明：优秀写作者是以读者为中心的作者，而新手作者的一个特点就是以自我为中心。1980年，Flower和Hayes的报告指出：专家作者远比新手作者更关心读者。专家作者用较长的时间思考文章作用于读者的效果，怎样把自己的想法呈现给读者（如用什么口气），读者需要什么样的背景知识等。与此不同的是，新手作者更关心话题，只用很少的时间来考虑读者。这样的研究结论在国外已经有很多。事实上，读者在写作中就像“肉眼看不见的第二磁极”②，引导着作者的表达欲望和表达内容。现代著名教育家夏丏尊曾说，“离了读者，就可不必有文章的”，“诸君为文的时候，第一不要忘记有读者”。朱自清也说过：“写作练习是为了应用，其实就是应用于种种假想的读者，写作练习可以没有教师，可不能没有读者。”夏丏尊说：“所谓好文章，就是达意表情，使读者读了以后能明了作者的本意，感到作者的心情的文章。”③

任何作品如果没有读者的阅读，这个作品最终不过是一堆语言符号，它的意义没有发生。有人用产品和商品作比喻说，写出来的文章，只

① 山东师范大学中文系文艺理论教研室．外国作家谈创作经验（下）［M］．济南：山东人民出版社，1852：467.

② Stephen D. Krashen. Writing: Research, Theory And Appliction [M]. Laredo Publishing Co., Inc. 1984.

③ 夏丏尊．文章作法［M］．长沙：湖南教育出版社，2008：1.

不过是“产品”，它只有进入读者的视野，被阅读、被欣赏、被传播、被交流，才能够成为“商品”，实现它传播信息或表情达意的价值。从这个意义上说，读者不仅仅是被动地阅读写作产品的人。读者在写作过程中起着重要的作用，然而这种作用并没有得到人们的高度重视。

二、读者及读者意识对写作过程的影响

读者在写作过程中一直以潜在的身份存在着，发挥着他的作用。在我国的写作学理论中通常称作“写作受体”，也就是说，读者是文章信息的接受者——这是从传播学上来看待的。读者其实不仅仅是被动的客体，它其实已经转化为前写作的一些知识。比如，关于文体知识、语体知识、作品的风格类型等。这些我们通常视为“文章要素”的东西，其实和读者存在着关联，是读者对于某一类作品、语言以及欣赏的习惯或者叫做“认知图式”。人类共同的心理结构和经验塑造了文本的图式结构，它又反过来以“共有知识”的形式存在，牵引并制约着我们的写作行为，塑造着我们作品的某种样态。从某种意义上说，读者是作品的合作建构者，不仅是从接受美学的观点来看，作品的意义需要读者来建构生成实现，还在于读者事实上以我们不易觉察的方式，已经进入我们的写作意念之中，化为了某种大家共同使用的写作知识，规约塑造着写作。也正是从这种意义上，我们探讨读者在写作课程中的意义，把他视为交际语篇的受体、有意义的真实写作的合作建构者和塑造者。

交际语境写作，从本质上说是以“读者为中心”的写作教学。斯皮维把“学会为读者而写”作为改革作文教学的口号，以此为突破口，可以起到牵一发而动全身之功效。正如斯皮维所说：“作者（在家庭及单位工作的人、专职作家或学校里的学生）都是为读者而不是他们自己创作

文本。”[1]写出的文本也只有像产品进入流通领域成为商品一样才具有价值，作品也只有到了读者那里，才能真正实现它的意义。除非某些日记涉及隐私、秘不示人而属例外。“建构主义倾向于反对把作者和读者彼此之间的立场绝对化。”“一个人既是建构文本意义的作者，同时又是从文本中获得意义的读者。……阅读自己的文本是写作过程的重要组成部分，是作者高度建构性的活动。在活动中，作者根据自己文本的线索去使意义精确化、清晰化，甚至重构意义。”作者为读者运思用语的过程其实包含着自己。

引导学生为读者而写，是斯皮维写作教学的核心理念。在她看来，写作教学有如进入产品交换的商品市场。初稿构思为认知产品，完篇为文本产品，统称“建构过程的产品”。产品须进入流通，面向消费，才能兑现并提升其价值。“文本本身是没有意义的，是人赋予它意义。”好比为一幅蓝图提供线索：线索由作者选择经营，目的是为读者提示意义框架，让读者通过线索建构他们自己的意义。

夏丏尊说：“所谓好文章，就是达意表情，使读者读了以后能明了作者的本意，感受到作者的心情的文章。”梁启超也指出：“文章的作用在于把自己的思想传达给别人”“令读者恰恰理会得我的原意。”[2]由此可知，文本的意义是作者与读者合力生成的。无视读者，或者没有读者意识的写作，有可能成为一种危险而无效的写作。

美国麦克多戈·力特尔公司的11年级的语言教材，第一章“为自己写作”——表现学生个体的生活、情感、态度等，以观察思考为纲，有日记、描写周围世界、描写个人经历、表达观点和信念的训练。第五章“为

① 高文，徐斌艳，吴刚．建构主义教育研究［M］．北京：教育科学出版社，2008：243.

② 参看梁启超《作文教学法》、朱自清《论教本与写作》等著作。

不同的目的写作”——倾向于写作的各种实用交际功能，如书信、报告、说明书、新闻、社会评论、学术论文等。当然，那种把写自己等同于为自己而写，并与为读者而写分别对立起来的看法似乎欠妥，但“读者意识”“交际作用”“社会功能”是建构主义写作重要的特征。

斯皮维是主观意念与客观效果的统一论者。她认为真正学会写作不仅是“懂得为读者而写还要学会选择”，“主要取决于能否对读者进行解读，并预想他们的建构，也就是学会读者们如何从特定的线索中建构意义”。根据读者的建构过程确定选材的要素有：

（1）设想读者的心理需要。“作者料想到读者将要了解和想要从阅读中了解的内容。这种知悉他人观点的能力属于社会认知的范畴。在整个人生经历中，人们参与纷乱的实践活动，社会认知能力也随之发展，而这种能力正是大多数写作教学的重要目标。”

（2）考虑读者的知识背景。读者总是以原有认知图式与阅读内容建立联系或对之进行重建，而事实是作者可能误判读者的水准，低估、高估读者已有的知识，所以，“作者必须多方面考虑读者已有的知识以及与其话语目标相关的内容”。

（3）调适作者的文本线索。“为了能够生产对读者有用的文本（因为读者是假想的），作者应该在写作时对意义进行大的调整，包括内容和结构在内的各种线索。”该强调的，当在文本的重要位置上突出；应让读者阐述的，可使用种种暗示。晦而不明的是败笔，直不留白也是轻视读者、令人厌恶的表现。明确性则是相对而言，“作者要明确表达的内容与留给读者思考的余地之间存在着一种有趣的张力”。关键在于充分估算“读者可能的投入与产出”，以决定表达的内容和方式。斯皮维的“读者”，蕴含着自己，又不局限于教师，“实际上，作者在创作文本时，会面临多元的读者或听众”，这不仅增加解读读者的广度、建构文本的难度，也给作者积极了解社会人生、主动获取知识提供更多的机遇和乐趣。为人利己，公共关系的互惠双赢调节法则，同样适合于写作交流。“一旦作者能预想出读者们已知的、想要知道的将对他们思维方式产生影响的东西，反过来会有助于作者的创作。”当读者多元时，启发的潜力便会增加，因为不同的读者有着不同的知识背景、不同的阅读视角和趣味，并且有着不同的期望值。总之，读者的变化会直接影响到作者建构意义的变化，对于作者来说，“变化读者看起来是一种打破写作框框的途径，或者说是通过建立对比的视点来检验自己观点的一种方法”。

“为读者而写”体现了国外写作课程教学改革的主流趋势，与美、加、英、日、韩等国的语文课程相比，我国的语文课程为读者而写的观念长期比较单薄，简直可以说是空白、缺席。我国香港、澳门、台湾地区乃至新加坡的华文课程标准概莫能外。上海二期课改写作训练体系，以学生“自我表达”为主线，只字不提与人“交流”。①2001年语文新课标提出写作是“自我表达与人交流”，这是我国写作教学理论认识的一个新突破。

交际语境写作范式中的读者在语篇的形成过程中具有非常重要的地位和作用。主要表现为：

一是交际语境写作中读者成为主要关注的对象。他是对话的另外重要的一方。在一般的文本写作中，作者以自己为中心来提出观点、表达想法、呈现资料、进行说理或者抒情，可能也是以一种自说自话的方式进行。这是一种单项的信息发出行为，不考虑对象，也没有反馈。这样的文本可能只具有记录、展示功能，却没有对话交流的作用。这就导

① 程稀．建构主义的写作教学论．转引自高文，徐斌艳，吴刚．建构主义教育研究［M］．北京：教育科学出版社，2008：235～237.

致了作者交流的信息、材料、情感成为一种无意义的，甚至是无目的的行为。他可能实现着写作者的某种功能，但其效果会大打折扣的。这是因为缺乏一个读者的视角来反观、审视已经写出来的内容和表达方式。

二是交际语境写作中的读者是内容的主要需求者和消费者。在基于交际的写作中，作者无论是提出想法、呈现材料、文章展开的流程和顺序，必须要考虑读者的信息需求和已有的知识状况。一个读者耳熟能详的观点的提出，对读者来说很可能不仅是冗余信息，更是一种无效的信息和交际。作者必须提供新颖的观点和材料，并依据读者的认知心理和知识状况、阅读经验去组织和展开论证的过程，一步步引导读者和作者一起思考、辩驳、讨论，这样的写作才会引起读者参与的兴趣，这样的文章才是有效的、好的。这样说来，读者是写作的合作伙伴，是写作内容、材料详略、语言风格的重要评判者。读者在暗中引导着作者行文的内容、行文的方向以及行文的风格。

三是交际语境写作中的这个读者，可能是明确的个体或者群体，更多情形下可能是未曾谋面或者永远不会谋面的潜在读者（群）。比如家信、短信、情书这样的文本，其读者是固定的、明确的；比如通知、报告、说明书、广告等文本，它们的读者是一个潜在的群体，撰写者在对他们的已有知识、兴趣爱好、知识状况有一定了解的基础上，才有可能“投其所好”或者“有的放矢”，采用恰当的方式、得体的语言和合宜的形式，引起他们的阅读兴趣，达成交流的目的。对于小说、诗歌、散文等一些文学作品，从一个广义的范围上看，也好似有一定的读者群或者文化氛围，对于内容、题材、表达有一定的规范和限制，作者会意识到读者的某些趣味或者文化需求，自觉地迎合或引领某种需求，最大程度达成作品的艺术效果和审美功能。

朱自清先生强调，“写作是为了应用，其实就是为了应用于这种假想的读者”。这也就是说，写作是为了作者与读者的沟通交流。无论是文学作品还是应用文，都只有通过读者的阅读，才能实现其认识、审美和教育的价值，所以我们写作时首先要考虑读者对象的问题：我是写给什么人看的？文章应给读者的是实用价值还是审美感受？我写的文章读者是否能懂？我应以何种资格向读者说话？我所写的是否合乎特定的场合？朱自清先生把写作中的这些意识问题称作“假想读者意识”。

朱自清先生发现，在实际的写作教学中，一般的师生都忽略了这个假想读者的存在。学生写作时意识不到假想读者的存在，只能马马虎虎写下去，不会根据不同的读者需要采取相应的写作策略。学生心目中有假想的读者，他们才会感到写作实际的需要，才会觉得写作是有所作为，才会对写作产生兴趣。“假想读者意识”能帮助学生形成文体形式感，而写作主体文体形式感的优劣，在相当程度上决定了他们写作质量的优劣，因此，朱自清先生特别重视培养学生的假想读者意识。在作文命题时，他会指出作文的读者对象：是写给父母的、写给老师的，还是写给朋友的、社团的、全社会的。只有经过这样多角度的训练，在写作方面，学生才能形成读者意识，读者接受了你的作品，才能肯定你文章的意义，你的劳作才被承认。朱自清先生认为：“写作练习可以没有教师，可不能没有假想的读者。”朱自清先生在中学教学时就常把学生优秀的文章张贴在教室墙壁上，这给学生制造了许多的实际读者，增强了学生的“假想读者意识”。他还主张学生多读登载于报纸上的新闻和评论文章（包括各式各样的广告）。一般来说，报纸文章的读者对象都是明确的，它们针对不同的读者，采取不同的语气和体裁，学生比较鉴别阅读，就容易看出读者和文章的语气体裁之间的关系，写作时也会渐渐留心他们的假想读者。可以说培养学生的“假想读者意识”，用报纸上的新闻和评论文章作切近的目标是朱自清先生就写作方面很精辟的见解，在写作教学中具有很强的实用性。

三、读者的类型及其在写作中功能发挥的方式

基于交际语境写作的读者，不再是原来被遗忘和忽视的因素，一跃由配角成为主人，成为与作者平等的对话者，与作者进行思想对弈和文字博弈的角色。他们的存在十分复杂，正如斯皮维说的，他们既可能是已知的，也可能是未知的；既可能是直接的，也可能是间接的；既可能是一个人，也可能是千万人；既可能一无所知，也可能极其内行；既可能富有同情心，也可能充满敌意。作者调动一切手段说服读者相信自己的观点，读者则可能运用自己的力量或者因为认知习惯和经验反抗这种同化，在这种作者和读者的博弈中，写作得以进行。读者的构成成分是很复杂的。作者正是基于写作中对于读者的这种复杂性的探求、认识、了解，逐渐地形成自己的社会认知能力。斯皮维认为这正是大多数写作活动的重要目标。

下面我们对读者的类型进行一些大致的区分，并在这种区分中讨论一下他们在具体的写作中发挥作用的方式。

我们认为，读者在写作中大致有四种类型，即作者读者、他人读者、文化读者、理想读者。

（一）作者读者

作者读者指的是写作中一种比较极端的情况，即文章或者语篇是写给作者自己看的。比如秘不示人的日记、备忘录、购物清单、课堂笔记等等。

这些写作不是写作教学的主要类型，多数人认为它们不是写作，但就是这种以作者为读者的写作，作者、读者也形成塑造并影响着作品的形态。比如遣词造句不必讲究，文字书写比较随意，只要自己看明白就行了。有时候，也许只要寥寥数语，甚至特殊的符号，就能够唤起自己的记忆、联想，自己能明白就可以了。我们之所以讨论这种极端的写作类型是

因为你们可以看见：自我——这个特殊读者，也在塑造甚至影响着语篇的形态。

（二）他人读者

他人读者无疑是写作真正重要的读者群体。它又可以分为很多种类型：

（1）明确的个体读者。比如写给特定人的书信，尤其是写给恋人的情书等。

（2）明确的群体读者。比如通知、报告、地方的或者国家的报纸杂志等。

（3）不明确的他人读者。比如文学作品，你不知道谁会看到它，是否喜欢，甚至你也不知道这些人的兴趣、爱好、需要，有些时候你感觉自己的写作是写给自己看的，或者写给某个意念中的人。就像纳西萨斯那样，你的读者是一个理想中的对象，他的爱好、要求、兴趣引导和塑造着你的写作。

（三）文化读者

文化读者指的是你的读者不是哪一个具体的读者群体，你的读者是一些面目模糊、说不清的哪一个或者哪一些的集合，他们属于某个时代或者言语社团，有时候表现为一种时代的倾向性、一种共同的价值取向或者大多数人的价值需求。比如，有一个时期大家喜欢武打小说，喜欢才子佳人小说，喜欢大文化散文，喜欢国学作品，喜欢痞子文学的调侃风格，喜欢弘扬正义的作品，喜欢网络文学等。又比如目前大家喜欢在节假日发一些幽默调侃的短信，这些成为一种集体无意识行为——它们其实是一种文化在起作用。这种社会习俗、时代特色成为了一种潜在的塑造影响写作的无形的力量，它要么以一种时尚的面目出现，要么以一种崭新的文章体式出现，总之这种无形的力量对写作在起作用。它表现为社会审美特点、文章的风格、潮流、时代的趣味甚至定型化为文体。这最后一点我们会在关于文体的具体的章节里进行阐述。

(四)理想读者

理想读者指的是作者在写作时所拟想的具有相应的语境知识和阅读能力，能够准确理解并识别作者意图的那些阅读对象。理想读者就是所谓的“知音”，是洞悉并良好接收到作者传递的信息和意图的人，他们是最合格的倾听者，是与作者进行有效交流的人。他们能够依据文本线索作出最佳的认知关联和联想，能够对文本作出最准确的反应，全面准确地还原语境，并参透文本中的各种深层意义的人。作家总是以理想读者为对象进行创作。他不可能考虑到每一个具体的读者或者特定的读者群体，只能以他想象中的大多数人或者优秀分子的知识状况、认知心理和鉴赏水平，作为一个参照，选择自己认为最合适的表达方式和语篇形式。

伊瑟尔提出过“隐含读者”的概念，指的是“一种与文本结构的暗示方向相吻合的读者”。读者批评理论的代表人物费希提出“有知识的读者”概念，指一个对构成那篇作品的语言应用自如的说话者，一个完全掌握了一个成熟的听者竭力想理解的语文知识的人，一个具备文学能力的人。在此基础上，乔纳森·卡勒提出“理想读者”概念以及他们具有的四种能力，即话语能力、逻辑能力、形式能力和结构能力。话语能力是将普通语言理解为文学语言的能力；逻辑能力就是指读者的逻辑思维能力，在阅读中表现为对故事的意义的推断能力；形式能力是指对叙事文形式技巧辨析的能力；结构能力则是指理想读者分解故事和重建故事的能力。理想读者能够凭借结构能力找到并填补叙事文中的空白，成为生产性的读者。[①]

上述这些所谓的读者最终必须化为作者心目中自觉的读者意识，

① 呼致伟．理想读者[J]．黑龙江教育学院学报，2007(9).

才能发挥作用。下面就从学校写作教学的视角简单探讨一下，读者在写作中发挥作用的具体方式和方法，或者可以叫做“基于读者的写作策略”。

第一，监控作用。作者的读者意识在写作中起一种监督调控的作用。写作时，作者事先应该思考：我是写给谁的？他们知道些什么？需要我说些什么（我写哪些才是他们感兴趣的）？这样一些自我的提问会对作者写作起一种调控作用。

第二，启发作用。作者通过写作中对读者内心的知识、兴趣以及心理过程的把握，通过这样的自我对话，对自己的写作内容有一种生成和启发作用。比如，我们可以通过模拟读者提问的方式（这从读者方面看，就是设问）进行写作，写作的过程就变成了对读者疑惑的解答，或者作者与读者之间的对话。

第三，认识价值。作者要想成为某一话题的权威，他必须比读者知道得更多、更深、更新，这些在写作中会转化为新颖的观点、深刻的思想、充实可靠、新鲜有趣的材料，这样写作的必然要求，会促使作者去阅读更多相关的资料、书籍，积极从事相关的观察、调查、访谈和研究，这就是写作作为学习、认识和研究的工具的意义。

第四，创新价值。读者总是喜新厌旧的，这种读者心理会促使作者不断地创新、探索新的内容和表现形式。

第二节 作者：特定语境中的书语示意人

在交际语境写作中，作者不仅仅是那个写文章的人，而是一个特定场景中，以某种特定的身份和口吻与想象中的读者进行对话交流的“书语示意人”。他用书面语言与不在场的读者对话。词汇、句式、文体、文章的结构、口吻以及各种文本形式是他有限的“话语”，以各种语篇形式设想着读者的反应去向读者示意，从而进行一场看不见读者、听不到读者的谈话。在这个过程中，作者的身份、功能和素养都发生了巨大的变化。

一、作者身份隐喻的变化：镜子、处理器、主持人

在不同的写作观中，作者的功能和身份隐喻也有很大不同。结果写作中作者处于被动反映的地位，像一面镜子似的反映生活；在过程写作中，作者像一个电脑处理器，处理来自生活或者外界的各种信息；在交际语境写作中，作者更像是一个对话的主持人，他回应着读者的需求、知识背景和交际语境的情形，安排一场需要多种语境要素参与的对话。

（一）镜子：文本写作中的作者隐喻

文本写作关注的是结果，即写成的作品，它不太考虑作者的作用，或者作者在结果范式的写作中是潜在的、隐在的、忽略不计的因素，一般不会成为写作教学的关注点。结果写作关注的是“物意言”链条下那个言语的结果。它以为作品受制于客观物质世界，是客观物质世界的反映，于是作者要拥有生活，即那种看得见摸得着的生活——人物、事件、景物……作者写作就是对这个客观的物质世界进行摹写、反映。在这样一种观念中，生活是写作的源泉，于是作家要深入生活。受这种机械反应论的影响，目前还有一种现场活动，制造一段生活，让学生摹写的

课堂教学活动形式，一度非常流行。甚至还有教师过分狭隘地理解“生活”，而忘记了学生日常的家庭生活、学校生活、精神生活。可事实上，学生就在生活之中，他们就是生活中的人，学校生活、家庭、读书、娱乐，他们每天的所见所闻本身就是生活，他们有自己的烦恼、小伙伴之间的故事和欢乐，可仍是写不出作文。作者是说他们写不出老师想要的那种作文，他们想说的话，想写的东西，没有市场和空间，没有“出生证”，于是自生自灭，渐渐化为对于写作的厌恶、排斥或者畏惧。用一个比喻来说，在结果范式的写作中，作者是一面反映生活的镜子。信息来了，只是被动地反映。这显然是被动写作，会在某种程度上挫伤作者的主动性和创造性。

（二）处理器：过程写作中的作者隐喻

过程写作的最大特点是注重对写作主体思维过程的重视。过程写作往往被我们误认作流程写作或者写作步骤的机械操作，其实，过程写作的实质在于对写作者认知过程中心理过程的关注。这是一种真正的对写作主体关注的写作样态。写作者处于绝对重要的地位，作者的长时记忆中知识的储备、认识、修养等，作者拥有的语言资料、文章图式等，作者写作时的信息处理能力、文字表达能力开始起重要的作用。这是写作者围绕写作主题进行的思考过程和问题解决。无疑，过程写作即主体写作，是以写作者为中心的写作。

然而，在过程写作中的作者，还只是在起一个信息处理器的作用。他只是在不断调动自己已有的信息储备、语言储备、文章图式储备，在一定的写作任务环境下，依照某种写作的程序（流程）在进行运作。过程写作中，虽然考虑到读者以及同学、老师之间的协作因素，但总的说来，作者还是以一个“独立的写作的个体”出现的，他最后毕竟还是“一个人在战斗”。这样的写作过程就像一个孤零零的电脑只拥有着有限的资源、信息和程序，没有与别人的电脑联网交流，没有源源不断的源头活水，很快便会失去写作的动力。

（三）主持人：交际语境写作中的作者功能

在交际语境写作中，作者处于一个复杂的交际网络和意义网络之中。我们说写作就是另一种形式的对话，那么，作者就是这场对话的召集人、邀请者和主持人。他与读者、话题、写作目的之间处于一种“互明”的关系之中。这种“互明”指的是大家对某个话题意义的探求、对某个意境的寻求，或者是对这种写作交流对话目的的抵达，我们在这个过程中，发现了什么，获得了什么，完成了什么。在口语交际中，有一种“语轮”在交际者之间运行，但在以读者为中心的写作中，作者是依靠假想的方式，设计一个对象或者读者群，在进行对话。这当然不是真正的对话，可是作者确实在向着“听众”或者自己在说，有时候他可能在“自言自语”，多数时候，他则在“滔滔不绝”，或者冥想沉思，他在向读者呈现什么、告知什么、传达什么。

这时的作者在自己的心目中一直在观察、思索、体验——以一种移情的方式，设想读者的感受。作者在这时，一个人扮演着两个人或者很多人的谈话。这种对读者的体谅、思考以及相应的探求会及时化作写作内容或者写作技巧，因为作者会不断思考：我想说什么？说出来了吗？别人理解吗？这种设身处地为读者着想的本领，即读者意识。读者意识是写作教育的重要内容之一，是写作者的必备素质：对谁说？说什么？用什么方式说？效果如何？需要补充、调整、修改、完善、强调、渲染，以提请读者注意……他要在与读者的对话中一点点地展现自己的意图，达成自己交流的目的。作者停下来，呼唤读者，甚至是审阅已经写出来的东西，揣摩读者的感受或者阅读的障碍，如果他觉得有哪个地方不明白，他会及时补充一些信息，如果他觉得段落太长，或者有其他有碍读者寻找自己意义之旅的地方，他会及时设置一个路标，告诉读者：我在这儿，我们想去哪儿，如何？总之，他一直在和读者商量，他不是一个人在说（其实是在写），也不是向读者直接地、一览无余地、肆无忌惮地说，他总是讲究一些技巧和艺术、方法、策略。他要在自己和读者之间形成某种关系，营造某种氛围，甚至渐渐建立起一种谈话的规则，这是在他自己预设的一场谈话中渐渐合作商谈出来的规则，读者可以遵循它，找到作者的意义轨迹。这是表达能力和写作能力的直接体现。

严格地说，在结果写作和过程写作范式中，作者要么是隐身人，要么是处理器，只有在交际语境写作范式中，作者才真正找到了自己——我以什么身份、口吻说话，这就使得作者真正拥有了类似口头交流的那样一种自如的感觉，这种感觉有利于减轻写作者的障碍和负担，也正是在这种意念之下，作者获得了类似社会生活中真实对话者的身份和感觉。这将大大有利于写作内容的创生、写作材料的选择和组织、文章结构的设计、文章的思路以及语言的表达，那种明晰感、力量感、实在感、真实感，还有更重要的就是写作的意义感。人是追寻和发现意义的动物，无意义毋宁死。写作就是这么一种意义建构，作者会真切地感受到，写作不是文字游戏，不是为了排列600字东西，每个字、每句话都是那么一个交流语境生成出来的，写出来的东西是有根的，是活生生的。作者也会真正找到“说话者”的最佳状态，迅速地投入到一场书面符号的对话之中去。

在基于交流的写作中，我们还可以把作者看作是一台联网的电脑，他既可以独立运行，但只要有足够的、明确的信息资源的话，如果在写作中遇到障碍，他可以随时随地向别人发出邀请，进行基于问题的对话。原来的那个结果写作中被动的、被任务驱使的可怜的奴隶，一个带着重重的镣铐和束缚的奴隶，步履蹒跚，一步一挪负重前行！在交际范式下，他将成为主人，甚至成为交际语境世界中的一个“主宰”。他可以调动一切资源，召集无数听众，发表自己的“演说”。

基于交际语境的视角，作者在身份、功能、地位上发生了一系列的变化。

一是身份上由文本的制作者，变成了一场场“书面对话”的邀请者和意义建构者。在基于交流的文章写作中，写作者不再是以往那个具有绝对权威、“为所欲为”的“自我中心”的作者，他要考虑读者的感受、信息、心理预期以及知识状况，并根据这些信息来设计、构思、建构自己的作品。他谈话的话题，应该是读者感兴趣的，反之就应该激发这种兴趣，吸引读者去参与这个文本的对话交流。这时的作者由单纯的信息发布者、情感的抒发者变成了一个对话的邀请者或者召集人，他应该以一种平等的、友好的口吻招呼大家，或者以一种不寻常的陌生的感觉，激起读者的好奇和阅读动机。

二是交际范式的写作者将由文本的制作者转变为文本的对话者。交际语境写作的作者地位将由高高在上的文本主宰变为谦和的、友好的、有魅力的朋友或者读者感兴趣的某种特别“身份”。作者将时时关照读者的知识、感受和需要，并根据对读者的了解，针对读者的疑惑、问题、需求进行文本建构。

三是文本不是作者想成为的那个样子，而应该是适合于读者的那个样子。读者无形中或者通过作者心目中的“读者意识”塑造着作品应有的内容和形态。交际语境写作者是意义的协商建构者，而不是一意孤行的意义宣示者。这符合一般读者对于平等的、友好的心理需求。作者不应该以自己想当然的那种方式，他必须根据读者对象改变某种口气、话语策略以及语言风格。我要写童话，就要用孩子喜闻乐见的语言，结构可以重复，色彩明朗有趣符合孩子的心理需要；我要写报告、总结就要采用报告的格式以及简练概括的语言进行；我要写小说，就要采用质感的语言塑造人物、描写画面、设计情节等，如果要凸显自己独特的风格和创造价值，叙述视角、描写手法、语言风格以及情节和人物的处理都要考虑到读者的需求。20世纪80年代的“朦胧诗”，那是从“文革”过来的、心有余悸的、想表达自己真实情感的、想追寻某种唯美风格的人们，对诗歌的一种隐秘的需求塑造出来的。这个流派由于一味晦涩朦胧、制造奇特的意象和表达，导致人们没法理解，逐渐被人们抛弃。朦胧诗于是走向衰落，代之以日常口语化诗歌的兴起，比如“梨花体”这样几乎纯粹口语化、毫无诗歌审美味道的作品出现，在迎合大众的浅显易懂的需求的同时，也因为没有考虑到大家的审美期待，为人们诟病。目前的学术论文有一种用名词术语故意制造高深莫测的恶劣风气，以为别人看不懂就会得到他们对于理论的某种“尊重”，显然也是违背论文写作建构理论或者传播真理初衷的。

四是在口吻上，交际语境写作中的作者将改变新手那种“告知”的方式，他不能因为自己知道就不写，也不能因为自己知道就写，一切应该以读者的需求为标准，进行抉择。这样，作者将改变原来的全知视角和霸权话语者的方式，更易采用亲切平易的方式进行。当然除非特殊的文体要求，如法庭宣判、政府文告以及特殊场合需要的腔调和语气。

五是作者将成为一个写作的监控者、反馈者、反观者，在写作中不断行使反思监控写作行为的职能。这种反思能力是写作能力重要的构成成分之一。

交际语境写作中的作者同以往文本制作者的身份应该有比较大的不同，甚至质的变化，交际语境写作中的作者在其身份、地位、口吻、功能上都和传统意义上我们认为的作者有了根本的不同。

因而，基于交际语境的写作也面临着一个读者角色意识重塑的问题。培养作者作为写作者的主体意识、对读者的呼唤意识以及写作对话活动的掌控、调整和引导，是一个合格作者的重要特征。在基于交际的写作中，作者其实扮演着读者、谈话主持人等双重或多重角色。作者不但要有读者意识、语境意识、语体意识，还要掌握交际语境写作的策略、方法和技巧。

二、写作中角色定位和角色意识

写作时有一个角色定位和角色意识问题并没有引起我们足够的重视。

角色定位指的是你以什么样的身份去说话、去写话。写作中的角色有时候与他（她）的社会角色是等同的，有时候不一样。

比如，平时父母对孩子说一些叮嘱的话语，教师在课堂上讲课，领导在会场作报告，学者在学术会议上宣讲论文，这时候，他们的社会角色与话语角色是同一个；有时候，如演员表演、作家创作、秘书为领导起草一些讲话稿，以及需要我们临时扮演某种角色去讲话、写文章，就需要改变自己的社会角色，去扮演那个角色说话。

学生写作时存在的问题之一，就是不知道应该以什么角色说话。当然，我们教导学生诚实地写自己想要说的话，可是在社会中我们需要跳出自己当时的角色，也要以某一种角色而去说话，这是社会生活学习中所必需的。在学校写作中，如果单单是僵化地要求学生不断地说自己的话，哪有那么多话可说，再说，吐露自己的心事，是有一定的情景要求的。学生有时候没话可说，是因为我们僵化的教学观念造成的。

学生写作的一个特点就是虚拟性、练习性，我们完全可以像演员扮演某种角色那样，要求学生扮演某种角色来写作。这在写作练习中应该是很普遍的状况，因为学生的写作能力要为未来的生活工作着想，他们面临着无数的角色选择的可能性，他们需要模仿或者扮演某种角色去进行表达，这也是写作的一大趣味所在！它可以成为交际语境写作与传统写作命题的一个重要突破——就是不仅仅要求学生诚实地写自己的话，还要学会写虚拟场景中虚拟人物的话。

比如下面的作文题目：

2015年新课标Ⅰ全国（适用地区：河南、河北、山西、江西、陕西）高考作文题：

阅读下面的材料，根据要求写一篇不少于800字的文章。（60分）

因父亲总是在高速路上开车时接电话，家人屡劝不改，女大学生小陈迫于无奈，更出于生命安全的考虑，通过微博私信向警方举报了自己的父亲。警方核实后，依法对老陈进行了教育和处罚，并将这起举报发在官方微博上，此事赢得众多网友点赞，也引发一些质疑。经媒体报道后，激起了更大范围、更多角度的讨论。

对于以上事情，你怎么看？请给小陈、老陈或其他相关方写一封信，表明你的态度，阐述你的看法。

要求综合材料内容及含义，选好角度，确定立意，完成写作任务。明确收信人，统一以“明华”为写信人，不得泄密个人信息。

尽管这个作文题遭到社会上一些人习惯性的吐槽，但这些吐槽并没有什么新意，多是道德评判的视角。从交际语境写作的角度来说，这个题目还是有其价值的。它基本上设计了一个交际语境：有话题（交通违章）、目的（可以自定）、读者（小陈、老陈、相关方）、文体（书信）等要素，从考查学生的书面交际的角度看，是有其进步意义的，但是这个作文题还有一个缺陷，就是没有规定写作者的角色，或者出题人也许认为学生只能是以真实的高中生的角色去写？其实，这个题目里，也是可以有角色的设计的。就是不规限，写作者写的时候也必然面临这个问题，就是以谁的身份或角色对小陈、老陈、警察说话？以一个同学、邻居、晚辈或者一般的网友、一个公民的角色，甚至是一个法律人士、道德教育工作者、一个社会伦理专家等。这些角色的选择与话题内容和话语表达方式也必然有关联，并最终影响语篇产品的面貌。

写作角色的选择首先要考虑写作目的。如果你是想说服老陈要听从女儿的话遵章守法，也许你以自己真实的社会角色出发更能打动说服老陈；如果你以一个警察的身份写作，你可能拥有很多这样因为交通违章造成家破人亡、人间悲剧的实例；你也可以以一个法律专家的身份去写，材料的选择和口吻也相应不同，这些都必须在写作构思之中。当然，会不会扮演一个魔鬼、一个罪犯、一个反面角色呢？未尝不可。就像演员扮演反面角色就未必成为坏人一样。然而，一旦你选定了角色、对象、文体，你就得依照你选定的角色、对象、文体去写，否则就会造成交际效果、语体效果上的混乱。

写作中的角色定位是对写作中言语主体身份的认知、选择，就是确定自己的交际角色。无论说话还是写作，角色定位十分重要。一个老师，可以以一种训斥的口气向学生说话，也可以以朋友的口吻与学生交谈，交谈的方式和内容是不一样的，效果也不一样。一个大学生如果以一种纵论天下的专家学者的口气写求职信，很可能不会取得好的效果。

一个人的社会角色并不等于交际角色，从书面交际的角度，我们可以扮演上述各种角色说话；从写作练习的角度，也应该练习这种不同角色的说话，尤其是对于练习文学写作来说。

写作时，要根据交际目的、需要、语境确定自己的角色定位。比如有一篇据说是高考作文的《乌骓之死》，就能将人物的身份性格描摹得惟妙惟肖，取得了很好的艺术效果：

公元202年，项羽兵败垓下，自刎乌江，其坐骑乌骓马被项羽赠予乌江亭长。亭长惜此等良马，欲带之归家。然于途中，乌骓马望其主挥剑自刎，不禁仰天悲嘶，欲跳江随其主而去。亭长见状，哀叹一声，上前抚其背道："何苦如此？吾心知汝念项王之恩，欲从之于地下。然常言道'老骥伏枥，志在千里；烈士暮年，壮心不已'，汝此番作为岂不负汝千里之志哉？若汝不喜吾，吾亦可将汝献于汉王，宝马赠英雄岂不美哉？"乌骓悲嘶一声，叹曰："常言道鸟之将死，其鸣也哀；人之将死，其言也善。今吾幸遇先生，可将吾肺腑之言相告。吾生于河曲，幼时便素闻项王力能扛鼎，才气过人，心中仰慕已久。后吾幸追随项王，见其非凡已有五载，心中仰慕之情益深。世人皆道项王有勇无谋，刚愎自用，然汉王乎？汉王此人最是无情，吾亲见其为求亡命而三弃其子不顾。虎毒尚不食子，如此作为怎教吾诚服？"亭长听闻，点头叹曰："汉王之举确过矣。然项王乎？项王破新安而屠秦卒三十余万，得咸阳而杀秦降王子婴，更则烧秦宫室，火三月而不灭，此乃仁义之举乎？求君三思。"乌骓摇头叹曰："先生不必多言。正所谓金无足赤，人无完人，项王亦是如此。况昔日汉王曾谓汉王曰：'天下匈匈数岁者，徒以吾两人耳。愿与汉王决雌雄，毋徒若天下之民也。'此番言语早已深入吾心。常言道鸟随鸾凤飞腾远，人伴贤良品质高，如此真英雄怎敢不以死相报乎？先生不必多言，吾意已决。"说罢，投入江中，不知所向。亭长怅然，悲叹道："物尤如此，人何以堪？"仰天大哭，久不离去。

如果，没有一种角色虚拟意识，文学作品中的人物描绘就不可能存在。这篇文章作者将人物性格关系处理得很好：乌骓马的忠实诚信，亭长的变通爱才都跃然纸上。可见，写作才能除了语言能力之外，还有对人物关系、身份、性格的精细揣摩。

写作教学如果没有角色意识、读者意识，不懂得角色扮演、角色选择，写作的题材、动机、兴趣等会丧失掉许多。我们的中小学写作没有东西写、不想写、不会写，与狭隘的写作观不无关系。进入了交际语境，就像进入一个万花筒，进入一个写作的虚拟的选择情境中去，这会使写作充满历险和想象的乐趣。

三、作者对语篇写作的影响

（一）作者的写作意图、人生阅历和艺术观念直接影响语篇塑造

写作是有意识、有计划的书面表达行为。写作目的直接影响着语篇内容、文体、语言风格的选择。作品什么时候都是由作者直接塑造成型的。作者的生活阅历、知识经验、文化背景、身份地位、立场观点和交际意图影响着他对语境的选择和语篇的形态。同样是一个题材，如写封建大家庭由盛到衰的历史，曹雪芹的《红楼梦》和巴金的《家》的内容全然不同，这是作者社会生活经历不同造成的。由于与农民起义的阶级立场不同，造成《水浒传》和《荡寇志》完全不同的话语体系和艺术风格。再就是鲁迅与周作人由于人生观、艺术趣味和手法不同，对同一人物和事件的描述有时也存在很大差异。这些都是作者对语篇塑造的影响。可以说，作者的写作心理与动机，作者的个性特征与能力，作者的知识储备与阅历以及艺术风格都会造成语篇形态上的不同。对此已经有许多著作和文章作过极其详尽的研究和论述，此处不再赘述。

（二）作者对读者知识和需求的假设直接影响语篇塑造

写作是作者与不在场的读者的对话。说话要看目的和对象。话语交际总是揣摩读者的知识需求和知识状况。一般来说，读者已经知道的、

明白的信息，就不需要说、不需要写，否则就是冗余信息。话语要遵循适量原则、礼貌原则，否则就是啰唆或者话语不得体，影响表达效果。

高登亮曾经在《语境学概论》[①]中论述到这个问题：

为了明确表达交际意图，达到交际成功，作者在构建语篇的时候，会以不同的方式传递具有相同效果的信息。当作者认为读者和自己有共同的知识结构，有能力处理话语时，他可能会省略一些他认为是不言自明的信息，用较简洁的文字表达话语信息，以便让读者在阅读时补充；当作者认为读者不熟悉自己的知识结构，他可能会以详尽的文字描述，增加更多的词汇信息或概念信息的方式提供语境，引导读者对语篇作出与自己相同的认知和推断。例如：

（1）他走进麦当劳。牛肉汉堡[②]看起来不错，他点了一份。

（2）他走进一个叫“麦当劳”的卖食品的地方，看到一种用两片面包中间夹着油炸肉馅做成的馅饼，他点了一份。

例（1）和例（2）文字表现形式不同，但传递的意思基本上是相同的。根据关联原则，交际者应力求交际对象在理解自己的话语时，所付出的努力更小。具体以何种方式传递信息，在书面语篇中，取决于作者对意向中的读者的了解。倘若作者认为他的读者是西方人，他会用例（1）表达意思，倘若作者认为他的读者不了解麦当劳快餐，他会用例（2）表达意思。

这就是说要根据读者的知识状况、需要和文化习惯，进行得体有

① 高登亮等. 语境学概论［M］. 北京：中国电力出版社，2006：197～198.

② 麦当劳推出的一种汉堡包，是继巨无霸后的另一招牌食品。英文名称的意思是“四分之一磅”，因为烹饪前重四分之一磅。

效的表述。19世纪批判现实主义和自然主义有时采用摄像机似的事无巨细的描述方式和叙述方式，对当代的读者来说，会显得沉闷而乏味。鲁迅的著作之所以读起来艰涩难懂，除了当时现代汉语初创还不成熟的原因，也与作者的读者预设有关。鲁迅的杂文是就当时的人和事，写给当时的读者的。很多当时的事件背景，今天的学生不了解，没法拥有与鲁迅和当时人们一样的背景知识，当然就比较难懂。今天的很多网络段子之所以让人忍俊不禁，与当今大家共知的社会现象和故事有关。加上当今社会电视、网络、手机已经成为公众媒介，很多信息大家都是不言自明的，所以才有了短信段子之类的文体形式和表达方式。

（三）作者与读者之间的关系对写作的影响

作者与读者之间的关系一般有两种：一是亲疏关系，二是尊卑关系，都会对写作发生影响。当然，社会的发展有将社会关系扁平化的趋势。作者与读者之间的关系分析、选择、定位将影响着话语的范围、礼貌、禁忌以及表达的方式、语言得体等问题。

从写作教学的角度看，学生写作客观上的读者是教师、同学或考官，但是如果学生将作文的读者真的定位在自己的语文老师——那一个唯一的特殊读者，如果这个语文老师又特别霸道、专制、不自由开通，一个掌握生死大权令人惧怕的读者，对作文有诸多不合理情理的限制和要求的时候，你几乎不想向他写，甚至害怕写。这都是由于读者与作者之间的关系紧张造成的。师生之间应该建立起一种平等和谐的关系，否则会影响到作文。上文已经提到过朱自清先生对这个问题的精彩论述，他主张作文要有“假想的读者”就是这个道理。鲁迅的杂文辛辣犀利，而给许广平的书信则亲昵温情，自然是作者与读者的关系造成的；而现在学生作文中存在的很多毛病都是由于教师那个“恶劣的读者”造成的，比如教师对文采的不正确理解，对议论文开头提出论点的方式、材料的选择、结尾的要求等。

《首届全国新概念作文大赛获奖作品选》曾指出一个特别的现象："现今的学生有两套语言系统，一套应付老师，一套在同学中流传。女生钟情于爱情小说，男生则擅长于武侠、科幻小说，写好了不求发表，相互传阅以求友声。"[①]事实证明，轰动全国的"新概念作文"大赛，许多获奖者的文章都是从他们尘封的日记本里只字不改地抄出来的。人们惊讶于他们的文采和思想，使专家们不得不重新认识中学生没有写作才能的说法。细细研究这些获奖作品，不难发现它们的假想读者大都是作者的同学好友，所以他们完全打破常规，甩掉包袱，自由创作，形成独特的语言系统。假如他们是以自己的老师为假想读者，绝对不可能写出这样的文章的。[②]有老师提出解决方案，一是命题有具体的读者，如《______我想对你说》《给______的信》；二是教师改变自己与学生的关系；三是改变作文评价，其实根本的办法就是在命题时提出交际语境的要素。

四、优秀作者的素养

写作教育要培养合格的、具有流畅自如的书面交际能力的人。优秀作者的素质和要求，可以说就是写作教育的目标。基于交际取向写作范式的作者有哪些特点和要求呢？

（一）优秀作者要有较强的读者意识

前面我们已经说过，写作是与不在场的读者的交流，作者自然要呼

① 陈佳勇等．首届全国新概念作文大赛获奖作品选（A 卷）[M]．北京：作家出版社，1999：11．

② 吴积兴．中学生写作要有读者意识[DB/OL]．http://blog.sina.com.cn/s/blog_9fb175c50100y13t.html．

应着读者的需求和知识进行表达。作者要心中有读者，关心读者的需求，这是优秀作者应该具有的品质。

Flower和Hayes（1980）研究发现：专家作者远比新手作者更加关心读者。他们用较长的时间思考作用于读者的文章效果，他们怎样把自己的想法呈现给读者（如用什么口气），读者需要什么样的背景知识等。与此不同的是，新手作者只是倾向于“与话题有关”而已，只用很少的时间来考虑读者。Flower（1979）认为新手作者在把“基于作者的作文”转换到“基于读者的作文”的过程中面临着困难。以作者为中心的文章有这样的特点：资料含混，字词伴随着作者个人的独特含义，缺乏清晰的组织，主要的观点也不能清晰呈现。好的作者能够把以作者为中心的文章转化为以读者为中心的文章，一种较少自我中心、试图敏感呼应读者需求的风格。低效的作者意识不到读者的需要，或者是他们意识到了却不愿也不能在写作中把读者考虑在内。

写作的目的是交流，读者意识的存在是优秀作者具备的一个特征之一。优秀作者总是比较重视写作的交流功能，重视读者意识。读者意识的存在很可能不仅使得写作有动力感、方向感、倾吐意识的唤醒，而且还直接决定着文章语言、文体和行为风格的选择。培养学生从“基于自身的写作”向“基于读者的写作”转移是其作文能力提升的必要环节。

（二）优秀的作者要有比较丰富的语篇知识和语用知识

写作是书面语篇的建构行为，需要作者具有丰富的、海量的词汇，丰富的句式和大量的文章的格式和套路，满足千变万化的交际语境的要求。多读书对于写作有益，就是因为书面文本拥有大量的词汇、表达和篇章知识，尤其是语用交际知识，是一个优秀作者所必需的。

一些科学小品文，具有引起公众科学兴趣、普及科学知识的功能，它和面向科学家群体的正规科学杂志中的科学论文报告的写法不同，应该采取喜闻乐见、形象直观、生动有趣的行文风格。于是一些科学小品文采取比喻、拟人、描写、故事性的方式进行。比如位梦华的科学小品文《旅鼠之谜》就采用了对话的方式展开，文中他和一位研究旅鼠的动物学家就旅鼠的繁殖、自杀等奇怪的行为进行探讨，文章除运用了列数字、举例、叙述经历、调侃之外，还运用了一些比喻、拟人以及旅鼠迁徙慷慨赴死的壮观场面的描写，很能调动读者的科学探究兴趣和好奇心，从而达成作者的语言意图。

（三）优秀的作者要善于思考想象，有丰富的知识和见识

古希腊哲学家亚里士多德曾提出思维是通过语言实现并存在的观点。德国语言学家洪堡特说，语言是形成思想的工具。美国行为主义心理学家华生认为语言是有声的思维，思维是无声的语言，离开语言就无所谓思维。萨丕尔和沃尔夫甚至提出“语言决定论”，认为语言决定思维，一个人的思维完全由母语决定并造就了各民族思维和文化习俗、文明的差异。苏联学者维果茨基提出了“思维决定论”，并把言语分为三类：外部言语、自我中心言语、内部言语，认为自我中心言语是外部言语（社会言语）向内部言语的过渡。语言与思维关系极其密切。

一个优秀的作者一定是一个善于思考并将自己的思考展示给读者分享的人。美国写作学专家约翰·宾曾指出，写作即“为积极地思考和学习而设计的任务”，应该将“指导学生成为学习者、思考者和写作者”[①]作为写作课程目标。乔治·希洛克认为，写作应该成为一种“探究的形式”。与其他教学方式相比，写作课程伴随着一系列探究的策略，这些策略是学生们今后走出学校，走向真实生活世界从事学术、职

① ［美］约翰·宾. 研究性学习（Engaging Ideas）［M］. 南京：江苏教育出版社，2004：87.

业和作为社会公民的核心技能。[1]美国英语教师委员会（NCTE）写作研究小组在2004年发布的《写作教学的基本理念》（Beliefs about the teaching of writing）指出，写作是思考的工具，作者写作其实是在思考他们写之前没有仔细思考的东西。写作的过程就是一个思想的过程。一个作者，可以没有渊博的知识，但不能不会思考，因为写作的内容、主题以及表达都是思考的过程和结果。

交际语境中的作者因素，平时也是不为我们所关注的。我们似乎“只是去写罢了”“管他我是谁”。学生写作时似乎就只能是以学生的身份在写；作家似乎就只是以作家身份在写，记者就是记者，专家就是专家……如果只是这样，写作就会失去至少绝大部分的乐趣。写作中的作者其实不是这样的，不是生活中真实的你。生活中，一个人的真实身份，比如学生、教师、作家、记者与作品中的作者，即扮演的“讲述者”不是一个概念。鲁迅先生小说中的“我”，不一定是作者本人。这在小说创作中例子很多。作者在写作时，以什么身份说话，会直接影响语气、口吻甚至文章的其他形态。将作者的身份忽略不计，以一个泛在的作者，去写泛在的文章，是传统写作的一大误区。“交际语境写作中的作者”是以“写作者的假想身份”的形态出现的，比如你写作时可以扮演专家、学生、秘书、记者、旅客、朋友甚至拟想的任何一个角色。如果将写作者的身份从现实中剥离出来，将其上升为一个可以进行多样化扮演的角色（Role play），写作可能会进入一个更加自由、更加有趣、充满冒险和刺激的游戏。这是交际语境写作中的“作者身份”与“传统写作中的作者”最大的变化之一。

作者主体的思想修养、人生阅历、阅读积累和社会观察都是一种

① C Nagin.Because Wrting Matter: Inprove Student Writing in Our School[M]. Jossey-Bass, 2003: 22 ~ 23.

“前写作”，因为这些修养可以帮助作者进入到写作语境的互明过程中来。人生阅历的丰富与人情的练达可以帮助作者处理语境要素，转化为一种恰当的、得体的问题解决，这影响着具体语篇的成型。生活是在积累意义潜势，生活成了前写作。

基于上述原理，阅读其实是从语篇成品这个“1”（具体语境下形成的这一个文本）出发，回溯揣摩作者的“1000”（即文本蕴含的无限丰富的可能的语境）的过程。阅读要思考的是作者为什么写成了这样一个文本，而不是其他。根据文本提供的语境线索，读者可以尽可能地还原语篇形成之前的具体语境、文化语境等巨大的可能性；然后据此揣摩这些与文本成品之间的形成关系，从而把握作者的创作意图和艺术技巧，进而积累自己的语言潜势。

写作就是从无限丰富的语境潜势中，确定并构建起一个具体的文本的过程。写作要做的是先要把握目前你写作的文本的语境是怎么一个样子：即写给谁、为何目的、达到什么功能，据此确定内容、结构、语言和表达。

第三节　目的：交际意图与语篇功能

写作目的指的是作者通过语篇所要达到的交际目的和意图。写作目的对语篇内容、素材、文体和表现手法的选择具有重要的导向、选择、塑造作用。我们今天应试教育环境下的写作目的只有一个，就是拿高分，这种纯粹功利的写作，自然会造成写作兴趣的丧失。这里说的“目的”是文章的交际目的，即写文章是为了传达信息、分享经验，还是劝说议论、审美娱乐……不同的写作目的，直接影响着作品的内容、材料、结构与语言表达等。

一、写作目的与语篇塑造

正常的交际总有一定的交际意图。比如教师讲课是为了传播知识，公诉人的陈词是为了证明嫌疑人的罪行，军官的战前号召是为了鼓舞士气，推销员游说是为了推销商品……写作作为一种有意识、有目的的交际行为，也要有明确的或者潜在的写作意图和目的。

杜威说：“问题的性质决定着思维的目的，而思维的目的控制着思维的过程。”①交际语境写作是具有目的的功能性写作。这种功能在写作中可能表现为主题思想、写作动机或者语篇中某种（甚至作者都未曾意识到的）隐秘的意图；要么成为一种显性的写作知识或者文化，如文体知识、写作的惯例或者规范、写作的类型。不同的写作类型（文体）包含有不同的功能，写作交流的功能性是文体产生的一个重要动因。

目的、想法、意图，是话语发出前的意念状态。一个交际行为一般包括交际者（说写者和听读者）、交际意图、信息载体（话语和语篇）、

① ［美］约翰·杜威．我们怎样思维［M］．北京：人民教育出版社，2005：21．

效果等四个要素。交际意图是交际行为目的性、指向性、规定性的所在。它对语篇具有重要的塑形作用，因为，交际意图是通过语篇的形态、线索、暗示实现的，通过语篇所展示的形态，引导读者进行关联性推理的基础和前提，而交际效果就是语篇实现目的的程度。它们之间的关系是：

交际目的（意图）→语篇（话题、文体、语言）→效果（功能）。

写作目的对于语篇写作有以下作用：

第一，写作目的决定语篇的话题内容。作者写什么，不写什么；写什么好，不写什么好，也就是写作内容、主题、材料的选择是受写作目的制约的。作者应该优先选择读者感兴趣的话题，能够对读者产生重要影响的内容。

第二，写作目的决定语篇文体的选择。如果作者是传递人生经验，可能选择记叙、散文、小说等文体；如果是抒写独特的情感或者感受，可能选择诗歌；如果向读者传递新鲜信息，可能选择消息；如果是想说服别人，可能选择议论……总之，文体的选择与写作目的相关。

第三，写作目的决定语言表达的方式。如果是文学作品，语言的风格可能以叙述、描写为主，同时生活语言以及各种语体风格可以穿插其中；如果是写议论文，就需要运用概念、推理、分析等诉诸理性的方式；如果是报告、新闻、通知、寻物启事等，就不能采用文学化、文采化的方式，除非在特殊情况之下。

二、语篇目的的类型

（一）主要目的和次要目的

语篇的目的有各种类型。一篇文章有时候有一个明确的目的，叫做主要目的，还有时候兼有其他目的意图，叫做次要目的。比如科学小品文，不仅仅具有传播科学知识的目的，还有激发读者科学兴趣的目的，所以科学小品文就兼有说明特点与文学特征。报告文学和散文诗也是如此，但二者有主次之分，体现在语篇形态上就是以一个为主，另一个处于附属地位。

（二）显性目的和隐含目的

一个语篇写作的时候，作者往往兼有各种意图和想法。有的是通过明示的方式、直白地呈现出来，有的是通过暗示的方式，需要读者仔细的推敲、琢磨才能够体会到。直接的语篇目的主要表现为思想内容和文体等的选择；间接的语篇目的可能需要文本细读、深度以及泛读，需要深入的思考才能发现。只有读者领悟并接受了作者的语篇交流目的，语篇的功能才可能实现。

写作文最痛苦的是当你写东西时不知道写什么好。“拔剑四顾心茫然”，你握笔四顾、抓耳挠腮、一片迷茫。这种迷茫与其说是写作主题的迷茫，还不如说是思维、思想的迷茫，这种迷茫的原因是对于交际语境思考不清，也就是人的认识还没有达到透彻的程度。想清楚了，才能写清楚。这个“想”的过程包括写作目的、内容和手法等。它们应该是基于语境交流的“想”，即“构思”。

（三）既定目的和语效目的

诸葛亮的《出师表》是出征之前诸葛亮写给幼主的一封私人信函，是对自己领兵出征在外对刘禅所做的大政方针人事安排的建议书，阐述了北伐的必要性以及对后主刘禅治国寄予的期望。可是在阅读这篇文章的时候，它的语篇效果，即我们感受到的更多的是诸葛亮作为顾命大臣的一片赤胆忠心。这篇表文主要是说服、劝谏因而以议论为主，但又是老臣和黯弱幼主晚辈之间的关系，在劝之以理的同时，又感之以情，故兼用记叙和抒情呈现出一种言辞恳切的效果。这就是说，诸葛亮在写这篇文章之前，本来的、既定的、显性的目的是传达信息，可是他的隐秘目的和文本完成后产生的效果则成了一篇散文，成了一篇准文学作品，这并不是他意识到的，但未必不存在于他的隐秘动机中。我们说“文如其人”，在写作的时候，尽管有那么多交际语境的考虑，但这些交际语境要素中，最重要的一个是作者，作者的思想、情操、见识、经验，属于认知语境更强大的因素，作用于语篇塑造。

三、语篇目的与表现形式

美国马萨诸塞州制定的《英语语言艺术课程标准》，提出教会学生“在理解、建构和表达意义时有目的地使用语言”的核心观念。为此，该标准强调：应帮助学生理解交流的本质和语篇的目的，并用下图展示出这些知识项目及其之间的关系：

修辞概念

语篇目的

表达·文学·信息·劝说

修辞元素

说话者·听话者·信息（意义）·形式（体裁）

呈现方式

叙述·描写·说明·议论

图4.1 语篇目的和方式

从上图可以看出美国马萨诸塞州母语课程标准要求学生掌握语篇的不同目的：表达、文学、信息和劝说。学生还要学习掌握修辞元素——说话者、听话者、信息和形式，并能够在各种语言运用环境下辨认这些元素。这些修辞元素就是我们说的交际语境写作要素。学生要将写作目的（表达、文学、信息、劝说）与修辞元素、语篇类型（体裁）、表达方式联系起来。只有这样做，才会使学生在学习写作的时候树立起一种根据写作目的意图选择材料、选取文章样式和语篇体式的意识和能力，这才是真的书面语篇的交际能力，是真的语言能力和写作能力。

语篇目的与写作表达方式以及文体等变现形式之间具有一一对应关系，如下表所示：

表4.1 美国马萨诸塞州母语课程常用写作形式[①]

语篇目的	表现形式或体裁	常用表达形式
传达信息	分析或评论文章，商业信函，书评或电影评论，人物描写或速写，笔录口授内容，指令说明，实验报告，观察记录，会议记录，指南手册，目标描述，摘要，研究报告，梗概	说明、记叙
劝说	广告，辩论笔记，投诉信，社论和读者来信，布道演讲，演讲	辩论、说明
表达	轶事，自传，传记速写，日记，给朋友的信，内心独白，日志，独白，回忆录，祝酒词	记叙、描写
文学	传统叙事故事：寓言，民间故事，鬼故事，诙谐故事，传奇，神话，爱情故事，吹牛故事。 现代叙事故事：侦探故事，科幻故事，故事场景和景色描写，故事开头和结尾 戏剧形式：对话，话剧，电影剧本，独幕剧，电台脚本，独白 诗歌形式：民谣，五行诗，自由诗，跳绳歌谣，抒情诗，俳句，流行歌曲，模拟物体形状的诗歌，十四行诗	记叙、描写

如果一个语篇的写作目的是传达信息，它采用的表达方式可能是说明、记叙，相应的文体形式是说明、报告、记录等；如果一个语篇的目的是劝说，比如毛泽东的《继续保持艰苦奋斗的作风》、马丁·路德·金的《我有一个梦想》主要采用的是抒情、议论、说理的话语方式；如果是写日记、回忆录这样主要为了传递经验和表现生活感悟的语篇，则应该

① 洪宗礼，柳士镇，倪文锦主编．母语教材研究（第六卷）：外国语文课程标准译介［C］．南京：凤凰出版传媒集团，江苏教育出版社，2007：120.

主要采用记叙和描写的手法，但一般不允许虚构；如果是为了审美鉴赏而进行文学创作，则应该采用文学语言、大胆虚构，灵活运用其他丰富的手段。语篇形式要为语篇目的服务。写作教学要培养学生的语篇目的意识，培养基于语篇目的选择和应有适切的语篇形式的能力。那种为了形式而形式的作文教学，是本末倒置的。

目前，我国的作文教学在给学生以自由空间的思路下，采取了“淡化文体”的思路。这可以鼓励学生采取自己喜欢的方式和文体写作，有一定自由发挥的空间，但由于忽视了写作目的、文体和表现手段之间的对应关系，于是在议论性的语篇之中，大量采用文学的所谓文采化的表现手法，就会造成整个文本语篇取向上的模糊和混乱，造成一种“小文人语篇”的怪胎。它既不是文学作品、散文、小品文那样的自由抒写性灵，也不是议论文说服别人，而是夹杂有一种名人故事、名言、议论、抒情的大杂烩，从而损害了语篇的交际效果，而成为一种纯粹的应试文体，一种顺应某些教师头脑中所谓的“满分作文”模样的语篇材料堆积。

第四节　话题：写作对话的材料、场域与情境

传统的写作一般是以命题作文的形式出现，不存在“话题”这一交际要素。近十几年来，出现了“话题”作文的考试形式，话题作文流行起来。写作中的“话题”要素，逐渐为人们所注意。

话题即写作的想法或内容，包括人、事、景、物、情、理等诸方面。话题是写作语境中最显见的要素。对写作者而言，话题可分为自发生成和外在任务两种。自发生成，即写作者基于自身的生活经验所选择的写作题材和内容；外在任务，即写作者根据特定的写作要求，完成指定的写作任务。

一、“话题”“主题”“内容”辨析

（一）写作的话题

“话题”“内容”“主题”三者相互联系，又有不同的侧重点。话题大致是写作交流的信息范围，内容就是写作交流的所有信息，而主题则是话语交际的核心和中心思想。三者的范围由大到小，由笼统到具体，由模糊到明确。写作活动一般不是有了一个主旨才进行表达，所谓的“围绕中心选择材料”是一种似是而非的说法，因为，写作作为交际活动是根据语境要素（如读者）选择话题，选择内容（材料），在思考交流过程中逐渐形成并确定主题的过程。当然不排除传统的先有主题、再有材料、再去表达的情形，但是大多数情况下不是这样。文章的主题是从现实生活的现象、信息、材料中观察、体验、判断、筛选、提纯的过程，这是基本的认知过程，也是写作的本真状况。

写作一般总是从恰当的话题开始，在你坐下来写一些东西之前，总要先确定一个话题。话题就是我们写作所涉及的主题或者文章所涉及

的大致范围和领域。比如，教育、科技、环境污染、转基因食品、老年人摔倒扶不扶等都是一个个话题。

确定一个好的话题是写作成功最重要的一环，却并不是一件容易的事情。成功的作文总是从发现好的话题和恰当地界定话题开始的。交流写作中的话题一般是作者和读者已知的或者共同感兴趣的。如果交谈的话题超越了读者的认知范围，读者就会产生认知和理解的障碍，就有可能终止阅读，语篇的交流目的就失败了。高明的作者总是在选择话题、展开话题时采取一种渐进的策略，一点点、一步步地引导读者进入自己发起的话题对话场域之中，采取读者认可或者容易接受的方式。话题是一个引子，它可能由一个事件开始，走向更广阔深入的交谈领域。

从某种角度来说，真实自然的写作不是我们去“寻找”话题，而是话题“找到”我们：是生活中的某件事、某个人、某种情景，触发了你的神经或者灵感，让你的心里起了涟漪，让你的心绪不再平静，让你的思想有了新的发现，也就是说形成了一种认知、思想和现实之间的冲突。你需要回应这种“外部环境”的刺激，从而达到某种情绪、心理、认知的新的平衡。因而，好的话题应该从引发写作者的“认知冲突”开始。

我们目前很多的写作训练都是以话题作文的形式出现。比如下面的例子：

阅读下面的材料，按要求作文。

亲情，顾名思义，就是亲人的情义。人，作为社会的人，首先并经常接触的是养育自己的生身父母、情同手足的兄弟姐妹。正是血浓于水的亲情，谱写着我们的多彩人生，维系着这个社会的生存与发展。

在这方面你一定有许多切身感受，动人的故事，也一定有许多深刻的体验、独到的见解。请以“亲情”为话题写一篇文章。

注意：(1) 可以铺叙故事，抒写感受，也可以发表见解，畅谈体验，所写内容只要在“亲情”的范围之内，都符合要求。

(2) 立意自定。

(3) 文体自选。

(4) 题目自拟。

在上面题目中“亲情”是话题。话题没有具体的观点，只是一个话语范围。话题是交际语境的要素之一。在韩礼德那里，话题大致相当于“语域”。

“亲情，谱写着我们的多彩人生，维系着这个社会的生存与发展”则是主题之一，即一个中心的观点。这个话题显然是学生再熟悉不过的，但并不是一个好的话题作文任务设计，因为材料中没有提供一种认知、情感、思想的冲突，不能更好地激发学生的情感，启动学生的思考，引发学生的思想。

(二) 话题与主题

话题与主题不是一回事。话题是谈话或者写作的对象和范围。比如人生、社会、科技、成长、感恩、友情、勤奋、选择、规则，以及一些材料，都可以叫做话题或者引子。话题在韩礼德的功能语言学中相当于“语域”。由于话题本身和一定的内容题材联系在一起，所以，写作的时候，话题本身就是一个语境要素，部分地决定了写作的文体样式和语言形式。

主题是文章的中心意思，也叫做“中心”“主脑”“主旨”，是一篇文章中作者所要表达的最主要的想法。主题是话题聚焦并联系语境进行思考得出的结论或者观点。主题或者主旨一般认为是内容的统帅和灵魂，但主旨是书面对话交流的主要意思和意图。一篇文章里可能有许多想法、思想和情感，但其中必须有最重要的、起统领作用的一个，这就是文章的主题、主旨、中心思想或主要意思。主题就像太阳，太阳光焰明媚，文章就生机勃勃；阴云笼罩，文字就会阴晦无光。主旨决定着文章的整体风貌。仅仅有话题而没有自己的观点的文章，会导致中心不明、主旨不清，让读者不知所云。

（三）内容与材料

内容就是写入文章中的材料、信息、事物、人物、事件、场面等大千世界、万事万物、所思所想诸如此类的东西。内容也可以理解为文章所蕴含的意思。文章的内容主要由主题和材料构成。写作如同建筑房屋，没有足够丰富的材料是很难建筑房屋的，“巧妇难为无米之炊”也说明了这个道理。写作文一个很大的困难是：当你面对作文本或者电脑屏幕时，一片茫然，“没有东西可写”。这种情况的发生当然与你平时不善于观察，不善于思考，不善于读书、积累有关，但更多的可能是你没有找到打开思路寻找文章内容的有效方法。文章是人自由思想和意志的表达。文章的主题思想与作者的思想修养、认识水平、心态处境、写作目的密切相关。写作的过程也是对我们进行思想训练的过程。对初中学生来说，作文的主题有一个基本的要求是健康向上、鲜明集中、新颖有力。

写作构思前一个极其重要的环节是要生成想法和内容。构思时你要围绕你所写的话题或者事物，在大脑中搜索信息或者物象并进行初步整理。构思时你要开动脑筋，进行思考、回忆，进行广泛的自由联想。这时候进入你大脑中的那些物象、信息或者由此产生的思维情感，可能是随意的、凌乱的、不断变化的。这些信息和物象可能铺天盖地而来，像蜜蜂嗡嗡纷飞，似雪花飘飘洒洒，如江水汩汩滔滔，像雨雾朦朦胧胧，这时你要抓住那些随机冒出、转瞬即逝的东西，通过列提纲、写关键词、画图画的形式，将它们捕捉下来，记录下来，你捕捉记录的东西越多，可供选择的余地越大，文章的内容也就越流畅丰富。

在文本中心的写作情境中，主题、材料、结构、语言等要素大致可以形成一个自足的理论阐释体系。比如一些我们熟知的文章写作原理：中心明确、结构完整、详略得当、重点突出、语言简明连贯或者生动形象等。至于为什么如此？我们一般是说不清的，也不去理会，似乎这是天经地义的事，从来如此。其实，如果从交际的角度看，就比较容易理解。

比如中心明确、鲜明、深刻、突出等，主要都是为读者阅读文章时能比较快捷地把握文章主旨服务的；如果是写日记或者是制作谜语，同样是一个语篇产品，要求是不一样的。谜语就是要让人去琢磨其中设计者巧妙而智慧的表达，让人在丰富的语义线索引导下，使读者开动思维，体会“猜—想—悟”的乐趣，最好是在情理之中、意料之外。小说、戏剧、故事等也有这种审美的要求或者功能赋予，而一个标语口号，就不需要如此让人们费解。在农村、社区或者街道张贴的宣传标语、告示一般要求是简洁、明快；有的广告除了这种功能外，还加入了艺术的情调，其中也有浓重的对受众心理的把握在里面。好的广告，不但不让人厌烦，而且还能带给人审美、娱乐、教育等多种功能，让人过目不忘、回味无穷。散文、诗歌等讲究含蓄、意蕴丰富，不是一目了然，让人一读就知道怎么回事了，这不一定是好的作品，因为这样的作品过早地结束了人们审思回味的乐趣。可见，中心明确、鲜明与否，要看你写什么样的文章，你要达到什么目的。在我们传统的作文教学理念中，老师批阅作文，中高考阅卷一概用中心突出、主题明确来衡量就未免胶柱鼓瑟了，可这样的理论竟然是千百年不变的“真理”！

多数著作对主题的基本要求是正确，较高的要求是深刻、集中、新颖。这也就不难理解我们衡量学生作文时仍然将“思想内容”“中心明确”“中心突出”等作为最主要的指标。这是作文课程对文章学知识或理论进行选择的结果，是学科知识在课程价值中的体现。然而不同文体对主题的表现应该是不同的：比如实用文章，主题要求鲜明、单一、突出，这固然没错，因为它们以传达信息、说服别人为目的；可是文学作品的主题则要求含蓄、隐蔽、多义、丰富为美。朦胧性与读者理解力发生作用，使有的文学作品的主题产生多义性，多义性反而扩大了主题的思想蕴意，因而我们一概而论用正确、深刻、鲜明、新颖来衡量作文是错误的。这从某种程度上反证着我们作文教学理论的偏失。

话题要在作者和读者的接受之间形成某种平衡。话题要看读者的兴趣爱好、个性心理和已有的知识背景。

话题要是学生熟悉的领域才能使学生有东西可写，因而，写自己熟悉的事物，不仅是一个写作原则，还是一个有效的写作策略。写作心理学上有一种“自由样例效应”，指的就是学生对于限制不是太狭窄的话题，更容易写。话题的范围大一些，可能谈话的自由度更大，内容就容易丰富些，但话题也不能过于笼统，使得学生老虎吃天——无从下口。话题要考虑读者的接受心理和承受程度。总之，话题是作者和读者为了写作对话的顺利进行而尽心选择并共同维持下来的。

二、话题、内容与语境

目前，学生写作已经由过去的命题作文向话题作文转变。这是写作文化由专制话语迈向相对自由言说境地的表现。命题作文从实质上说，就是让写作者必须就规定的话题甚至主题言说表达。在封建时代，这种规定好了的话题不过是“代圣人立言”的变体。随着时代的发展，人们言说的自主意识和自由意识加强了，表现在作文命题上就出现了一种“材料作文”的形式。材料作文的话题更加多元，言说的自由度更大，人们拥有了更多的言说空间和心灵自由。这是时代发展和社会进步的体现，也是作文教学一步步向前发展的表征。

关于哪种形式的作文命题更好，目前有一些实证研究。朱晓斌《写作教学心理学》研究表明：对于低水平写作者，目标明确时（命题作文）写作成绩好，目标不明确时写作成绩差；对于高水平写作者，目标不明确时写作成绩好，目标明确时写作成绩差。

我们认为，写作教学关键在于培养学生具体语境下的言说能力。各种形式的命题作文都不过是一种训练形式而已。理想形态的写作应该是作者与读者自由的对话，包括基于对话的话题生成。这就是从已有到未有，话题生成本身就是内容。

话题既然是写作内容的大致范围或者谈话的内容。理想的写作应该是具体情境下的作者针对读者发起一场双方都感兴趣的会话。这种会话冲动和会话过程就是话题产生的过程。这样看来，写作就是在制造并展开一场有意义的会话。话题，可以是一个引子，可以是一个过程，可以是一个对象，也可以是一个范围和结果。我们不仅仅是围绕话题去写、去说，当话题成为一个交际语境要素的时候，放在语境中关照的时候，话题就是一个活的东西，而不仅仅是一个限制了。当然，这一切都应该以读者、目的为旨归；否则，话题也可能成为由作者开走的火车，而忘了要承载的顾客。

第五节　文体：书面交流模板和类型特征

一、几个概念：真实文体、教学文体、作文文体

章熊认为，记叙文、说明文、议论文的出现是西学东渐的结果。然而在西方的文体论中并没有这样的划分，他们只有“记叙（Narration）”“描写（Description）”“说明（Exposition）”等概念。这些概念，我们称之为表现形式。表现形式进入我国，变成了文体，而且双轨并行。这固然有文化传统因素（我国传统的语文不是“语言+文学”而是文章，所以从陈望道先生《作文法讲义》开始就以表现方式命“文”），更直接的原因是考虑到中学教学的需要。①三种文体的使用范围，通常只限于学校语文教学这个特定阶段。刘国正先生曾经有过解释：“记叙、说明、议论，是三种主要表达方式，只是为了教学之便才称之为‘文体’。”②这种处理实质上是把“记叙”“说明”“议论”理解为各种文体的胚胎状态。按照这样的理解，“三大教学文体”与按功能分类的真实文体之间的关系可以图示如下：

文学性写作　　　　应用性写作

（诗歌、散文、小说……）（新闻、论文、公文……）

↖ ↗

教学文体

（记叙文、说明文、议论文）

图4. 2 章熊的教学文体分类

应该承认，我们过去的写作教学有许多缺陷，是否要划分教学文体

① 章熊. 关于中学写作教学的几点思考[J]. 中学语文教学，2006(10).

② 刘国正. 关于“实用文体”的通信[J]. 语文学习，1991(12).

也可以讨论（攻击者并不是没有道理），但是中学写作教学不能完全等同于社会写作实践，不能把一般写作理论平移到中学写作教学。粗略地说，中学写作教学有以下特点：

（1）它是一种教学行为，目的是打基础，为学生的将来作准备。

（2）它通过有计划的训练来达到自己的目标。

（3）它带有虚拟成分，常常借助情境设计来诱发写作。

（4）为了提高效率，它常常要采取局部性、分解性的教学形式（如扩写、续写、写片段、专题性语言练习等），这是与社会写作实践完全不同的。

从已有的语文文体知识的类型和层次看，是存在着三种不同性质、特点和功能的文体，即真实文体、教学文体、作文文体。

从概念上看，真实文体指的是实存的所有的文章（文本）类型。教学文体是文本文体在语文教学领域的应用性变体，要考虑具体课程设计、教材编写，尤其是读写教学的实际情形。不过它的理想状态是与真实文体合一，但实际上很难做到这一点，学校教育涉及的知识只能是所有知识里面有限的一部分，而教学文体之中，作为阅读使用的文体和作为作文教学使用的文体，又有范围上的区别。

从范围大小上来看，三者之间：真实文体>教学文体>作文文体，是一个包容与被包容的关系，或者说前后之间是一个具体化、简化的知识开发过程。

从性质上看，真实文体研究所有真实存在的文章的种类、特点和规律，要遵循认知的逻辑去求真。教学文体是真实文体在课程规划与教学实践中的应用，要遵循实践逻辑，重实用。从知识归属看，前者属于文本学（文章学）范畴，后者属于教学论范畴；从知识形态看，前者属于客观知识，后者属于实践知识。二者也有密切联系：真实文体是基础，教学文体是在前者基础上的适应性改造。

不但真实文体与教学文体不同，教学文体和作文文体也有区别。教学文体可以分为：主要面向阅读能力培养的阅读文体和主要进行作文教学的作文文体。前者的理想状态是类型要全面，尽可能包容进语文教育需要的各种文章类型；后者则要考虑到学生写作简单、实用、初级的特点，因而作文文体的类型不可避免地就倾向于更加简单化与实用化一端。

这样，真实文体、教学文体、作文文体就存在着研究目标、构成要素以及功能取向上的不同。三者的范围和关系，可以用下图表示：

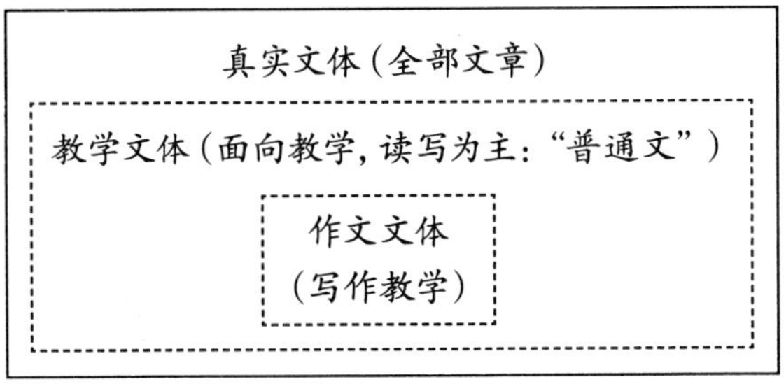

图4.3 真实文体、教学文体、作文文体之间的关系

我们之所以进行这样的区分，目的就在于：从理论认知上搞清作文文体产生的本质，从而为作文文体知识演变和开发过程中出现的问题，提供一个认识的框架。

二、传统作文三大文体及其问题

一般以为三大教学文体（即记叙文、说明文、议论文，以下简称三大文体）是新中国成立后（尤其是指1963年大纲）知识开发的产物，其实这是一个误解。三大文体的前身应该是民国时期的普通文。

普通文概念早在1923年时就已经萌芽，正式提出是1929年颁布的《小学课程暂行标准（小学国语）》，与普通文同时提出的还有实用文这个概念。当时课标的附注中有着这样的解释：普通文为记叙文、说明文、议论文的总称，或称通用文。实用文为书信条告的总称，或称特用文。

这种将普通文、实用文、文艺文（诗歌、戏剧）并列的做法，有些不合逻辑，因为它们根本不是一个层面的概念。普通文是虚拟的，而后面的两类则是实存的真实文体。1942年把小说归入记叙文中没有道理。这大概是后来我们将小说、散文归入记叙文的先河。从文类的划分看，将文学与应用分开，即应用文、文艺文分列一般是没有异议的，而问题主要出现在普通文以及普通文中的三类文体，即记叙文、说明文、议论文上面。

将普通文分列为记叙文、说明文、议论文很难说出道理。如果这是从表达方式上说的，就应该是记叙文、说明文、议论文、描写文、抒情文五种，可是在我国语文教学中描写文、抒情文向来是被弃置的。

从教学文体的设置来看，把普通文、应用文、文艺文（诗歌、戏剧、小说等）并列，课标设计者将普通文称为特用文，纯粹是为教学方便而虚拟出这个上位的概念作为统摄。这种虚拟的文体，从1932年课标的各种文体说明所列的文类看大致属于散文范畴。从教材选文来看，它们也是真实存在的各种体裁的文章，但是在写作时，却发生了变异。当时大概认为学生不必去写小说、故事、传记、杂记之类，学校写作多以普通文为主，于是写作教学开始落入通用的、练习性的、没有实际用途的虚假写作中。这种文体设计上的缺陷是当时知识简化概括的结果，也开启了后来"三大文体"教学的滥觞。在民国时期，"三大文体"基本限于"通用文（普通文）"的范畴，并与实用文、文艺文并列，还比较安分。到了20世纪60年代，语文教材中"三大文体"开始膨胀和扩大，以至于"通用文"开始取消，出现"三大文体"凌驾并包容实用文、文艺文的做法。于是，我们看到小说、散文、故事之类被安排进“记叙文”里，“应用文”归入“说明文”或“议论文”，而诗歌、戏剧还保留着。这样其实造成了文体划分的大混乱，这种大混乱不亚于“文化大革命”对我国社会造成的混乱。它几乎造成的是整个20世纪后半叶语文教育中文体知识的大混乱格局：从此，科学规范的文体没有了，文体意识没有了，语体意识也逃遁了。我们今天语文教育中的一些问题，诸如：“文艺范”语文，滥情式表达，真实写作放逐，“小文人语篇”盛行，很大程度上是由于那时开始的虚假的“三大文体”造成的。

这种混乱从本质上也可以说是由普通文这种虚拟概念造成的。真实中是没有文章和文学之外的什么记叙文、说明文、议论文的。真实文体应该包括各种各样的真实存在的写作样式。这些写作样式是生活中、工作中、学习中存在的一切文体，而不应该是课堂中的记叙文、说明文、议论文那样的虚假文类。

西方的文体分类与西方修辞学传统密切相关，是交际任务取向的。这些文体不只是写作形式，还受写作的交际语境，即读者、目的、形式的制约。这种传统沿袭至今。在西方作文教学中，作文文体仍倾向于实际的交际任务类型①，而不是我们所谓的文体。魏小娜发现，“从西方引进的文体类型，受我国作文‘传统之镜’的过滤，一引介到我国，就成了‘文章’分类——文章本身的体式、体裁的分类，而‘读者’‘作文目的’要素则被严重忽视。也就是说，原本交际特色十分鲜明的、具有极强交际功能的‘写作任务’分类，到了我国就变成了失却‘读者’‘作文目的’规约的、纯粹的‘文章体式分类’，进一步造成了我国文体知识开发的‘差之千里’”②。

① 魏小娜．语文科真实写作教学研究［D］．西南大学，2009：125.

② 魏小娜．语文科真实写作教学研究［D］．西南大学，2009：125～126.

这样看来“三大文体”从实质上看是一种“伪知识”。这种“伪知识”是语文在现代化过程中，在追求“以简驭繁”过程中付出的代价。一旦想到代价是学生的虚假写作，就感觉太沉重了。我们学习西方文章类型的结果遭遇了“画虎成猫”的尴尬。

三、文体和功能语言学的文体观

（一）三种不同的文体观：文章学—认知心理—社会认知的视角

文体也就是文本体裁，它是个非常复杂的跨学科术语。它源于拉丁语的genus词根，有时使用为genre（文体）、style（风格）、mode（类型）、kind或sort（种类），它的名称很不统一，含义也有差别。在古罗马演讲学、修辞学中以及法语“kind”中，指的都是作品类型、样式的表现方式以及由此呈现出来的风格特色等。文体（体裁）是一个不断发展变化的概念，与内容和形式有着密切联系。它是作者表现世界的思维方式、写作目的、交流媒介的体现。

从语文教育的写作教学领域来界定文体，它实际上指的是在学校教育的语文学科领域学生写作的文本或文章的类型、样式等，是便于教学活动进行的文章范型的一种描述，也可以叫做教学文体，其中包括作文文体。在语文课程领域，文体知识的划分显然是为读写教学服务的，是一种典型的工具性知识或教学知识。这种工具性知识，可以为文章读写教学提供方便（如“三大文体”知识体系）。在这样一种文体观下，写作容易沦为一种机械的文章制作和模仿，有时候有效，但有时又会产生很多问题。文体必须在变与不变之中寻找一种平衡。

在文章学视域下，文体被视为一种文章体制或样式，它是外在的形式（文面、文辞）、内在的形式（如结构形式）、性质、规范、做法风貌及作用的集合体。[①]从语言学、文学的角度看，文体是语言模式、语言秩序、语言体式等。[②]无论从哪种角度出发，如果把文体当作固定不变的规范，虽然具有识文、读文、写文、教文等作用，但长期积累会出现大量的问题，钳制人的思维和创造力。[③]古代的八股文是这样，当代的三大文体也是如此。

在认知语言学或者认知心理学视域下，文体可以解释为一种文章图式。文章图式就是一种思维方式、一种解决问题或者是处理信息的结构方式，这样一种认知主义的文体观，显然相对文章学文体观是一种进步，这种文章图式的观点也为某些功能文体学家接受。李美霞在《话语类型研究》[④]中对这种认知文体观有如下论述：

认知观点认为话语类型（文体）是由认知现象构成的，即话语类型实际上是认知的图式。这一图式通过言语过程映射在大脑中，并通过交际行为而发展。这样的图式是映射现实的社会建构方式，因而，它反过来构建并稳固现实。在一定情境下，我们把具有共同交际目的的语篇归类，这些模式或框架嵌入我们的脑海，随后，我们对任何语篇的归类在很大程度上都是受到这些模式或框架的制约。

文体就是我们人类言语实践的一个结果，是大家认可和乐于遵循的一种言语模式或框架，这种模式或框架是人类言语实践和社会协商、选择的一个结果。

传统的文体往往从静态语言学或者文章学的观点出发看待文体。目前看来，还是从应用语言学、认知语言学以及功能语言学上对文体进行解释比较科学。

---

① 曾祥芹. 文章本体学［M］. 郑州：文心出版社，2007：213.

② 童庆炳. 文体与文体的创造［M］. 昆明：云南人民出版社，1994：1.

③ 曾祥芹. 文章本体学［M］. 郑州：文心出版社，2007：216～223.

④ 李美霞. 话语类型研究［M］. 上海：科学出版社. 2007：41.

（二）功能语言学的文体阐释

近30多年来，功能文体学理论在我国得到一定程度的研究和介绍，但在写作课程的应用研究还不多。然而，这种理论对解决文体问题来说是最有前途的。功能语言学认为，文体是语言功能的体现。语言具有三种元功能：表达发话人经验的概念功能，表达发话人态度及交际角色间的关系的人际功能，组句成篇的语篇功能。这三种功能构成意义资源，使用语言就是根据语境从三种系统网络中作出选择。据此韩礼德提出了具有划时代意义的功能文体学。

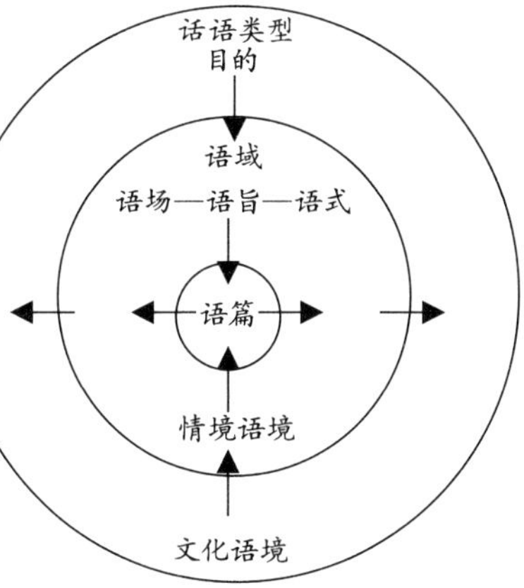

图4. 4 克里斯蒂、马丁和罗塞瑞（1989）话语类型图

图4. 4告诉我们语篇是文化语境、情景语境孕育的产物，同时语类本身是和文化语境、情景语境紧密联系在一起的。文体的实质是一种语篇语境，或者说是一种话语规范，这种规范本身就是一种约定俗成的情景反应模式。比如章回体小说、边塞诗、报告文学、新闻、通讯、通知、科学论文、报告等，预示着某种话语的规范和话语语境。

应用语言学家斯维尔斯（Swales，1990）指出，语类（文体）“包括具有共同交际目的的一组交际事件”，而交际事件指的是“按照特定目的和特定程式在特定的生活环境中运用语言办事的实例。每个交际事件都涉及多种因素，如话语活动参与者和文化背景等”[①]。

巴迪亚（Bhatia，1993）对语类的特征进行了如下概括[②]：

（1）语类是一种可辨认的交际事件。

（2）语类不是一般的交际事件，而是一种内部结构特征鲜明、高度约定俗成的交际事件。

（3）在建构语篇时，人们必须遵循每个语类所具有的常规。

（4）尽管语类具有规律性和制约性，但人们仍可在语类规定的框架内传达个人意图，实现交际目的。

功能语言学家马丁（Martin，1985）结合前人的语境理论——韩礼德的“语域”理论，从社会学视角将文体界定为“一个由讲话者以文化社团成员为身份而参与的有阶段、有目标、有目的的活动”[③]。马丁还从功能语言学角度指出文体的以下五个特点[④]：

（1）有一定的结构（举行）。

（2）有特定的目标（目标导向）。

（3）有既定目标的社会活动（目的活动）。

（4）在一特定文化内运作（从事文化）。

（5）通过语言达到目的（在使用语言）。

另据巴迪亚等人的体裁（Genre）理论认为[⑤]：

（1）体裁是一种可辨认的交际事件。

---

① 李美霞．话语类型研究［M］．上海：科学出版社，2007：42.

② 胡壮麟，朱永生，张德禄，李战子．系统功能语言学概论［M］．北京：北京大学出版社，2008：285～290.

③ 胡壮麟，朱永生，张德禄，李战子．系统功能语言学概论［M］．北京：北京大学出版社，2008：285～290.

④ http://www.hkedcity.net/iworld/feature/view.phtml?iworld_id=183&feature_id=1183，由何绍基博士提供。

⑤ ［美］吉恩·埃里克．成功写作入门［M］．北京：北京大学出版社，2008：9.

(2) 体裁是一种内部结构鲜明、高度约定俗成的交际事件。

(3) 建构语篇必须受到某种特定体裁的制约。

(4) 作者可在体裁规定的框架内传达个人的意图或交际目的。

同属系统功能语言学研究者的艾金斯(Eggins, 1994)也把语类看作是“有步骤、有目的的活动类型”①。马丁还吸收认知学的观点，提出文体的“图式结构”(Schematic Structure)。他甚至还说话语类型(文体)“代表着在抽象层次上用来完成不同社会目的的言语策略”。从上述观点看，系统功能文体学是吸收了认知学观点之后，从“社会认知活动类型”②的角度来定义文体的。马丁等人根据语境、语域、语篇理论建构了一个文体类型模型。

韩礼德认为文体就是选择。文体风格即“意义潜势”，是语篇形成过程中人们所作的系统选择的结果。③韩礼德还将文体说成是“有动因的突出”④(Motivated Prominence)。“动因”指的是某种目的或动机；“突出”指的就是语言的特征。“有动因的突出”就是某种特定目的驱动下使用的语言所呈现出来的特征。不同的动因使用不同的语言，呈现出不同的语言特征，具备不同的功能，就产生了不同的文体。⑤

通过上述探讨，我们认为文体是言语社团通过长期的社会认知建构与协商形成的交际语境图式认同与意图传达的活动类型。它总是和一定的交际环境联系在一起，是社会成员协商建构的产物，具有动态变化的特征。

---

① 胡壮麟，朱永生，张德禄，李战子．系统功能语言学概论[M]．北京：北京大学出版社，2008：285～290.

② 李美霞．话语类型研究[M]．上海：科学出版社，2007：42.

③ 吴显友．文体学中的几个基本问题[J]．重庆师院学报(哲学社会科学版)，2002(2).

④ 张德禄．功能文体学[M]．济南：山东教育出版社，1998：40.

⑤ 孙慧．功能文体学理论及其应用原则[J]．山东教育学院学报，2006(6).

文体就是一种篇章语境。在作文教学中，文体教学其实就是语境教学。学习写作就是学习按情境需要去驾驭各种文类，以达至准确、得体、有效的表情达意的目的，掌握书面表达技能和能力。

四、中外教学文体（作文文体）开发

关于文体分类，民国时期的学人多倾向于“二分”，而不是后来的“三分”“四分”甚至“五分”。

（一）文体“二分”：文学和非文学

近几十年来，一些国家从不同视角看待作文体类，西方和日本等国打破国际上习惯的记叙文、议论文、说明文三分法，把学校作文划分为两类。第一，“为自己写作”，表现自己的文章，即表达学生自己所做、所见、所闻、所思、所感，包括日记、书信、感想文和生活文类。这类文章以学生自己的生活为基础，要求写出真情实感，以培植学生的个性和创造思考。第二，“为不同读者写作”，传达社会信息的文章，即发挥社会传达机能的文章，包括记录、通讯、报告、评论文等。这类文章以沟通思想为目的，要求写得明晰、简洁，起到达意的作用。前者十分强调写作价值，通过写作培养学生的自主意识，把写作作为改进自己生活的重要手段和途径。美国语文课程标准指出：“作为一种记忆、交流、组织和发展自己思想和信息的工具，写作还是一种享受。学生应学习独立地就自己感兴趣的和一些重要题目进行写作。”鼓励学生对各种写作充满信心，建立自己鲜明的且有独创性的写作风格。后者强调培养与社会相适应的功能和价值，要提供机会指导学生针对特别读者群、广泛未知的读者群等进行写作训练。美国写作教学目标还提出了跨学科活动要求，通过写作活动分析全球性的问题，加深对其他学科概念的认识，拓宽文化方面知识面，将写作过程、写作策略和学习技能运用于其他学科的学习，等等。在这里，所谓为不同读者写作已经扩展到社会生活的诸多方面，写作成为丰富个人阅历及其融入社会的重要手段。对待两类文体，各国原则上给予同等的地位，谋求两种文体写作能力同时发展，而中学高年级更侧重于后者。[①]

1916年10月，梁启超在《答胡适之》的信中提出新的文体分类设想。他说："鄙意文学之文必与应用之文区而为二，应用之文但求朴实说理纪事，其道甚简。而文学之文，尚须有斟酌处，尊兄谓何？"[②]（《答胡适之》1916年10月5日）

陈独秀也认为：文学之文以情为主，应该华美而不重实用。文章区别于文学，正是在实用与不实用上划清界限。应用之文以理为主，应该朴质而有用，清除"阿谀的虚伪的铺张的贵族古典文学"的恶劣文风，将应用之文与文学之文彻底分家。

刘半农也提出"文学与文字之作法之异同"："文字为无精神之物，非无精神也。精神在其所记之事物，而不在文字之本身也。故作文字如记帐（账），只须应有尽有，将所记之事物，一一记完便了，不必矫揉造作，自为增损。"

1931年1月，夏丏尊在《中学生》第11期提出："文章普遍有两种体式，一是实用的，一是趣味的。"实用的文章是"为处置日常的实际生活而说，通常只把意思（思想感情）老实简单地记出，就可以了"。至于"趣味的文章，是并无生活上的必要的"，但"人有爱美心与发表欲""心所感触的写出来示人"，"这种欲望是一切艺术的根源，应该加以重视。学校中的作文课，就是为使青年满足这欲望，发达这欲望而设的"。显然夏丏尊看重作文的文学教育功能，这是和当时注重"实用文"写作的时

① 魏敏．国外写作教学改革的新方向［J］．丝绸之路，2003（S1）．

② 转引自："五四"现代应用文发展简述［J］．应用写作，1994（4）．

代潮流不大相同的。

看来当时就将文章分成简明达意的“文字之文（文章）”和华美铺张的“文学之文”两类，还是取得了一定共识的。

也正是从五四时期开始，除“文学文”以外，与平民日常生活关系最大的“文章文”开始得到空前重视。当时普遍的认识是将天下文字分为两类，一类是实用文（文章文），一类是艺术文（文学文）。这种文章和文学的区分，得到了《新青年》同仁的一致赞同。将文学分为诗歌、散文、小说、戏剧四类，将文章进一步分为工作、生活、学习中使用的各种具体样式，对此至今没有太多争议。然而，存在争议的是另一类，即基于纯粹教学功能的“通用文或普通文”的提出。

文类的两分法在国外也很流行，常见的是将文章分为两大类，即“文学类”和“非文学类”，前者允许想象、虚构、夸张、变形，是含有审美目的的；后者则要求真实、客观、实用，是以办事行动为目的的。也可分为两种：一是实用类文体的写作，如记叙文、说明文、议论文、调查报告、评论等；二是文学类文体，如诗歌、小说、散文、电影剧本、故事等。日本、法国等均在语文课程标准中提出了具体文体写作的要求。如日本初中语文课程标准对写作教学所作的规定是：培养写作的兴趣；发展学生用书面语进行表达的能力；使学生能自如地写出习作；掌握记叙文技巧，并进行描写文入门。当今欧美一些发达国家以及日本、韩国等把学校写作一般分成两类：一是为自己写作；二是针对特定读者的写作。第一类是着眼于自我的，不需考虑交际语境，以满足自己的学习生活需要为目的（实际上进入教学系统之后，已经很难有纯粹为自己的写作）。第二类交际性写作，即为读者的写作，是要承担明确的交际和办事功能的文体。前者包括日记、书信、感想文和生活文等倾向于自我表达的文体；后者即为不同读者写作的文章，包括记录、通讯、报告、评论文等以沟通思想为目的，针对特别读者群、广泛未知的读者群，培养与社会相适应的功能和价值的写作训练尤其受到重视。[①]这种分类方式在国际上流传很广，尤其是在强调交际语境写作的今天，几乎被大家广为接受。我国目前也将写作定位于“自我表达和与人交流”，可是由于这种“新”的教学理念和“旧”的教学知识之间存在落差，因而这种正确的课程目标无从落实。

在以往的研究中，早有学者对文本分类提出独到的见解，基于以上对标准中文本分类的质疑，吸取前人对文本分类的教训，综合思维、表达和功能三方面，我们主张“文本二分法”，即用“文本”取代广义的文章，将组成篇章的文字作品大致分为文章和文学两大类。我们这里所使用的“文学”概念是狭义的文学，包括诗词、小说、剧本等；“文章”也指狭义的文章，不包括诗词、小说、剧本等，它涵盖记叙文、说明文、议论文等“普通文章”和新闻、史传、公文、学术等“专业文章”。凡是科学认识世界的文字成果，凡是不含虚构成分的非文学作品，不论单篇短章或成本的书，均可视为“文章”。按照这种分法，论述类、实用类乃至应用文这些文本小类均属于文章大类，这一分类方法避免了由于分类标准不统一带来的过分交叉的弊端，同时带有很大的开放性，即新生文本出现后，可以划归这两类中的任何一类，而不会产生不严密的弊端。当然，在文章和文学的分野中也存在着“两栖文体”集群（如散文、杂文、报告文学、传记文学等）的问题。对这一问题，我们的建议是，对于已经泛化的散文，在分类过程中，将带虚构因素的文艺散文划归“文学”，将纪实散文划归“文章”。《义务教育语文课程标准（实验稿）》要求，“能够区分写实作品和虚构作品”，这个“文本二

① 倪文锦，欧阳汝颖．语文教育展望［M］．上海：华东师范大学出版社，2002：314．

分法”是完全正确的，为什么标准不与它保持一致，而要改为“文本三分法”呢？

最后让我们检验一下“文本二分法”的实践价值。在高中语文阅读教材中难以确定归属的几篇课文：《在马克思墓前的讲话》《我有一个梦想》《在庆祝北京大学建校一百周年大会上的讲话》《我的呼吁》等演讲词，按照“文本二分法”都应该被归入文章类，而《人生的境界》《人是什么》《庄子：在我们无路可走的时候》《孔孟》，均以论述为主，属于科学地反映生活的作品，按照“事物的主要矛盾的主要方面决定事物的性质”这一原理，也应归入文章。其他文本的分类亦可通过这一理论得到科学的解决。

通过以上比较分析，我们认为，“文本二分法”不仅在理论上完全成立，在实践中也普遍适用，比“文本三分法”更为科学。

（二）文体的“三分”

如果“文本二分法”主要是着眼于写作学科本体知识的话，一些“三分”法更倾向于写作教学实践的角度。

德国母语大纲要求学生熟悉多种写作形式，认识到写作是一种交际的手段，是反应和表达的手段，并能为自己的读者撰写有针对性的文章。德国完全中学10年级语文课程标准把写作分为“表达性写作、交际性写作、塑造性写作”①。

倪文锦先生在其《语文教育展望》②中介绍英美将写作分为“规范性写作”“塑造性写作”和“创造性写作”三类。

---

① 洪宗礼，柳士镇，倪文锦主编. 母语教材研究（第六卷）：外国语文课程标准译介［C］. 南京：凤凰出版传媒集团，江苏教育出版社，2007：223.

② 倪文锦. 初中语文新课程教学法［M］. 北京：高等教育出版社，2003：129～140.

规范性写作是指规范性写作训练，即“教以符合语篇规则要求的写作行为”。换言之，就是按照语法、写作技能与技巧，以及文体的有关要求对学生进行循序渐进的写作训练。规范性写作训练属于传统的写作训练方式，也是中学写作教学中最普通而通用的写作训练方式。

塑造性写作是指在提供一定材料基础上所进行的延续性、扩展性和补充性写作训练。它可能是在所提供的阅读材料基础上写一篇评论，可能是将一个故事写完整，也可能是改换人称、叙述角度及体裁甚至主题对原文进行阐述。塑造性写作训练形式多样，品种丰富。缩写、扩写、改写、续写、学术评论、看图作文、情境写作、模拟写作等均属塑造性写作。它和规范性写作训练的区别之一，是以所提供的材料为基础，作补充性和扩展性训练。显然，在这种塑造性写作训练中，所提供的材料以及所提出的训练要求是塑造性写作的前提和基础。塑造性写作训练是中学写作教学中最常见的训练方式，也被许多国家无可争议地看作是培养写作潜力的重要途径。正因为如此，塑造性写作训练在许多国家受到相当的重视。许多国家明确规定了每一年级塑造性写作的形式及训练重点。比如“你收到一封公司老板的信，他说公司为了节省开支，要裁减五十个人，而你恰好在内。你写一封回信，说明理由，说服他们改变主意”。这种写作内容具有不确定性。从题材、体裁，到故事结局、主题，甚至篇幅等，均是不确定性的，具有多元性。换言之，它留给学生更为广阔的可塑性成分及空间。

此外，英美等国还有一类创造性写作训练。创造性写作训练是对传统刻板、教条的写作训练的一种革新。随着各国语文教学改革步伐的加快，创造性训练在世界许多国家受到青睐，甚至被视为语文教学改革的重要突破口。自20世纪50年代开始，英美等国开始注重创造性写作教学的探索。其改革主张的主要内容包括：在写作中反对种种束缚学生思维的做法，反对按提纲进行扩展性写作，反对写作教学中的命题作文，尤其是反对几十年不变的、陈腐的、老掉牙的题目。英国创造性写作探索在60年代形成了高潮，甚至有人用“创造性写作运动”一词来形容此时期。这一改革运动的重要收获是，写作教学突破了原有的封闭框架，无论是在写作题材，还是在写作形式上，均呈现出一派前所未有的生机。创造力是创造性写作训练的核心。20世纪90年代以后，许多国家在借鉴英美等国创造性写作教学的基础上，对于创造性写作的特质进行了较为深入的讨论和研究。日本一家新出版的中学语文教材从创造主体入手，研究创造性思维和创造性写作的一般表现。他们认为，有创造力的人会不断地问“如果……会怎么样？”之类的问题。这些问题具体包括：如果我把通常分开的两样东西放在一起，会怎么样？如果我用新的或特别的方法使用这件东西，会怎么样？如果这个人、地方、东西、事件或观念从来都没有存在过，会怎么样？如果我改变这件事情和情况的某个部分，会怎么样？如果我改变这个东西的原料，会怎么样？如果某些人之间、地点之间、东西之间或事件之间的关系发生变化，结果会怎么样？如果我改变一下放某样东西的地点，结果会怎么样？如果人们在某种程度上改变一下他们的角色或行为，结果会怎么样？从近年来一些国家的创造性写作训练的主要内容与方式看，集中在两个方面：第一，突破原有写作教学的课堂模式，给学生写作以充分的自由。在写作训练中，不提具体如体裁、题材、篇幅、语法及主题等写作要求，仅仅让学生进行一些充满想象性和创新性的单项训练，这些训练可以使学生获得想象力和敏锐的洞察力，为以后进行完整而规范的创造性写作打下坚实的基础。在英美等国，体现这一训练特色的最普遍而有效的写作训练方式有两种，即前面所说的头脑风暴和自由写作。第二，借鉴学术研究的一般规范和格式，根据所调查、收集和提供的众多资料进行综合或局部的深入的研究，最终形成一篇完整的论文。一般将这种写作训练称为研究性论文的写作。显然，在研究性论文写作中，少不了参考其他人的思想、观点，但更为重要的是，运用所掌握的资料，在他人思想或概念基础上进行独立而自由的思考，从而推断出自己的结论。

日本教育家野村将文章分为文学文章、实用文章、学问文章三类。文学文章是通过文学形象来表达的文章，如儿童诗、童话、儿童剧、少年小说等；实用文章是生活中有一定实用功能的文章，如书信、日记、请假条、会议通知、请柬、计划、总结、倡议书等；学问文章是以调查、研究为基础，表达科学原理的文章，如自然观察、社会观察、生活记录等。①

美国学者黑尔斯顿将作文分为三类：一是“日常生活的写作”，如公文、信函、便条、通知等；二是“自我限制的写作”，指的是写前知道写作内容，写的任务是根据读者对象和写作目的组织呈现观点和材料；三是“需要深刻思考的写作”，指的是写前只是感觉到要写什么，但不准确知道文章的样子，观点将如何发展。作者通过写作去探索和发展写作内容和形式。②

值得一提的是我国1957年“中学作文方案”把作文的类别分为三类：一是阐述课文的，二是表现生活的，三是处理日常工作和事务的。第一类阐述课文的作文，相当于国外的反应文，指的是能够复述已经读过的一篇作品或一本书的大意，简单地评述作品的思想内容或作品中的人物，包括了复述、摘要、读后感以及评论的一些习作样式。这一

① 方明生．日本生活作文教育研究［M］．上海：上海教育出版社，2002：103．

② 倪文锦，欧阳汝颖．语文教育展望［M］．上海：华东师范大学出版社，2000：324．

类写作的内容可以从课文中来，具有典型的读写结合，以写促读，以读促写的功能。第二类表现生活的作文，可以称为表现文，指的是能够根据生活经验，叙述、描写生活表象的文章。我们熟悉的作文教学大致属于这一类。这类文章含有创造和表达的特征。如果说反应文是“有中生有”的话，这种习作就是“无中生有”，像一般的记叙文，包括散文、小说、诗歌等可以属于这一类。它需要比较强的创造性表达能力。第三类处理日常工作和事务的作文，应该相当于实用文，指的是一般简单的应用文，如书信、新闻稿、演讲词等，它们对写作的要求是简洁、清楚、实用。

当然，还有一类，这个方案没有归纳进去，就是纯粹练习性的写作训练，如片段描写、听写、改写、缩写、扩写等。尽管如此，这种作文类型的三分法仍是极具学术价值的，对我们重构作文类别有重要的借鉴意义，与“三大文体+应用文”教学文体分类相比，是一个很大的进步。主要表现在：（1）从写作内容角度进行分类，有利于解决“没东西写”的问题；（2）从写作功能角度分类，有利于培养学生写作的交际意识、目的意识；（3）这种分类照顾到阅读与写作的结合。

（三）作文教学文体的“四分”

国外一般将教学文体分四大类，即记叙类写作（Narrative Writing）、说明类写作（Expository Writing）、描写类写作（Descriptive Writing）、劝说类写作（Persuasive Writing）。这种划分基本上是从语言的表达功能角度着眼的。魏小娜指出，国外的文体是“交际任务型”，由于受古希腊罗马修辞学、演讲学的影响，一直是和写作时的交际语境（如交际目的、交际对象等）要素有着密切联系的，而我国的文章体式、体裁的分类中，“读者”“作文目的”要素被严重忽视。这就使得原本交际特色十分鲜明的、具有极强交际功能的写作任务分类，到了我国就变成了失却“读者”“作文目的”规约的、纯粹的文章体式分类。造成中西方“作文文体”名同实异，存在误差。中西方作文文体知识开发取向的不同，造成了我国文体知识的开发有脱离现实、偏向抽象的作文形式训练的倾向，务“实”不足，重“文”有余。①这种错误倾向是我国现代语文知识研发史上一个严重的教训。从20世纪二三十年代就露出端倪，到了1963年的教学大纲中开始将文体进一步简化为“三大文体”，它在知识开发上的简化取向，再加上受20世纪七八十年代后语文教育中的科学训练和应试教育影响，进一步僵化为干巴巴、生硬的三大文体知识系统，引发了很多批评，被人们“淡化”。

由于国外在使用这些概念时，是和写作目的、读者（对象）、交际任务密切联系在一起的，因而产生的问题不大。新中国成立前的“四种文体”（记叙文、描写文、说明文、议论文）与它们属下的具体文类结合在一起也问题不大。关键就是不能将具有真实功能的表达方式，抽离其使用的交际语境，将其由表达方式变成固定僵化的“文体”，这样就会产生很多问题，因为文体毕竟不是一种纯粹的体制、规范，而是和真实的、丰富多彩的、变化无穷的文章联系在一起的。

（四）世界上一些主要国家的作文文体分类

当今世界一些主要国家和地区的母语课程中写作文体（体裁）划分时大致有以下几种类型：

一是依据阅读对象划分。

依照阅读对象，较为通行的做法是把写作的语篇分为以下两类②：

（1）为自己写作。倾向于自我表达，即表达学生自己所做、所见、

① 魏小娜．语文科真实写作教学研究［D］．西南大学，2009：125．

② 倪文锦，欧阳汝颖．语文教育展望［M］．上海：华东师范大学出版社，2002：313．

所闻、所思、所感，包括日记、书信、感想文和生活文类。这类文章以学生自己的生活为基础，要求写出真情实感，以培植学生的个性和创造思考。这类写作似乎不需考虑交际语境，以满足自己的学习生活需要为目的（实际上进入教学系统之后，已经很难有纯粹为自己的写作）。

（2）为不同读者写作。倾向于与人交流，即传达社会信息的文章，包括记录、通讯、报告、评论文等。这类文章以沟通思想为目的，要求写得明晰、简洁，起到达意的作用。

William Grade和Robert B. Kaplan在其《写作理论与实践：应用语言学的视角》一书中根据读者的不同类型，写作中的构思以及信息转换方式，将作文作如下分类[①]：

表4.2 读者与不同的写作类型

读者	写作中无需构思	写作中需要构思	
		信息告知	信息转译
自己	购物单	个人日记	文章注解
已知其他人	送奶工的告示	个人信件	
未知其他人		商业信函	
已知少数人		教案、布道讲章	
未知少数人	调查问卷	新闻插页	提议、建议
大的群体	纳税表 驾照 申请表		诗歌、戏剧 长篇小说 短篇小说

① William Grade&Robert B. Kaplan. Theory and Practice of Writing: An Applied Linguistic Perspective[M]. London: Longman, 1986: 4.

二是依据表达方式划分。

早年的研究是按照表达方式划分作文。写作的基本体式（Modes）分为记叙性的、描写性的、说明性的、劝说性的、抒情性的五种。由此延伸出中小学作文的文体，如记叙文、说明文、议论文等。

三是依据语篇的功能目的划分。

近来的趋势是依据语篇的功能目的进行分类。Werlich（1976）把语篇分为五个结构类型，即说明类（Expository）、描写类（Descriptive）、叙事类（Narrative）、论辩类（Argumentative）、指导类（Instructive）；还有的分为表达性的、信息传达性的、劝说性的、文学性的等。这些分类类似于按表达方式划分，其实是有实质性差别的。

第一，强调写作的功能目的。美国南卡罗来纳州2007年《语言艺术标准》总原则中的第七条强调："为了写好，学生必须经常写并为不同的目的写。"①不同功能目的的语篇与表达方式有某种对应关系，如说明文是为了解释事物，使人明白；议论文是为了阐明道理，使人接受；记叙文是为了叙述事情，使人知道；描写文是为了描绘情景，使人感知。②

① South Carolina Department of Education. South Carolina Academic Standards for English Language Arts[DB/OL]. http://ed.sc.gov/agency/pr/Standards-and-Curriculum/old/cso/standards/ela/.

② 刘锡庆. 外国写作教学理论辑评[M]. 呼和浩特：内蒙古教育出版社，1992：34.

表4.3 学生写作的功能类型示例

美国全国教育进步评价（NAEP）①	英国作文教学目标②	德国完全中学十年级德语课程标准③
学生应该学会以下三种写作： ●为了劝说（to persuade） ●为了解释说明（to explain） ●为了传递经验（to convey experience）	要求学生习作的文体： ●想象、探究、娱乐类，包括各类故事、诗歌、剧本、自传、日记 ●阐释描写类，包括备忘录、报道、资料卡、说明书、计划书、摘要 ●劝说、辩论、建议类文体 ●分析、回顾、评论类文体	掌握的常用写作样式： ●提供信息性的文章，如报道、说明、描述 ●论理性的文章，议论、评论呼吁和号召性的文章，如广告词、演讲 ●研究性的文章，如阅读分析、作品阐释 ●塑造性的文章，如记人叙事、创造性写作

第二，具有明确的读者意识。美国从幼儿园开始就对学生进行系统的写作交际意识（考虑对象和目的）培育。美国语言艺术标准要求“学生在写作时，能够针对不同的对象和目的，运用多种不同的策略和恰当的方式进行书面交流”④。德国的课程标准要求学生熟悉多种写作样式，认识到写作是一种交际手段，并能为自己的读者撰写有针对性的文章。

第三，把写作落实到具体的体式（体裁）。强调针对不同的读者写作时，能够运用各种不同的作文体裁，重视写作体裁的多样化。

---

① 魏小娜．美国2011年NAEP写作试题编制研究［J］．外国中小学教育，2009（5）．

② 范金豹．中外作文教学目标价值取向的比较［J］．中学语文教学，2005（2）．

③ 洪宗礼，柳士镇，倪文锦主编．母语教材研究（第六卷）：外国语文课程标准译介［C］．南京：凤凰出版传媒集团，江苏教育出版社，2007：223～226．

④ NCTE and IRA．Standards for the English Language Arts［DB/OL］．http://www1.ncte.org/library/files/Store/Books/Sample/StandardsDoc.pdf．

五、“文体”还是“文类”？作文教学文类体系构想

（一）基于功能语言学的文章体式重建

篇章分类必须考虑篇章的目的和功能。按照韩礼德的划分方法，语言有三大功能：达意功能、人际功能和篇章功能。篇章类型和篇章目的功能紧密相关，如有的篇章目的是说服，就使用劝说型语篇类型；有的是介绍解释，就采用说明性语篇类型；有的语篇含有多种功能，如报告文学、科学小品、诗化小说、手机短信、电视广告等，就是混合性的一些文体，它们包含有了多种目的和功能。一般写作很难是具有单一功能和目的的，“多数篇章是不同类型的混合体”①。这就使得语篇分类极其复杂。

对篇章进行分类可以借助外部标准和内部标准。外部标准与交际情景相关，如为某一特定目的在某一特定情境中使用的指南、手册、儿歌、商业信函等；篇章内部标准与篇章形式或内容相关，如说明类（Expository）、描写类（Descriptive）、叙事类（Narrative）、论辩类（Argumenttative）、评价类（Evalative）、说理类（Persuaive）、指导类（Instructive）、程序类（Prccdural）等。Werlich（1976）把篇章分为五个观念化、抽象化的类型，即说明类、叙事类、描写类、论辩类和指导类，这些篇章类型与不同的认知过程有联系。近来有研究根据语篇的正负投射值对篇章进行划分，分为以作者为焦点、以读者为焦点和以论题为焦点。②也有人认为，从文本的分类方式看，主要有三种视角：一是根据文章的社会功能分类，如姚鼐的《古文辞类纂》十三类就是，当今将文章分为公文文体、科技文体、新闻论说文体、文学艺术文体也是。二

① 刘辰诞．教学篇章语言学［M］．上海：上海外语教育出版社，2004：125．

② 刘辰诞．教学篇章语言学［M］．上海：上海外语教育出版社，2004：126～127．

是按照表达方式划分，分为记叙类、说明类、描写类、抒情类、议论类。三是按文章的外在形式划分，包括篇幅、语言、结构，表现分为小说、诗歌、散文、戏剧等。虽然，近现代以来，一直有人坚持单一性原则，记载一个文体分类体系中只有一个标准，但事实证明那是很难行得通的，“绝对采用单一标准，似乎不大可能”①。一般地讲，多数语篇是不同类型的混合体，我们通常把占绝对优势和支配地位的语篇类型作为该语篇的结构类型。

目前，我国语文教育并未真正重视培养学生的文体意识。从中外作文教学目标来看，西方国家特别强调写作中的文体意识。美国加利福尼亚州的《公立学校英语课程标准》明确要求学生写记叙文、文学评论、研究报告、劝说文、技术性文章和常用应用文。对每一种文体都有明确的规定。英国作文教学目标中“学习范围”一项，对学生的习作文体有明确的规定，如要求学生写想象、探究、娱乐类的文体，包括各类故事、诗歌、话剧剧本、自传、电影剧本、日记；阐释描写类的文体，包括备忘录、报道、资料卡、说明书、计划书、档案记录、摘要；还有劝说、辩论、建议类文体，分析、回顾、评论类文体。②

（二）从“虚拟写作”到“功能语境写作”

现在我们从另一个角度思考普通文存在的理论误区。

文体本来应该是写作的一种衍生物。真实文体才是作文文体知识的“宿主”，现在的情形是，衍生物控制了“宿主”，走向异化，这是我们作文教学出现问题的一个重要原因，而上面我们用的真实写作这个词，也不应该仅仅是绝真无假的生活中真实的写作，这样自然最好，但学校写作教学必然具有虚拟性、计划营造的特点。在原来的传统语言学、

① 王宁，州晓丽．词汇应用通则［M］．沈阳：春风文艺出版社，2000：64.

② 范金豹．中外作文教学目标价值取向的比较［J］．中学语文教学，2005（2）.

文章学、写作学知识视域下，是很难克服这种矛盾的，这种矛盾是理论自身的缺陷造成的。正如牛顿力学不能解释“时空弯曲”一样，我们只有跃上新的理论视域去重新审视问题，这也就是我们在第五章中论述的基于“具体语境下的功能写作”理论。在那样的理论视野下，写作的内容、文体、用途的真实与否并不重要，关键是在写作时明示出写这种行为和产品，指向特定的读者、目的、体式、功能以及写作者自己的“角色”等语境要素。一旦这些语境因素明确，写作行为的发生无论是真实的，还是虚拟的，它最终都是明确的、具体的，而这种判断分析具体语境，并依据这个具体语境写作的能力，就是真实的写作能力。语文课程中写作教学培养的应该是“各种具体语境下灵活、高效、恰当、得体的语言表达和交流的能力”，而不是一种根本不存在的、泛泛的、普适的、虚假的写作技能。

中小学写作教学知识体系本质上是一种工具性知识，它的目的是方便教学，提高教学效率，同时兼顾写作知识向写作能力的转化。在教学文体研究上既要考虑作文文体知识的母体“真实文体”，还要考虑它的应用情景，也就是学校教学知识生产的功能和特征。我们建构的教学文体知识体系应该是基于客观科学的“真实文体”，以及能够切实提高教学效率与学生语言应用水平的教学文体知识。

基于现有的知识格局，我们可以作如下设想：

（1）文章分为文学类和非文学两类，或者叫做虚构类和非虚构类，也可以直接叫做文学类和实用类（文章类）。前者着眼于审美、虚构、渲染；后者着眼于实在、明白、简明。

（2）基于篇章语言学、语体学、语用学（日常语境交流）等知识，考虑的是微观的遣词造句、语言措辞和段落写作层面的写作技能。应该引进功能语言学、语境学、语体学的知识，设计基于多种表达功能的文类，即进行基于多功能文类的写作。

（3）“文类”不同于“文体”，文类下面可以将各种各样真实文体包含进来，从而避免文体开发的简单僵化，以便于作文教学回归现实生活。多功能文类形式上参照表达方式或者表达目的（叙述经验、想象、传达信息、劝说、文学审美、实用办事）等，而在临时用到某种亟须的文章写作，如创造性作文、个性化作文、想象作文、电脑写作、小诗仿写、博客、跟帖、广告、短信、祝语时，也可专以内容特征命名。

第六节　表达：选择合乎语境的言语形式

一、交际语境写作下语言观的变化

在传统的语言学、文章学语境下，我们讲究语言的准确、简明、连贯、具体、生动、形象，这自然没错。可是，如果在交际语境下或者功能语境下，语言可能就发生一些变体。同样是人物描写，如果你的交际任务语境是“寻人启事”，你的描写必须简洁、清楚，又必须抓住人物最典型的特征，因为只有这样去写，你才有可能找到要寻的那个人，任何模糊的、笼统含糊的表达都是无效的，达不到目的。“寻人启事”的语言相比较小说或者记叙文中的语言，可以更加客观、真实，应该去掉不必要的带有情感色彩的、想象的、联想的表达方式，除非必要，你的语言正好能引起读者正确的联想，否则就达不到交际目的。我们对文章语言的要求，似乎一直认为，具体、生动、形象就一定比简单、平实好，于是学生苦练言辞华丽、描写生动的技巧，什么多运用比喻、夸张、排比、拟人、想象、联想，调动五官感受之类的写作知识或者技巧纷纷出笼，这种不问交际语境和篇章功能的“胡乱”具体、生动、形象，不是培养学生良好的语言能力，而是误导学生本来正确的语言意识。至于语言是简明、平实好，还是生动、华丽好，离开具体的语境、功能以及文章的目的、对象或者社会应用价值，也是不好衡量的。

不同的写作目的，赋予作品不同的功能，不同的写作目的和功能又决定着语言使用的不同风格特征。我们在上文谈论读者时谈到要根据读者的身份、年龄、认知心理、接受水平、性格特征等进行语言的选择和控制。同样的话题，对小学生讲，与对同龄人讲以及对专业人士讲，对老年人讲，语言风格是不同的。比如电脑的话题，小学生关心的可能是游戏娱乐以及学习上的一些用途，要采取轻松活泼的话语方式，不用或者少用专业术语；同龄人交谈的可能是电脑的使用技巧或者共同感兴趣的话题；与专业人士交谈，我们应该使用一些专业的词语，并且对于对方可能不熟悉的词语适当进行解释。语体风格的不同是由交际目的、对象的不同造成的。

比如朋友之间的书信，可以有这样的表述：

朋友，你还记得我们初中时在操场上一起踢足球的场景吗？那时的操场中央长满了荒草，下雨后还积雨的水洼，我们疯狂地奔跑追逐，青春的风扬起我们青春的鬃毛，在夏天午后的太阳下汗水蒸腾……我们嗷嗷叫着，像一群脱缰的马，又像一群追赶猎物的新奇猎人，叫着、喊着、奔跑着，至于球进没进球门，输赢的结果，我不记得了，至今只记得是夏日的午后，一群穿着被汗水湿透衣服的泥猴的疯狂追逐和呐喊。

显然，在这段文字中，作者是在回忆他初中时踢足球的场景。这些记忆（或者话题）作者认为也是读者感兴趣的，至少是了解的、熟悉的。这段文字的目的可能是缅怀、回忆、重温过去的青春岁月，融通感情或者增进友谊，也许有其他的目的，因为读者和作者共同的生活背景，以及那种重温交际意图，让他采取了回忆、画面、意象的渲染等写作方法，这个语篇的目的是唤起、重温、感动等。

如果换一种客观的、冷冰冰的第三人称的视角写，当然也是可以的，但可能就达不到应有的交际效果。这种朋友间重温记忆的叙述策略或语调，是基于话题的统一和熟悉的背景下进行的。话题的选择在这里起着推进和展开语篇的作用。

19世纪批判现实主义和18世纪的自然主义、浪漫主义在语言上是有明显的不同的。这在某种程度上是由交际意图的不同造成的。

现代派作品有意识地寻求一种主题的荒诞怪异效果，作者可以有意识地制造“陌生化”“间离”“空白”，让读者感到陌生、新奇、有趣。写作目的和意图塑造着语言风格和写作风格。

交际语境写作中的语言一般要遵循一致性原则、得体性原则、便于对话理解原则。这是由交际的目的和功能决定的。以自己为读者的写作（如日记、摘要、课堂笔记），语言可能不要求华丽（除非有其他目的），自己明白清楚就行，有的就是为了起到备忘录的功能。如果你的日记准备将来发表，笔记准备给大家看，语言的连贯、清晰、明白就是自然而然的要求了。

写作的目的和功能有时候是一体的，你要达到信息传达的目的就要使文章具备信息传达的功能；你要使文章具有感染、激动、审美的目的，就要求运用文学性的语言或者手段，实现或者强化这种功能；你要实现娱乐或者日常记录的功能，你的语言也就应该具有相应的特征。

1956年教学大纲中对汉语教学有以下原则性的意见，现在看来还是比较中肯的。比如：“作文教学还应当跟汉语教学紧密地联系。汉语教学中学过的种种语言的规律都应该在作文里充分应用。语言的规律应该从语言的实践里学习，作文就是运用语言的实践活动。”“语言的种种规则并不是给语言实践以限制，相反地，是提供运用语言的种种表达方法的类型和格式，让我们选择利用。在作文教学中，教师要指导儿童从学过的语言规则所提供的表达方法里，选择适当地加以利用，才能加强汉语教学的积极意义。”作文教学中教语法的途径在于实践，目标在于应用，教学方式应该注重语境，因为写作教学的实质在于培养和造就学生基于具体语境的言语表达和创造能力。离开具体语境，写作就不能发生。一切写作和写作的好坏优劣都无从谈起。

写作训练从语文教学层面看就是一种语言训练，也就是基于语境的感知、还原、创造能力的训练。章熊、缪小放认为从语用学的角度看，语言的运用水平分为四个层次，即正确、熟练、恰当和艺术化。[①]第一层次是正确，指的是言语的使用要合乎规范，这是最基本的要求。第二层次是熟练，指的是能够比较娴熟地使用某种语言，不仅懂得并遵循其规则，而且能灵活地掌握其语料组合的技巧。这一层次又分为信息传递的清晰性和语脉、语流方面的流畅性。第三层次称之为恰当或者得体，即言语要适合外部语境。它不仅涉及对象、场合等各种要素，而且还涉及某些民俗文化的修养等。第四层次称之为艺术化，它是指语言运用的最高境界，尤其是文学语言的艺术处理。[②]在我国传统的作文教学大纲中，我们基本上停留在“正确”“熟练”的层面。我们目前的写作教学还只是停留在静态语言学层面的一种低级语言水平的语言教学，甚至说是一种错误的语言观造成的错误的语言能力的教学。这种错误的语言观所导致的不仅仅是学生学习语言兴趣的降低，更为关键的是它会破坏学生本来正确的语感，教给学生错误的东西，是一种有毒的知识，这种语言教学对于学生语言能力的发展只会起反作用。

二、叙述的交际语境写作阐释

引导学生用讲故事的方式叙述，吸引读者。郑桂华的《一样的故事，不一样的讲法》是从表达的技巧方面开发写作知识的，如“学习运用环境、细节使故事情节和人物形象更加吸引人”；要写出故事的起伏变化，不要平铺直叙；试着用点对比的手法；要让细节说话，让人物说话；要学会运用背景、环境写人。

---

① 章熊，缪小放．简明·连贯·得体——中学生的语言修养和训练［M］．北京：语文出版社，1999：190．

② 章熊，缪小放．简明·连贯·得体——中学生的语言修养和训练［M］．北京：语文出版社，1999：190～198．

如果从交际语境的角度开发叙述的知识可以是这样的：我向谁叙述？大人、小孩……我为什么叙述？是客观介绍，还是渲染、打动？我运用概括的、精练的语言还是运用细节说话？假如法庭让你作为证人，用十分钟叙述一下你见到的一场凶杀案，也许故事确实很惊险、恐怖，你甚至可以讲得大家入迷，但事实上你只能尽量客观地将细节、环境平铺直叙出来。你没有必要将故事叙述得一波三折、起伏变化，不能信口乱说，这样会造成法官作出错误的判决，甚至造成冤假错案。可是如果你是小说家，想创造一个惊险刺激的故事，就有必要运用一些悬念、延迟、倒装、渲染、对比、起伏、节奏等种种艺术创作的技巧了。所以，我们要培养学生什么样的写作能力，写作的目标、宗旨以及价值取向是什么，决定着写作知识的种类、性质、形态、数量、成分等。

三、描写的交际语境写作阐释

当我们访谈五年级小学生为什么讨厌作文时，有些孩子说："本来一百字就说完的事，老师非得要求说二百字，最讨厌了！"是的，孩子们是天真无邪的，他们认为写作文就是说话，我一百字把事说清楚了，为什么非得二百字呢？教师也是弄不明白为什么如此，难道因为教材这样规定就一定要写二百字吗？难道中考如此要求吗？这显然是从消极的、孤立的、静止的、客观的物质主义文本写作观出发的非理性行为。如果教师这样设计一个简单的写作任务情境，学生就明白怎么一回事了。

现在的文本中心的人物描写教学，指的是一种知识性的、技能型的、格式化的描写。这样的描写知识，对新学写作的、不知道基本写作方法、程序、内容的孩子或者新手作者是必要的，如写人物，可以写人物的长相、衣着、神态、动作以及心理等；写长相又可以细分为脸的形状、眼睛、鼻子、头发、耳朵等，要按一定的顺序去写，读者读起来才不致混乱。可是从文本语境和交际语境来说，生硬地按照这样的写作方法去写，有时是荒唐的。比如写“我的老师”，一般没有必要面面俱到，将眼耳鼻身都一一描画出来。特级教师洪宗礼曾经上过一堂《猜猜他（她）是谁？——为同学画像》的作文课，让学生描写本班的同学，现场在课堂上读出来，让大家猜猜写的是谁。这是一个典型的“交际—语境”型的写作课堂设计。不一会儿学生们都写出来了。有一个同学把同桌写得太逼真、太形象，以至于同桌很快听出是在写自己，两个人争吵起来。当然，老师顺势利导很巧妙地解决了问题。我们从那堂课上真真切切地感受到了真实的语境交流写作的无穷魅力。

于永正老师曾经上过一堂关于“转述”的口语表达训练课。上课老师故意“迟到”一会儿，让一位穿着牛仔裤、披肩发的女同事来告知一件事，这样就营造了一个转述的情景。当老师跨进教室时，学生们开始急着向老师转述刚才的“事件”，老师故意问“谁？长得什么样？”，学生不知不觉进入一个向老师描述人物的交际情境。很显然，这样的交际情境不需要面面俱到地对五官各项进行描述，只需抓住人物的主要特征，让听者知道这人是谁就够了。这就是一个真实的写作事件。试想，如果我们直接布置一个二百字的人物描写片段，那多么无聊，多么没意思啊！

又比如同样是景物描写，朱自清的《春》、《红楼梦》中的景物点染、旅游景区的风景说明书、地产商的企划宣传等，交际语境不同、目的功能不同，写法自然是不一样的。如果我们都按一个模式、一样的语言去写，不但不得体，而且可能会写得很痛苦。学生一旦进入到语言交际的真实场景中去，写作任务的交际语境变得明确清晰起来的时候，“说什么和如何说”的问题也就有望得到解决。

总之，合乎语境和表达意图的语言才是好的、正确的语言。其他诸如议论、说明、抒情在交际语境写作观下也都有新的阐释，兹不赘述。

第五章

交际语境写作策略

【提示】本章是为了解决“如何做”的问题，主要从实践的角度阐述基于交际语境的写作策略和教学策略，包括语境分析策略、语境构思策略、读写结合策略、写作任务设计策略，以及基于“6+1”特征指标的作文评价策略。

第一节　写作策略和写作教学策略

一、写作策略概述

（一）学习策略

近30年来人们逐渐认识到学习除了知识、技能以外，还有策略的运用，即学习策略的习得，因而目前越来越多的西方国家将学习策略作为语言学科教学的核心内容。现有的文献资料对学习策略的定义为：(1)

把学习策略看成是具体的方法或技能（Mayer, 1988）；（2）把学习策略看作是学习的程序和步骤（Rigney, 1978）；（3）把学习策略看作是内隐的学习规则系统（Duffy, 1982）；（4）把学习策略看作是学生的学习过程（Nisbert, 1986）。

刘淼认为，“学习策略指学习主体自觉地对学习活动及其因素进行宏观与微观统一地计划、评价、调控，以寻求最佳学习效率的计策或谋略。简单讲，学习策略就是学习方法的使用或活动方式”[①]。

我们认为，学习策略是学习者在学习活动中有效学习的程序、方法、技巧及调控方式。写作策略是学习策略的下位概念。下面，我们讨论写作策略的含义。

（二）写作技能和写作策略

策略与知识、技能、能力是一组近似的概念，它们之间有交叉重合，但“策略”与“知识”“技能”“能力”不同。

朱智贤的《心理学大辞典》曾经对知识、技能、能力作过如下区分：“知识是在人脑中形成的经验系统，技能是在个体身上固定下来的复杂的动作系统，能力则是个体顺利完成活动任务的直接有效的心理特征。”[②]其中技能和能力相近，我们就取写作技能代表它们，认为技能是一种“习得的、能相当精确执行且对其组成的动作很少或不需要有意识注意的一种操作”[③]；而策略我们认为是一种高于知识、技能、能力的一种新的知识和能力形态。策略实质是人类反身思维能力的一种体现，是一种灵活性的方法运用和运用方法的经验、智慧，具有“元认知

① 刘淼．作文心理学[M]．北京：高等教育出版社，2002：74．

② 朱智贤．心理学大辞典[M]．北京：北京师范大学出版社，1989：300．

③ 邵瑞珍，皮连生，吴庆麟．教育心理学（修订本）[M]．上海：上海教育出版社，2000：154．

知识”（即关于知识的知识）的特征。

将三个概念应用于写作教学领域，我们认为：文章学上的那些概念属于传统意义上静态的陈述性“知识”；而关于如何审题、立意、行文、修改的方法可以称为“写作技能”。写作技能具有可以通过行为主义的机械训练和程序化教学的特征，但容易沦为一种死的、机械的知识，灵活性、迁移性不足。我们倡导写作技能训练要向写作策略教学转移。

刘淼把写作策略称为“作文策略”，他认为：“作文策略是作文中的学习策略，是作文者为达到学写作文的目的，在元认知的作用下，根据作文情境的特点，调节好控制作文方法的选择和使用。”“作文策略不等于作文方法，它是凌驾于作文方法之上的选择与使用作文方法的方式与技巧。”①可见，写作策略高于写作方法（技巧），二者不是一回事。

写作策略不同于写作知识。写作知识包括文体知识、体裁知识、审题立意、谋篇布局、遣词造句、修辞逻辑等基本知识。写作策略则是一种高级形态的写作知识。写作策略具有动态性、情境性、个体性和灵活性。它是对静态写作知识的应用，它有可能是程序、技巧、独特的写作经验等。写作策略更多存在于写作过程之中。

写作策略虽然不同于写作知识，但可以由写作知识转化而来。比如关于文体的知识，由于文体本身就蕴含着思维方式和交际方式的信息和图式，对于文体知识的灵活运用就可以转化为一种“文体写作策略”。在新闻稿的写作中，新闻的“倒三角形”和“新闻结构五部分构成知识”就可以成为新闻写作的有效指引和写作模板。这时的新闻知识就已经转化为“写作策略（知识）”。很显然，目前，我们传统的文章写作知识仍是有用的，但必须进行策略性知识的改造。

① 刘淼．作文心理学［M］．北京：高等教育出版社，2002：77～79．

（三）国外的写作策略研究

近40年来，欧美一些国家的大学、组织和机构，开展了大量严谨认真的写作实验研究，结合相关（如应用心理学、写作学、功能语言学）学科的研究成果，进行了卓有成效的写作课程内容研制和开发，取得了令人瞩目的成果。写作策略就是其中之一。Victori（1999）把写作策略分为计划策略（Planning）、组织策略（Organizing）、评价策略（Evaluating）和语篇资源策略（Resourcing）。Faerch & Kasper（1983）认为语言学习策略包括三类：学习策略、交际策略和产出策略。O' Malley & Chamot将策略分为元认知策略、认知策略和社会情感策略。Cohen（1998）将策略分为语言学习策略和语言运用策略。[①]

我们认为，写作策略应该包含认知策略、元认知策略和社会情感策略。它应该包括传统的文章写作方法，比如“范文模仿”“读写结合”“文体策略”以及过程写作中的有关构思、立意、行文、修改的技巧，还包括交际语境写作中的社会认知策略，如RAFT策略。

H. D. Brown著的《语言学习与语言教学的原则》将学习策略分为直接策略（包括记忆策略、认知策略、补偿策略）和间接策略（包括元认知策略、情感和社会策略等），每类有若干小的策略和方法。此外，2001年我国颁布的《英语课程标准》把英语学习策略的教学列为重要内容之一。学习策略指学生为了有效地学习和发展而采取的各种行动和步骤。英语学习的策略包括认知策略、调控策略、交际策略和资源策略等，它指出教师应在教学中，帮助学生形成适合自己的学习策略。认知策略是指学生为了完成具体学习任务而采取的步骤和方法；调控策略是指学生对学习进行计划、实施、反思、评价和调整的策略；交际策略是指学生

① 刘东虹．第二语言写作的心理与语言探索［M］．武汉：中国地质大学出版社，2009：75.

为了争取更多的交际机会、维持交际以及提高交际能力而采取的各种策略；资源策略是指学生合理并有效利用多种媒体进行学习和运用英语的策略。英语课程标准中对学习策略的定义，可以给我们定义“写作策略”以借鉴。

现在有的研究者将写作策略主要看作认知策略或者写作策略性知识。何更生、张广顺等人，从广义知识论出发界定写作策略。何更生认为，“写作策略性知识（又称认知策略，Cognitive Strategy）是一种特殊的程序性知识，其实质是如何审题、如何构思、如何选材、如何剪裁、如何组材、如何遣词造句以及如何修改等规则支配作者写作过程中的认知和情感活动，并提高自己的写作质量和效率”。张广顺认为，语言知识、文章知识和常用文学体裁知识等属于陈述性知识；作文中则表现为作文的技能与技巧，如审题、构思、开头、过渡、结尾等程序性知识；而写作策略性知识是关于作文方法的使用或作文活动方式的知识，是个体对自身作文认知过程的认知，是对作文过程进行计划、监控及调节、修正等方面的知识。它包括对作文过程各个阶段所采用的方法与活动方式的选择与调控。[①]这基本是正确的说法，但仅仅把写作策略等同于策略性知识是不够的。我们认为写作（作文）策略包括传统写作知识以及心理学上说的写作策略性知识，同时还包括元认知策略，即包括方法及其适用条件、对象性和情景性的认知与调控，是传统的、知识的、经验的、认知的、情感态度的以及社会交际等方式方法技巧及其应用情境的一种综合。它主要是指那些有效地指导和监控学生学习过程的方法、技巧或者活动方式。它相当于我们通常意义上说的“写作才能”“写作素养”“写作智慧”等概念。

① 张广顺．重视写作策略性知识的教学和研究［J］．现代语文（语言研究版），2005（11）．

“写作策略”，在我国是一个陌生的名词，在国际上也没有统一的定义，但我们有如下基本认识：“写作策略”不同于传统上的“写作知识”“写作方法”“写作技能”等，它包含后者，又超越了它们，与它们有本质的不同。根据倪文锦先生对策略的研究①，我们认为“写作策略”和“写作技能”有以下几点需要区别：

一是目的不同。策略是主体有意识、有计划的认知活动。优秀的学习者知道自己在运用什么策略、什么时候运用和怎样调整策略以适应不同的学习任务，而技能往往被认为是自动化的习惯行为。

二是复杂程度不同。策略往往着眼于整体，而技能则是一系列分技能的相加。

三是灵活性不同。策略具有广泛的灵活性和适应性，而技能，从教学来说，即使不是刻板的，也具有机械训练的特征。

四是有无意识的区别。策略包括元认知的成分。优秀的学习者能够意识到自己在做什么，效率如何，从而监控、调节并改进自己的学习行为。可见，策略与知识、方法、技能相比，居于更高层面，更具灵活性、条件性、迁移性以及主体自觉和反思调控的特征。

二、从写作技能训练到写作策略教学

目前来看，写作策略是一个最重要的知识类型，它不同于“写作（学科）知识”。写作知识旨在“求真”，即探寻学科的特点、规律、知识、原理等，以形成阐释性的、系统的知识体系为目的；写作策略（Writing Strategies）着眼于“行动”，是行动的有效办法、方略、步骤、措施等。如果说写作知识着眼于认知，是对“真”的追求，那么写作策

① 倪文锦．从技能训练到策略教学的发展趋势［J］．中华活页文选（教师版），2009（6）．

略则以追求“实用”为指针，着眼于实践应用。叶圣陶说：“语言文字的学习，就理解方面说，是得到一种知识；就运用方面说，是养成一种习惯。”“语言文字的学习，出发点在‘知’，而终极点在‘行’，到能够‘行’的地步。”[①]这里的“知”相当于写作知识的学习，“行”相当于写作策略的运用。

国外的写作课程的主要内容，不再仅仅建立在过去静态的文章学知识上，而且已经产生、推广了“过程写作知识”，并开发了名目繁多的策略性知识。这些知识是学科专家、学校、教师、学生、编者等共同研发出来的，有的是以显性知识的形态呈现，有的又是以有效的方法、技巧、工具性知识呈现的。这些知识具有当今建构主义、后现代主义社会的某种建构性、社会性、情境性、个体性、不确定性等特征。

写作策略从个体来看是千差万别的，具有个体性、情境性以及缄默知识的特征，但并不意味着不可以显性化。这些看似不可言传的缄默知识和经验，其实是可以通过一些成功的教学案例转化成一种显性知识供我们分享的。

国外写作心理学研究发现，写作专家和新手在写作能力上的差别主要表现在写作策略知识上，也就是说写作策略知识在一定程度上决定作者的写作能力。写作策略教学应该是写作教学最主要的任务目标。

我们的写作教学也应该由目前的写作技能训练，转向让学生获得有效的写作策略，我们要帮助学生把这些有效的方法和经验总结出来，并有意识地进行训练，这就是写作策略教学的含义。

写作策略教学是以学生为中心的教学，以能力为发展目标的教学，

① 叶圣陶．略谈学习国文［A］//叶圣陶教育文集［C］．北京：人民教育出版社，1994：89.

是以学生自我认知为主要学习方式的教学。写作策略教学需要文章知识、写作过程知识和写作交际知识，需要自我认知和元认知能力。写作策略教学应该是原来写作教学的更高层面的整合、提升和改造。

笔者通过对英美澳加等国的写作内容标准的研究发现：写作策略是其写作课程的主要内容。从国外的课程标准、作文教材、作文书籍来看，国外写作教学的主要内容已经从写作技能教学向写作策略教学转变。

写作教学策略指的是在学校课堂教学中教授写作课程的方式、方法、措施、路径等。有的写作策略就是写作教学策略，如摘要写作、合作写作、过程写作法。有的则不相同，如内容领域的写作、文体写作等。一般来说，写作策略是对写作者来说有效的方法、步骤；写作教学策略则是对于教师教学来说的。下面以美国一个研究报告为例，介绍有效的写作教学策略。

三、美国的写作教学策略及其启示

下面我们介绍的是美国2007年发布的研究报告——《提高学生写作的有效教学策略》[①]的内容，并探讨其对我国写作课程建设的启示。

（一）概述

本报告是“国家写作工程”（NWP）[②]委员会应卡耐基公司和优质

① Graham, S. & Perin, D. (2007). Writing next: Effective strategies to improve writing of adolescents in middle and high schools—A report to Carnegie Corporation of New York. Washington, DC: Alliance for Excellent Education[DB/OL]. http://www.all4ed.org/files/WritingNext.pdf, 2009-09-15.

② 国家写作工程（NWP），是美国一个全国性写作教育教学专业组织。它成立于1976年，目前在联邦政府、州以及私人基金会的大力支持下已经发展成为一个遍布美国50个州，拥有200多个会员单位的大型写作教育、教学、科研和培训专业机构。

教育协会委托撰写的。撰写者史蒂夫·格雷厄姆（Steve Graham）教授和德洛莉斯·佩林（Dolores Perin）博士，利用量化统计的方法，研究分析了近几十年来大量的写作教学实验。这些研究采用的都是实验或准实验研究的方法，有准确可靠的量化测量数据，范围涉及“学习写作”（母语课程内的写作）和“通过写作来学习”（跨学科写作）领域。他们采用“元分析”（Meta-analysis）的方法，筛选了关于4～12年级学生写作教学实验共142项，得到176个数据，然后对这些“效应值”①（Effect Size）进行分析，对其中涉及的写作策略进行科学的分类整理，根据每一类别的效应值和影响因子进行加权计算后，进行排序，得出了11种提高写作教学（Writing Instruction）的最有效的要素（Elements）。它们依次是：

1. 写作策略（Writing strategies）ES=0. 82
2. 摘要写作（Summarization writing）ES=0. 82
3. 合作写作（Collaborative writing）ES=0. 75
4. 具体的作品目标和要求（Specific product goals）ES=0. 70
5. 文字处理技术（Word processing）ES=0. 55
6. 句子组合（Sentence combining）ES=0. 50
7. 构思（Prewriting）ES=0. 32
8. 探究活动（Inquiry activities）ES=0. 32
9. 过程写作法（Process writing approach）ES=0. 32
10. 揣摩范文（Study of models）ES=0. 25
11. 内容学习领域的写作（Writing for content learning）ES=0. 23

① 效应值又称“效应大小”“样本含量”，统计学术语。指的是变量引起的实验效果的大小。一般用于针对某一研究领域内的元分析中，经常见于心理、教育、行为研究等。ES 越大，效应越明显；ES 越小则相反。0.8 左右效果好、0.5 左右效果中等、0.2 左右效果小。

首先要指出的是，本报告中对“写作策略（Writing strategies）”和“写作策略教学（Writing strategies instruction）”两个概念并没有认真区分。上述11种策略主要是针对教师教学而言的，大致类似于写作教学方法，应该属于写作策略教学范畴，可它们同时又是面向学生的写作策略（或方法）。严格地说，它们是两个概念。写作策略属于课程内容的范畴，写作策略教学属于教学法的范畴，但美国的研究者似乎在实证哪些教和学的方法更有效，而忽略了这两个概念的逻辑辨析。从另一个方面，我们也可以作这样的理解，即“教的法子依据学的法子，学的法子依照做的法子”。“教学做合一”（陶行知语），写作策略教学教的肯定是有效的写作策略。二者确实很难区分，也没必要区分，而且在世界课程和教学论领域正有一种“课程内容和教学法融合”的趋势。[①]其次，这11种写作策略中的前四种，即写作策略、摘要写作、合作写作，以及明确的写作目标和要求，对提高写作能力效果明显；中间的四种，效果一般；而范文模仿和跨内容领域学习的写作，效果稍低。格雷厄姆还发现，有些写作策略如语法教学（ES= −0. 32），效果值是负数。这说明这样的教学内容对写作不但无效，反而有害。下面，我们对上述11种高效写作教学策略作简要介绍。

（二）美国NWP发布的11种有效写作策略的应用

1. 写作策略教学

写作策略教学（Writing strategy instruction），指的是教给学生明确的关于构思、修订或编辑的策略。这些策略有的是关于写作任务的一连串必要而完整的步骤，如过程写作法；有的是针对特定文体，如小说、叙述类文章、劝说类文章等的具体教学方法；还有的是诸如头脑风暴、同伴合作、自我调节策略（Self-Regulated Strategy Development,

---

① 张华. 课程与教学论［M］. 上海：上海教育出版社，2000：86 ~ 93.

简称SRSD）等的写作方法、技能和策略。它们对提高学生的写作水平，尤其对提升低水平学生的写作水平效果显著。

2. 摘要写作

摘要写作指的是通过提供范文为指定的文本撰写摘要。教学生概括和总结文章的明确而系统的方法，既可能涉及写作规则的使用，也可能需要一些具体的办法。下面6条对于写摘要很有效：

（1）删除不必要的材料；

（2）删除冗余的材料；

（3）用一个词来概括一系列术语；

（4）用一个词来代替个别具体的描写；

（5）选择主题句；

（6）撰写主题句。

3. 合作写作

合作写作指的是教师在教学中，安排学生们一起对作文进行构思、起草、修改、编辑。格雷厄姆和佩林的研究表明，当学生们合作写作并互相帮助时，可以有效地提高写作质量。

4. 具体的作品目标和要求

这里指的是写作教学要为学生提供具体的、可以达到的目标，而不只是提出笼统的写作要求。它们包括明晰具体的写作任务目标，以及详细具体的作文成品的要求和特征。例如写说服性的文章，要求给出两个例子支持你的观点，以及结构文章的具体方法。研究发现，这要比泛泛提出作文的一般要求（如写篇文章说服别人同意你的观点），效果好得多。

5. 文字处理技术

现在电脑已经进入千家万户，很多家庭都在使用电脑和文字处理系统（如office）作为完成写作任务的主要工具，这些对低水平的写作者尤其有帮助。使用电脑写作，可以比较容易地发现拼写错误，文稿容易辨认，也大大减轻了写作的认知负荷。

6. 句子组合

句子组合即我们俗称的“造句”，指的是教学生通过将两个或两个以上的基本句子合并起来，写出一个更加复杂、精巧的句子。使用此法，最好将低水平学生和高水平学生结成对子，在简单句子中插入一些新的形容词、副词、短语或从句，一句句逐步进行训练。

7. 构思

构思指的是让学生参与一些特定活动，帮助他们不断产生新的想法、材料，并对它们进行组织的活动。这些活动可以包括头脑风暴、词语发散、直观结构图、思维脑图之类，来搜集组织关于作文的想法、材料和信息。

8. 探究活动

探究活动指的是要求学生搜集和分析具体的信息和素材。使用的方法有观察、访谈、比较、对比、收集、评价、分析、应用等。可以采用如下步骤：

（1）明确目标：描写人的动作；

（2）搜集信息：观察一个或多个同伴的具体活动；

（3）具体化：询问被观察的同学为什么做那些动作；

（4）应用：在观察的基础上，写一个包含深刻见解的故事。

9. 过程写作法

这是20世纪60年代以来基于认知心理学发展和写作主体（作者）的研究而发展起来的一系列写作教学方法。

10. 揣摩范文

揣摩范文指的是为学生提供针对每个特定类型写作的优秀范文，

分析并理解范文所包含的优秀写作要素，然后要求学生模仿这些范文，写出与之相似的作品。这在我国有着悠久的传统，是一种有效的方法，但并不是一种特别高效的方法。

魏姬·厄克特（Vichi Urquhart）和莫内特·麦基沃（Monette Mclver）说“范文是作者最好的朋友”。在他们看来，范文是一种“文字借贷”，这些过往的范文，为将要发生的写作提供了“路线图”，可以让作者揣摩这些范文的“表达特征”和“写作艺术”。①在我们看来，范文这个朋友的好处在于，它可以为作者将要发生的写作提供某种样子和模型，作为一种思维支架或备选方案，减轻写作者构思的负担，但是范文对于优秀写作者也可能会造成阻碍，限制他的创造性思维。

11. 内容学习领域的写作

内容学习领域的写作指的是将写作视为学习某学科内容（如历史、地理、社会）的一种工具。此类写作的目的是学习掌握学科内容，而不是写作本身，但对两者都有益，也就是所谓的“跨课程写作”，如实验报告、历史研究小论文以及综合性学习中涉及的写作等。

当然，除了上述11种写作教学策略外，还有语篇结构、段落写作、及时反馈等。它们也不一定单独使用，而应该综合、灵活地进行。富有创造精神的教师完全可以去发展探索新的行之有效的写作教学策略，这也是一个称职的写作教师的职责所在。

其实，上述许多写作教学策略，我们基本都有，也在用，只是我们还没有形成一种自觉的写作课程意识，尤其是写作内容（序列）意识、写作策略教学意识。相反，我们却在文风、文德、“写真实”之类的话题上过多纠缠，掩盖了我国作文教学的真正问题，模糊了我国写作课程建设

① ［美］魏姬·厄克特，莫内特·麦基沃．教会学生写作［M］．北京：教育科学出版社，2008：60.

的正确方向，转移了我国语文课程和教学应该坚守的真正阵地，也就是说“种了别人的地，荒了自己的田”，却还浑然不知！

（三）写作教学教什么

今天，我们的语文课仍然没有实质意义上的写作教学（王荣生语），究其主要原因在于：

（1）我国写作课程观念比较落后，有效写作知识极度陈旧和匮乏。

（2）我国现行的语文课程几乎没有像样的写作教学内容。

（3）我国语文教师的写作教学知识和技能严重缺失，大多数老师上作文课，除了布置写作任务、提写作要求，简单批阅之外，几乎处于“不作为”状态。

放眼国外的母语教育，尽管有些国家也与我们的情况差不多，但像美国、英国、加拿大、澳大利亚等国家则呈现出比较完备的写作知识体系和相对明确的写作课程内容。从国外看，写作课主要是在教写作策略。我们不妨从这个角度进行讨论。

科学实验证明：关于作文的语法教学、篇章知识教学以及大量写作技巧的传授，对提高学生的写作能力效果并不明显。这些知识基本属于陈述性知识的范畴。作文在某种程度上是一种心智技能，是一门能力型的学科。程序性知识和策略性知识才应该是其教学内容的主体，并不是说那些文章知识、方法知识不能教，关键是它们只宜充当工具性知识的角色。它们在课程、教材、教学层面都有其存在的价值，但这只是写作教学的第一步，而接下来写作策略知识才是课程内容的关键。这也是国外的课程标准和写作教材不大提写作知识或技能，而直接提写作策略及其应用的主要原因。

从写作课程内容开发角度说，关于如何立意（任务目标分析），如何在大脑中迅速唤起、生成和搜集记忆表象、生活资料、写作素材，如何教给学生作文的思维方法、操作方法和活动方式（如头脑风暴、思维图、写作过程知识等），培养学生写作的“元认知能力”（即关于写作过程的动机激发，情绪和注意力管理等自我调控技术），这些很重要。至于那些所谓的“写作是一种情感、态度、言语生命”的立论，不会解决写作教学内容缺失的实际问题。也就是说，写作课程内容建设还是要回到有效写作知识、技能和策略的开发上来。

（四）写作策略如何教

关于写作策略如何教，我们从以下方面作简要介绍。

1. 关于单一写作策略的教学

其一般步骤是：

（1）策略的简介和理解；

（2）策略的示范和操作；

（3）教师指导下策略的运用和实践；

（4）学生独立的策略应用；

（5）写作策略的熟练应用、灵活与综合应用。格雷厄姆和佩林曾提出一个SRSD六步写作策略教学法，可供参照：

①形成背景知识：向学生讲授成功使用该策略的任何背景知识；

②描述：说明并讨论使用该策略的目的和用途；

③示范：老师示范如何使用这种策略；

④记住它：学生记住使用该策略的步骤及其他相关信息；

⑤指导：教师为学生掌握这种策略提供支持（Supports）或教学支架（Scaffolds）；

⑥独立运用：学生能够独立运用这种策略，很少或根本不用支持。

写作策略教学绝不能仅停留在教学方法层面，而要上升到课程内容开发和具体课程形态设计的层面。

2. 关于写作课程教学设计的一般流程

（1）依据课程标准鉴别本年级的写作内容指标，包括确定写作类型（文体），鉴别并细化分解技能训练指标，了解学生已有的知识和能力基础，了解已有的、可以利用的教学资源，确定教学时间。

（2）设计修改和创制写作教具。根据具体的教学技能指标，设计包括详细教学步骤的教学流程和活动，制作挂图和图片，设计板书，与教师同行一起搜集并厘定用来教学的例文，厘定例文不同的等级标准，收集至少三篇学生已有的作品，分别包含优秀的范文、一般的样本和有问题的习作，作为"锚标作品"①。教学内容开发和设计要有针对性，避免想当然和粗枝大叶的做法。

（3）设计撰写教案。设计并撰写教案，它包括具体的、可操作的步骤细节和详细的流程。

（4）写作过程和实施。按照构思、起草、自评与同伴互评、修改、校对和发布等环节进行，也可根据实际灵活处理。教师要做好写作过程中问题的发现、记录，并及时处理，进行现场指导，师生要成为协作者和伙伴。

（5）写作后的反馈和评价。写作之后的及时反馈对于学生提高写作成绩帮助很大，它有利于学生进一步弄清写作目标和要求的准确内涵，矫正写作行为中的错误，并有利于今后的改进。

---

① 锚标作品（Anchor paper），指的是在基于标准的学业评价中，为了等级把握和赋分的方便，在某一级别的分数段上提供相应的举例文件，以供大家评分时参照。这些例子被称为锚标作品。

第二节 语境分析：以RAFT策略为例

语境分析指的是对于写作任务的交际语境要素作出确认，以保证写作符合语境要求，实现良好交际效果的语篇。这是解决语篇写给谁、写什么、为什么写、怎么写等问题的必要环节。语境分析与我国传统作文教学中的审题环节有相似之处，但审题主要是对于作文题目的要求、限制作出判断，主要涉及写作话题、主题、文体、字数等，而语境分析内容相对要广一些，包括话题、读者、作者、目的、文体、语言等多方面的要求。语境分析是对语境要素进行选择确定的过程。下面我们以国外流行的RAFT读写策略为例，进行说明。

一、RAFT策略与语境分析

（一）RAFT策略

RAFT写作策略是国外比较流行的一种读写策略。它是作者的角色（Role of the writer）、受众（Audience）、形式（Format）、话题（Topic）四个单词首字母的缩写，是阅读或写作语境分析的主要要素和框架。

RAFT写作策略可以帮助学生理解他们作为写作者的角色，如何有效地传达他们的想法，明确写作目的，以便读者能够轻松理解所写的内容。它要求学生阅读作品或写作时，要将自己所扮演的角色、面向的对象（读者）、所采用的文体式样以及所讨论的话题，全面通盘考虑，多角度地思考问题，并且获得写作所需要的角色意识、读者意识、目的意识、文体意识等交际语境写作能力。不同于传统的文本解读和写作方式，它要求在阅读或写作时，以读者为中心，以交流为目的来思考问题，进行构思。

RAFT策略要求学生从以下四个方面分析写作语境：

角色（Role of the writer）：在写作过程中你想充当什么样的角色？作家、学者、艺术家、政治家、科学家，写作者选择不同的角色、身份，会影响着语篇的内容、语言、口吻等。

受众（Audience）：语篇的读者是谁？同学、父母、当地社区居民、学校教职工、报刊读者？读者不同，要选择的内容和表达方式也不同。

形式（Format）：以什么样的文体样式去表达？通讯、新闻、报告、论文、说明书、诗歌、散文等？这需要考虑体裁、目的以及受众的需要、作者的专长以及最后的效果。

话题（Topic）：要向读者谈论什么？

下面是一个语境要素分析图，每一个要素下面有若干形式，可以作为引发新的想法的线索选项。

表5.1 RAFT语境要素分析图

角色	受众	形式	话题
作家 艺术家 科学家 冒险家 发明家 陪审员 法官 历史学家 记者 反对者 临床医疗家 新闻记者	自我 同侪团体 政府 父母 小说人物 委员 陪审团成员 法官 活动家 史学家 动物 物体	日报 社论 手册/小册子 采访 视频 抒情歌曲 卡通 游戏 主页 批判 简历素描 报纸文章	与文本或文本时段相关的问题 自己感兴趣的角色或观众关注的话题 与主题相关的重要问题

在基于交流范式的写作中，你以什么身份说话、向谁说话、采用什么方式说话、说什么话题的话，都将成为一种规定，规定着写作的

内容、材料的选择，主题、材料的呈现方式（文体），语言的风格等。有了这些限制和规定的写作，很可能不是难了，而是变得容易了。尤其是在主题、题材、身份等不限的情况下，学生可以用他认为最有趣、最便捷、最容易把握的方式进行构思。比如，有的学生采取了拟人化的视角，以文具自述的口吻，进行说明文的写作；有的学生运用实验报告的体裁（样式）叙述自己初中三年生活的种种酸甜苦辣；有的学生采用书信的体裁，写《____，我想对你说》之类的作文。在上述这些作文中，当学生扮演或者虚拟了某种身份，并明确了读者之后，他就可以用他认为有趣的、创造性的方式进行写作，这样的作文方式和规定好提纲内容、文章结构以及写作方法的文本仿作比起来自然趣味盎然。写作成为一种极其有趣的、文字表达的冒险体验，他会体验到种种创造的乐趣；他会感觉到自己是文本的主宰，一种积极主动探究的好奇心理会油然而生，就好像一种有趣的写的游戏，在其中体验种种过去写作所没有的乐趣。

传统的文本写作和过程写作，是一种限制和规定性的写作。文本写作中关于主题、立意、结构、写法等种种规定自不必说，而这种规定是“外部强加的”，而不是写作者“自主、自愿的”。这样外加的任务规定，显然很难激起学生写作的动机和乐趣，他们厌恶、恐惧、害怕是这种外加式写作的必然后果；而基于交流的写作，当交际语境成为一种内在的心理任务情景之后，学生会成为这个情景中“活动着的”“有主体人格、精神和意志的人”。这时的作者才会成为主体，感受到真正的主体写作者的意义。这时的写作不再是一种被动的、无意义的、为了自己都不愿意的目的或任务去制作文章，而是把写作当作自我探究、扮演、主动创造的一种工具或者游戏手段。人都有一种在游戏中创造快乐并追寻的本能。交际语境写作很可能最能契合人的这种表达、交际、创造的本能和内在冲动。

（二）RAFT策略在阅读中的应用

下面是汤姆洛夫特斯雅典娜高中九年级学生利用RAFT策略完成的一个写作任务，他们读的是斯坦贝克的《珍珠》。

表5.2 《珍珠》写作任务

角色	假设你扮演约翰·斯坦贝克《珍珠》中奇诺的妻子
受众	观众是她自己
形式	我们认为这部小说是一部“痛苦之歌”和“家庭之歌”。现在，你来创造胡安的“自我之歌”，形式采取个人期刊或日记。假装奇诺与她自己交谈，一切在她脑子里进行，把故事用行动表现出来。 她在想什么？感受如何？她觉得她的家人应该怎么办？现在，你如何描述这些东西呢？当你扮演胡安，你将要用语言来描述你的感觉，——你将演唱这支“自我之歌”。
话题	时间，在什么事件之后他们投掷“东方之珠”入海？
写作任务：假设由你扮演约翰·斯坦贝克《珍珠》中奇诺的妻子，写写你的反应。你必须考虑她的思想和感觉，你在想什么，然后详细地叙述。使用文本特定的资料。你应该有至少7项参考和至少3处引用。你还必须特别提到4个重要的问题。（胡安是一位土著妇女，生活在一个性别歧视和种族主义的文化中，那些在权贵包括她的丈夫对她既不公平也不公正，而她较为软弱无力。）你的任务是至少应该写12号字双倍行距的两页。	

这个策略非常具有灵活性：教师（学生）在基本策略上可以开发多种形式，同一文本可适于不同水平的学生。本策略既可被用来作为写前的构思策略，也为帮助学生阅读后的小组讨论作准备。

（三）语境分析与读写教学

我们来看一看《香港高中中国语文“中长期建议方案”（咨询稿）》对中学五年级学习单元二“表达与应用（一）”——游说单元所作的示例。在范文《出师表》教学中，其“写作范畴”的建议学习目标如下：

游说：揣摩读者心理，恳切陈词，严密论证，情理兼顾，以改变读者的观念和行为。

实用写作：建议书。

实用写作：确定读者，用词得体。

掌握写作策略：因应写作目的、场合和对象，运用不同的写作方法。

《出师表》本是“奏章”，在这里被当作建议书——写作的范文来教是恰当的。建议书有哪些特征，建议书写作有哪些策略和技巧，基于此安排学习重点。从案例可以看出，建议书的写作目的：劝说；写作技巧：要揣摩读者的心理，晓之以理、动之以情、导之以行；话语双方独特的关系：一个追随先帝赤胆忠心、呕心筹划的磊落老臣，一个年幼昏聩、没有治国理朝才能的少主；文章独特的语境：大军出征前要安排朝廷内外事务。这些决定了文章的话语内容：形势分析、自叙身世、表白忠心，陈述朝廷的内外政策，进而陈述具体的人事安排等；表达方式：先以议论为主，晓之以理，再融以叙事，动之以情；话语风格：言辞谆谆，感情深挚，陈述具体，析理透辟。

又如，一则关于新闻稿文类读写结合教学案例设计[①]：

1. 新闻稿文类选文分析

主要从“文步结构（标题—导言—铺叙—补充资料）—文本—文本内容”三部分进行。

2. 语境分析

（1）作品题目：华航客机坠机，225人罹难，最少涉5港客。（2）作者

① 岑绍基．语言功能与中文教学——系统功能语言学在中文教学上的应用（第二版）［M］．香港：香港大学出版社，2010：114．

角色：某报社记者。(3) 读者角色：见面频率少；感情浅；地位相等。(4) 写作背景：台湾华航客机突然坠机，225人罹难，这场灾难集突发性、反常性、即时性、冲击性于一身，具有新闻价值。某报社派记者现场采访向公众报道该事件。(5) 写作目的：让大众了解该事件的状况以及社会影响。(6) 写作策略：内容方面需简明扼要，内容以重要性程度递减排列；用语方面用第三人称叙事，因面对大读者群，用语要通俗浅白。(7) 文体形式：新闻稿。(8) 社会意义：报道具有新闻价值的事情，引起社会大众关注，满足读者的知情权。

3. 新闻的图式结构分析

(1) 标题（正题）：骨干、核心。

(2) 导语：处黄金地带，必须把最重量级的“何”说出，如“何事”“何地”“如何”，把次要的“何”押在后面。

(3) 铺叙各点：对导语按重要程度逐一铺写。

(4) 补充资料：对次要的资料作补充说明。

4. 新闻的评量表分析

(1) 新闻稿一般有标题、导语和主体。

(2) 导语须包括何人、何事、何时、何地、为何和如何。

(3) 主体的结构通常是倒金字塔：首先是最重要的材料，其次是次要的材料，最后是更次要的材料。

(4) 新闻稿的语言须鲜明、通俗、朴实、生动。

(5) 新闻稿的文字、事实实施必须具体、典型。

(6) 新闻稿的逻辑必须清晰、条理必须分明。

从这两个案例可以看出，香港的写作教学已经具有浓厚的交际语境写作意识，包括读者意识、文体意识、写作目的意识、语体意识等。这种基于功能语言学的写作教育观是目前最先进，也是最符合语言本质的科学的教学观，也是目前世界上多数国家语言教学普遍采用的做法。

二、基于交际的写作教学案例

【作文实验课】

感受真实世界里多姿多彩的写作

——语境、目的、对象决定写作的语言、体式和内容

执教者：荣维东

教学目标：

（1）树立在真实世界中写作的观念，了解写作的本质在于表达与交流。

（2）识别三类不同文本：真实文本（信）、应用文本（达）和文学文本（雅），初步感知不同文本的特点和功用。

教学重点：理解不同的语境、目的、对象，其决定着写作文体、语言和内容。

教学用具：圣女果（两大盘100枚左右）、纸笔、PPT投影仪。

教学准备：课前阅读关于圣女果的资料，说说它们各自的内容和文体特点。

资料1 圣女果

（1）圣女果也称小西红柿。因其状如樱桃、葡萄、珍珠又称为樱桃番茄、葡萄番茄、珍珠小番茄等。

（2）因其鲜红碧透，状如红心，在国外还有“小金果”“爱情果”的美称。

（3）圣女果原产地是南美洲的秘鲁、厄瓜多尔、玻利维亚等。相传16世纪，英国公爵旅游时带到欧洲，也可能是从西部传入中国，故称番茄。

（4）其果形椭圆，一般直径约1~3厘米。

（5）颜色以红色为主，鲜红碧透，另有粉红、中黄、橙黄、翡翠绿、黑色等新品种。

（6）圣女果不仅色泽艳丽、形态优美，而且味道鲜美、营养丰富，可生食、炒菜、榨汁、做酱或加工成果脯，人称“蔬菜中的水果”。

（7）圣女果含有丰富的维生素C，每百克西红柿含11毫克维生素C，是苹果的2. 5倍，维生素PP含量在果蔬中也名列前茅。此外，还含有胡萝卜素0. 31毫克，除含钙、磷、铁外，还有较多的苹果酸和柠檬酸等。一般而言，黑色番茄营养价值最高，有抗癌和防癌作用，黄色含类胡萝卜素较多，大红较粉红的味稍甜。小型番茄富含各种维生素、矿物质等，尤其适合儿童补充维生素和矿物质营养。

（8）圣女果中含有的谷胱甘肽和番茄红素等特殊物质，可促进人体的生长发育，特别是可以促进小儿的生长发育，增加人体抵抗力，延缓人的衰老。另外，番茄红素可保护人体不受香烟和汽车废气中致癌毒素的侵害，并可提高人体的防晒功能。对于防癌、抗癌，特别是前列腺癌，可以起到有效的治疗和预防。樱桃番茄中维生素PP的含量居果蔬之首，可保护皮肤，维护胃液正常分泌，促进红细胞的生成，对肝病也有辅助治疗作用。

（9）以中医药膳理论分析，西红柿性微寒，味甘、酸；入脾、胃、肝经。可养阴生津、健脾养胃、平肝清热，适于热病伤阴引起的食欲不振、胃热口渴等症。

（10）圣女果既是蔬菜又是水果，菜果兼用，是菜中佳肴，果中美品。

（11）圣女果种植方便，产果量大，经济价值可观。植株生长迅速，种苗种下70天后果实可成熟，可连续采摘3个月，亩产4000多公斤，效益好，被联合国粮农组织列为优先推广的四大水果之一。

（12）圣女果生育适温为24～31℃，喜欢在较强光照及土层深厚的土壤种植。圣女果的栽培应选择有机质丰富、耕层深、结构好、疏松透气的壤土为宜。整地时畦宽1. 5米，垄高25厘米，垄沟宽40厘米。1. 5米宽的畦田可栽4行，株距25～30厘米，每亩可种6000～8000株。定植时，先在畦内或半高垄上开沟，沟深15厘米，开沟后，每亩撒施250公斤腐熟的粪干，增施磷肥，每亩可同时撒施30公斤过磷酸钙。圣女果果型小，数量多，长势旺盛，栽培时注意增加坐果数，使果形小且均匀，采用双干整枝，把其余侧枝剪掉。为使果实着色好，含糖量高，应多施磷肥。

（13）圣女果常出现落花落果的现象，影响早熟及产量，主要原因：一是阴天多雨，光照不足；二是栽培管理不当。此外，定植时秧苗过长，植伤过重，浇水不均匀，土壤忽干忽湿，花期水分失调，花柄处形成离层，水肥不足等原因，都会造成营养不良性落花。防止落花落果应采取以下措施：一是农业综合防治措施，如培育壮苗，适时定植，避免低温；及时整枝打杈，防止植株徒长；及时追肥浇水，防治病虫害和机械损伤。二是施用植物生长调节剂，常用有番茄灵、2，4—D。番茄灵的适宜浓度为25～50微克，2，4—D为15～20微克，于花期涂抹在花梗离层处或花的柱头上。

资料2

欣赏下面的小诗《圣女果》，说说文本的特点和目的。（略）

资料3

欣赏下面的小说《圣女果》，说说它的文体特点和表达效果。（略）

教学步骤：

（1）读一读。读课前下发的资料，说一说各写了哪些内容，便于交流讨论。

（2）写一写。以小组合作的方式，完成下列写作任务，达成你们恰当、有效的交流目的。游戏规则是：目的、对象不同，文体、语言和内容也不同。五个问题：写给谁？为什么写？用什么语言写？内容合适么？达成目的了么？

活动1：

回家后，你发现桌子上有一小盘圣女果，就吃掉了，可是父母不在家，就想写一个短信（或便条）告诉妈妈，该如何写？

“写短信”教学实录摘录：

（写作两分钟后）一个学生说：“妈：我把圣女果吃掉了。”老师问还署名吗？学生：不署，因为妈妈知道，平时就是我在吃。老师点出——有对象，达到了交际目的了，我是谁的内容可以不说。

第二个学生念自己的短信是：“妈妈：桌上的圣女果是我们家的吗？我把它吃掉了。”老师说：“为何说‘是我们家的吗？’这不是废话吗？”学生说：“我家出租房屋的，常有别人的东西放在桌上，得说，证实一下。”老师没想到说得如此好，这完全是一个现场生成的内容。

老师说：“这就看出我们说话写作得看语境，语境也决定着写作的内容。”

第三个学生念道：“妈妈：桌上的圣女果我吃掉了。味道太美了！”老师问“为何提到‘味道太美了！’”学生说：“我想鼓励妈妈继续给我买！”——看来她挺聪明啊，有自己的交流目的在！目的决定了要说这句话，必须说。

活动2：

海南一家大型农产品基地，要求你（广告策划）撰写一则电视广告词。目的是推介他们的产品，激发受众的购买欲。

活动3：

撰写200～300字关于“圣女果”的网页介绍资料。对象、语言和内容自定。目的是让人方便快捷获取圣女果的相关知识。比如可以是向学生介绍圣女果的一般知识；可以是向农民推销圣女果的种植技术；也可以是向公众介绍圣女果的食用和养生价值。

（3）评一评。让学生根据上述五个问题自己评价、打分；然后其他小组评价、打分，教师裁判。

（4）想一想。针对不同对象、不同目的，我们是如何采用不同的文体和语言，准确、恰当、有效地介绍圣女果，从而达成我们的交际目的的？

（5）说一说。上述资料和今天的写作，大致分几类？各有什么不同的特点、目的和功能。（见板书）

（6）练一练。课下作业：以圣女果作为故事的线索、写作对象或者情感的隐喻或象征物使用，撰写一篇600字关于圣女果的记叙或描写类文字（小说、诗歌、散文等体式，写实、虚构皆可）。

板书设计：感受真实世界里多姿多彩的写作。

事实文本（信）：客观真实，传达信息、知识。说明的语言简洁、概括。

应用文本（达）：为生活和实用，告知和传达，唤起行动。广告、便条、通知。

文学文本（雅）：为感染而表达或虚构，表现情感，为了审美。诗歌、散文、小说等。

圣女果：蔬菜中的水果。

海南圣女果：脆甜可口、风味绝伦。

提示：可以采取对话或小品形式，扣住“圣女果—爱情果，爱人心”。

提示：要根据对象、目的选择写作的语言、文体和内容。

2009年5月20日于上海古美学校

三、中美《写感谢信》的写作过程比较

【美国《写感谢信》的教学过程】[1]

第一天：

（1）讨论：谁帮助过你？为你做过一件什么好事？我们可以写一封感谢信表达自己的谢意。

（2）头脑风暴：回忆自己受过谁的帮助。

（3）确定自己要感谢的人和事，和同学们讨论自己的感谢信是否符合实际，是否真诚。

第二天：

交流汇报自己准备写信的对象和具体事情。

把自己写信的动机、目的明确地写出来，组织好语言，让别人理解你的意思。

感谢信的格式。第一句怎么开头。

第三天：

提示：写感谢信的语言要口语化，态度要友好，感情要真诚。

感谢信的框架格式。

写感谢信的初稿。

第四天：

对照检查单，修改自己写的感谢信。

拼写是否正确。

是否扣住写信的目的。

感谢信的原因是否清楚。

① 开放课程阅读教师版，第二阶段。美国哥伦比亚公司出版（杜弘译）。

是否签名等。

第五天：

通读自己的感谢信。

运用电脑，将感谢信的字体、格式编辑得美观些，并打印出来。

发表自己的感谢信。

【中国《写感谢信》的教学设计】①

教学要点：

（1）感谢信的特点、用途和格式。

（2）开始写感谢信。

课前准备：范文投影片、空白投影片若干。

教学过程：

第一课时

1. 谈话导入

（1）同学们，我们以前学写过哪些不同类型的信？（给同辈写信、给长辈写信、给老师写回信）

（2）今天老师却收到了一封特殊的信，这既不是给同辈的信，也不是给长辈的信，更不是给老师的回信，这是一封什么信呢？大家看了投影之后就知道了。（投影出示范文）

2. 对比讨论，学习“习作提示”

（1）讨论感谢信的特点和用途。

A. 边听老师念边思考：作者为什么要写这封信呢？（光明小学六（2）班学生陈某拾到公文包主动归还失主——市机床厂的李叔叔，李叔叔为了表示对拾金不昧的陈某的感谢而写的。）

① 引自http://www.cnyww.com/Article/jiaoan/liu/200905/37788.html.

B. 用来向别人表达感谢而写的信我们称之为什么信呢?(板书:感谢信)今天我们就一起来学写感谢信。

C. 请同学们联系信的用途和写这封感谢信的原因,思考讨论:感谢信有什么特点和用途?

D. 讨论并归纳。

特点:一种专用书信,用它来表达对关心帮助过自己的部门和个人的感谢之情。

用途:可以抄在纸张上贴在对方单位或邮寄给对方领导。

(2)讨论感谢信的格式。

A. 以前给同辈、长辈、老师写信的格式有哪些要求?

B. 请同学们分四人小组再次读读这封感谢信,并且与以前学过的信的格式作对比,然后讨论:感谢信的格式是怎样的?在写法上更要注意哪些问题?

(3)学习"习作提示",归纳总结。

A. 我们讨论的结果是否正确呢?请同学们打开课本,自学"习作提示",再次讨论归纳。

B. 由各四人小组分别推荐一名学生汇报交流。

C. 师生共同归纳。

感谢信是一种专用书信,格式与一般书信相同。第一行顶格写称呼,第二行空两格写正文,正文末尾写祝颂语,右下方写署名和日期。(板书:称呼、正文、祝颂语、署名、日期)

写感谢信时要注意:

(1)第一行中间稍大字体写"感谢信"。

(2)开头的称呼一定要把对方单位名称或姓名写全。

(3)正文部分要写明感谢原因,叙事要简洁明白。

(4)祝颂语必须紧扣感谢来写。

(5)署名也要写清单位名称或姓名。

(板书:写全、写明感谢原因,叙事简洁明白,紧扣感谢写清楚)

3. 明确"习作要求"

(1)引入:我们了解了感谢信的特点、用途以及格式和注意点,学了新知识要会运用。

(2)指名读"习作要求",思考:课文给我们提了什么要求?(根据内容代六(1)班全体同学写一封"格式正确、内容真实、情感真切"的感谢信)

4. 指导试写

A. 六(1)班同学请我们代他们写一封感谢信,根据课文提供的内容,我们怎样才能做到"内容真实、情感真切"呢?

B. 同桌相互讨论。

C. 指名汇报交流。

D. 教师归纳小结:"内容真实"是指感谢信里写到的事情一定要符合事实,不能脱离实际,胡编乱造,感谢的原因也要根据提供的材料进行合理的想象,写出心中的真情实感,不要夸大其词。(板书:感情表达真切)

5. 学生试写

指名优等生、中等生、差生各一名,分别在空白投影片上试写,其余自写。

第二课时

教学要点:继续写感谢信,并对部分感谢信进行评议和修改。

课前准备:学生习作投影片三张。

教学过程:

(1)继续试写。学生继续写感谢信,教师巡回指导,重点帮助有困难的学生。

（2）评议并修改习作。

①确定评议重点。

A. 思考：针对感谢信的格式和注意点，评议本次习作除了常规要求外还可以从哪些方面评？

B. 指名回答并归纳。

评议重点：

a. 格式是否正确？

b. 感谢原因是否清楚、合理？

c. 感谢之情是否表达真切、充分？

②评议习作。

A. 分别投影出示中等生和差生的习作，请作者口述习作。

B. 教师提出评议要求：评议时要围绕评议重点，先肯定优点，再指出较大的错误，然后提出该如何修改，但更要注意保护习作者的自尊心。

C. 指生评议习作。

D. 投影出示优等生的习作，让学生评议，学习优点，修改缺点。

③针对以上习作中的通病提出本次训练要注意的问题。

④四人小组互相评议修改习作。

⑤各自修改习作。

（3）誊抄作文。

中美都运用了过程写作法，都有关于感谢信知识的讨论学习。主要不同点在于：

（1）美国是真实写作，如谁帮助过你，为你做过什么好事情；回忆自己受过谁的帮助；确定自己要感谢的人和事情，和同学们讨论自己的感谢信是否符合实际，是否真诚。交流汇报自己准备写信的对象和具体事情。把自己写信的动机、目的明确地写出来，组织好语言，让别人理解你的意思。这些是基于真实生活、有具体目和对象的真实言语交流。我国主要还停留在文本写作阶段，教学内容主要是感谢信的定义、特征、格式要求等，不属于基于真实交流的写作范式。

（2）美国侧重于真实的文本生成和交流过程；而我国倾向于虚假的文本制作过程知识和技能。

（3）美国有角色意识、读者意识、交流意识；我国这方面比较淡漠。

二者区别的关键在于写作观，一个是真实的、交际取向的写作；一个是机械的、结果取向的写作。

正像吴刚在《从课程到学习——重建素质教育之路》中说的："课程应该是有意义的。课程能帮助学生理解其生活，发现自己做事的目的以及生活得有意义。"例如在语文中，有意义的课程强调真实问题、真实的解决方法、真实听众的写作。抛弃500字的命题作文，代之以学生写作的备忘录、信件、报告以及文学评论，所有这些都是针对真实的读者。[①]

以上我们用两个案例展示了交际语境写作的基本操作流程和特征。其实，目前的作文教学中，可以加入交际语境的成分，进行渐进式的改造。比如下面是一个小学作文的案例：

① 吴刚. 从课程到学习——重建素质教育之路［M］. 上海：上海教育出版社，2007：42.

【交际语境写作课例分析】

《我想说……》习作指导[①]

执教者：曾扬明（福建省宁化县实验小学）

一、“悄悄话”——彰显自我

（一）课前交流

师：同学们，第一次见面，你们想问我什么？不过，当你们问完我后，我也问问你们，老师就一个要求——你们的回答必须真实。

生：……

……

师：接下来，我来问你们了。你最喜欢哪个同学？（生回答）

师：你最近有烦恼、激动的事吗？对同学的建议也可以。请用笔写上一句你最想说的话。放心，作为悄悄话，我不会公布你们的名字，只想看你们的内容。

（二）悄悄话，露真情

师：刚才我看了几位同学笔下的悄悄话，我公开他们的内容，不公布他们的名字。

……

师：同学们，上面的几句话中，的确都说了真话，可贵！但哪句话你一眼就可看出，他是写给曾老师看的？

……

师：同学们，刚才几位同学和我说了很多悄悄话，我要为他保密。不过，我归纳了一下，有以下几种（媒体出示）：解释误会、诉说烦恼、承认错误、表达感激。

---

① 曾扬明．儿童作文：唤醒读者意识——《我想说……》习作指导课堂观察［J］．语文教学通讯（小学），2010（3C）．

二、“写纸条”——传递真情

师：同学们，你们有类似的经历吗？刚才你们在本子上写上了一句话。下面再把这句话写具体些，如有的同学说：妈妈，我爱您！我就不知道，你为什么爱妈妈，没有体现事情。（动笔写）

……

展示各种自己想说的话。（略）

三、“问纸条”——找准读者

（一）写给谁

师：昨天，我班的一位学生说，他在家门口楼梯上扔了香蕉皮，后来楼上住的老爷爷踩到了香蕉皮，摔跤，左脚踝伤了。这位同学问我怎么办，我也不懂如何回答这位同学，你们能帮他出出主意吗？

生：我建议他主动承认错误，去赔礼道歉。我想老爷爷会原谅他的。

师：你的主意很真诚，但这位老爷爷平时都很关心他，每年过年都有压岁钱给他，这位同学说，不好意思面对这位老爷爷。还有其他办法吗？

生：老师，我有一个办法。他可以先写封信给老爷爷，老爷爷知道后，再前往家里赔礼道歉。

师：写信给老爷爷是一个好办法。还有其他办法吗？

生：如果是我，我会先向爸爸说清楚扔香蕉皮的前因后果，再由爸爸带我去老爷爷家看望他。

师：同意吗？

生：（齐）同意。

师：你看，同样扔香蕉皮一事，可以写信给老爷爷，也可以写给爸爸，这就呈现出不同的读者，这叫“读者意识”。（板书：读者意识）所以，动笔前一定想想我的作文适合哪类人阅读？下面，你们就自己想说的话，想想你的读者会是谁？

（片刻后）

生：昨天，我在家里学会了做烧卖（客家菜），我想写一篇作文给我外面打工的叔叔看，让他知道如何做烧卖，建议他在广东开个小店，专做烧卖。

师：很好，你的读者是叔叔。其实，你还可以从另一个角度写给——

生：写给我妈妈！写妈妈教我学做烧卖，我得感谢妈妈！

师：对呀！这叫一题多作，不同的读者就会有不同写法。（板书：一题多作）

生：我妈妈就是“抠门”，我的儿童牙膏快用完了，也不买一个新的。我知道，妈妈很节约，但我爸爸却很浪费，他的牙膏还能挤就扔进了垃圾桶。我认为我的作文可写给妈妈看，也可写给我爸爸看。

师：你看，真厉害，从不同的角度看问题可以有不同的读者。（板书：不同角度）

（二）写什么

师：同学们，我们写一篇作文，下笔之前，心有读者，其实，就是你和他在对话，把自己内心的话和他交流。下面，请每个同学选择两位读者，从不同角度说说你想写的内容。先思考，再和同桌交流。

（片刻）

生：妈妈，您每天都起早摸黑，我总在起床后能吃上热热的馒头。回家时，您总是急着热菜，生怕我冻坏身体。我可以写给我妈妈，写妈妈的勤劳和对我的关心两件事，我会劝她多休息。我还可以写给我爸爸，写妈妈吃苦耐劳，告诉爸爸要多关心妈妈，不要老是埋怨妈妈是下岗工人。

生：我的儿童牙膏快用完了，妈妈不买一个新的，告诉我要学会勤俭节约。我的作文可以写给所有人看，夸我妈妈。也可写给我爸爸看，写爸爸浪费，劝爸爸要向妈妈学习。

生：我妈妈不让我带新伞。我知道，妈妈怕我把伞给丢了，其实是为了弟弟。我想写给我的妈妈，和她说，不要重男轻女。我还可以写那伞伤了我的心，我想读者是所有人。

师：对呀！所以，在动笔之前，想好你想说的话准备写给谁读。下面，我们换一种方式，再提一个问题。（板书：如何写具体）你们刚才说了那么多，是一篇作文吗？

……

师：同学们，我们写真话，内容要具体，不然你的读者不会相信。比如，我说妈妈，我太爱你了。这么一句话，人家会相信吗？如何写具体呢？老师教一个办法，你写出来的文字找一个读者，当然也可把自己当作读者，每读到一处，问问自己，读明白了吗？多问为什么？（板书：为什么？）

师：来，我们来试试看，谁愿意再来读读自己的内容？你的将是范文！（众笑）

生：昨天下午，我放牛时，牛把别人地里的地瓜藤吃了，后来才知道，是我村里主任家的。我很担心，他会报复我家。（学生在议论）

师：很好，从你的眼神中，我就知道你说的是实话。同学们，如果她要把内容写具体，你们作为读者，想问什么？谁来问？

生：我想知道他放牛时为什么没有把牛看住？

生：我想问这位作者，当你发现牛吃地瓜藤时你的心情如何？

生：我想问作者，他是如何处理这件事的？我建议这位作者，写一封信给村主任，写清自己当时的心情，还有认错的诚心。

生：这位作者，我想知道你是怎么知道牛吃的那片地瓜藤是村主任的，你是不是调查过，还是问过你家里人，你在问的时候，心情如何，是如何打听到的？

师：你看，你拥有这么多的读者，你听懂了吗？如果你把他们问的内容写出来，再整理一下顺序就有内容了。

师：好，接下来，同桌互相看看对方的写作内容，再进行追问，其他同学注意倾听。完后，追问。

（生互相追问）

师：好，你觉得同桌问得不够好，你自己可以再追问，直到你认为你笔下的文字别人能读懂，如果能感动读者就最好了。下面开始动笔，把你想说的话写下来吧！注意，作文主题是：我想说，但题目可以自拟。

（生动笔写作20分钟）

四、修改成文——“读编交流”

师：你们都把作文写完了，在座的都是作者，也是读者。

生：老师，我认为读者应是他写作的对象，不是我们。

师：对，你就假想自己是他写作的对象，以读者身份进行“读编交流”。在念学生习作之前，我提两个要求：一是同学在念作文时，其他同学要注意听，把自己当作同学作文的读者，有不明的地方可以直接提出来，让念作文的同学立即改正；二是听不明白的地方可追问这位同学“为什么？”（这里，限于篇幅，我举一例讨论）

（生读，题目：“雨伞伤了我的心”）

在上述案例中，曾扬明老师有意地将作者意识、读者意识、交际意识渗透到学生的写作过程中。

第一环节：“悄悄话”——彰显自我，是教师唤醒学生作者主体意识，激活表达交流欲望的环节。

第二环节：“写纸条”——传递真情，是教师直接以一种交际活动方式，感受写作交际的过程。教师以文章读者的视角点拨“我就不知道，你为什么爱妈妈，没有体现事情”，启发学生不写具体，读者就会不明白，获取不到所需要的信息。这与过去我们教师经常要求学生“内容要具体”是截然不同的两种做法。要求学生具体，这是一种强制规定，学生很难明白这样做的道理，自然不会自觉地写具体，而曾老师从读者接受角度让学生感觉到具体源于读者的需要，就理解了写作具体的原因所在，慢慢地就会从读者需要出发，把内容具体起来了。

第三环节：“问纸条”——找准读者。这个环节教师设计了两个问题：一是“写给谁”，二是“写什么”。前者是对学生进行写作中读者意识和交流意识的培养，后者是对写作内容生成的过程指导。教师用“扔香蕉皮事件”制造了一个人为问题场景，让学生去完成一个交际任务：引发学生“写信”——这样一个交际方式，向读者——爷爷道歉。这样就引导学生形成了一个明确的交际语境，学生写起来就非常轻松自然了。教师明确教育学生写作要有“读者意识”，而且读者不同，想说的内容也不一样。教师说“下笔之前，心有读者，其实，就是你和他在对话，把自己内心的话和他交流”。这就将写作和说话联系起来，“以说促写”是交际语境写作的有效手段，它有利于唤醒写作的交际意识和话语交流机制，因为说话总是相对简单的语言交流行为。接下来教师说“写真话，内容要具体，不然你的读者不会相信”，再一次从读者角度启发学生，读者才是内容具体的根本依据。

第四环节：修改成文——“读编交流”。把自己、同学、老师作为读者，来评判所写的作文。

在这个案例中，教师围绕写作行为，见缝插针地反反复复激活、强化学生写作的“读者意识”，从读者的角度引导学生理解“写作即交流”，具体是为了读者的需要这样的写作原理，这是真正的交际语境式的写作教学。这样的习作指导培养出来的就是真实的写作交际能力，而不再仅仅是被动的、僵化的、强制的、没有理由的文本制作能力。只有这样去教，才可能培养并提高学生真实的写作水平。

第三节　关联选择：1000种想法和1种写法

构思是写作最重要的环节之一。构思的本质特征就是关联想象。所谓关联想象就是围绕写作话题（或主题）、目的、读者等语境要素，进行关联性的发散性思维，以唤醒记忆中相关的信息，创造新的信息的过程，并对语篇的类型、结构、表达等作出相应的安排和调控。关联想象的本质是一种语境关联选择策略。“它是一种自上而下的调控方式，即根据话语出现的外部环境条件，启动大脑中相应的背景知识，对话语进行有选择性的定向处理、联想。”①

运用语境关联选择策略，可以最大限度激活写作素材信息并选择合乎语篇需要的最佳材料。我们将这个过程称为“1000种想法和1种写法”。

一、写作语境的自由与限定

写作中的语境关联、定向，看起来也许是不自由的，其实不然，因为，在写作之前，我们最大的障碍可能不是没东西可写，而是没有确定性的东西可写。

写作的内容对有一些生活经历的人，生活在生活中的人来说，总是有话可说，我们写作遇到的问题，是“我的话太多”不知从何说起，所谓“老虎吃天，无从下口”。这就需要语境要素为我们进行限定、规约、设定。也就是对一个写作内容进行思考，对一个问题进行探索，与读者进行交谈的过程。我们在写作前的语境分析，其实是一种对写作内容、体裁、语言等的限定性的过程，是语篇成型的过程。因而，可以说，写前的语境所谓的发散性的自由联想，是需要的，它可以为我们将要形成的语

① 周明强．现代汉语实用语境学［M］．杭州：浙江大学出版社，2005：189-192.

篇提供无限丰富的“可能性”；但这是不够的，还有下一个环节，即依据语境进行作者角色、内容范围、体裁以及语言等的“确定性的寻求”的过程，它将使无限丰富的可能性思维变成可以书写的意义文本。因此说，写作前要排除限制，进行头脑风暴、自由写作，进行放胆文写作，写作随后的阶段是要寻求限定，这是具体的交际语境的明晰化、具体化、操作化的过程，是作者对于语境诸要素思考的结果，是写作构思成型的过程。写作要从语境的自由想象开始，到语境的具体化限制结束，写作从自由开始到不自由结束。自由成就了内容的丰富性，限制使得写作产品得以成型。这与我们古人说的“初要胆大、终要心小”是一个道理。

写作前你掌握的材料、信息越丰富，你对角色的知识、体验越多，你对读者的心理需求了解越多，你文章的结构知识、体裁知识、表达技巧积累得越多——也就是你的社会经验和写作经验越多——或者用功能语言学的术语说就是你积累的“语言潜势”越大越丰富，你的写作技能越高，你的精神能量越大！

训练学生积累、发育其语言潜势的过程，即“10×10×10……=1000（或1万种）假想的写法→1”的过程，至关重要。1000在于积累语料，积累语言潜势；1在于选择教给学生具体语境下的“表达和呈现”，在于恰当内容、结构、语言能力的训练。二者互为前提，使学生的语言能力螺旋向前。这是写作（语文）教育不可分割的两个过程。

二、语境选择理论

基于上述原理，阅读其实是从语篇成品这个“1”（具体语境下形成的这一文本）出发，回溯揣摩作者“1000”（即文本蕴含的无限丰富的可能的语境）的过程，而写作就是从无限丰富的语言潜势（即1000），确定并构建起一个具体的文本（即1）的过程。

阅读要思考的是作者为什么写成了这样一个文本，而不是其他。根据文本提供的语境线索，读者尽可能地还原语篇形成之前的具体语境、文化语境等巨大的可能性；然后据此揣摩这一个文本成品之前的形成关系，从而把握作者的创作意图和艺术技巧，进而积累自己的语言潜势。

写作要做的是先要把握目前你写作的文本语境是怎么一个样子：写给谁？为何目的？达到什么功能？据此确定内容、结构、语言和表达。写作应该是一个触景生情、以意定文、由境生文的过程。写作即语境下的思考，写作即选择。

在主体依据语境进行写作、运思、行文、构造的过程中，思考永远是一个关键。这是因为主体对语境的把握、体察、了解、选择、判断等都是在语境中进行的。也许我们没有意识到这一点，以为我在思考构思某一篇具体的“文章”，其实是你在思考明确你所写的语义语境，写作是这个语境通过文字对话“互明—显现”的过程。语篇语境明确了，构思的主要工作才算完成了。真正的行文过程不过是把思维的过程和结果记录下来并修改完善罢了。就是这个记录和完善也不是纯粹的语言符号运作，而是进一步的语境语义互明，语义与语言之间的协调过程。文章从来都是这一系列语境运作的结果。

作者主体的思想修养、人生阅历、阅读积累和社会观察都是一种“前写作”，是因为这些修养可以帮助作者进入到写作语境的互明过程中来。人生阅历的丰富与人情的练达可以帮助作者处理语境要素，转化为一种恰当的、得体的“问题解决”，这影响具体语篇的成型。生活是在积累意义潜势，生活成了前写作。

三、语境要素分析与语篇形式确定

这个过程包括两方面：一是语境类型要素；二是依据具体语境下的

操作训练。第二点必须在大量的语境写作以及阅读教学中完成。目前由于没有语境要素意识，有的只是“形式”“内容”的辩证关系，就使得目前的读写教学停留在机械的唯物主义的反映论阶段，而没有进入到主体间的自主建构阶段。

写作是一个思考的过程，具体指的是你对语境中的诸要素进行分析、联想、选择，即具体化操作作出决定的过程。你写作必须选择以什么角色口吻说话，对什么人说话，说什么话，达到什么目的。从语境要素出发，一篇构想中的文章可以有若干角色，面向若干读者，达到若干目的，它决定着你文章的内容详略、结构和语言的呈现形态等要素。下表可以说明这个问题：

表5. 3 世博话题作文的写作语境要素分析图

角色	对象	目的	形式	思路结构	内容	语言
●学生 ●志愿者 ●政府秘书 ●普通市民 ●游客 ●外国客商 ●教师 ●官员 ●新闻发言人 ●记者 ●学者 ……	●小学生 ●普通市民 ●杂志读者 ●父母、老师 ●笔友、网友 ●外国朋友 ●不文明的市民 ●考官 （心理、要求） ●市长 ●世博会组委会 ……	●宣传鼓动 ●唤起行动 ●传播信息 ●感染打动 ●日常办事 ●竞赛获奖 ●拿高分 ●发表意见	●记事 记叙文 ●广告、标语 ●筹备工作报告 ●倡议书 ●童话 ●短信、寄语 ●旅游杂志 ●网页、博客 ●评论 ●小说诗歌 ●书信 ●新闻	●总分总 ●时间 ●因果 ●递进 ●并列 ●小标题 ……	尽量具体化地列出来 ……	●新闻 ●议论 ●描写 ●记叙 ●文学 ●口语 ●典雅 ●直白 ●含蓄 ●夸张 ……

下面，我们分析这篇以“世博会”为话题的作文。其交际语境要素列表如下：

关于“世博会”这个话题的作文，可以从角色、对象、目的、形式、语言等五个要素出发，每个交际语境要素都有无数不同的选择。例如写作者的角色（学生、志愿者、市民……）、读者（同学、市民、市长……）、写作目的（宣传、告知、感染……）、文章样式（新闻、议论文、诗歌……）、语言表达（记叙、描写、客观、雅俗……）等。比如，学生可以以“世博志愿者”的身份，向“不文明的市民”，写一份“倡议书”，“劝说”他们世博会期间，不要穿睡衣上街，做一个文明市民；学生可以以“政府新闻发言人”的身份，向“普通市民”发布新闻；他也可以以“普通公民”的身份，向“网友”发表自己的意见，可以采用口语或者更加随便的网络语言，达到“娱乐”的目的；他还可以以“外国客商”的身份向“世博组委会”发出“公函”，语言比较“正式”，达到“申请布展”的办事目的。

假如你泛泛地要求别人写一篇以“世博会”为话题的文章，那是很难下笔的，因为你不知道写给谁，写的目的是什么。换句话说就是：一篇文章有几乎无限可能的选择，一旦作者可供选择的要素太多，看似“自由”，反而没法去写。目前所谓的“文体不限、怎么写都行”的写作教学，是一种“不可能”的写作。除非写作者学会将写作语境具体化。其实，任何文章都是具体的、面向特定读者、完成特定交际任务的书面交流，普泛的文章是不存在的。

因此我们说：写作首先应该弄清楚所写语篇的交际语境是什么，即写给谁？为何目的？达到什么功能？把这些要素意义确定下来，写作才能进行。或者说，写作的过程就是选择并确定写作要素的过程。一篇文章可以有1000种想法（10×10×10），但是只有1种写法（1×1×1）。这就是写作语境要素的选择并确定的过程，也就是构思并赋形的过程。

在交际语境写作中就不同了：你可以就任何一个“话题”，选取自己喜欢的“角色”，设定自己“拟设的读者”，采取自己喜欢的“体式、结构和语言”去自由自在地构思。这样一篇文章就可能有10×10×10……=1000

（或1万种）写法。在这样交际语境要素下的写作该是何等自由、富有刺激和充满乐趣的事!

当我们在为完成特定的写作任务时，当写作目的、对象、文体等要素有了一定的规限时，这种规限一有可能是现实的情境造成的；二有可能是具体的语境造成的；三有可能是任务情境规限了的，还有可能是你自己必须作出规限或者是选择，否则你是没法动笔写的，你不可能就一个话题同时写成十种体裁，这样的选择和限制是必须的。很可能这时候，只有一种是最适合你的现实处境、你掌握的信息、最大程度完成你的愿望、最让你得心应手……当你这样一路分析下来，最恰当的写法也许只有一种1×1×1……=1。比如，写世博会，可能只有写给文学网站的笔友，采取诗歌的形式、文学的语言最符合你的意愿，那就只好如此。写吧! 这就是语境的自由与写作时语境限制的奇妙辩证法!

基于交际范式的写作是运用书面语言，针对读者，有目的的进行的意义建构和交流活动。你以什么身份说话、向谁说话、采用什么方式说话、说什么话题内容的话，都将成为一种规定，规定着写作的内容、材料的选择、主题、材料的呈现方式（文体）、语言的风格等。有了这些限制和规定的写作，很可能不是难了，而是变得容易了。尤其是在主题、题材、身份等不限的情况下，学生可以以他认为最有趣、最便捷、最容易把握的方式进行构思。

目前比较常见的是材料作文，如2013年高考全国新课标1卷作文题《经验与勇气》：

一位商人得到一块价值不菲的宝石，但却发现宝石上有一条裂缝，如果能从裂缝处切开，就能得到两块完美的宝石。许多老工匠不敢尝试。这时，一位年轻工匠勇敢地站了出来，并且完美地切割出了两块宝石。有时不

仅需要足够的经验，更需要抛却许多顾虑的勇气。请根据以上材料作文。

“经验与勇气”是材料圈定的话题范围，就是情境语境中的语域；有了话题之后，接下来面临的是写给谁，以什么样的态度口吻来谈这个话题，采用什么样的文体形式和话语方式、表达方式，也就是语旨和语式。在构思的时候，最难的是话题到主题的转化。上面的材料中，其实已经蕴含了某种主题：“有时不仅需要足够的经验，更需要抛却许多顾虑的勇气。”其中的言外之意是：做事情不要畏首畏尾，葳蕤不前，前怕狼后怕虎，要有一种敢于尝试、冒险、探索的勇气。这种观点和思想，对谁说好呢，以什么身份说出来，以什么方式说出来好呢，都是写作构思要考虑的问题。

著名特级教师杨初春曾经提出过“快速审题十法”，它们是：(1)题首添加因素法；(2)题后添加因素法；(3)题中添加因素法；(4)虚题实写法；(5)实题虚写法；(6)掌握重心法；(7)联系自然背景法；(8)联系生活背景法；(9)数学配方法；(10)辨明关系法。其实这些方法大都蕴含着通过语境分析使题目语境具体化的原理。

一般来说，成功的写作构思策略离不开语境和语篇的要素。比如优秀作者构思的时候要围绕“说什么？给谁(已知、未知)？为何？效果？”等展开，要调动起自己的生活经验、阅读积累；要放胆：心骛八极，神游万仞，捡到篮里就是菜，先不管是否合适；构思是“思构”，文体、样式，如并列式、递进式、日记体等；构思是散乱的，点、线、面相互的随机触发；预先设定目标，整体规划；有意义的沟通；也能长篇大论、想法较多；考虑文章的组织结构；至少有要点或拟大纲方式，非线性、循环、方案自由灵活；运用更长时间来思考，进行更多的写前准备。相反，不好的作者常常想到哪，写到哪；避免犯错，关注字词句局部；产生的想法较少，不懂利用线索，缺乏自我调整想法能力，内容贫乏；很少顾及文章结构；思考时间短，很少作计划或笔记，写时只是开始罢了。这其实都与是否善于利用交际语境、语篇语境有关。

四、写作构思策略

想象是一切创造性思维的发生器。学生不会写作，很大程度上是因为不会思考，不会作关联性想象。一切思维的基础是记忆。没有一定量的记忆信息、生活表象以及阅读获得的知识，关联性想象也不能高质量地进行。想象的本质是发散性思维，就是由一点出发，不断进行分叉思维，这样思维就具有一种生长性。

国外30多年来开发和总结出许多行之有效的写作策略，比如“头脑风暴”（Brainstorming）、自由写作（Free writing）、集束思维法（Clustering）、提问法（Questioning）、讨论法（Discussing）、列要点（Listing）、列提纲（Outlining）、表格法（Charting）、画地图（Mapping）、访谈（Interview）、角色扮演（Role play），另外思考和反思、谈话和回忆、匆忙的笔记和涂画、读书和研究、观察和访谈等都是有用的写前搜集素材的方法。下面我们介绍几种常用的写前活动策略。

（一）“头脑风暴法”（Brainstorming）

所谓“头脑风暴法”，也称脑力激荡法，原意是指精神病患者的胡言乱语状态。20世纪30年代末，由美国“创造学之父”奥斯本提出，后来渐渐演变为一种产生新观念、激发新构想的思维方法。它的使用方法是：选定一个话题，如“假如我中了百万大奖”，让学生以个人或小组的形式思考、讨论，集思广益，让大家或者自己将大脑中想到的一切信息、想法、观点等随意写下来。只要与话题有关，任何稀奇古怪的想法都允许提出，并记录下来，作为下一步思考的材料。实施“头脑风暴”，参与者要打破条条框框限制，放松思想，自由想象；尽量从不同角度、不同层次、不同方向进行发散性思维；尽可能地标新立异，与众不同，提出独创性的想法；禁止批评或自我批评；要追求数量，不求质量。“头脑风暴”的目标是获得尽可能多的设想，追求数量是它的首要任务。每个参与者都要抓紧时间多思考、多联想、多方设想。在某种意义上，设想的质量和数量密切相关，产生的设想越多，其中的创造性设想就可能越多。“头脑风暴”的最后环节是围绕话题对材料进行筛选、对比、发掘、提炼。

“头脑风暴”与我国古人讲的“心骛八极，神游万仞”的写作构思过程是一致的。《文心雕龙》中的《神思》篇形象地揭示了写作构思的情形和特点：“文之思也，其神远矣。故寂然凝虑，思接千载；悄焉动容，视通万里。”文章的构思几乎是一个无限时空的认知语境状态。上下几千年，纵横几万里，上天入地、花鸟虫鱼、社会生活、阅读想象都可以进入大脑中来。（南宋）谢枋得、王渊济在《文章轨范》中说“非放胆则不足以极才识之所至，而失于枯寂”，是说只有放开思路，让想象自由飞翔，才能将自己的才识发挥到最佳状态，文章思路才不会干枯凝滞。中国传统文论中的论述极为形象，但是毕竟失之于玄虚笼统，操作性不强。其实，构思首先要让思路放开，然后还需要与写作语境进行关联，才会使得无限丰富的素材转化为可用的写作材料，进入到篇章中去。

“头脑风暴”主要是刺激和引导学生探索写作内容及其多种可能性，通常的做法是，在开始写作时先用尽可能多的词语记下所能想到的东西，哪怕这些想法一闪而过又出现另一种想法，然后根据所列出的写作内容要点进行分类、选择、组织。一旦学会运用这种方法，就会发现很多想法、信息、物象、主意滚滚而来，作文有写不完的材料，可以有效地解决“没有内容可写”“不知写什么”“开头难”“内容空洞”等问题。

(二) 自由式写作 (Free writing)

“自由写作”这个词是Peter Elbow在《没有教师的写作》[1]一书中发明并首次使用的，是一种类似自由联想的写作方法。这种写作方法的特点是，要求学生大脑快速运转和思维，在限定的短时间内自由而迅速地写下所有与主题有关的一切内容。哪怕出错，也不要停下来修改。作者可以从任何一个他喜欢的方向开始写作，而且在这样自由自在的状态中随便写五分钟。这种状态就好像作者将想法“泼到”纸上一样。这种自由写作非常简单，学生通常很容易进行尝试，它要求：

(1) 在有限的时间内(5~10分钟)快速写作，将大脑中想到的一切字、词、句子或段落都随意地写下来。比如“我最敬佩的一个人”，你可能想到你的爸爸、妈妈、老师、同学，然后无限想象场景细节；如果你想到的是一棵树，就想象这棵树的外形、枝干、树叶、树皮、用途……“假如我是……”——一棵树、一片云、一朵花、一掊土、一块砖、一片叶、一阵风、一叶舟、一座山、一条河、一盏灯、一棵行走的草、一粒走近泥土的种子、一轮圆满在青春梦乡的月亮、一根桅杆、波浪、航船、钟响、花开的声音、青草的梦乡、群星、音符、花瓣、弓箭、石头、鱼、甲骨文、荒原……

(2) 不要停止移动你的笔或键盘输入，以确保有新的词句帮助念头产生。

(3) 确保某段时间内不停地书写，因为好主意经常在写作过程的最后诞生。

(4) 不要担心拼写、标点、组织结构或风格，因为此时你是文字的唯一读者。一旦学生完成自由写作，最好让他们与附近的同学分享。一

---

① Peter Elbow. Writing Without Teachers[M]. New York: Oxford University Press, 1973. Print.

旦教室内充满了学生的声音，您就可以打断他们，让乐意分享的学生向全体学生分享自己的想法。学生的自由写作成为每一堂作文课的常规内容时，教师一般要求，这些非正式的作品保存在“杂志”上，实质上它更像一本流水账。如果学生愿意，你可以让学生写日记，让他们购买活页笔记本，这样他们第一次在课堂上写的东西，就可以随时插入他们的期刊里去。

这种方法在文学课上要求学生就某个作品写自己的反应以及邀请学生直接写出当天的议事日程时非常管用。顾名思义，它是指在一分钟内围绕题目自由自在、毫无约束地创作文章，不用注意文理、语法、拼写和标点等。停笔后，把创作出来的作文读一遍，当发现有趣和值得继续发掘的地方就把它拣出来，作为下一环节自由写作的重点详细展开。如此循环不息，直到认为满意为止。这种方法可以帮助学生克服或打破“作者思路阻塞”（Writer’s block）的现象。

Peter Elbow将这种有点像胡言乱语或者闲聊式的自动写作，称为最有效的方式，建议学生每周至少做三次这样的常规练习。它的方法就是简单地写，比如10分钟，不要停止，一直往下写，不停下来回头看，有不会的字词绕过去，想到什么就写什么。如果你真的写不下去了，就写“我想不出该说什么，我想不出该说些什么”，只要你想，随便你重复多少次。自由写作的唯一要求就是：往下写，不要停止！

Peter Elbow说，自由写作看起来有点疯狂，但实际上它制造了一种简单书写的感觉。想一想说和写的不同吧！写作具有允许编辑修改的优势，但这也是它的劣势。几乎每个人都想在写作中编辑修改随时冒出的大量的、复杂话语，导致我们在纸上或打字机上写不出东西。部分原因是学校写作教育的“错”。我们很多人在他们写作时经常思考一些拼写和语法。我就一直为我们试着写下词语时那种面临自己自然言语产品时的那种无从下口的、普遍的言语表达的混沌状态感到尴尬。[①]浏览你所写下的东西，找出它们相互关联的地方，或者你最感兴趣的，能够深入思考下去的话题、自己熟悉的话题。有关该话题的具体的方面，相反的、相对的方面，或者该话题的子话题，将所想到的东西按照一个线索连起来，形成一个粗略的大纲。

“头脑风暴”和“自由式写作”这两种训练方式的共同特点是给学生写作以充分的自由，教师不提出诸如题材、体裁、篇幅、语法、主题等具体性写作要求，学生在写作过程中内容和主题都不是固定的，有时它提供的是一种思路，有时则仅仅是个人思考问题的一个角度，有时甚至是一些事件的罗列。这些训练可以促进学生发现个人经验中有用的细节，促进想象能力、洞察能力等的发展，养成良好的写作思维习惯，为以后完整而规范的创造性写作奠定良好的基础。

(三) 集束思维法 (Clustering)

“集束思维法”与“树枝分叉法”（Branching）相似。它要求作者用一种直观的发散思维的方法，针对话题进行广泛的联想和想象。集群是围绕触发词（Stimulus word）产生思想、形象和感觉的非线性的构思策略。它可以自己独立运用，也可以师生、小组或集体运用。教师引导学生，或者作者自己围绕一个核心，迅速地联想与之相关的词或物象，并将所有想到的事物和词汇围绕中心词进行空间或逻辑关系上的罗列。比如，我们可以围绕“我”“我的家乡”“灯”等任意一个话题，进行构思联想。联想时，在一张纸的中心位置写上关键词，然后用圆圈圈上。从圆圈任何一个方向画上一个个线条，每一个线条代表与之相关的一个方面。每一个线条都是中心生出的枝丫，每一个枝丫又可以繁衍出无

① Peter Elbow. Writing Without Teachers. New York: Oxford University Press, 1973: 1～7.

数小的枝条，每个枝条上都生出一个个新的想法。这样继续联想下去，就会成为一棵枝叶繁茂的“思维树”，树上的每一个枝条和树叶都是一个个想法和细节——这些构成写作的丰富素材。

比如，我们可以就“2010年上海世博会”进行这种写前准备活动和构思练习。教师可以提问：你对“世博”知道什么？师生谈3~5分钟，边说边写画（示范），如下图：

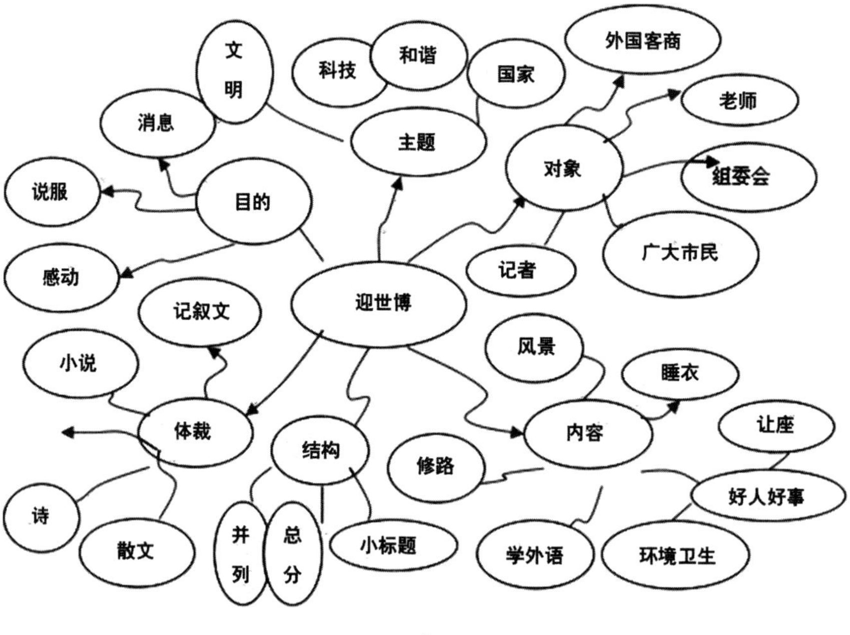

图5. 1 迎世博分叉构思图

用这种直观化、视觉化的方法，将与文章主题相关的词汇以图形的形式展现在学生面前，挖掘和呈现所写的内容或者内容之间的逻辑关系与层次关系，可刺激学生迅速联想，加深对主题与写作的理解，丰富、发现和拓展写作内容甚至写作方法。

(四) 提问法 (Questioning)

提问法指的是针对话题或者要写的内容，提出一系列的各种各样的问题，然后再探讨这些问题的答案，进一步明确写作主题，组织主题内容。其中最常用的是记者提问法（Journalist Questioning）。记者提问法即要求学生根据写作的主题用“who, what, when, where, why, how”（即5W1H）等进行提问。这是一种传统写作中比较常见的方法，也是写叙事性文章常用的思维方法。你可以将自己想象成一个记者，向其他人或者自己运用5W1H思维策略进行提问，以引出写作的内容和信息。比如，你可以就一件事进行发问：谁参与？发生了什么事？是什么时候发生的？是在哪里发生的？为何会发生？是如何发生的？会有什么效果？可以学到什么？有什么相同或不同的主题？随着时间的推移，它如何发展？……将这些问题提问或者思考得到的信息，整理出来，一篇文章的内容就基本成型了。

（五）列提纲（Outlining）

学生选定主题，明确了中心思想后，即可进行构思，拟写提纲，使通过上述方法得到的内容结构化。这一环节可以帮助学生理清思路，有条理、有逻辑地组织篇章。首先，决定可以使用哪些想法和内容。在自由写作和头脑风暴过程中会产生大量的思想和想法，这些不可能也没必要全部写到一篇文章中来。需要作者根据文章的对象和目的以及文章的中心，进行合乎逻辑的组织，形成一个结构性提纲。列提纲可以使你了解自己已经知道了多少；可以限制你觉得不知所措的话题；这份清单可以缩小多种可能性，正式围绕主题进行书写；当然，原始大纲只是一个初步的想法，它完全可以进一步修改，甚至推倒重来。

南宋文学家谢枋得的弟子王渊济提出：“凡作文，初要胆大，终要心小，由粗入细，由俗入雅，由繁入简，由豪荡入纯粹。此集皆粗枝大叶之文，本于礼义，老于世事，合于人情。初学熟之，开广其胸襟，发舒其志气。但见文之易，不见文之难，必能放言高论，笔端不窘束矣。”这就是说，作文构思的时候要大胆自由、任思路纵横驰骋，就会有无限丰富的内容可供选择，但行文和写完之后要依据“礼义”“世事”“人情”等社会语境、文化语境、交际语境的需要进行“由粗入细，由俗入雅，由繁入简，由豪荡入纯粹”的选择、修改、确定、定型。《文心雕龙》中的《神思》其实就是西方写作中说的“头脑风暴”“自由想象”“发散思维”，宋人说的从“放胆文”到“小心文”的论述，我们也可以运用“关联理论”作出科学的阐释，但新的科学理论无疑更具有操作性和实用价值。

第四节　语篇图式：句法、章法、范文

一、图式与写作

（一）图式的定义

图式是哲学、心理学、认知科学等领域中一个十分重要的概念。图式一词早在康德的哲学著作中是指纯粹的先验概念。在近代心理学研究中，最早对图式给以理论上高度重视的是格式塔心理学。瑞士著名的心理学家、教育家皮亚杰十分重视图式概念，认为"图式是指动作的结构或组织"。初级图式主要指感知、行动和习惯等。高级图式是指智力和思维结构。

从认知心理学角度看，所谓图式是指围绕某一个主题组织起来的知识的表征和贮存方式。人们生活中所接触的大量信息、事物、概念、知识、观念、方法、思想等并不是杂乱无章地储存在大脑中的，而是以各种图式的方式，围绕某种主题关联性地储存在记忆中。比如，我们关于"水果"的知识，本身就是一个图式。在水果这一个上位概念之下分为苹果、香蕉、橘子等分支图式，而每一个分支又将各种生活的表象、经验、情境关联在一起，形成一个复杂的信息和语义网络。

（二）图式的类别

从语篇学和语境学的视角，将图式理论应用于语文教育，可以将图式分为语篇图式、语境图式两大类。

1. 语篇图式

语篇图式指关于字词、句法、语法、章法、文体等语言符号系统和文章学、语用学、语篇学等相关知识及其组织。学生只有掌握了足够的语言知识，才能将所要表达的意义转化为大家理解的语言符号。语篇图式以概念和语义网络方式贮存在大脑中，语言图式是语言表达和理解的基本原材料，语篇图式积累不足会造成理解和表达障碍。

语篇图式可以分为词汇图式、句法图式、语法图式、章法图式、表达图式、程序图式、文体图式等。

词汇图式指的是一个个单独的词语构造、概念和意义，它们作为语言表达的原料，构成语言能力的最基础成分。

句法图式指的是各种句子的构造方式和类型特征，如陈述句、疑问句、感叹句、祈使句、独词句、长短句、意合句等；另外还包括各种单句、复句、句群以及它们的结构类型。句法是写作表达最基本的结构范型。

章法图式指的是文章的不同体裁和文章组织结构方式和表达方式等。具体又可以分为修辞图式（即各种修辞手法的特点及其表达要求）、文体图式（即不同内容的文章体裁形式、组织结构和框架），以及技法图式（如总分总、并列、问题—分析—解决的结构，以及先抑后扬、铺垫渲染、首尾呼应等）。

作者头脑中储存的各种语篇图式，各种类型的文章体裁及其结构特点以及表达方式，会提高其阅读和写作水平。比如书信的格式、新闻的结构以及寓言、论文写作都是有基本规范和惯例的，缺乏这些知识就会造成写作表达无法可依，甚至有“四不像”作文出现，影响表达和交际。

语境图式指的是文章所反映出来的社会生活、大千世界、各种经验、思想、意义的信息或关于文章内容的过去经验和背景知识，即“所写的是什么”。如果作者缺乏相应的生活经验，就不会有相关信息作为素材，内容就会苍白空洞。读者如果没有相关的话题的背景知识，也会对文章内容的理解产生障碍。

2. 语境图式

语境图式分为事物图式、人物图式（各种人物包括读者和作者）、程序图式、情智图式、文化图式等。

事实图式指的是关于事实的一般知识图式，包括抽象的概念和具体的事物、事件、故事等。比如一个具体的苹果的形状、色彩、味道是一种图式；抽象的苹果的概念也是一种图式。再比如看电影、上网、包饺子、火灾、交通事故、战争都可以看作是事实图式。

人物图式指的是关于某一个人物，你可以从他的年龄、身份、性格、穿着、行为、事件、愿望等去组织起来关于他的一系列信息。比如关于读者，我们可以分为很多类型并对他们的需求和特征作出判断、预测，这将有益于读者意识的形成。

程序图式指的是做某件事的程序或者相关信息。比如上网搜索信息的图式可能是以过程的方式组织起来的，包括启动电源、打开上网设备（电脑或手机），寻找WIFI网络链接，打开网络页面，找到搜索引擎，输入关键词，然后回车，大量相关网页就会扑面而来。比如你要做家常菜“西红柿炒鸡蛋”，可能涉及如下程序：（1）将西红柿清洗干净，切成小块，装入盘中待用。（2）热锅放油烧热，将打撒的鸡蛋液倒入锅中。（3）将鸡蛋煎至两面呈金黄色。（4）煎熟，铲出，装入碗中待用。（5）热锅放油烧热，爆香葱末，倒入西红柿块。（6）将西红柿翻炒均匀，加入精盐。（7）翻炒均匀，倒入炒好的鸡蛋。（8）翻炒均匀后，倒入葱花。（9）将西红柿、鸡蛋、葱花翻炒均匀。（10）出锅，装入盘中即可。比如你到“沙滩晒太阳”本身也是一种语境图式，可能包括大海、海浪、阳光、沙滩、各种人物等。

情智图式指的是人们一般对于事物的反应和基本的逻辑思维过程。比如大多数的人在喜怒哀乐惧中总会有相同、相似的反应和表现，人们提出问题时也遵循一些基本的逻辑规律，如“三段论”推理，基本时空顺序等。

文化图式指的是关于语言的惯例、习惯以及约定俗成的东西。

图式和语境有着紧密联系，它们可以看作是一个事物的不同侧面。图式其实可以看作是语境的认知表现和组织形式。比如语篇图式中的词汇、句法、篇章图式，同时也可以看作是词汇语境、句法语境和篇章语境。

语篇图式和语境图式，大致相当于文章的语言形式和要表达的内容，二者共同协调、交互作用，最终实现对语篇的建构和理解的发生。

（三）图式对写作教学的启示

第一，积累和建构各种语境语篇图式是写作内容和写作方法的基础。人类的信息感知、记忆、存储都是以图式的方式存储在大脑中的。写作内容和写作方法以及语言表达，也是以各种各样的图式的形式储存在人的大脑中的。一个善于思考、联想、想象和整理的大脑，可能会使得相关信息更具有逻辑性，条理更加清晰。一个自然人应该善于整理自己的所见、所闻、所思、所想、所学，将这些信息系统化，形成一个可以相互激活的语义网络，有利于写作的时候更快捷高效地找到所需要的内容、材料、事物的细节，进而提高写作的质量和效率。

第二，通过语境分析和想象，激活学生的相关语境语篇图式，促进写作的进行。一个人的大脑中总是有海量的信息和记忆，这些信息和记忆又时刻处在变动和调整生成之中。在写作的时候，教师要创设相关语言情景，引导帮助学生激活已有相关图式资源，建立起与写作任务的最佳关联。这样学生可以激活足够的信息和资料去写作构思，提高写作的效果和速度，克服写作中可能出现的无从下手、审题失误、焦虑紧张等问题。

第三，鼓励学生广泛阅读，利用各种有利资源帮助学生构建新的图式，充实语境和语篇图式资源。阅读的过程就是积累各种语境图式和语篇图式的过程。读得越多，作者关于一个话题的信息资料就越多，同时所积累的表达方式、手段、语篇结构样式也就越多。这样充足的图式资源，就会使写作左右逢源、游刃有余，也就是“劳于读书，逸于作文”的道理。

二、范文模仿

（一）范文模仿及其方式

文章写作特别强调模仿范文，这在我国有着悠久的传统。美国国家写作协会专家的“元分析”研究发现，“揣摩范文”的确是一种有效的写作策略，但并不是一种特别高效的方法。

心理学有关研究表明，模仿是人的天性。学生在学习语言和各种技能的最初阶段，往往需要以模仿为阶梯。从图式理论看，通过揣摩课文，学生可以积累布局谋篇、章法知识及思维方法等认知图式，有利于学生写作能力的提高，但这也不是绝对的。朱晓斌“样例效应”研究表明：样例对于低水平学生写作成绩的提高有很大促进作用，对高水平学生写作成绩却无显著影响。可能是由于样例的存在可以降低低水平学生的认知负荷，而对高水平的写作者而言，样例在强化他们的模仿学习的同时，又抑制了他们的主动性和创造性。

建构主义将读写描述为“意义建构”的过程。阅读和写作都是读写者在建构意义，它们都需要主体调动先前的知识经验，理解、形成新的意义。在这个过程中，主体始终处于同化、顺应、建构、变构之中。它们对于听说读写等显性能力“冰山”来说，是连成一体汹涌起伏的知识和技能的“海洋”。读的信息资源的进入，会改变海洋的容量、形态，它有可能会使写作能力“水涨船高”。

1. 结构模仿

结构模仿指的是模仿所学课文或者所读文章的篇章结构，作为自己习作的框架。比如学习完吴晗的《谈骨气》之后，可以指导学生模仿文章提出论点、阐释论点——事例论证、印证论点——联系实际、结束全文这样一种简单的议论文的结构。

2. 写法模仿

写法模仿指的是对于语篇的立意、构思、结构，如我们学魏巍的《我的老师》之后，可以学习文章中从课内到课外，从平时到假日，由学习到生活以及心灵这样的选材组织材料的方式。另外，语文教材中所选的小说、散文等文章有很多艺术手法都可以学习借鉴。

3. 语言模仿

语言模仿指的是在遣词造句、句式的选择以及修辞运用等方面的模仿。最常见的是比喻、排比、拟人、对偶等句式的仿写。

（二）“假如我是……”学写散文诗（教学片段）

教学步骤：

1. 温习知识：师生对话，让学生七嘴八舌地说说诗歌的特征，也可以举个简单例子（至少10分钟给学生）分行排列；富有感情（一种情绪和想法）；优美的形象（形象思维）；音韵和谐；想象、联想、比喻、拟人、发散思维……

2. 欣赏并研讨范例：《我爱这土地》艾青

假如我是一只鸟，
我也应该用嘶哑的喉咙歌唱：
这被暴风雨所打击着的土地，
这永远汹涌着我们的悲愤的河流，
这无止息地吹刮着的激怒的风，
和那来自林间的无比温柔的黎明……
——然后我死了，
连羽毛也腐烂在土地里面。

为什么我的眼里常含泪水？

因为我对这土地爱得深沉……

1938年11月17日

3. 仿写："假如我是……（以美的形象），我要……（用一行动寄托某种情感愿望）"

头脑风暴："假如我是某个东西"（某一动物、植物、事物，但不应该是人，如市长、老师、孙悟空），一棵树、一片云、一朵花、一掊土、一块砖、一片叶、一阵风、一叶舟、一座山、一条河、一盏灯、一棵行走的草、一粒走近泥土的种子、一轮圆满在青春梦乡的月亮、一根桅杆、波浪、航船、钟响、花开的声音、青草的梦乡、群星、音符、花瓣、弓箭、石头、鱼、甲骨文、荒原……

4. 交流评价

正例：用"假如我是（以美的形象），我要……（用一行动寄托某种情感愿望）"连续不停地写五分钟。

示例：假如我是一只蝶，一只刚刚咬破自己的壳，振翅学飞的蝴蝶，我要飞入你们的生活，叫醒慵懒的冬风，叫醒冰封的小河，叫醒沉睡的丛林，叫醒酣梦的花朵……于是，无数的缤纷风随我翩飞，所到之处：树木吐绿，花儿绽放，河水喧哗，一个绚丽的风暴席卷了一切……

误例：假如我是市长、老师、孙悟空……因为这不是写建议类的议论文或者幻想。

上述案例是一个典型的形式模仿的例子。

第一个环节温故知新，运用讨论的方式，让学生大致了解诗歌的基本常识，这也为下面欣赏范例作铺垫。

第二个环节欣赏研讨案例是一个重要环节，案例的一些主要形式特征要求学生能够发现出来，感悟到，或者说出来，这是成功仿写的基础。在这个环节，我采用了“背诵+分析”的方式进行，先引导学生在反复地听录音、朗读的基础上背下来，使学生对于所模仿的“范型”有一个直观的了解，在大脑中建立相应的此类小诗的“印记”，即“文章图式”，然后分析“明喻或者比喻句”的特征，引导学生明白这个“喻体”，你要对它有感情、有兴趣，它能够引发你足够的联想、画面。这样才能有下面的四个连环意象产生，而下面的“连环意象”又是一个并列的蒙太奇似的画面剪接。当然，其中情感的起伏程度好的学生能够感觉出来。最后是“诗言志”的一两句话。这就是这首小诗的结构特征。其实这首小诗含有典型的起承转合四个环节，也可以引导学生去发现。

第三个环节仿写过程是知识的应用阶段，也是写作能力的主要目的所在。

第四个环节交流评价，一是展示写作成果；二是纠正错误的作品，达到正确模仿的目的。课上学生基本每人都说出一两个句子，并拓展小诗。

这是笔者上的一堂作文示范课，观摩这堂课的老师和家长说：“不会写诗的孩子，这样一教也会写诗了！”可见，这种方法是有效的。

三、写作支架

维果斯基的“最近发展区”理论认为，学生的发展有两种水平：一种是学生的现有水平，指独立活动时所能达到的解决问题的水平；另一种是学生可能的发展水平。教学内容和要求应适当高于学生已经具有的水平，让学生在稍微努力的情形下达到高一层次的知识和技能水平，之间的落差就是最近发展区。

学生每一次的写作任务设计也要稍稍高于学生现有的写作水平。这之间知识和技能的差别，需要教师提供各种帮助和指导，在知识上、写法上、程序上的各种帮助，就像建筑的脚手架一样，能够帮助学生完成语篇的建构。

写作支架其实就是广义的写作策略。学生有时候不会写作，是由于缺乏一些必要的写作支架或写作策略。

（一）文章的结构框架

前面我们已经在“语篇”一节中介绍过文章的一些宏观的结构框架。其实，在一般的实用写作、论文写作以及公文写作中，是有一些固定的框架可供遵循的，也必须遵循。这些框架是它们文体特征的外在表现或者规定，是不应该轻易去打破或者去创造新的形式的，否则就会造成语篇交际规范的破坏，但在文学写作中，一般是要打破某些既有的规范和写法的，那是另一种情形和审美需要造成的。

我国古代的八股文写作一般遵循着固定的结构，即“冒、原、讲、证、结”，后来定型为“破题、承题、起讲、入手、起股、中股、后股、束股”，这就是当时科举文章固定格式化后形成的被大家认可的结构框架。科举考生只需要依照固定的结构和思路，去填充自己的内容就可以了。结合我国传统和现代写作的需要，开发整理出一些写作策略，如古代的“起承转合”、今天的“提出问题　分析问题　解决问题”等策略。又比如写读后感，一般遵循“读、感、议、联、结”的结构框架。当然，结构有时是和内容联系在一起的。固定的格式虽然会减轻写作的认知负荷和障碍，但也会牵制人们的自由思考和创造。对初学写作的人来说，这些结构框架是有帮助的。

文章常见的结构方式通常是固定的，类型也是有限的，不外乎如下一些：

（1）纵向结构：按照时间的先后安排文章，如《荷塘月色》《老山界》《雨中登泰山》等。

（2）并列结构：尤其是文章的中间部分，如《谈骨气》《我的老师》等。

（3）网状结构（纵横交错式），如《山屋》。

（4）层进式结构，如《感谢生命》。

（5）对比式结构，如《从百草园到三味书屋》。

（6）情感流动式结构，如《荔枝蜜》。

当然，最多的是总分总结构。这些结构有时是综合运用的。

在文学类和叙述类写作中，也有一些有效的写作支架。比如Pekema的故事语法包括如下内容：

（1）故事——场景、情节；

（2）情节——开始、发展、结束；

（3）发展——复杂反应、目标路径。

Gonzalea的故事语法模式包括如下内容：

（1）场景——人物、时间、地点；

（2）主题——目标、事件；

（3）情节——次目标、问题、解决问题的步骤、结果；

（4）解决——行动、感情、道德。

（二）快速行文的方法

杨初春的快速作文在行文环节提到三种方法：

一是进入意境法，指的是迅速进入写作情境，利用情境要素激发想象生发内容。

二是跳越障碍法，指的是当你写不下去的时候，就改变思路和线索，转到其他内容、细节的表达上去。当然，这并不代表不进行进一步的深入思考。

三是自然开合法，指的是利用时间、空间、逻辑、心理自然顺序行文。

另外，问题—解决式，主张—反主张式，叙事式，提问—回答式，概括—具体式，现象—原因—应用式也是常见的写作框架模式。

（三）句子之间的推进策略

曼恩、汤姆逊将句子之间的语义关系分为如下类型：环境、解答、背景、使能、动机、证据、证明、意愿原因、非意愿原因、意愿结果、非意愿结果、对照、让步、析取、解释、评估、重述、总结、序列、对比、目的、并列。其实常见的句子之间的关系类型有如下十种：并列、顺承、解说、递进、选择、转折、因果、目的、假设、条件等。这些可以看作是微观层面的行文之间的线索。

（四）作文教学中的问题支架

周子房博士曾经用《神奇的六个问题》指导小学生进行《监考老师》习作教学。一开始学生写监考老师总是写不详细、写不具体。针对这种状况，他设计了如下六个问题：

（1）你平时考试紧张不紧张？这一次呢？如果紧张，说明为什么？

（2）你坐进教室，在等监考老师来时，想了些什么？

（3）监考老师走上讲台说了些什么？你的感觉是什么？

（4）监考老师发完试卷，又说了些什么？你的感觉是什么？

（5）在考试过程中，监考老师在你身边停留过没有？如果停留了，把他停留在你身边时的情景写出来。

（6）他给你的最后印象是什么？

学生只需要认真思考并回答上面的六个问题，并把自己的回答组织成文字，就会成为一个完整的、具体的、连贯的语篇。

四、案例分析

【搭建思维支架，教学生物意转换】

《巧用“格物致知”激活学生思维》教学实录

执教者：郭凯

一、思维热身导入

师：今天，我给大家带来了一样东西……（出示常见学习用具圆规）

生：圆规！

师：它是用来做什么的？

生：画圆，画弧……

师：由圆和圆规，你能想到些什么？

生：圆满、团圆、没有规矩不能成方圆、八月十五月儿圆、月饼、甜蜜……

师：对！“圆”象征了圆满、和美，我们都希望自己的人生能够圆圆满满。可是，如果我们手里没有圆规，那能不能画出圆来呢？

（生回答不统一，有的说“能”，有的说“不能”）

师：数学老师都知道，即使没有圆规也能够画出圆来，因为他知道画圆的关键。那么，画“圆”的关键究竟是什么呢？

生：要选定圆心！

师：对，首先要选好圆心，固定住圆心才能画出圆来！而我们每个人都渴望自己的人生能够圆满，因此我们无论是做人还是做事，都需要先定下“心”来。大家说，我们应该定下一颗怎样的“心”呢？

生：恒心、信心、耐心、专心、静心、热心……

师：刚才，我们由“圆规”联想到了做人的一些道理，这种方法就是大家刚刚学习的丁肇中先生的《应有格物致知精神》中所阐释的一种思考、分析问题的方法——

生： 格物致知。

师： 对。《礼记·大学》中说："致知在格物，物格而后知至。"它的意思是说，获得知识的关键就在于推究事物中所蕴含的道理；因而当我们认真探究了一个事物以后，或许就可以从中获得更加丰富、深刻的认识。

二、写作话题"格物"训练

师： 刚才，大家很好地把圆规"格"了一番。下面，我再给大家拿一样东西，请大家再"格"一"格"！（出示教具珍珠项链）当看到珍珠时，你能想到些什么呢？

生： 美丽的河蚌仙子，雍容华贵的妇人，大海……

师： 那么，大家知道珍珠有哪些用途吗？

生： 做首饰，能美容、保健……

师： 是的，它除了作为我们常见的首饰功能，还有美容功能。李时珍在《本草纲目》中曾写道："珍珠清凉解毒，安神定惊，除翳生肌……"而有许多词语也和珍珠有关，大家能说出一些来吗？

生： 买椟还珠、珠联璧合、珠光宝气、珠圆玉润、字字珠玑、鱼目混珠……

生： 人老珠黄……

师： 人们为什么会这样来形容珍珠呢？

生： 珍珠珍贵，人们喜欢珍珠……

师： 那么，如果由珍珠再联系到做人方面，你又能想到些什么？

生： 我们做人就要努力做到像珍珠那样，成为具有美好品格且有价值的人……

师： 当然，我们更要不断积极进取，努力保持自己青春常在。不然的话，就有可能——

生：人老珠黄！

师：下面还有一样东西，请大家继续“格一格”！（出示一包沙子）过去，你或许对它熟视无睹；可是，现在看到它，你能联想到些什么呢？

生：沙滩、海滩、沙漠、骆驼、楼兰古城、沙尘暴、大漠孤烟直，长河落日圆、沙漏……珍珠！

师：噢，珍珠？！

生：对！还有珍珠！生物课上我们学过：当外界的沙粒或异物等进入蚌的外套膜与珍珠层之间时，就会刺激外套膜分泌珍珠质，包裹沙粒或异物形成珍珠……

师：同样，有一些词语也和沙子有着密切的联系，谁能举出一些来？

生：一盘散沙、聚沙成塔、飞沙走石、大浪淘沙、沙里淘金。

师：它们和沙子的特点有什么联系呢？请大家从下面几个方面进行思考（出示PPT）：

沙子：个体与集体、坚硬与柔软、强大与渺小、团结与分裂、低贱与贵重……

生：一粒沙子虽然很小，似乎用处也不大，可是，许多沙子聚集在一起就能干出大事情来，如可以盖楼房、筑路。

生：一粒沙子是坚硬的，可是许多沙子聚集在一起，就能组成柔软的沙滩。

生：一粒沙子是渺小的，可是让长途跋涉的旅人驻足不前的，许多时候不是前面的高山，而是他鞋子里面的一粒沙子；无数细小的沙子汇集在一起，还会形成沙漠、沙尘暴，危害人类。

生：沙子用水泥凝结在一起很坚固，可一旦分开就会成为不堪一击的一盘散沙；我们应该团结起来，我们的集体不能像那样分散的沙子！

生：沙子虽然看起来很平凡、也不值钱，可是，贵重的金子却隐藏在里面，只要人们耐心地“披沙拣金”，就能从中淘出黄金；一粒不起眼的沙子如果有机会进到了蚌壳里，经过磨砺也可变成珍贵的珍珠……

师：我们刚才“格”过了珍珠和沙子。那么，从做人的角度思考，你是想做珍珠，还是做沙子呢？

（生思考并议论、争执……）

师：下面，我们一起阅读一则短文，来认真地思考一下这个有趣的问题（出示PPT）：

有一个青年人自以为很有才华，但一直苦于没有“伯乐”的赏识，因此他很痛苦，并感到自己的前途渺茫。这天，他来到海边想自杀时，却被一老人救了。

了解了他的“不幸遭遇”后，老人随手捡起沙滩上的一粒沙子让青年人看了看，很快又丢在了地上，然后对青年人说：“你把我刚才丢的那粒沙子捡起来。”“那根本不可能！”青年人说。接着，老人又从自己口袋里拿出了一枚珍珠也随手丢在了地上，结果青年人很容易就把珍珠捡了起来。

于是，老人语重心长地说：“要想使别人认可你，你就要想办法让自己成为珍珠而不是沙子。”（赵文宏《公民导刊》2003年1期）

生：做人就要做让人羡慕的珍珠，而不能做普通的沙子……

师：如果不愿做平凡的“沙子”，而想做令人羡慕的“珍珠”，那该怎么做呢？

生：要耐得住黑暗、寂寞，要不断地锻造自己的实力，努力寻找成功的机遇……

师：对！这种在黑暗和寂寞中默默孕育珍珠，进而努力提升自身价值的做法，也是古今中外许多文学家所赞美的！下面请大家阅读几则材料（出示PPT）：

1. 一粒珍珠是痛苦围绕着一粒沙子所建起来的庙宇。是什么愿望围绕着什么样的沙粒，建造起我们的躯体呢？（纪伯伦《沙与沫》）

2. 不要求一缕非分的阳光，不希冀一滴额外的雨露，没有说一句浮华的话语，悄悄在水下孕育着珍珠。（沙白《给珠贝》）

3. 他不漂亮，他在海里的时候，就是一只丑陋的贝。因为有一颗石子钻进了他的壳内，那是个十分硬的石子，无论如何不能挤碎它；又带着棱角；他只好受着内在的折磨。他的壳上越来越没有了颜色，没有了图案，他失去了做贝的荣誉；但他默默的，他说不出来。（贾平凹《一只贝》）

师：当然，短文中老人为我们提供的信息还是比较明确的，那就是激励我们要做光彩夺目的珍珠，不要做普通的沙子，但是不是只有做珍珠才算是有前途呢？

生：沙子虽然渺小，可也有自己的用途。决不能因为自己是沙子，做不成珍珠而自暴自弃！

师：的确是这样！我再提供一些材料，希望大家能进一步思考一下（出示PPT）：

1. 不要把自己当成珍珠，免得受被埋没的痛苦；还是把自己当作泥土吧，让人们把你踩成一条路。（鲁黎《泥土》）

2. 墙角的花！你孤芳自赏时，天地便小了。（冰心《春水》）

3. 这个世界并不会在意你的自尊，而是要求你在自我感觉良好之前先有所成就。（比尔·盖茨）

生：做人就应该有一个较高的目标，尽最大可能地体现出自己的人生价值，而只要肯埋头苦干，即使是沙子也有希望成为珍珠！

生：如果做不成珍珠，那就做沙子好了。好高骛远常会给我们的人生带来不必要的痛苦！

师：其实，无论是做珍珠还是做沙子，只要能够体现出自己的人生价值，人生就是有意义的，而其中最重要的，应该是我们要学会在生活中寻找到实现自己人生价值的一个位置！

三、小结并布置写作任务

师：今天，我们运用"格物致知"的方法，共同探讨了"珍珠和沙子"这一有趣的话题。这种思考问题的方法，从一定意义上说，就是我们常说的"以小见大""见微知著"，因此，只要我们能够紧紧围绕一个事物，从多个角度深入思考，并密切结合生活中的事例和自己的感悟，就能够产生丰富的思想，进而也能够写出既有感性色彩又富有哲理意味的文章来。

希望大家继续对"珍珠和沙子"这一话题进行思考、讨论，并请大家自选角度，自拟题目，自定文体，写一篇700字左右的文章。

（执教者系山东省邹城市鲍店煤矿学校教师）

这堂课的成功主要体现在搭建写作中的"思维支架"上。

什么是"思维支架"？就是如何进行思考的环节、程序、步骤和方法。

这堂"珍珠与沙子"的话题作文包含四个环节，其实就是四个活动支架：一是格致知教写法；二是格巩固练写法；三是格拓展变写法；四是知行统一用写法。四环节环环相扣，逐步递升，别具匠心。

第一，观物联想教写法。教师从学生常见的学习用具——圆规（这里作为教具），进行格物致知式的"观物联想"。教师设计了三个小的问题支架：（圆规）你能想到些什么？画圆的关键是什么？做人应该定下一颗怎样的"心"？这三个问题从具体到抽象，环环相扣，不但帮助学生生成了素材，而且实现了由客观之物向主观之意的转换。

第二，再格训练练写法。写作是一种程序性技能，离不开反复的训练。为了巩固训练刚刚学的思维方法，郭老师拿出了第二个实物——

珍珠项链，让大家再“格”一番。这个环节并非简单重复，而是有了新的内容。老师引领学生从形象、功能、寓意、语汇等方面，即内容和材料方面，对事物作全方位的发散思考，意在对学生再次进行“借物喻人（理）”的思维操练，同时生成素材。故而他设计了如下问题支架：当看到珍珠时，你能想到些什么呢？如果由珍珠再联系到做人方面，你又能想到什么？至此，老师引导学生不但再次完成了“由物到人”思维迁移法的训练，而且基本掌握了生成写作内容的套路。

第三，三格拓展变方法。以上两环节是把“方法”学对、学会，但对学生熟练灵活地运用这种思维方法还是不够的。于是，郭老师又出示了第三个实物——沙子，让大家再“格”一番。这次“格”，主要是针对立意，进行发散训练。郭老师提供了这样一个“思维支架”：请大家从下面几个方面进行思考——（出示PPT）沙子：个体与集体、坚硬与柔软、强大与渺小、团结与分裂、低贱与贵重……

上述三番“格物”，学生的思维一次次被激活。这一点，从学生们积极踊跃的发言中可以看出，他们已经基本掌握“借物喻理”的思维方法，并生成了一些写作素材，拥有了某种写作的成就感，然而，这仍是初级的、不熟练的。为让学生更自由、灵活、创造性地运用这种方法，郭老师随后出示了纪伯伦《沙与沫》、沙白《给珠贝》、贾平凹《一只贝》等文章片段，既是进一步拓展学生的思维空间，又为“珍珠与沙子”的话题构思立意作示范铺垫。这些名家名作充当着作文范本。这些作品的立意、谋篇及表达，有助于提高学生写作的多样化、艺术化、精致化。

第四，知行统一用方法。经过上面举一反三循环递升的训练，学生不但懂得并掌握了“托物寓意”的写法，也具有起码的写作素材了。此时教师趁热打铁，布置写作任务，学生的作文自然也就水到渠成。

郭老师的课精彩纷呈、别具匠心，以下几点值得欣赏：

第一，抓住一个“点”，教一种方法。这堂课的目标是“格物致知，激活思维，打开写作思路”。郭老师领着学生“一格圆规”“二格项链”“三格沙子”，紧扣目标，突破难点，精心点拨，启迪文思，学生学会了“观物取意”“借物喻理”的写法。这无疑是极其成功的。

第二，拉通一条“线”，练这种方法。在这个课例中，郭老师充分估计到了学生“物意转换”的困难，为此设计了三个环环相扣的环节。它们就像三个台阶，将学生的思维一步步引导到话题材料“珍珠和沙子”上。本课的每一个步骤都围绕“物意转化”这个中心而层层推进。同一思维方法在不断反复的变式训练中巩固提高、熟以生巧。学生对这种写作思维方法的运用逐渐熟练化、自动化。这是复杂写作技能形成所必需的。

第三，展开一个“面”，生成写作内容。郭老师在本课中几次运用了发散思维法。发散思维，国外叫做“头脑风暴”，是学生生成立意、素材、语汇等的好法子。如格“珍珠”时，引领学生交流其用途、词语、故事，以及做人做事方面的启示。通过发散思维，一篇文章所需要的基本元素大都已经具备，学生的作文自然水到渠成。

第四，营造“写作共同体”，发挥写作课的综合效益。郭老师这堂课构建了一个高质量的“写作共同体”。我们看到每当一个实物呈现出来之后，学生都能够积极思考响应，思想的火花和精彩的表达相互碰撞激活，形成一个“思维场”，学生被吸引并点燃起来了。教师课后说“有些时候，甚至让人感觉不出是自己在引领，而是学生在自我发现、自我感悟、自由创造”。

我们知道，学生此类作文主要困难有两点：一缺素材（内容），二无见识（立意）。难点在于：如何去“托物寄意”，让思维发生蛹化为蝶的转化与飞跃。郭老师的做法很简单，也很巧妙有效，即设计了三个问题构成的思维支架，帮学生进行思维的三级跳，从而帮学生完成了写作中的“物意转换”的示范。这个过程一般老师不去教，也教不好，但郭老师很高明，教得对，教得巧。

写作策略知识，我们姑且称之为“物意转化策略”，它应该包含以下三个环节：(1)自由联想。对一事物进行不设限制、不定方向、不作指示的自由联想。其牵引问题是：对一事物“你能想到些什么？”让学生围绕一个事物说出所能想到的相关的字词、意象、熟语。(2)定向联想。对事物进行指向性思考。牵引问题是“画圆的关键是什么？”(3)寓意性联想。依据这个事物的特征说出它带给你的人生启示。其牵引问题是：“我们应该定下一颗怎样的‘心’？”教师简单归纳一下就会形成一个写这类文字的“自由联想—定向思考—寄托寓意”的策略。

本课中教给学生的主要还是一种共通性的思维方式和构思行文方法，对学生的写作个性和创造性重视不够。如何提高学生写作的个性和创造性呢？先要从教学环节和写作知识上予以保障。比如，鼓励学生去捕捉构思中的“一闪念”并放大；鼓励学生进行脑力激荡式的自由想象；鼓励学生交流分享；鼓励学生快速自由起草；提倡“放胆问”写作；不要对学生的想法、写法作过多的指导；鼓励标新立异，从“第四种构思”开始，从第四种开头写起；写别人不容易想到的东西；用别人不可能用的手法写；鼓励学生炫出自己的个性，“我的作文我做主”“我手写我口”，写出自己的口吻、腔调；按照自己独特的思路去写；从多个不同角度立意、构思，寻找丰富的可能；通过联想想象生成写作素材等。

第五节 读写结合：阅读与写作互惠共享

一、从国外写作教学实证研究说起

“多读多写”是一条大家广为熟知的提高学生写作能力的经验，我们大都对它深信不疑，然而，“多写”真的能够提高学生的语文能力吗？美国人Stephen D. Krashen 的《写作研究：理论和应用》（Writing Research, Theory And Appliction）一书，披露了一些非常有趣的结论。

（一）阅读和写作：乐读、多读有助于提高学生的作文能力

1978年，肯博陵（Kimberling）、温盖特（Winggate）、卢瑟（Rosser）、蒂查瑞（Dichara）和客瑞森（Krashen）等人对66名大学生的调查研究表明，“写作能力高”的学生在各个年龄阶段都比较喜欢阅读，尤其是在高中阶段。

1967年，伍德沃德（Woodward）和菲利普斯（Phillips）对919名大学新生调查也发现，那些“善写者”比“不善写者”，更具有日常读报的习惯。

1978年，爱普比（Applebee）调查了481名高中优秀写手，他们是1967年NCTE（全美英语教师协会）的写作成绩优异者。这些写作的成功者经常阅读，一个暑假平均读了14本书。

唐纳森（Dnashen）1967年比较了10年级的高效和低效写作者发现，高效的写作者能够更广泛、更经常性地阅读，他们家里拥有更多的书刊和杂志。

鲁岩（Ryan）1977年报告指出，“更多”“更经常”的写作者，家里拥有更多数量和更多种类的书籍，而且小时候家长给他们读的更多，家长自己读的也较多。

还有其他一些实验支持上述结果，即乐读和写作能力之间有密切

关系，乐读、多读有助于提高学生的作文能力。如下表：

表5. 4 阅读和写作的关系研究

研究者	研究对象	研究发现
Kimberling等	大学新生	写好者报告说从小就爱阅读
Woodward和Phillips	大学新生	写好者读的报纸更多
Applebee	高中生	NCTE优胜者读得更多
Dnashen	高中生	有效写作者读得多，家里拥有的书和杂志更多
Ryan	大学新生	写好者家里书更多，读得也多
Mcneil	12～17岁	那些“迷恋书籍”的孩子写作态度有提高
Illo	大学新生	读写之间关系“弱并不确定”
结论	以大中学生为主	写得好者大多爱读，读得也多

（二）写作和写作频度之间：多写对提高写作能力只是稍微作用

可见，“多读”确实能显著提高写作能力。那么，“多写”是否也能提高学生的写作能力呢？实验发现，有的是这样，可有的并非如此。

Bamberg（1978）发现，实施“常规”写作训练的大学生和接受“补救”写作训练的大学生，前者确实在高中时写过更多的说明文。McQueen，Murray 和Evans（1963）也报告指出，新生摸底考试中得分较高的学生，高中做过更多习作训练。Woodward和Phillips（1967）也发现，写作较差者在高中英语中写得更少。

但是，Lokke 和Wykoff（1948）比较了普渡大学的新生，发现一周两篇作文比一周一篇作文质量上只是稍微好点而已。Dressel，Schmid，和Kincaid在1952年比较了那些在课外做了大量写作练习（一年平均131小时）和那些做了极少量课外写作练习的（一年平均4个小时），他们发现两组成绩都有提高，但在经常写作和不经常写作之间没有明显不同。Arnold（1964）比较了10年级学生，一是经常写（一周至少一次），一是不经常写（一学期写了三次）。他们的写作能力在学年终时没有什么不同。

表5.5 写作和写作的频率研究

研究者	研究对象	研究结论
Bamberg	大学新生	写好者在高中作了更多说明文
McQueen	大学新生	好的写作者高中时有更多的写作
Woodward和Phillips	大学新生	很多写得差的学生高中时没有写作
Wall 和Petrovsky	大学新生	好的作者做了更多的校外写作
Lokke 和Wykoff	大学新生	一周两篇作文比一周一篇作文稍微好点
Dressel等人	大学新生	经常写与不经常写的人表现相同（校外作文班）
Arnold	高中	经常写作者和不经常写作者没有不同
结论	大中学生	多写者比少写者稍微好点，但不明显

（三）阅读与写作比较：阅读比写作训练更有效

有三个旨在比较阅读和写作对于提高学生写作技能的实验研究，每个实验中，一组学生进行经常性的写作训练，与另一组写得较少（其中一组根本一篇没写），而是用了更多的时间来阅读。

在Heys（1962）以9～12年级高中生为对象的实验中，“写作班”一周写一篇作文，并由老师严格地“订正修改”；而另外的“阅读班”三周写一次并每周在课上花费时间来阅读。在学年终，两组都有明显的进步，但“阅读班”在阶段写作测试中比“写作班”在作文内容、组织、技巧、措辞和修辞方面有突出表现并且获得较高评级。

De Vries（1970）在5年级学生中做过类似研究。第一组每周写两篇作文，第二组不做任何写作练习，却拿出更多时间来在课上和课下进行阅读。同样，评价两组在作文方面的得分发现："阅读组"在随后的测试随笔中各种单项类别（内容、技巧、组织、语法、词汇和短语等）上有突出表现。

Christiansen（1965）比较了两组大学新生。一组一个学期写了24篇作文却没有阅读；另一组只写了8篇作文而去阅读大学生散文选。再一次证明，两组都有提高，但没发现明显不同。

表5.6 阅读和写作比较

研究者	研究对象	研究发现
Heys	高中生	一周写一篇作文并不如三周写一次+阅读更有效
De Vries	五年级学生	一周写两篇还不如光阅读却一篇不写的有效
Christiansen	大学新生	一学期写8篇作文同时阅读和一学期写24篇作文效果一样
结论	大中小学生	阅读似乎比写作更有效

为什么"多读比多写"更有效呢？原因可能在于：写作次数本身并不会增加学生的信息总量。写作相对来说更多属信息输出行为。在一次次的写作过程中，学生对于已有的素材进行筛选、剪裁、组合等，其写作技巧和语言运用的熟练程度可能会有提高，但是对于学生"总体的信息数量、信息结构和精神能量"影响不大（因为写而去读，另当别论），而多读就不同了。它能够显著丰富学生的生活表象，改变一个人的信息量、信息结构、知识状况甚至人的精神或心智状况，包括他们关于写作的语用知识、能力和技巧，还有关于读者、交流、写作等写作所需要的各种知识、技能、策略等可能都有较大的改观。

（四）写作指导：写作可以教，但效果有限

研究表明，有些方面的写作技能是可以教的，但效果有限。文章形式和组织方面的一般和明显特征是可以教的。在前面Bamberg的研究中，“常规”大学生写作者和“补习”大学生写作者也支持这样的结论：好的写作者在高中仅写了更多的说明文，他们也接受了在形式方面诸如运用例子支持观点，清晰地陈述话题或文章的主题，以及段落结构。另一些实验结果如下：

表5.7 写作和指导

研究者	研究对象	研究发现
Bamberg	大学新生	好的写作者比差的写作者有过更多的作文指导，但在语法、技巧的数量上没差别
Shaughnessy	大学新生（补习）	一学期的指导在写作上产生了中度的提高
Bench	大学新生	教师反馈在草稿阶段比学生反馈更有用
Wall 和Petrovsk	大学新生	好的写作者对于草稿有更多讨论
Arnold	高中生	全面批改并不比适度批改好
Stiff	大学新生	页边批语、文后批语和两者结合没什么效果
Clark	大学生	少讲语法，多去阅读有助于提高写作能力
Adams	小学生	学习文学比学习语法更有益
结论	大中小学生	阅读、文学和写中指导比语法更有效

为什么教师指导对学生的写作能力帮助不大？这可能是因为写作是一种主体性很强的自主言语表达行为。教师可能在选材、组织、文章技巧、程序上，对于有的学生，尤其是程度低的学生有帮助，但是对于能力较强的学生，作文指导提供的模式和一般做法，可能会限制好学生的创造性，使他们削足适履或无所适从。

（五）对写作过程的研究

研究表明，好的写作者和差的写作者在写作过程中表现不同。具体表现在以下方面：

1. 构思（Planning）

好的作者比差的作者构思时间更长。这并不一定意味着运用正式的提纲，也不总是意味着“预写”。Emig（1975）对专业作家的研究表明，很少有人运用标准的提纲，但是全部报告说在写之前运用了某些类型的内容和组织策略。Wall 和Petrovsk（1981）发现，写得好的大学生更多报告在写之前花费了较长时间来思考，而较低能力的写作者“在写之前只是有时用较长时间思考，并且很少做写作计划或笔记，提及开始写时‘只是开始’罢了”。

2. 回扫（Rescanning）

好的作者在写的过程中停顿更多，重读他的文本次数也多。Stallard发现，好的作者在写一篇文章过程中，平均停下来重读3. 73次；而写得较差的学生重读平均少于一次。在Pianko的研究中，“正常”学生停顿的次数是“补习”学生的两倍；回扫文章的次数是“补习”学生的三倍（平均11. 71次每篇作文相比3. 7次每篇作文）。Wall 和Petrovsk也报告：高级写作者有较频繁的回扫行为。

回扫可以帮助好的作者保持对文章的整体感觉或者“框架图”（Beach，1979）。Pianko记述道：“好作者重读时，停下来构思下一步写什么，回扫他们的构思是否合适，接着重新开始改写。”可见，回视可以温习文章整体的构思和目标，也可改进并整合新的想法。

3. 修改（Revising）

一些实验表明，好的作者比差的作者修改更多。Stallard发现，写得好的高中生每篇文章平均修改12. 24次，而一般的作者每篇文章只修改了4. 26次。更多更广泛的报告还发现，写作修改时，好的作者多着眼于内容，而较低水平的作者多着眼于表面形式。

4. 回路（Recursion）

关于作文写作过程的研究也表明，大多数成功作者并不总是严格地运用线性构思，很多好的作者运用循环式的、非线性的方法，即草稿的撰写可以被更多的构思打断，修改可能导致改写，大量循环到较早的阶段。也就是说，作文不是简单的从开始到结束创制文章的流畅的线性流程。用Shanghnesy的话说，写作是一个“思想由凌乱到清晰”的过程。还有的人比喻写作过程为“弹球游戏”，你不知道球一定会弹射到哪里，但高手有一种大致良好的总体控制。

表5. 8 写作过程的研究

研究者	研究对象	研究结果
Stallard	高中生	好作者构思计划更多
Stallard	高中生	好作者重读回扫更多
Sommers, Faigley和witte	“有经验的”作者和新手作者	有经验作者运用修改来产生、发现新的想法
Sommers, Stallard	高中生	新手作者用修改来澄清、发现“恰当的词”
Perl	大学新生（补习）	补习作者混淆修改和校对，瞄准技巧和拼读
Sommers	大学新生（补习）	有经验的作者愿意采用回路的写作过程
结论	大中学生	好的作者计划、回扫、往返更多

为什么写作过程中的计划、回视、修改、回路对好的作者帮助大呢？这可能是因为这些行为都直接为组织、加工文章的信息服务。计划

构思是为文章的主题定向、材料选择、文章的结构筹划甚至技巧的运用服务的；回视是写作过程中的控制和监控行为（即所谓的反省认知能力和策略），它们直接决定着文章产品的成型过程和质量。修改不仅仅是语言、段落、语法等细枝末节的修饰校对，好的作者的修改很大程度上类似于一篇文章计划构思的全过程，尤其是思想内容和结构的大的改动。一个"高手作者"在一篇文章上付出了比一个"新手作者"多得多的心血、筹划、操作和努力。

（六）读者意识

Flower和Hayes（1980）的报告指出，"专家作者"远比"新手作者"更加关心读者。前者用较长的时间思考作用于读者的文章效果，他们怎样把自己的想法呈现给读者（如用什么口气），读者需要什么样的背景知识等。与此不同的是，新手作者只是倾向于"与话题有关"而已，只用很少的时间来考虑读者。

Flower（1979）认为新手作者在把"基于作者的作文"转换到"基于读者的作文"的过程中面临着困难。"以作者为中心的文章"有这样的特点：资料含混、字词伴随着作者个人的独特含义，缺乏清晰的组织，主要的观点不能清晰呈现。好的作者能够把以"作者为中心的文章"转化为"以读者为中心的文章"，较少自我中心主义，他们试图敏感呼应读者需求的风格。低效的作者意识不到读者的需要，或者是他们意识到了却不愿也不能在写作中把读者考虑在内。

二、"读写结合"策略：传统与科学的双重审视

"读写结合"既是教材编辑和语文教学的重要方法，也是重要的写作策略。在中外母语教育中都是如此。所谓"读写结合"，就是以范文

为榜样，揣摩、模拟、体会写文章的要领。[①]它其实包含以读促写和以写促读两种。

读写结合是我国语文教学的传统经验，“劳于读书，逸于作文”“读书破万卷，下笔如有神”等都是说读写结合有效性的，但仅仅是经验，没有实证。

近些年对读写结合有质疑之声。章熊认为读写结合“既挤走了精心指导学生阅读的时间和空间，又使相当一部分学生的写作思路偏狭，‘读’与‘写’两败俱伤”；李杏保、陈钟梁认为不走“读写结合”之路也能取得“读”“写”两提高的效果，读写结合的效果缺乏数据说明等。[②]基于上述状况，近年来国内外学者对读写结合的研究已转向运用定量和实证研究的方法。

汪潮通过对阅读和写作之间的各相关变量进行统计分析发现：

（1）从读写结合的关系程度看，阅读和写作之间六个对应变量之间的相关系数为0. 3966。这说明“阅读和写作之间存在内在联系”，但这种联系并不密切。

（2）从读写结合的结构看，存在显著相关变量出现的频率从大到小依次是结构理解、快速理解、知识运用、语言理解、知识系统和知识记忆；写作变量组大小依次是语言基本功、修辞、质料、中心、详略和条理。其中阅读理解与写作的语言基本功、修辞存在稳定的正相关。[③]

据美国人Stephen D. Krashen 1991年出版的《写作研究：理论和应用》（Writing Research, Theory And Appliction）[④]一书披露：乐读、多

---

① 章熊．高考作文与中学写作教学［J］．语文建设，1989（1）．

② 曹勇军．对“读写结合”的冷思考［J］．语文教学通讯，1999（6）．

③ 汪潮．中国语文读写结合相关研究［J］．杭州大学学报（哲学社会科学版），1991（4）．

④ 荣维东，朱建军．国外作文教学实验结果综述［J］．语文建设，2009（5）．

读有助于提高学生的作文能力，他们通过对大量的相关实验进行“元分析”研究，发现阅读和写作能力之间关系密切，乐读、多读比单纯多写更有助于提高学生的作文能力。①

阅读为什么能提高写作水平，而且多读比多写更能提高学生的写作能力呢？我们可以大致作出以下分析：

第一，从作文能力的构成要素上解释。要写出一篇好文章，一般包括以下三个基本要素。

（1）内容，即作文素材。它首先来自于生活。真实的、虚构的，直接的、间接的，阅读的、观看的，自己的、社会的等等纷纭杂乱的“物象”，是文章内容的来源。它又可分三类：一是直接生活。任何人都在生活中获得大量的表象、记忆、经历、感悟等，它们是最基本的直接的写作内容。二是间接生活。大千世界的无数人们，宇宙精神的无尽疆域，遥远的、别人的丰富奇妙的生活，更多的只有靠阅读、浏览、观看（影视）、想象、联想等间接体验方式获得。三是再造的生活。这是指通过想象、联想、夸张、归纳、演绎、对比、类比等思维方式，对具体、真实的生活信息进行改造、延展、变形，再造出新的物象、信息和内容，它可以与写作过程同步进行，也可用白日梦或意识流等方式，成为“前写作”和“泛写作”意义上的写作内容。

（2）想法，即文章的中心或主题。它是由上述的“物象”而产生的“意念”（Idea），即作文“由物到意”的第一次转化。观点和想法的优劣高下，与人的精神、感悟、阅读状况，尤其是思想状况有关。思维和表达可以教、练，人的独特体验、感悟和意念一般不大好教、练（不过，通过头脑风暴、冥想、分杈思维、概念图等构思策略也能有效地解决部分

① Stephen D. Krashen. Writing: Research, Theory And Appliction[M]. Laredo PublishingCo. Inc. 1984: 7～19.

问题）。作文的主题更多是一个人作为复杂的生命体的独立心理体验、经验、感悟的结果。阅读和思考是激发这些高质量“想法”产生的最直接变量。

（3）表达，即对文章信息素材的组织能力、结构能力、表达技巧、书面语言表达能力等。这就是所谓“由意到言”的第二次转化，是信息转化为文本的能力，是作文能力的最直接体现。

很显然，上述三个创制文章的基本要素在阅读中都可以直接或间接地得以实现。

第二，从阅读能力的信息认知过程上解释。认知信息学的读写观认为“读写两个过程密不可分”，前者是后者的基础，后者是前者的延伸。阅读是从文字符号到意义解码的过程；写作是从意义到符号表达的过程。在这个过程中，心智活动都经历了“物—意—言”的双重或多重转化。阅读和写作的这种心理上的“异质同构”是读写结合的客观基础。①

第三，从读写“共享知识”（Shared Knowledge）上解释。西方语言心理学者认为，阅读和写作是一个在不同语言水平上（语义、句法、段略、篇章）依赖于知识陈述的认知加工群。阅读和写作之间可能依赖于同样或相似的知识陈述、认知加工、上下文语境关系的约束。读写能力之间具有高度相关性，其发展是相当类似、彼此接近平行的。Fitzgerald提出过“读写共享知识”的假说。他认为“读写共享知识”有以下四个类型②：（1）元认知知识（Mate-knowledge）。这是一种高级的（上位的）知识，包括读写的目的和功能，知道读者和作者的相互影响，监控自己的意义构成，自我监控以及期待成功等动机因素。（2）关于特定领域

① 曹勇军．对“读写结合”的冷思考［J］．语文教学通讯，1999（6）．

② 朱晓斌．写作教学心理学［M］．杭州：浙江大学出版社，2007：140～142．

的知识，包括关于文本或话题的“领域知识”或“预先的知识”，也包括读写相互作用产生的知识。这类似于话题知识，即文章内容知识。(3)关于一般文体特征的知识，指的是关于词法、句法、文本格式的结构组织、段落、篇章知识。(4)通过读写获得的产生式知识和技能。从图式理论来看，读写两种能力之间，在大脑神经的生理结构上共享同一区域，尤其是在深层次的意识心理层面上可能拥有着大量的共通的图式。这些图式是一个人关于生活表象、语汇、文体、篇章等大量信息和知识的大大小小的集合。这也就是“共享知识”的实质。

第四，从学习迁移理论解释。读写结合符合学习迁移规律。[①]结合学习的迁移学说，我们可以作以下推测：

(1)相同要素说。现代认知学派认为当学习情境和迁移情境存在共同成分时，一种学习与方法才能影响即产生迁移到另一种学习情境中。在阅读教学中，以课文为范例“举一”，再通过作文训练来“反三”，以读促写，以写固读，读写紧密结合，从而达到事半功倍效果。

(2)读写对应说。阅读和写作都需要调用元认知能力和认知能力加工言语信息，只不过它们的过程是逆向运行的罢了。元认知技能包括控制和调节认知能力，如规划(Planning)和监控(Monitoring)能力；认知能力包括选择(Selecting)、组织(Organizing)和整合(Integrating)能力。国外有人认为，读写结合有三种途径发生联系：一是读者和作者在使用相同的认知策略(如组织、调控、质疑、修改意义)；二是阅读和写作的过程相似，都要激活先验的知识，然后设置一个目标；三是阅读和写作使用许多相同的技能(如解码、拼写以及意义和符号之间的转换)。[②]

① 袁刚. 阅读教学中的“读写结合”新探[J]. 广西教育学院学报，2001(5).

② Tompkins, Gail E. Literacy for the Twenty-First Century: A Balanced Approach [M]. Upper Saddle River, N. J.: Merrill Education, 2001.

（3）“思维组块”说。国内有人运用“思维组块”原理解释学习迁移，认为人在学习中会形成各种有效的认识结构，当他面临要解决的问题时，就利用相似联想在已有的认知结构中寻找与要解决的问题相关的“思维组块”（相似块），借以对照、分析、综合、推理，导致问题的解决，所以，知识的作用主要不是知识量的作用，而是良好的知识结构的作用，即“思维组块”的作用。特级教师丁有宽的“七条读写对应规律”，正是以提供一种良好的“思维组块”来达到读写能力之间的迁移。

第五，关于“读写结合”的几点建议。

（1）“适当多读，适量去写，读写结合”应该成为作文教学的一个重要原则。既然多读比频繁去写效果要好一些，那么就该“适当多读，适量去写”，而不是盲目多写，使蛮力。这也是美国的语文教材阅读量大的一个原因所在。在这里有必要区分语文课程中的两种阅读，一是“为了阅读的阅读”，如美国加州阅读教材《读者的选择》，就是为了提高学生阅读能力，旨在掌握阅读的技能、方法和策略而阅读。二是“为了写作的阅读”，如美国加州写作教材《作者的选择》，旨在丰富学生的信息量，弥补学生直接的生活信息贫乏的状况，为学生写作和思考提供素材、范文、语言和技巧的经典范例。

（2）既然实验证明教师的修改对学生作文能力的提高效果极其有限，那就应该适当“少改粗改”，甚至不必“精批细改”，修改更多着眼于内容、结构等大的方面。有的时候过分关注字词等细枝末节，很有可能影响作者对素材的调度能力、文章整体结构的把握，甚至会干扰写作思路等，这要放在校对环节进行。

（3）重视写作的交流功能，树立读写结合中的语境意识。语境意识的体现，就是要结合具体语境、根据交际对象的特点、要求和自己的身份来决定怎么说、怎么写。读写结合中的语境意识，首先就是在读写结合中自觉地运用语境理论来指导读写结合训练，使学生意识到读写结合是一种真实的学习需要和生活需要，而不是机械的、附加的任务，使学生在语境中确立一种需要意识、对象意识、处境意识和角色意识等。教师要善于根据写作中的语境因素来指导学生写作。写作语境包括写作意图、写作对象、写作主体的角色、交际关系、写作处境、仿写对象的特点以及写作文体等因素，在教学中要有针对性地加以指导。其次，学生写作语境意识的确立，关键在于教师的指导。具体做法是，通过创设虚拟语境让学生明确写作意图，确立读者意识、角色意识和写作目的意识。读者意识是优秀作者的重要特征之一，它不但会使写作有动力感、方向感，还可能决定着文章的内容、文体、语言和风格的选择，因而要引导学生从“为自己写作”向“为读者写作”转移。

（4）重视从读到写转换。读写结合的实质是根据特定需要学习课文的结构特点、表现手法，通过模仿学会迁移运用。从写作教学角度，读是为了更好的写，所谓“勤于读书、逸于作文”，但过去那种稀里糊涂的经验主义的多读多写并不值得提倡。如果是为了学习写作和提高写作能力来阅读的话，阅读材料也就是承担着“例文”的功能，也就是要揣摩优秀写作者的构思、结构、表达的技巧和方法。如果单纯是为了积累写作材料，那就要着眼于文本信息的汲取。当然，多数情况下，也许学生并没有明确的读写学习意识，教师就要培养学生有目的读书和有目的习作的习惯。

三、读写结合的类型与方式

Penny Ur. A. 在《语言教学教程：实践与理论》中将写作类型分为“（1）写作作为目的；（2）写作作为手段；（3）写作作为目的和手段”三类。比如纯粹的写作活动属于（1），阅读理解中的写作属于（2），读写结合训练等属于（3）。[①]基于目的、形式、特点的不同，我们也可以将读写结合区分为以下几个类型：

一是积累型读写结合，指的是那种以积累语言材料为主要目的的读写方式。在低年级运用得较多。阅读的目的是学习生字、生词，积累好词佳句，为写作提供语言表达的工具性知识。一些名段名篇往往需要背诵下来，作为"文章图式"对今后的写作鉴赏提供好的"范例"。这一类读写结合可以采用摘抄、组词、造句、片段仿写的方式进行。

二是信息型读写结合。通过大量的阅读和浏览，搜集写作需要的资料、信息、事实、数据、材料、案例等。这种类型的阅读采用概括、归纳、提炼、搜寻、定位等方式，阅读的思维过程不必采取品味、联想、感悟的方式。一般来说，这类读物多是科学性的、说明性的或者作为资料来用的。阅读的目的是为了写作寻找资料、信息。这一类的写作方式是文摘、提纲或者作文素材积累。

三是范例型读写结合，指的是通过范文模仿达成写作能力的提高。这一类阅读着眼于读物的外在结构形式和文体形式，主要是指文本的结构构成、格式文本以及语体风格等。这一类阅读多在形式的把握上，因而一般不需要牵扯进太多内容、材料、艺术手法的分析。其目的是为了揣摩范文格式，进行仿写训练。这一类写作主要是一些应用文写作，也包括一些文艺文的试作。

四是主题型读写结合。这一类读写结合往往着眼于阅读内容、阅读形式以及思想情感道德修养等多种"人文性"层面。尤其有利于根据学生的生活实际和心理状况，有利于提高学生的学习兴趣。这是目前语文

① PennyUr. A. Course Language Teaching Practice and Theory[M].Foreign Language Teaching and Research Press&Cambridge University Press,2000：162，173.

教材最流行的方式。这种形式的读写结合好处是有利于学生整体素养的提高，缺点是教学目标和重点往往笼统、难以统一、发生漂移，让人难于把握。这也是目前语文教材最主要的缺点所在。

五是反应型读写结合。传统的读写方式属于这一类型。它要求读者对文本的内容有充分而深入的理解，从社会背景、思想内容、人物性格、社会情景以及物态、景物、细节等方面，与自己的经验发生联系，建构并生成自己的独特感悟和文本新的意义。这一类着眼于内容，采用分析、鉴赏、品味、引申、感想等方式。阅读的材料是写作的引发，或内容的来源，这是比较常见的教材编撰方式。这一类写作方式包括读后感、文学反应、鉴赏性评论等。

六是循环型读写结合。哈蒙德（Hammond，1992）提出的“读写循环模式”认为一个完整的写作教学程序包括四个阶段：建立场知识、建立语篇模式、合作创造语篇和独立创造语篇。其实，从一个人语言学习历程看，阅读、思维、写作是一个循环互惠的连续体。我们总是从阅读中有感悟触发生成写作的动机和欲望，而写作过程中很多时候需要进一步的阅读给予信息、思想和材料的支持。

四、读写结合策略案例分析

《品味孤独　体验成长》教学实录

记录者：郭凯　郭金燕

一、情景导入——激发体验兴趣

1. 歌曲播放

课前播放歌曲：安以轩的《妈妈，我很好》。

（学生们比较熟悉这首歌，音乐初起时，就有学生跟着轻声哼唱；当歌曲进入中段后，学生们的声音逐渐大了起来，取代了课间的喧嚣，已然陶醉在了歌曲的意境之中……）

2. 歌曲品鉴

师：看来大家都十分喜欢这首歌，那么大家就来说说喜欢它的理由吧！

生：歌星漂亮！（众生笑）

生：歌曲旋律很优美……

生：歌词很有意味……

师：有什么意味？

生：写出了对妈妈的感激之情……

生：写出了自己长大的感觉……

3. 展示课题

师：今天，我们就上一堂体验“成长”的作文指导课。（出示课题PPT）

二、含英咀华——文本再阅读

师：我们刚刚学习过著名作家曹文轩的一篇小说——《孤独之旅》。请大家再次打开课本，让我们重温一下小说主人公——杜小康的“孤独之旅”。

师：杜小康遭遇到了怎样的孤独？

（生回答略）

师：谁能具体说一下杜小康孤独的表现？

（生回答略）

师：杜小康是如何面对孤独的呢？

（生回答略）

师：哪些描写表明杜小康走出了孤独？

（生回答略）

师引领学生齐读课文有关片段。

三、蓦然回首——捡拾遗失的岁月

师：正是“孤独”让杜小康觉得自己突然间长大了，同学们是否也有过类似突然长大的经历呢？

生：一次，爸爸妈妈在医院照顾生病的奶奶，一连两天家中就我一个人。开始，我很害怕，就连睡觉也不敢关灯，但我终于挺了过来，那时我感觉自己突然长大了。

生：去年暑假，爸爸让我一个人独自坐火车回老家。在周围全是陌生人的火车上，我很惊慌。虽然，在仅一个多小时的旅程里，我满脑子都是对爸爸的埋怨，但我终于平安到达了。那次经历之后，我感觉自己突然长大了。

生：初二时，我一次考试没考好，独自一个人在外面游逛。当天色渐暗时，我发现自己不知不觉间到了一个陌生的地方，而且找不到回家的路。当时，我怕得要哭，可强忍着没哭出来。那时，我突然明白：逃避不是办法，我要勇敢面对。我感觉，那一刻自己突然长大了。

生：去年冬天，天气特别寒冷，我爸爸的咳嗽也跟着严重起来。一到晚上，他就咳个不停，扰得我作业都写不下去。我很烦躁，禁不住就嘟囔起来。后来，爸爸一吃过晚饭就说有事出去，可每次都是在我关掉书桌上的台灯后回来。原来，爸爸为了不影响我学习，自己在寒风中……（哽咽，学生们也陷入了沉思……）从那时起，我感觉自己突然长大了。

生：春节时，在爷爷家吃饭。来了一个电话，爷爷慌忙去接，可是手却抖得厉害，连拿了两次都没有拿起电话，还是我帮他拿起来的。吃过饭后，当我站在原本身材魁梧高大的爷爷身边时，我都可以俯视他了。那一刻，我鼻子涌动着一股酸酸的感觉，我知道，爷爷老了，而那个曾经赖在爷爷背上撒娇的孩子长大了。

师：大家的体验都很真切，有不少体验还很感人！在我们曾经学习过的文章中，也有不少这样对于突然长大的描写，比如《爸爸的花儿落了》中的英子，《最后一课》中的小弗郎士……生活中，的确有许多让大家突然长大的契机，我相信，只要大家用心挖掘，一定还能找出更多精彩而深刻的体验。那么，这样的成长体验，我们如何去表达，有什么方法技巧吗？

四、技法举隅——打开写作思路

师：在《孤独之旅》中，作家为了更加生动地表现杜小康如何面对孤独，进而战胜孤独，体验成长，他运用了许多写作方面的技巧。（PPT展示）

设置特定的生活环境——绿色浪潮般直涌向天边的芦苇荡；连风都是黑的，世界末日般的暴风雨……

选取具体而典型的事物——（成长中的鸭群）……尤其是对鸭群的描写，最后与杜小康的成长巧妙地融为了一体（小说的明线：杜小康的成长；暗线：鸭群的成长，巧妙汇合）。

师引领学生轻声诵读文末两段内容。（PPT展示）

八月的一天早晨，杜小康打开鸭栏……杜雍和从儿子手中接过还有点温热的蛋，嘴里不住地说："下蛋了，下蛋了……"

师：同学们是否也能从自己脑海的内存库中，搜寻到一些曾经促使自己成长的类似典型事物呢？

生：爷爷养了一盆茉莉，我也很喜欢，还经常帮爷爷照顾它。一年冬天，茉莉受了寒症，差点儿冻死。可它在我和爷爷的精心照料下，战胜了寒冬。春天到来时，仍旧吐出了新芽。我在成长中也遭遇过不少挫折，我可以用茉莉这一典型事物表现自己的成长。

生：一次，我和爸爸妈妈到野外散步，看到了带着自己的小伞四处飘飞的蒲公英。妈妈说，那是它长大了，要离开妈妈的怀抱独自迎接风雨了。我觉得，可以用蒲公英来表现自己的成长。

生：从我家的阳台上能看到大片的麦田。今年春天大旱，麦苗长势不好，可是它仍将根深深扎进了土里，夏天时仍然获得了丰收。我认为，可以用麦苗在困难面前的坚韧来表现自己的成长。

生：我有一个用来记录自己成长和喜怒哀乐的日记本。我觉得可以用日记本越来越厚重来表现自己的成长。

师：大家选取的这些典型事物都很好，都能够用来表现或隐喻自己的成长。同学们完全可以借鉴上文中作家对于鸭群的细致描绘，通过典型事物作为表现主题的暗线，或者使之成为蕴含自己成长深意的象征物等写作技巧。当然，有的同学可能一时没有找到这类典型事物，不会运用这种技巧，那也不要气馁，只要你写出与“成长”有关的真切感受和体验就行！

五、个性表达——炫出成长的风采

师：在前面的讨论中，大家不仅捡拾了许多自己成长过程中的切身体验，而且还从自己脑海中搜寻到了一些曾经伴随自己成长的典型事物。接下来，大家需要进一步思考的是，如何将这些体验和素材，借助自己的一双妙手演绎成文。

生：运用对比的手法。文章开头先叙述一两件表现自己未长大时懵懂、幼稚的故事，然后描述自己长大后懂事、善解人意的故事，使前后的故事形成鲜明的对比。

生：运用象征手法，将陪伴自己成长的典型事物极力描绘与渲染，赋予它成长中以人的思想和情感，使它成为自己的象征物。

生：我想采用转换叙述角度的方法，不去直接叙述和描写自己成长的故事，而是借助他人（如父母、朋友等）叙述、观察或者感受来间接表现自己的成长。

生：我想参考《孤独之旅》的写法，采用明线、暗线双线展开的方式。

生：我想采用倒叙的手法，先记叙自己长大时的欣喜，再追忆自己未长大时的故事，以此来增加故事的吸引力和可读性。

生：还可以采用片段剪贴式的叙事结构方式，将自己成长中的几个故事分列小标题展示出来。

生：那不就是日记选载方式了吗？稍加变化，我还可以把转换叙述角度的方法转化为父母或朋友给自己写祝贺成长书信的方式来表现。

……

师：同学们上面所讨论的不管是写作手法，还是文章结构方式都很值得尝试。而且，也正像李同学所理解的那样，只要稍加变化，我们的文章就能够以新颖的面貌展现在众人面前，因此，我希望大家在写作中要敢于尝试、大胆创新。当然，在写作中，我们更要注意在中心的突出鲜明、材料的详略得体、叙述语言的优美生动等方面下足功夫，唯有如此，我们才能把握住写作的根本，才能够写出文质兼美的文章来。

六、实战演练——重温成长中的感动

师：对于我们每一个人来说，成长既是一个阶段性的结果，更是一个永远值得体验的过程。下面，就请大家以“我长大了”或“我在长大”为题或话题，写一篇能够表现自己成长中切身体验的文章。

（作者系山东省邹城市鲍店煤矿学校教师）

上面这堂课是典型的读写结合课。教师通过语篇分析引导学习写作技巧和策略，其教学环节基本包括“导入体验——文本体验——想象体验——写法感悟——写作实践”等环节，环环相扣，步步深入，构造写作读写课的完整活动链条。其中有两点值得注意。

第一，通过阅读，启动思维，补充或激发学生生活或写作经验的不足。

仅仅靠自己直接的生活经验来写作是远远不够的，因为，一个人的生活经验毕竟十分有限。写作需要借鉴别人的生活经验，并通过间接的生活经验补充自己生活经验的不足，唤起并制造自己的生活体验。通过阅读激活或者补充相关生活体验是一个有效路径。

别人的文章写的是别人的生活经验和感悟。经验告诉我们，这些写到别人文章中的细节、物象、生活本身，可以触发我们相关的生活体验。我们看历史书、读小说、散文、游记，甚至是看电视、电影、聊天等都可以扩充我们的见闻、阅历，这是补充学生生活经验和写作经验的又一个重要渠道。

上面郭老师课中的“含英咀华”环节，王崧舟老师课上的“小说鉴赏”环节，猛看好像阅读课，其实不是。他们是在通过读写结合的方式引导学生进行写作体验。他们让学生重读课文或鉴赏小说的目的很明确，即通过谈话去启动学生的联想、想象，唤醒学生自己的生活经验、心理体验和生活表象。在这个过程中，学生虽然一个字未写，但他们已经进入写作的内容构思和写法构思的“前写作”状态。学生一旦唤醒了相关的生活经验，生成或者选定了自己的写作内容和方法，写作也就是自然而然、水到渠成的事了。

第二，分析语篇，让学生发现和领悟写作方法或技法。

学生通过体验生活，有了生活经验和写作素材之后，还需要将这些生活经验用书面语言呈现出来，即写作中的“语篇建构”和“书面表达”环节。

这个环节的教学有两种途径：一是直接教给学生表达的技巧和方法；二是通过揣摩名篇佳作的写作表达技巧来引导学生学会表达。两种方式都需要借助学生的体验来完成。

在郭老师的课例“技法举隅”环节中，则让学生分析体验课文中“设置特定的生活环境”“选取具体而典型的事物”“细致描绘”等写法。郭老师的高明还在于，他不仅仅引导学生揣摩作者的写作技巧，还将学生的生活体验和写法体验融合在一起进行，让学生叙说自己的经历，还说说打算采用的写法，这样学生不仅有东西可写，也知道如何去写了。

实践证明，直接的写作知识教学效果是有限的，别人的写作技巧需要经过学生的体验来内化为自己的“写作经验”。仅靠教师“讲”别人的写作技巧是低效的，最重要的是学生通过仔细阅读、品味和感受，进行一种“想象性的还原”，还原作者的生活世界和情感世界，还原作者的创作过程，从而让学生感觉到作者写作的技法所在。当然学生对写法的感悟和体验是一个长期的、潜隐的、复杂的过程。教师的点拨和专家的点评，对学生鉴赏文章的技法、形成敏锐的语感和文章的图式感很有帮助。中外语文教师都经常通过读写结合的方式来教写作，是因为读写规律是“互惠共享”的，海量阅读的确会促进写作经验的形成。

第六章

结论与应用

【提示】本章是交际语境写作理论的应用，主要围绕写作任务设计、作文修改、作文评价等进行。最后讨论我国写作教学的核心问题，即为什么写、写什么、怎么写的问题，结合交际语境理论提出解决路径。

第一节　基于交际语境的写作任务设计

写作命题应该叫做写作任务设计。传统的命题是以一种命令和专断的态度向写作者布置写作的题目，故曰“命题”。其实，命题人可以用一种友好、平等、协作的态度向写作者布置写作任务，可以用交际语境设定的方式进行。这样可以让写作者更明确地知道为什么去写、写给谁、要达到一个什么样的目的，因为写作命题比较严谨，学术一点的叫法应该是写作任务设计。

国外相关研究表明，写作任务的质量与学生的写作质量存在着密切联系。有效的写作任务应根植于特定的、具体的材料、对象、目的和交际语境之中，并且能为学生提供具体切实的指导和帮助。我国的作文教学基本上是一种不为目的、对象、虚假的“文章制作”，它造成了学生写作动机和兴趣的缺失。我们认为基于话题、作者、读者、目的、文体、语言等要素考量的真实语境写作命题，是解决当前写作教学问题的有效措施之一。

一、有效写作任务设计的特征

美国国家写作工程（NWP）和全国教育进展评价体系（NAEP）的研究表明，学生的写作质量和写作任务设计质量之间存在很大的联系。[①]

美国一项针对“作文命题中是否有一些具体特征对学生写作的有效性造成比较显著的影响”的研究，在搜集全国200多节写作课堂得来的数据和学生的优秀作文之间进行分析[②]，以及他们对学生的写作过程和教师的教学方法进行访谈的结果，研究人员最后发现并报告了如下有效写作任务的一些特征：

（1）好的写作任务，要求学生写给一个具体真实的读者。

（2）让写作成为一个真正的交流沟通行为。当观众不是真实的，写作不是真正的交流时，往往写不好。

（3）好的写作任务根植于特定而具体的材料中。学生被要求与这些材料互动，并对这些材料进行分析、比较、转化。不好的作文题目往往

① NAEP/NWP. Study Shows Link Between Assignments, Better Student Writing. By: Art Peterson Publication: The Voice, Vol. 6, No. 2. March–April 2001[DB/OL]. http://www.nwp.org/cs/public/print/resource/112.

② 这些作文的衡量指标包括精致程度、结构、创新性、细节的运营、遣词造句和语言表达等方面。

不要求学生对材料进行分析，仅仅是定位信息并重述它而已。

（4）好的作文发生在学生能够有机会参与时。参与最有可能在作者能够对所写的文章主题、样式（不论写信还是写论文等）和读者进行选择时发生。

（5）如果写作任务能够提供如何结构文章的指导，并提供一个适当的写作支架时，学生的作文会写得更好。

比如下面的写作任务，就蕴含着明确的交际语境要素和交际意识。

向一位没有见过你房间的同学描述你的房间。你的描写应该包含足够的细节，这样同学们读你的文章时，才能知道你的兴趣、爱好和追求。事实上“屋如其人”，读这篇文章的人会了解到你这个人。你的作文会张贴在教室里供大家阅读。

如果作文题目是“描写你的房间，要注意运用细节”，这样的题目就不会给学生提供具体的支架或者指导，因为学生不知道写房间的哪些方面，而上面的命题效果就比较好——“向一位没有见过你房间的同学描述你的房间。你的描写应该包含足够的细节，这样同学们读你的文章时，才能知道你的兴趣、爱好和追求。事实上‘屋如其人’，读这篇文章的人会了解到你这个人。你的作文会张贴在教室里供大家阅读。”这样一个作文题目为学生提供了一个更为清晰的指导，如写作要包含足够的细节，以及为什么要包含细节（是为了让同学了解到你这个人），以及写作活动的一个确定的读者（同学）。

上述这个题目对象明确、目的清楚、文体清晰、功能具体，是典型的基于交际语境的写作题目。题目中看似有诸多限制，但这些既是限制更是重要的写作资源，是写作动机、内容和表达产生的来源和依据，这样的作文反而好写。

1999年美国教育部发布的一项报告中指出过有效作文命题的四个要素①：

●内容和范围（写你读过或经历过的——学生应该分析、综合、反思、表达）。

●结构和生成（给学生一个框架，发展思路，组织指引）。

●读者和交流（避免让学生写给“假”的读者，让学生有真正的机会与真实的读者交流）。

●参与和选择（不要给学生太多的选择，或者没有任何限制，这会让学生因为有太多的选择而陷入审题的陷阱）。

上面的第三条“读者和交流”对于命题很关键，因为这些语境要素可以将写作变成真的写作任务，而真的写作任务情境对于写作具有切实的动机激发和写作指导作用。

我国还没有具体的实证研究证明上述的研究结论究竟可以在多大程度上适用于我国的写作教学，但是，中外作文命题有一个明显的区别摆在这里：国外的作文命题非常重视写作的交际功能，也就是我国语文课程标准中提到的“写作要看目的和对象”，即我们近些年比较广泛讨论的写作“读者意识”问题。可是，在我国长期的写作教学实践中根本就没有具体的读者意识和写作目的意识的教育内容，我们甚至连

① Greenwald, E. A., Persky, H. R., Campbell, J. R., and Mazzeo, J. NAEP 1998 Writing Report Card for the Nation and the States. (NCES 1999-462). Washington, D. C.: National Center for Education Statistics, Office of Educational Research and Improvement, U. S. Department of Education, 1999.

写作的文体都可以自由选择，导致“四不像”的学生作文的怪胎比比皆是。我国的写作教学几乎全是为了应试目的而造作文章的训练，根本不去考虑写作的最基本功能——交际，因而，这个问题有必要进行讨论和澄清。

二、我国作文命题的误区

我国作文的命题长时期、大规模、集团式存在着的问题是：道德标准第一，不讲科学规律的蛮干，盲目的经验主义以及文学写作至上的种种不良倾向。

我国的作文命题基本上采取的是话题作文和命题作文的样式，是以写成一篇“通用的好文章”为目的的，采取的评价标准基本上是由文章学演绎过来的标准，比如对主题、内容、结构、语言等进行评判，在基本的合格文章的基础上提出一些“思想健康、积极向上”“结构新颖”“有创意地表达”“有文采”之类的较高要求。我国的“应试写作”对于写作教学来说“罪莫大焉”，写作评判的种种误导通过高考命题、考试评分标准、中高考满分作文以及商业机构的推波助澜牵引着我国的作文教学，我们的作文教学基本上是基于应试的。这种弊端表现在：

（一）道统至上

在我国做文章要占有道德的优势，又需要政治正确，造成一种“伪圣化”习气和不良人格。一个考场的学生们为了写《战胜挫折》，一半的学生让自己“父母双亡”，而在作文表达上的虚饰华丽、铺排渲染，更是造就了一种说假话、不顾实用的所谓的“小文人语篇”文章类型。我国评价作文比较重视“符合题意”，即题目隐含的思想观念和价值倾向，这种“思想内容至上”的做法是一种隐蔽的、沿袭的、恶劣的公共知识“规训和控制”，它不利于我们孩子自由活泼思想的形成，尤其助长了他们从小就说假话、空话的不良文风和不良人格。

（二）虚假文章

这种虚假不仅仅是编造材料、滥用感情和文学表达，它还导致了一种以文学取向为高标准的评价取向。语文教育也成为一种“博学宏词”的炫耀和极尽能事的虚饰，这种文章能力除了考试之外几乎没有用处。我们的考试作文是不考虑用途、不考虑语体、不考虑写作对象和写作目的的，甚至为了所谓的创新而“淡化文体”，我们只教学生写“假文章”，不考虑文章的实际用途。

（三）语境缺失

任何一种写作行为都可以看作是一种语境下的交流。这种语境要素包括话题、读者、目的、文体等。我们制作的任何一篇文章总是自觉不自觉地与明确的或者潜在的读者进行对话交流。读者和目的的不同，决定和影响着写作过程中的构思、选材、语言表达等。我们不是为了写文章而写文章。我们写文章总是向某个（些）对象进行倾诉或者表达。我们发出信息是为了得到回应和交流。如果忘掉了写作的对象和目的，任何写的活动都会变成一种无意义的甚至无聊的文字游戏。这种文字游戏也许在某些极为特殊的情况下是有用的，但是对于大多数的写作行为来说，这样的文字游戏则是一种灾难和痛苦。我们在这样一种无目的、无对象的写作活动中处于一种“言语的迷失”状态，我们不是没话说（写），或者不会说（写），而是不知道向谁说，因而不知道说什么，进而不知道怎么说（写）。于是剩下的只有被动地完成一种老师或者考官交给的任务，这样一种极为枯燥、功利而无奈的目的，也许对极少数有名利想法的人，可以产生写作动机，但是多数人不会与这种被动的、无目的的写作而产生共鸣，其本身就是一种“言语的迷茫和痛苦”。

比如这样的题目，《我难忘的____（生活中的人、事、活动、物）》，我们都写过。不止一次地写过，一代又一代的学生还在写。可是，我们为什么要写它？我为什么要向别人写这样一个话题，目的何在？说不清楚。只是没由头地布置这样一个孤零零的任务让你去写，而你又不得不写。目前流行的更多的是这样的话题作文——鲜花张开小喇叭，感谢细雨："是你把我滋润得这般俊俏，这般美丽。"细雨闪着眸子说道："说感谢还得先感谢春风妈妈，是她让我这么做的。"请以"感谢"为话题，自拟题目，写一篇600字左右的文章。似乎有这样几句诗歌不是诗歌，散文不是散文的话，就能够将一个人的文采和感动给勾出来，完成写作文前的发酵或者催情作用。这多半是我们出题人的一厢情愿，事实上没有几个人愿意进入到出题人的这种假惺惺、扭捏作态的表演中去，只是不得不符合、扭捏一番也迫不得已去揣摩并尽力达到出题人的目的罢了。

所有这些命题和思路都大概有一种假设，就是将作文看作是文章的制作，某种"人的塑造"，或者学会说一套既定的话语，去应付一种既定的需要，学会一种特定的话语方式，学会一种特殊的本领，成为一种特定的社会秩序中的人。这种人有着专制社会虚伪奴才的人格特征，不需要思考，不需要有自己的观点和感情，只需要学会"代圣人立言""文以载道"就是了，这与现代社会需要的有自己独立思考、判断，有自己独立人格的公民的目的是相抵牾的。

三、基于交际语境的写作任务设计

（一）好的写作任务设计应该提供明确的交际语境

写作是基于特定语境的书面表达和交流活动。写作活动同说话一样，都是置身于特定的交际语境，是面向明确的或潜在的读者有目的的交流，不是平白无故的"要我去交流"，而是基于外在情景需要的"我要去交流"。

当然，好的写作任务应该从学生真实的生活、学习出发去设计。这需要教师基于自己面前的真实的学生、真实的话题、真实的欢乐和苦恼进行，但是，学生学校生活、班级生活的语境毕竟是狭隘的，很难与真实的生活接轨或等同。

英国语言学家韩礼德曾经指出交际语言教学的二律背反现象：如何创造真实的语境，除非将课堂搬到街道、商场、社区，一般不可能把真实的语境搬到课堂上去，课堂上的语境仍是模拟语境。

模拟真实的语境去写作，行不行呢？基于情境认知理论来说，应该是完全可行的。这个模拟的真实，就是我们说的交际语境要素的真实或者具体，因而“写真实”最可行的办法是“创造或者规定真实的交际语境”，而不仅仅限于“制造真实生活场景”。当然，韩礼德也体察到这样的情景教学法中所用到的物质材料往往只和背景有关，而不是与其背后的由文化来定义的社会过程相联系。也就是说，“语篇在其中所要起作用的实际背景事实上并不是一个邮局或医院，而是一个教室”。

当然，我们也可以把教学活动搬出教室，到生活的真实现场中去，就像杜威主张的那样，让教育真正回归生活。语言教学也像“学徒工”那样通过“言传身教”来学，以填补“直接的背景和所谓的‘真实’，即外在+情景语境之间的巨大脱节”。然而，在现行的学校教育建制中，毕竟是不现实的。

韩礼德认为，“情景教学法的价值在于以情景语境为基础，而不仅仅是以上课时的背景，因此，它体现了语篇的真实含义——与社会关系和人际关系相关的语言才是有效的。把这一原则用于外在情景，我们可以模拟的工作场所或购物中心，不只是作为一种物质环境，而是作为生产过程和交流活动发生的地点，并由此产生各种人际关系”。也就是说，情景教学营造的情景本身，如果包含了所谓的“真实”的交际语境的有效成分，诸如对象、目的、意图之后，这种模拟的情景完全可以在教学实践中发挥作用。关键是这种情景可以让学生在大脑中通过想象的、移情体验的方式完成。

这也就是说，在设计写作任务时，尽量明确文章的用途、对象、要求等语境信息，让学生知道这个语篇具体做什么用，然后尽可能地发掘其中的交际语境资源，挖掘出写作的内容信息。譬如：

（1）就课业负担太重，给校长写一封信，劝说他增加文体活动时间，还学生一个自由发展的空间。

（2）编写一个配有文字和图片的旅游宣传手册，向外地游客介绍你家乡的风土人情。

（3）当你乘坐的轮船沉了，你漂流到一个荒岛上，你将怎么生活？

很显然，在这些作文题目中“场景”是限定的，功能是明确的，这样的写作就是有目的、有动力、心中有数的“为交流”和达成“办事”功能的表达。

相比之下，我们下面的题目，如“一件小事”“我最高兴的一天”“我最敬佩的一个人”，这些题目的读者是模糊的，目的是模糊的，没有实际功能。这样的写作除非让有经验的同学自己去设定一种情景，让这种情景来唤醒自己的写作欲望，否则只能去瞎编，于是就产生了虚假写作现象。

写作中的交际语境分为真实的交际语境和假想的交际语境两种。

真实的交际语境，是指写作者从自己生活中的真实身份出发去写，写的是真人真事，写作目的也是真的。比如就是为了求职，为了投稿，为了完成上级交给的撰写年度计划的任务，为了制订真实的产品营销方案，为了写实验报告、记笔记、做摘录，等等。这是生活学习中真实的写作。

上述固然很重要，然而，还有一种写作，主要是学校写作或语言教育中的写作，是虚拟的、不那么真实的。比如，请你以学生会主席的身份，给校长写一个关于减轻课业负担，增加文体活动的呼吁书。这样的任务对于真的学生会主席可以是真实的，但若让大多数学生去写，就可能是虚拟的身份。这是写作教学中遇到的更复杂情形。

成功的、有效的写作任务，应该包含有相对具体的交际语境要素。比如下面的作文题①：

1. 为到费城旅游的旅客制作一张旅游指南。集中表现富兰克林的成就，并包含一些有关历史古迹的照片。

2. 生活中有比学校和作业更重要的东西吗？给教育大臣（政府负责教育的部长）写一封信，争取年轻人校外生活质量的提高。

3. 作为庆祝新千年活动的一部分，一个时代密封匣将被埋藏在当地的战争纪念碑下。给未来的目击者写一封信，谈谈你对于战争的个人思考和感受。这封信将放入匣中。

上述三封信分别写给校长、教育大臣、未来的目击者，读者非常明确，目的也很清楚，功能也是明确的，如"劝说""筹款""交流感受"等，均为生活实用，关键是都具有明晰的交际语境写作要素。

Sperber和Wilson的关联理论告诉我们：如果一个命题在一个语境假设中的语境效果大，那么，这个命题在这个语境中就具有关联性；如果一个命题在一个语境假设中所需的处理努力小，那么，这个命题在这个语境中就具有关联性。也就是说，话语关联性取决于话语所具有的语

① 洪宗礼，柳士镇，倪文锦主编. 母语教材研究（第六卷）：外国语文课程标准译介［C］. 南京：凤凰出版传媒集团，江苏教育出版社，2007：410.

境效果和处理话语时所做的努力。语境效果与关联成正比，努力程度与关联成反比。关联越强，语境效果越大，读者付出的努力程度越少；反之亦然。

从作文命题角度看，话题作文的引导性材料其实就是写作任务语境。如果命题者将引导材料设计得过于复杂隐晦，就有可能给学生造成构思上的“关联性”障碍，影响审题的顺利进行。恶意设置审题障碍，并不能考查出学生的写作水平。从作者审题的角度看，需要从话题材料出发，联系一般读者的背景知识，揣摩其中的隐含意义、比喻意义、引申含义，去追求最佳关联性，这样的作文才是切题的。如果离开材料本意太远，就会出现审题偏差，导致失分。我国的作文命题向来有一种“与学生为敌”的恶劣传统，似乎让学生拿不准、吃不透就是高明，似乎这样就可以避免套作。

其实，命题人大可不必这样去想。从考查的效度来说，完全可以通过设置语境要素来考查学生合乎语境要求的书面交流能力，从而避免虚构和套作的发生。传统作文命题存在的问题，根本还是由中国千百年的专制统治造成的指令性的、规训式思维和奴化教育的文化基因。

从交际语境的写作思路看，作文命题可以将作者身份、读者对象、写作目的、话题内容等作为题目的“规定成分”出现。这样就可以考查学生面临写作任务语境去设计写作主题、选择材料、选择材料的呈现方式（文体）和语言表达风格等的能力。有了这些限制和规定的写作，很可能不是变难了，而是变得容易了。尤其是在主题、题材、身份等不限的情况下，学生可以以他认为最有趣、最便捷、最容易把握的方式进行构思，这样的作文命题会更真实地反映学生真实的写作能力，达到考查的真正目的。

下面是基于交际语境的作文命题示例：

例1：假如你是一名世博会义务宣传员，需要遵照市政府的“穿睡衣睡裤不能上街”的倡议，写一篇劝说性的文章。假如你是一个赞成穿睡衣上街的普通市民，你想就市政府的命令写一封表达不同意见的抗辩信。

在这个作文题目中，我们通过假定写作者的身份（如“世博会义务宣传员”或“普通市民”），通过限定文体如“劝说文”或者“抗辩信”，以及话题“穿睡衣睡裤上街”进行基于具体语境下的“真实写作”，就有可能避免通常写作教学中泛泛地写一封信的那种虚假情况的发生，也就有助于培养学生的真实言语能力。

例2：英国《牛津英语教程》第1册第4专题《荒岛生存》是一个拟真化交际语境写作的经典案例。在这个专题的页面中，编者配置了24幅精心绘制的图画，向学生展开了一个他们完全不熟悉的荒岛生活的情境，其中有自然环境、物质装备、生活事件、人际关系等复杂的过程。编者以学生的野外生存演习为背景，让学生从两个荒凉的岛屿中作出选择，并挑选自己中意的伙伴，准备各种生活和劳动工具，在荒岛上生存一个月，独立地解决他们面临的各种问题。

其中第一组问题是选择地点，需要学生完成的学习内容有：

（1）仔细地研究所有插图的信息；

（2）为每个岛屿列表，写出它们的有利条件和不利因素；

（3）根据岛屿和你们自己的条件来选择居住的地方；

（4）用一段简短的文字说明你们小组选择该岛的理由；

（5）利用所提供的信息、画图表示岛屿的特点，并说明你们自己的情况。

第二组问题是选择同伴，问题有：

（1）作为岛上生存小组的成员，他们每个人的优缺点各是什么？

（2）决定另外两名成员，并说明选择他们的理由；

（3）按照上面提供的资料，介绍一下自己的优缺点。

第三组问题是选择携带物品，问题有：

（1）你选择的六种必需品是什么？说明选择它们的理由；

（2）你选择的两种奢侈品是什么？说明选择它们的理由；

（3）小组的每个成员都应有一个日记本，记录自己的经历和感受。现在已是出发的前一天了。你已经知道了自己的伙伴、已有的设备；已经对小组选择的岛屿有了许多了解。在第一篇日记里，写下自己准备进驻岛屿的感想。（《牛津英语教程》，转引自韩雪屏《英国语文教材选粹》）

上述案例的成功之处在于，它为没有生活经验的作者提供了一种几乎真实的生活场景：这里有“真实”的岛屿的资料，有真实的旅伴，有真实的装备，有真实的生活故事，还有真实的写作任务等。这些交际语境都齐备，作者要做的就是选择组合这些东西，“过一种想象中的生活”——这就是构思。这个构思的过程，也许暂时不需要写下来，只需去“冥想”或“做白日梦”就行啦！这种“想”和“梦”产生的就是建构主义写作家认为的“认知产品”。脑科学研究发现，一旦人进入某种情境之中，他是不会辨别这个情景的真实性的。成功的、拟真的交际情景的营造和真实的生活世界里的情景具有同样的功能。

例3：德国教材中围绕“一次自行车障碍赛”的活动，从社会交际需要出发，编排了四次写作练习：活动前，拟定公告；再写信通知各方面人士（包括退休老人、年轻夫妇、商店老板）；在活动过程中有现场录音和笔记；在活动后，全面整理材料写一篇通讯报道，以进行对外宣传。

例4：美国加州八年级教材《文学》短篇小说单元“写一件有趣的往事”这样设计写作的交际语境：“你在电话上和朋友说话时，感觉到你妈妈，或者弟弟、妹妹可能在偷听，你有过这样的经历吗？这种在电话里和朋友谈事情时不舒服的感觉，在写信与朋友的交流中就不会存在了。写信时你有时间慢慢讨论属于你和朋友的私事。假如你最好的朋友刚搬到另一个城市，感到很孤独，而且想家，那么写封信给他，讲讲你的有趣经历，难道还有比这更好的办法吗？在信中，生动地描绘一件好笑的经历，就像这个单元中的作家描写小说中人物有趣的恶作剧一样。教材在“写作前”有这样一段文字：“勾画情景。记住，你的朋友也许并不指望你回答事情是如何发生的这类问题，他也可能只要你简单地按时间顺序描述当时的情景。”还专门用方框标出：“任务：写一段有趣的往事。目的：娱乐。读者：生活在另一个城市的朋友。”①

上述的写作练习都有写作明确的目的和功能，有明确的读者（对象），有相对固定的话题，有具体的写作样式。我们认为，这样的写作是真实的，因为是有具体语境、具体对象、具体体式和具体功能的写作。交际语境下的写作可以说比较好地解决了“为什么写”“写什么”“写了有什么用”以及“写给谁”“需要写成什么样子的文章”“需要用什么手法”等问题，而在这些问题的解决过程中形成的言语能力才是真实的言语能力，才有助于形成学生真实的人格。正像吴刚在《从课程到学习——重建素质教育之路》中说的：“课程应该是有意义的。课程能帮助学生理解其生活，发现自己做事的目的以及生活得有意义。”有意义的课程强调真实问题、真实的解决方法、真实听众的写作。抛弃500字的命题作文，代之以学生写作的备忘录、信件、报告以及文学评论

① 柳士镇，洪宗礼．外语文教材评介［M］．南京：江苏教育出版社，2000：167.

等，所有这些都是针对真实的读者的写作。

目前的中国作文命题是以写成一篇“通用的好文章”为目的的，它采用的是文章学的知识体系，不考虑写作的具体语境、目的和功能要素，就导致了虚假写作。写作教学正经历着从“文章写作”到“真实语境写作”的转变，我们认为基于话题、作者、读者、目的、文体、语言等要素考量的真实语境写作命题，是有效解决当前虚假写作问题的措施之一。

（二）好的写作任务要制造一种情感或认知冲突

写作不是无缘无故就能启动的，就像我们不会无缘无故地说话，之所以去说去写总是因为情感上的触动或者认知上的冲突。

1.制造“情感冲突”

制造情感冲突，就是作文题目的设计最好能够一下子打动学生，让他们平静的情感一下子被激发出来，引发情绪激烈的变化，这种情感变化是写作的初始动机和言语生长的内核。

比如下面的作文题目：

例1：阅读下面材料，完成指定的写作任务。

小狗苦等主人5年　网友惊叹“最忠诚小狗”

据某网站报道，在我国西部某城市的一家网吧门口，可以看到一只表情忧郁的小狗冻得瑟瑟发抖，却不停地张望着进入网吧内的每一个人。网吧工作人员告诉记者，这只小狗在他们网吧门口已有5年了，平日来上网的人都认识它，常买火腿喂它。网站工作人员说，5年前，有个人来网吧上网，把狗放在门外，自己就从后门走了，这只小狗就这么一直在前门等着，对于小狗主人的具体印象，他们也记不清了。

5年来，小狗原地不动地等待着它的主人，日复一日……

这段材料讲了一个“小狗苦等主人”的感人故事，相信多数人读后都会引起情感的波澜，或者引发对“小狗的忠诚与执着”“主人的大意或无情”“人世间的关爱”等的思考。这样的作文题目无疑会引发学生的写作热情。

然而，也有一种“煽情式”的作文题，比如：

例2：鲜花张开小喇叭，感谢细雨：“是你把我滋润得这般俊俏，这般美丽。”细雨闪着眸子说道：“说感谢还得先感谢春风妈妈，是她让我这么做的。”请以“感谢”为话题，自拟题目，写一篇600字左右的文章。

作文题运用滥情的语言、排比的句式、拟人的手法，提出了一个虚情假意的“感谢”的话题。这类题目基本上属于幼稚园孩童的思维水平，一般根本不会引起学生情绪的变化，没有其他发挥的空间，只能以某种“文艺腔”去附会一个感恩的好人好事之类的俗套作文出来，而现在这样的作文题，在中小学作文教学辅导材料中铺天盖地，岂非怪事！这是我国滥情式的、伪圣化的语文教学的产物！

2.设计“认知冲突”

“认知冲突”是一个心理学术语。所谓“认知冲突”，指的是现实中出现的新的现象、材料、信息与头脑中已有的概念、观念和认识不一致而产生的一种思维上的矛盾、困惑状态。在这样一种状态下，主体的认知心理出现了“不平衡”，而人的认知心理只有通过辨别、分析、推理、评价等思维活动，作出新的判断和阐释，形成新的认知和结论，心理才会达成新的平衡。

好的作文题目要制造这样的“认知冲突”，引发学生对于某一问题、事物、现象的思考，这既是写作动机的发端，也是写作内容的源泉。

成功的作文题目设计中向来都有一种“思辨类”题目，就属于这种类型。比如：

例3：现在大多数中学生都拥有了自己的手机，可它有利有弊。手机一方面会给你生活、学习带来极大的方便，如你可以和家长、朋友们方便快捷地交流，你还可以用它听音乐、上网查资料、QQ聊天、看电子书等；另一方面，也有同学因为上课玩手机走神耽误了听讲、做作业，导致学习成绩下降。于是你们班主任老师下了一道禁令：不准带手机进入学校。你对老师这一禁令是赞成，还是反对？请你给老师写一封信，直接表明你的观点，并说服老师。

这个题目从内容上看，既可以看作是生活类作文题目，也可以看作是思辨类命题。这则材料说的既是学生当今现实生活中真实遇到的困惑和问题，同时，这个问题没有统一的标准答案，需要作者从不同角度去思考、立论、阐释、论证、举例、辩护，从而劝说别人接受自己的观点和建议。

例4：愚公移山的故事众所周知，可是当代人从“环境与人”的角度提出新的观点。一派以愚公为代表认为：假如人们对环境感到不满意，就应该去改变环境，让环境符合我们的需要。另一派以智叟为代表认为：改变一个人的态度比改变环境重要。假如愚公保护好环境，保持环境的原生态，搞“农家乐”生态旅游项目，不仅可以发家致富，还为子孙后代留下一片绿水青山、自然生态。你认为改变人类生活的环境以符合人类的要求更重要一点，还是改变人类的态度以符合环境的需要更重要一点？自拟题目，写一篇文章。

像这类题目，一般不会隐含观点，而是让作者自由选择，这就尊重了作者的人格，也打开了话语的空间。我们发现国际上一些大型的、正规的考试大多数采用的是这样一种命题形式。

例5：常见的托福考试写作命题5则

●人们上大学有许多不同的原因，如丰富经验、准备职业、增加知识，你认为人们为什么上大学？用具体原因和例子来支持你的观点。

●“父母是最好的老师。”你同意还是不同意这种观点？用具体原因和例子来支持你的答案。

●A公司已经宣布，在你家附近建一个大工厂。这对你的社区会有什么有利和不利影响？你支持还是反对？解释你的立场。

●孩子在大城市成长比在农村更好。你同意还是不同意这种观点？用具体理由和例子来支持你的文章。

●现在人们的寿命延长了，讨论这种现象的原因。用具体原因和细节支持你的文章。

这几个托福写作题目，基本上是一致的套路：先提供一个话题，然后要求你提出观点，最后提出写作要求。

例6：美国SAT（学术能力评估测试）考题5则

●提示：“我们得到的太容易了，我们的自尊过于轻率，它只赋予展示其价值的人。”——托马斯·潘恩

任务：价值的实现需付出努力。发表你的看法，然后写一篇文章来解释你对这个问题的看法。一定要有支持你立场的分论点和具体例子（你可以用个人的例子或你阅读、观察的例子，利用你的历史、文学、科学等科目

的知识)。

●提示:如果我们害怕暴露我们的无知,我们将无法学习。为了取得进步,我们必须正视现状。这种正视无知是不容易的。正如梭罗所说:“我们在哪里发现我们无知,我们就在哪里得到成长。”

任务:目前的教育体制是否鼓励我们承认自己的无知,或者是否有太多的压力阻碍我们获得知识?发表你的观点,然后写一篇文章。

●提示:“有时模糊一点,胜过一车的说明。”——埃尔斯

任务:是否有必要总说实话,是否在某些情况下撒谎更好?发表你的观点,然后写一篇文章。

●提示:很多社会学家认为,追求幸福的权利是一项基本人权。但同样真实的是,幸福的实现仍然是难以捉摸的。也许罗素说得对:“放弃一些你想要的东西,是幸福一个不可缺少的部分。”

任务:是什么给了我们更多的幸福和满足,对理想的追求,还是实现它?发表你的观点,然后写一篇文章。

●提示:“伟大的代价就是责任。”——温斯顿·丘吉尔

任务:我们是否对公众人物期望太多?发表你的观点,然后写一篇文章。

这是所谓的“美国高考”之一的SAT考试的写作题目,基本模式是:先提供材料,再提出写作任务和要求。

例7:某省高考题——“一群探险者去山洞探险,进入后点燃蜡烛,发现有一群蝴蝶,于是退出去了。过了一段时间,探险者们再次进入,却发现蝴蝶飞到山洞深处了。作文要求考生根据一点点细微的变化,材料作文,自定主题。”材料比较隐晦。

国际上一些大型考试的作文题目一般材料都比较简洁清晰，要求一般也清清楚楚、明明白白直接考查写作表达和思辨能力；而我国有些作文题目不知道为什么总是非常繁复、隐晦、曲折。难道只有这样命题才会考查出学生的写作水平？难道我们中国人一向含蓄、智商更高、文化水平更高？总之，让人莫名其妙，难解其中意思。

（三）好的写作任务要成为一种生活和学习的需要

成功的作文教学命题需要关注学生真实的生活，关注真实生活本身。比如苏霍姆林斯基的“观察作文”系列，日本的“生活作文”，美国极具实用色彩的作文教学都是这样。朱自清先生倡导的报章化写作也是这样。我国一些成功的中高考命题也是这样，比如：1980–1989年间的作文命题，有很多采用的是社会生活的内容。1981年《毁树容易种树难》，1985年给《光明日报》写封反映环境污染的信，1986年《树木·森林·气候》等都跟当时的政治经济思想语境相关。1983年观察漫画《挖井》写议论文，能让考生联系到经济体制改革的背景，1989年“致青年同学的一封信”（关于报考志愿的困惑和苦恼），涉及当时社会的就业问题，而书信、说明文、缩写、简讯等实用文体的多次出现，也反映了人们对语文工具性和写作实用价值的认同，这是写作教育的主流取向。

但是，好的作文题目不应该成为政治口号的传声筒，如1978年的《速度问题是一个政治问题》《在……日子里》之类。作文题目也不能成为某种隐秘的思想教育的暗示，并且以学生领会这种暗示为审题正确的“标的”，比如：

例1：2012年北京卷火车巡逻员的故事材料作文——讲述火车巡逻员老计的故事。老计每天在深山里走几十里路守护铁路，清理碎石，防止巨石滑落，每有火车经过都会敬礼，火车都会鸣笛回应。请自拟题目，写篇不少于800字的文章。

巡逻员老记的故事自然有些感人，也许能引起学生的某种情感领悟，从而触发写作动机，但是，这个命题总的感觉是“主题先行”且“主题设定”了的。它与古代的“代圣人立言”没有实质区别，不过是让学生按照既定的主题，用某套思路，写一个符合命题人设定的话语套路的语篇而已，学生没有思想自由和发挥余地。

在平时的作文教学中，与学习有关的写作类型应该有很多。各科目的作业、小论文、课堂笔记、摘要、实验报告等都应该看作作文题目的范畴；而从生活需要的各种写作任务设计，如黑板报、杂志投稿、申请书、建议书、策划、计划、总结、网络跟帖等都应该是写作教学任务设计的常态类型。可悲的是，我们的头脑已经被应试作文的错误观念和做法盘踞，根本不把生活作文、实用文写作、文学写作看作写作题目设计的主要类型，它们本来是写作任务设计的常态。

比如下面的题目：

例2：你认识了一位笔友，他想知道你的家乡有什么风景或者名胜古迹等好玩的地方，然后决定是否到你家乡旅游。请你写600字左右文字介绍你的家乡，这篇文字将发布在本地“旅游指导”相关的网页上。

例3：假如你们学校成立了一个俱乐部，需要向同学征集一个吉祥物徽标。这个吉祥物是一种动物，或者是被用来代表某个团体的标志，就像许多运动队都有自己的吉祥物一样。

老虎

正在升起的星星

海豚

火箭

这里有四个吉祥物作为你们学校的备选：老虎、正在升起的星星、海豚和火箭。你可以从这四个当中选择一个，也可以自己画一个新的，并写一封信给你们辅导员老师，说出你选这个吉祥物的理由。

写作任务：写一封信给你们的辅导员，说服他（她）同意你的选择。你的信要写得有理有据。

总之，好的作文题要尽量从学生熟悉的生活出发，从现实生活需要和学习生活需要出发，直接规定写作任务要求。如果题目能够引发学生的情感和认知冲突就更好了。在没有真实的生活话题时，如果假设一些具体的场景，设计一些交际语境要素的要求，更能增加命题的空间和写作教学目标的指向，这也许会成为未来写作命题的一种新方向。

第二节　连贯、衔接与行文修改

连贯和衔接是语篇功能的重要体现。要构建连贯流畅的篇章，须考虑篇章的主位结构和衔接方式。在写作教学中，教师如何指导学生利用各种衔接手段构造结构合理、语义连贯的语篇是作文教学的重要内容。

一、主述位推进与语篇连贯

主位和述位的概念最早是布拉格学派的Mathesius提出的。他发现句首的成分在交际中有特殊作用，起着引出或者发起话题的作用，他把这部分称为“主位”，一般是已知信息；而句子其余的部分称为“述位”，一般是新的信息。

在单独的句子中，主位和述位是静止的、没有变化的，但在语篇中，有两个或者两个以上句子时，主位和主位，述位和述位，主位和述位之间会形成某种联系和变化，并形成一种话语向前推进的驱动力——“推进”。主位和述位的推进形成连贯的语篇。

最常见的主位推进形式有以下几种：

（1）主位同一型，也可以称平行型或放射型。主位相同，述位不同。比如：大脑拥有上千亿的神经细胞，它们相互之间有数千亿的联结，这是我们知道的最大的数据处理器。三个句子都是围绕大脑（主位）说的，构成平行并列的关系。

（2）述位同一型，也称集中型。主位不同，述位相同。比如：英国是一个国家，法国是一个国家，土耳其是另一个国家，埃及、意大利、波兰是其他一些国家。

（3）延续型，也称阶梯型。前一个句子的述位构成后一句的主位，形成一种线性推进关系。比如：他喜欢美国车。美国车马力强劲，很适合长途旅行。

（4）交叉型。前一句的主位是后一句的述位。比如：戏剧很有趣，但我没法欣赏它，因为一男一女在我背后不停地说话。我转过脸来对他们说“我听不见”。他们说“这就对啦，这是我们的私密谈话！”

在学生写作中，经常出现前言不搭后语、逻辑混乱、思路错乱的问题，是由于不懂得语篇的连贯知识造成的。

要写出一篇流畅连贯的文章，除了要考虑篇章的主位结构以及与之相关的推进模式外，还要利用语篇的衔接手段。

二、语篇衔接及其手段

最早指出语篇衔接手段的是韩礼德和哈桑。他们在专著《英语中的衔接》（Cohesion in English）一书中指出，英语的衔接手段具体归纳为五种：“照应（Reference）、替代（Substitution）、省略（Ellipsis）、连接（Conjunction）、词汇衔接（Lexical Cohesion）。”[①]词汇衔接具体可分为原词重复、同义词、反义词、上下义词和词语同现等。从20世纪80年代开始，我国许多语言学家开始对语篇衔接进行研究。黄国文等把衔接形式分为语法衔接和词汇衔接两类，其中语法衔接实际上是韩礼德提到的前四类。[②]胡壮麟把衔接手段分为四类：指称、结构衔接、逻辑衔接和词汇衔接。[③]到了90年代中后期，许多学者将英语和汉语在实现衔接手段方面的具体选用进行了深入的对比研究。他们普遍认为，“英汉两种语言所采用的衔接手段的种类基本相同”[④]。

① 朱昱．英汉新闻语篇衔接手段对比分析［J］．首都师范大学学报（社会科学版），2004（S2）．

② 黄国文．语篇分析概要［M］．长沙：湖南教育出版社，1988：35．

③ 胡壮麟．语篇的衔接与连贯［M］．上海：上海外语教育出版社，1994：1．

④ 朱永生．英汉语篇衔接手段对比研究［M］．上海：上海外语教育出版社，2001．

在写作中，语篇意识可以有多方面的体现，而最为突出的当属衔接手段的使用。优秀的语篇不是简单的词句罗列和堆砌，它必须是言之有序、意义连贯的有机语言整体，其连贯性要通过衔接手段“把结构和意义上能够互相解释的成分”连接成一个整体。对汉语写作而言，常用的衔接手段既包括语法衔接，也包括词汇衔接。语法衔接具体体现在“照应、替代、省略、连接”四个方面，词汇衔接则由“复现、同现、其他词语替代”组成。总而言之，在作文批改中，教师要始终围绕主语使用、内容指代、关联词运用、语句内部逻辑等方面来判别语篇衔接使用情况，以此引导学生自觉运用语篇衔接知识指导写作。具体可以从“主语是否冗余或缺失、内容指代不清或混乱、关联词语误用或缺失、语句跳跃，语义缺少关联、语句顺序混乱，缺乏逻辑”①等类型来指导。教师只有抓住这些方面，积极指导学生在写作过程中关注这些类型，才能对学生写作有帮助。

三、运用语篇衔接行文和修改

下面是我们用韩礼德等人的英语的衔接中提到的五种类型，指导学生行文和批改的一些尝试。

（一）照应

所谓照应，简而言之是指“语篇中的一个成分需要依靠另一成分为参照点”，即语篇中一个语言成分和另一处或几处的某一个可以彼此间相互解释的成分之间的关系。它是衔接手段中最明显的一种，也是谋篇布局的重要手段，它能使作品结构更加缜密周到，形成有机统一的整体。从汉语语篇来看，照应主要有三种：文题照应、首尾照应、前后照应。在这三种照应中，依据所指对象的语义类别以及指称方式，又表现

① 沈建华．高年级学生作文中的语句衔接失误类型及教学对策[DB/OL]．http://wenku．baidu．com/view/5a09a20d763231126edb11c9．html．

为人称照应、指示照应和比较照应。

难忘爸爸的生日

初三(1)班 王振辉

我自己曾过过许多精彩的生日，但都随着时间淡忘了。爸爸的生日没有美味的蛋糕，没有欢快的生日歌，但我至今难忘它。

8月23日那天，我像往常一样打开QQ，一个好友生日提醒窗口跳了出来。我像往常一样赠送了生日礼物，送他一个大蛋糕，再送一个金元宝。可当我看到他的名字的时候，我怔住了，我慌忙把即将送出的礼物取消，快速的关闭窗口，因为，那人正是爸爸！

……

虽是给爸爸过生日，但自己也收到了一份贵重的礼物，感谢爸爸。我难忘爸爸的生日。

——摘录自案例三“升格作文”

选文第1段文末的“它”从语义表达的角度来讲是可以省略的，但是小作者并没有这么做，应该说这个指示代词“它”加在上面不仅照应了之前作者交代的“爸爸的生日”，同时它可以起到强调作用，强调小作者对“爸爸生日”的重视和难忘。文末小作者运用首尾照应的方法再次强调“我难忘爸爸的生日”。

这位小作者在升格作文中，自觉地运用语篇衔接中的照应来修改自己的作文，让自己的作文首尾照应，内容指代明确，使作文行文布局更缜密，更流畅，更完美。

（二）替代

替代是指为了使上下文连接简洁顺畅，用某些词语去代替上下文中所出现的词语。在语法和修辞上，替代被认为是为了避免重复，突出主要信息而采用的一种重要的语篇衔接手段。替代使语言简明、精练，避免表达上显得冗繁不堪，同时它又可以达到自然衔接上下文的文意，突出主要信息的作用。在作文教学中，培养学生善于运用替代的技能，能够让文章自然顺畅，简洁明了。汉语中能够用于替代的有五种形式：代词、数量结构、"的"字结构、简称、借代。

五月的南方

初二（3）班　黄瑾文

南方的五月是迷人的，①南方的五月万紫千红，各种各样的鲜花开得正盛：②红的鲜花庄重大方，黄的鲜花亮丽尊贵，粉的鲜花秀气活泼，到处是一派红红火火的景象。蜜蜂嗡嗡嗡地发出声响，你看：③东边一大片蜜蜂在空中飞舞着，西边一大群蜜蜂在花海里来回地转着，在辛勤采蜜的同时又给花儿授粉……此时的南方五月俨然相当于北方的盛夏时节了。

——摘录自学生初稿作文《五月的南方》

从该同学初稿作文来看，语言重复累赘，不精简，上下衔接不自然。画线①中的语句和前面的重复南方的五月。画线②句子中的三处"鲜花"完全可以用"'的'字结构"来替换，因为从本段语言的前后联系来看，只要写成"红的庄重大方，黄的亮丽尊贵，粉的秀气活泼"就完全可以让读者明白这些"红的、黄的、粉的"是"鲜花"了。画线③处的句子在描写蜜蜂数量上所用的数量结构的词语过于重复，写作者完全按照"数量结构+名词"的结构进行表达。这一句经过教师运用语篇衔接理论中关于"替代"手法的评价和点拨，小作者在升格作文中进行了针对性的修改——"蜜蜂嗡嗡嗡地发出声响，你看：东边的一大片在空中飞舞着，西边的一大群在花海里来回地转着，在辛勤采蜜的同时又给花儿授粉。在这样迷人的南方五月，真想甩开恼人的作业包袱，一个人或三五好友前后相互簇拥登高远眺，尽情把这样的美景收入眼底，那可真是惬意无比啊！”这样语言精练，节奏明快，语义贯通，易于理解。

（三）省略

韩礼德和哈桑在《英语中的衔接》中指出：“省略是指话语中留下了一些特定的结构空位，这些可以根据别处的情况填补还原。正因为如此，结构空位的话语就同别处的话语发生联系，从而形成了连贯。”因此，省略的这一部分必须从上下文中去寻找，从而使省略具有了语篇衔接的功能。需要特别指出，在汉语写作中，省略的应用必须保证“被省略的成分与它的对应成分在结构上是一致的，还应当出现在句中的同一层次上，否则一般不能省略”[①]。

在汉语写作中，省略可以分为名词性省略、动词性省略和小句性省略三种。学生在写作过程中往往出现该省不省，不该省而省的现象，这些现象的出现说明学生对于语篇衔接中省略的运用还处于模糊的状态，不能准确地把握，这就需要教师在作文批改中有意识地引导学生关注这个方面，理解和掌握，并自然地运用。笔者以名词性省略为例，阐述其主语能否省略的情况。例如初二(6)班学生王瑶的《我的初中生活》初稿：

我小时候立下的①誓言是他日长大要好好侍奉我的父母，让他们安享幸福的愿望。在只身一人来到离家十多里地的初中学习前，我对这里的环境、同学、老师没有什么了解，可以说是一穷二白。②现在※已经过两年半的生活学习，对他们了解了不少，也使得从穷乡之地走出来的我更加对自己能融入这个大家庭充满信心。

---

① 胡壮麟，朱永生，张德禄，李战子．系统功能语言学概论［M］．北京：北京大学出版社，2008：180．

上文中①处中的“誓言”是该句的主语，它已包含有“愿望”的含义，所以后面无需再用“愿望”，这句话犯了“主语该省而未省”的错误，造成语义重复。②处句子中标※处是主语的位置，在汉语写作表达中一般倾向于不省略，因为语段中第三句发生了话题转化，前一句是讲“我”对师生相处的了解，而②句则是说明“我”的学习时间。这样，被省略的成分与它的对应成分在结构上不一致，语义不在同一层次上，这就需再次出现主语，但是该同学初次作文中并没有注意这层关系，出现了“主语不该省而省”的情况，造成了偏误。经过教师批改点评，学生在后来的作文中规避了这些情况，达到了语篇衔接中省略的自然运用，使作文前后意思连贯得体。

功能语言学认为“作者或说话者生成语篇的目的就是传达一些信息，为了有效地传达更多的新信息，总是要使用省略已知信息的手段来突出新的信息和重要的信息。这就是遵照话语的‘经济原则’来构筑句子的”[①]。当语篇主要是对人、事、物进行的描写，当前后描写的指代对象没有发生变化时，成分省略就显得很有必要了。反之，当被省略的成分与它的对应成分在结构上不一致，并没有出现在句中同一层次上时，就不能省略。

（四）连接

连接是通过连接成分体现语篇中各种逻辑关系的手段。连接成分往往是一些过渡性的词语，表示时间、因果、条件等逻辑上的联系。在汉语写作中，连接成分的使用是篇章衔接的又一重要内容。它们是词、句、段、篇的粘合剂，“是篇章中最基本、最直观的衔接方式，因为在语义连贯的篇章中，任何小句或段落之间都有语义上的联系。这些句与句

① 姜贞爱．韩汉政论体语篇的省略和指称衔接对比［D］．延边大学，2006：4.

之间各种各样的转承关系，都可以通过连接成分来体现”[①]。通过连接成分使一篇文章顺畅贯通。在汉语写作中，笔者发现学生在连接方面出现的错误可谓是花样繁多，主要表现在四种偏误类型：遗漏、误加、误代、错序。例如初一（1）班李钰同学的《这就是爱》：

今天是妈妈的生日，正好是周末，趁着妈妈加班的机会，我早早地买好需要的东西就赶回了家中。一到家，①我※把鲜花插在花瓶里，②※把衣服放到卧室里。③※我到厨房摘菜洗菜，过了一会，我看看时间差不多了，就开始做饭。

我知道妈妈爱吃酸辣面、凉拌木瓜丝、鱼香肉丝，④※爱吃苹果、梨子、西瓜、草莓。所以，我按照妈妈平时做这几道菜的步骤一丝不苟地工作着，经过一个小时的奋战，我终于做好了一桌饭菜。……妈妈踏着六点多的节奏回到了家里，⑤然后一进门看到满桌的饭菜⑥※感到惊讶，※感动地落下幸福的泪水。

从这位学生的初稿作文来看，选文出现了大量的连接错误。第一段依据前后文的意思，在①②③处存在“时间连接成分的遗漏”，画线①中标注※处应该加上“先”，画线②中标注※处缺少“接着”一词，画线③中标注※处添上“然后”。这样文中一系列动作的发生用恰当的时间关系词衔接起来，语义就连贯了。在第二段中画线④和前面一句话应该都表示个人爱好，但是在语篇中这两个并列语句放在一起缺乏一个连接成分，不连贯，出现了“并列连接成分的遗漏”。应该在此句标注※处加上“还”字，这样使得前后两个并联语句在语义上连接得体，

① 吴若愚．维吾尔、哈萨克族学生汉语连接成分偏误分析[J]．民族教育研究，2009(2).

句与句衔接自然。本段中遗漏还存在于画线⑥处，通过语气推断，应该在标注的※处分别加上“不仅”和“而且”，这样使语义层层递进，充分表现“妈妈对我表现出来的爱的浓烈反响”。上述主要阐述了连接中的遗漏偏误，除此之外，第二段中的画线⑤处还存在连接中的误加偏误，“然后”一词在连接成分中显得多余了，反而使文章的语言啰唆，应该删除。

（五）词汇衔接

词汇衔接指“语篇中出现的一部分词汇相互之间存在语义上的联系，或重复，或由其他词语替代，或共同出现”[①]。换言之，词汇衔接就是在篇章中建立一个贯穿篇章的链条，从而让篇章具有连续性。“词汇”是英语中对语言单位的称谓，在汉语中则可称为“词语”。词语衔接手段主要有词语重复、同义词使用和词语配置。例如学生作文《好想对你说》：

我和邻居家的三个小孩总是玩不到一块。①我的兴趣主要在阅读书本上，平时闲暇的时候，我总会到市里面的图书阅览室借阅图书读书，或者搜集点报纸看，当看到自己感兴趣的内容时，②我总是拿出笔在随身携带的笔记薄上摘抄。但是邻居家的③三个男孩把学习抛于脑后，整天东游西逛，无所事事。昨天放学回家，我还看见④这三个家伙拽着一位低年级的小男生到巷口处，估计又要欺负别人了……

上面摘录的作文基本反映出学生在汉语中词语衔接的一些使用情况。小作者对词语衔接的三种手段，即词语重复、同义词使用和词语配置进行了有机的运用。首先是词语重复手段的运用：作者重复使用“阅

① 胡壮麟．语篇的衔接与连贯［M］．上海：上海外语教育出版社，1994：112.

读”“图书阅览室”“读书”“看报”等词语，使这几句话紧紧地围绕着“阅读”这一主题。然后是同义词使用手段的运用：“男孩子”“家伙”这两个同义词语把前后句子连结起来。另外，作者在下文中（未摘录）用“屋子”“地砖”“桌面”这几个部分同义词将几个句子连结起来，把“屋内的杂乱”“三个男孩较差的行为习惯”“不爱学习”等形象生动地描绘出来。还有一处作者用“书”“笔和本子”把句子连接在一起，就是通过词语配置来实现的。

这篇作文正是有了词语衔接，才使成段的说话和语篇前后连贯，才使后一个句子与前面句子之间紧密联系，读者才能更快、更准确地理解和掌握叙述者所表达的内容。

到目前为止，运用语篇衔接知识进行作文批改还是一个比较新鲜的话题，对语文教师而言值得探讨和尝试，对学生而言也应该学习和掌握，毕竟培养学生写出质量高、连贯衔接好、逻辑思维清晰的文章是作文教学的重要基础目标。

语篇衔接最早应用于英语写作研究中，如果只是依附于现有的英语语篇衔接研究成果是不可能很好地解决汉语语篇衔接问题的，因为英语衔接多实现“词语或句子的连接”，重于“形式上的连接”，而汉语“则重于‘意合法’，注重行文上的连贯性，如马致远《天净沙·秋思》‘枯藤老树昏鸦，小桥流水人家’就不借助于语言形式手段，而借助于词语或句子所含意义的逻辑联系来实现它们之间的连接”[①]，所以，“汉语是语义型语言，比较注重内在关系、隐含关系、模糊关系，更强调思维上的连贯以及语序和句子上的结构”[②]。对汉语而言，常用的衔接手段是词汇的衔接，具体表现在指称关系，省略和替代，逻辑连接，

① 张瑜芸. 语篇衔接与大学英语写作教学[J]. 双语学习，2007(4).

② 王力. 汉语语法纲要[M]. 上海：上海新知识出版社，1957：176.

言语复现，问答句式等手段，掌握了汉语语篇的形式和特点，体会英汉语篇衔接之间的差异，可以防止生吞活剥西方语言学理论给语文实践带来的水土不服问题。

第三节 基于语篇指标的写作评价

什么是“好”的作文，即学生优秀习作具有哪些重要的特征或要素指标？这在国内外语文教学领域都是一个比较棘手的问题。有的好作文我们似乎也能认出来，甚至说出点道道来，可是具体好在哪里，好到什么程度，该如何用相对科学量化的“指标术语”表达出来，并进而实施一种基于产品指标的写作教学和评价，是需要我们进一步研究的。

下面介绍的“6+1 Trait®（要素）”写作模式，不仅是一个基于标准的写作教学评价指标体系，还是美国的写作课程形态和写作策略。

一、“6+1 Trait®（要素）”写作评价模式

“6+1 Trait®（要素）”写作模式，是美国俄勒冈州的“西北教育实验室”（NWREL）开发的。[①]从20世纪八九十年代起，该教育实验室联合来自教学一线富有创造精神的教师，在抽取各个年级上万份作文样本的基础上，归纳鉴别出了“优秀作文”的六个基本特征：思想和内容（Ideas and Content）、结构（Organization）、口吻（Voice）、措辞（Word choice）、流畅（Sentence fluency）、惯例（Conventions），后来又加上了呈现（Presentation）。

20多年来，他们进行了细密、科学的指标研制，策略开发与修订完善，该模式目前在美国、英国、法国、南美洲、委内瑞拉、澳大利亚、土耳其、巴林和其他中东国家都有着广泛的应用，是一种比较流行的作文教学模式。

---

① NWREL是美国十个教育实验室之一，主要为该地区的五个州提供科研指导和教育服务。它在这种作文评价和教学模式的形成和推广过程中发挥了重要的作用。

（一）思想和内容

思想和内容即文章的主旨，指作者最想要说的话和要表达的观点。确立主旨是作文的第一步，也是作文的核心所在。文章主旨应明确集中，因为所有材料和细节都围绕它展开。好的作者总是选择那些最重要、最有趣和自己最熟悉的内容。

确定主旨时，学生应使用“头脑风暴”等策略尽可能多地联想信息，并从新颖独特的视角来明确话题；而教师和家长则应帮助学生选择并限制话题，使之具体。这一步学生应考虑：

文章的题目合适吗？（不太大也不太小）？

我这篇文章的目的是什么？

我要表达的重点信息是什么？

对这个话题，我了解足够多的细节吗？

我能否让读者一读起来就不想放下？

（二）结构

结构即文章的框架构成。它是文章“意义的轨迹”和“路线图”，是“作者思想的迷人的图案”。它有助于呈现主题内容，赋予文章框架感和方向感，把文章各个部分联系在一起，指引读者阅读。好的文章总是引人入读，衔接自然，结构完满。结构文章有比较、对比、演绎、分析，或时空顺序等十几个常用模式。这一项要考虑：

我的开头吸引读者吗？

我这篇文章的顺序是什么？

文章的细节有没有更好的呈现方式？

我的文章易于浏览吗?

文章的主要信息是否与主题有关?

文章的结尾如何,是否完整并让人回味?

(三)口吻

口吻是一个我们比较陌生的指标。它指的是洋溢在文章字里行间的语气、感情、风格、个性、精神、灵魂等,它是作者发出的独特“声音”“气息”,是文章的个性、风格的直接体现,与此相关的反思题是:

这篇文章像我在说话吗?

文章是在说我最想说的话吗?

文章有没有感情甚至是激情?

文章适合我的读者并吸引他们吗?

(四)措辞

措辞是指用丰富、精细、富有色彩的语言来打动或启发读者。好的措辞要准确、生动,有表现力。叙述故事,描摹事物,刻画细节,描绘人物等,要在读者心中形成逼真难忘的画面。要用感性的语言,恰当的词汇和最好的表达方式,唤醒读者的生活经验。要简明,不啰唆;要自然,勿做作。好的措辞须考虑:

我的用词读者能理解吗?

用词自然、贴切,并符合文章的风格吗?

是否运用了强有力的动词和形容词?

用词准确新颖、生动有趣且富有变化吗?

我的用词能抓住读者吗?

(五) 流畅

流畅指句子的通顺和流利程度。流畅的句子会呈现出一种语言的节奏感和韵律美。好的文章朗朗上口,抑扬顿挫,是用“文字演奏的音乐”。流畅的句子往往长短不一,结构多样,舒缓自如,清晰有力,有一种意味深长的韵致。学生可用下列问题检验:

句子是否以不同方式开始?

句子是否完整、清晰?

句子是否错落参差,搭配合理?

我的文章可以大声地读出来吗?

(六) 惯例

惯例是指大家写文章时一致遵循的那些约定俗成的规范和要求,如拼写、语法、标点、书写、版面等,以及分段和篇章类型的要求。这是一个便于别人阅读,并让人喜欢阅读我们作品的要素。建议作文时考虑:

标题是否与内容一致?

文章是否整洁清晰?

分段是否正确合理?

有没有书写错误?

标点符号运用正确吗?

文章我理解,别人能理解吗?

（七）呈现

写作的最终目的是呈给别人阅读或交流，成功的作者应该具有呈现意识。

我们目前正处于信息时代，电脑网络高度普及，很多文章的呈现不一定是书面形式，还可能包括屏幕和口头的样式。这就要考虑文章呈现的对象、场合、环境、方式等，考虑到文字大小、插图、图表、页码以及其他一些视觉指示符号等呈现技术。与此相关的问题有：

我使用的字体间距、字形合适吗？

我的文章便于阅读吗？

我的文章页面是否和谐统一？

我是否使用了恰当的版式？

二、“6+1 Trait®（要素）”写作模式评价量表

为了更细致深入地鉴别文章的优劣程度，美国人制定了详细的作文内容指标。主要是把“6+1Trait®（要素）”每一个性征细分为优良、及格、不及格三个层级二级指标，每一个二级指标层级里又有更详细的三级指标。这样，对文章进行鉴别、评价、归类、赋分或诊断时，就有了一个精良的参照系统与相对科学的标尺。下面是NWREL的写作评价量表：

表6.1 “6+1Trait®(要素)”写作评价量表

要素	二级指标	三级指标
思想和内容	5/主题集中，行文明晰，能吸引读者，事件或细节具体而充实。	A. 题目集中，便于把握。 B. 有鲜明、生动、优质的细节，为读者提供重要信息。 C. 细节准确合理且支持主题。 D. 主题新颖独创，可以看出作者有丰富的知识或经验。 E. 预想到读者的问题，并作了回答。 F. 尽管不必苛责，但文章若有对生活的见识和理解，能够洞察生活的意义，仍然视作一个高水平的指标。
	3/作者有意识去限制话题，尽管仍停留在基础和一般的水平。	A. 主题相当宽泛，但能够看出作者的着力点所在。 B. 有支持性的材料，但对主要观点或故事情节来说还不足够丰富。 C. 主题比较清楚，尽管可能还不够精确详细、富有个性、视野开阔、见解深刻或目的明确。 D. 作者似乎是在利用知识或经验，但在材料从一般观察到具体准确的提炼上还有一定困难。 E. 读者还有一些疑问，需要更多信息以“填补理解空白”。 F. 作者仍停留在一般的话题上，没有形成清晰的主题，注意还不够明确集中。

	1/文章还没有明确的目的或中心。读者不能从文本中获得准确的意义，需通过粗略或缺少的细节的推断才能了解。	文章存在以下一种或者多种问题： A. 作者还停留在搜索话题，头脑风暴阶段，还没有决定文章的主题到底是什么。 B. 信息有限或不清晰，字数不够，没有展开。. C. 主题只是话题或问题的简单重述，较少或者没有细节支持。 D. 作者还没有用一个有意义的或个人的方式界定话题。 E. 重点不突出，一切似乎和其他一样重要，读者要了解到重点还很困难。 F. 文章重复， 读起来好像是一个一个没有明确重点的、互不联系的、随意的想法的大杂烩。
	5/组织能够增进和突显中心。文章的顺序、结构或者信息的呈现自始至终能够吸引读者。	A. 开头引人，结尾完整，首尾呼应。 B. 过渡自然，清晰地呈现出文章的思路。 C. 细节呈现恰当，逻辑顺序明显。 D. 节奏自然，起伏有致，作者知道何时缓慢细致，何时快步前行。 E. 文章标题新颖别致，且与内容一致。 F. 文章的结构符合文章的目的和读者，段落划分合理有效。
组织（结构）	3/组织结构足以引导读者读完文章而不致引起太多的混乱。	A. 首尾明晰，结构完整。可是开头没有引起强烈的期望，结尾也没有联系起零碎的材料。 B. 过渡有时清晰自然，可有时思路之间的联系不紧密。 C. 顺序呈现出一定的逻辑性，可又不能保持思路发展的一致性和可控性。结构能让人预测到，注意力游离内容。 D. 节奏控制的还算可以，尽管有时行文过快，有时却在不重要的细节上拖延时间。 E. 有必要的小标题，尽管缺乏创见或者只是对主题的简单复述。 F. 组织有时支持主要观点和故事情节，有分段尝试。

	1/作品没有清晰的方向感。观点、细节或事件以一种松散随便的方式搅在一起，没有明确的内部结构，还呈现出右边列出的一种或多种问题。	A. 没有可遵循的结构，也没有真正有效的收束。 B. 观点之间缺乏联系或者混乱不堪。 C. 顺序混乱，需要大量训练才能克服。. D. 节奏笨拙，需要快的时候缓慢爬行，反之亦然。 E. 没有必要的标题，有的标题又不能反映内容。 F. 结构上的问题让读者很难理解文章，也没有分段的意识。
口吻	5/作者用一种个人独有的、迷人的和动人的方式直接向读者说话。作者写作时有一种对读者的尊重意识和目的意识。	A. 作者能够紧扣人们感兴趣的话题，选择细节，语言自然、动人，和读者建立起密切的联系。 B. 作品能准确反映作者的个人意图、特定内容以及独特构思。 C. 作家需承担袒露自我的风险，字里行间可以发现他自己的话。 D. 说明性或说服性的写作，作者用精心选择的概念或想法，告诉读者必须知道这些，他有一种强烈的责任感。 E. 叙事性写作是有个性的、生动的，能让你感受到作者的意念或想法。
	3/作者是真诚的，但不是那么投入。作品有可分辨目的，但不很鲜明。	A. 作品看起来在用一种真诚的、愉快的方式与读者交流，但个人风格不鲜明。 B. 作者似乎知道有一个目的，并试图选择与之相称的内容和结构。 C. 作家偶尔展示自我或个人细节，但主要考虑的还是避免风险。 D. 说明或说服性的写作缺乏与话题相关的一致性，而且未能用自己的观点说服别人。 E. 叙事性写作是真诚的，但未能反映出自己独特的个人视角。
	1/作者对话题和内容心不在焉。作品缺乏目的意识和读者意识。	A. 作者的观点和语言不能与读者产生交流。 B. 作者没有明确的目的，所选择的风格类型不适合内容和观点。 C. 作品信笔乱写，看不出与作者相关的内容。 D. 说明或说服性的写作机械呆板，没有生气，缺乏有效信息。 E. 叙事性写作话题展开得很有限，看不出作者的观点。

遣词（措辞）	5/词汇以一种有目的的、准确的、有趣的和自然的方式传达信息。语言生动而富有表现力。	A. 语言具体而准确，很容易理解作者的意思具体是什么。 B. 语言和短语很有冲击力，很能吸引读者的眼球和注意力。 C. 语言和短语对读者来说是自然的、有效的和恰当的。 D. 动词生动活泼，极有表现力；名词和修饰语准确具体且增加了文章的深度。 E. 词语的选择增加了文章的意蕴，增进读者对文章的理解。 F. 用词极其准确，作者总能把恰当的词语用在恰当的地方。
	3/语言发挥了作用，虽然缺乏能量。一般而言，较容易领会到作者的意思。	A. 一般而言，词语恰当而正确，能说明意思，不妨碍表达。 B. 能用熟悉的话语交流但是不能抓住读者的想象。 C. 尝试用一种华丽的语言表达引申的意义，但有时字典上没有这种意义，读者不好理解。 D. 尽管有些突出的地方，但很显然动词消极、名词常见、修辞语较俗套。 E. 词汇和短语是起作用的，但只是存在于几个局部地方。 F. 在有些地方用语准确优雅，但整体来看，词汇好像没有经过深思熟虑，匆匆冒出来似的。
	1/作者用的词汇有限或者还不能用有限词汇传达特定的含义。	A. 词汇不具体，也没吸引力，只能表达有限的想法。 B. 语言让读者莫名其妙，很多词汇在文章里不起作用。 C. 没考虑读者，语言不正确，这些不恰当的词没法传达信息。 D. 词汇贫乏或/和此类的误用严重削弱了读者对文章的理解。 E. 词不达意，没有生气，不好理解。 F. 滥用行话，陈词滥调，冗余啰唆，难于卒读。

通顺（流畅）	5/文章自然流畅、节奏鲜明、起伏跌宕。句子结构变幻，强而有力，能引起口头朗读的冲动。	A. 句子的结构能增进意义强调和表达。 B. 句子的长短结构富有变化。片段的运用增强了风格，对话呈现自然。 C. 有目的的和变幻的句子增加了文章的多样性和表现力。 D. 句子和思想联系恰当适切，有创造性。 E. 文章抑扬顿挫，作者考虑到句子的声调和意义的关系，就是第一次读也轻快自然。
	3/文章喧嚣着生硬的节拍；但倾向于较为愉快或有条理，而非音乐性，有些机械呆板而非流畅。	A. 尽管句子不那么巧妙有乐感，但还是用一种常规的方法完成了任务。 B. 句子大多结构正确，他们连缀在一起还算合理。 C. 句子风格不太一贯，有尝试变化的努力。 D. 读者有时找不到线索词（如“然而，所以，自然地，不久，另一方面，具体地说，例如，其次，首先，随后，但是，由此可见，尽管”等）连接句子词或短语。 E. 文本有的部分能引起人朗读的冲动，其他部分则笨拙、呆板、干瘪或者变化不定。
	1/读者理解起来相当费劲，文章存在列出的下列毛病：	A. 句子紊乱、残缺、笨拙，不能达意。短语读起来不自然。文章呈现出一种歌舞会的混乱节奏或者急促的调子，让人昏昏欲睡。 B. 很少有“句感”，即使文章编辑得没有瑕疵，句子也不能联系在一起。 C. 很多句子开头相同，句型单一，比如老用主语—谓语—宾语这种单一句型。 D. 连接词太多（如何、因此、不过、因为、于是、然后等）或者没有连接词，文章只是一种语言的堆积。 E. 文章无法引起人阅读的欲望。

规范（惯例）	5/作者表现出对于写作规范的良好把握（比如拼写、标点、大小写、文法、用法、段落章节），能够有效地运用写作规范增进文章的可读性。错误较少，稍加修改就可发表。	A. 拼写基本正确，哪怕是较难的词。 B. 标点符号正确，甚至还富有创造性并引导读者阅读。 C. 文章对于大小写有深入了解和一致的应用。 D. 语法和用法正确，有助于清晰的文风形成。 E. 段落划分能够完善和强化文章结构。 F. 作者能够熟练运用文体规范，并起到很好的作用。作品非常接近发表水平。 7年级以上的要求：对于较复杂的写作，作者也可以展示出广泛地运用写作规范的技能。作者对规则运用灵活娴熟，照顾到不同的年级/年龄。
	3/作者在一定范围内表现出对于规范的合理良好的运用，能增进阅读。然而，有时一些错误削弱阅读效果。	A. 拼写基本正确，但在一些较难的词汇上有问题。 B. 句号运用基本正确；句中标点（如逗号，撇号，分号，破折号，冒号，括号内等）有时缺失，有时误用。 C. 大小写基本正确，但可以更精密，表现参差不齐。 D. 语法或用法问题还没严重到歪曲意思的地步，但有时可能没正确或准确地运用。 E. 有分段的意识，但合在一起时，有错误的地方。 F. 编辑水平中等 （有这样那样的点滴瑕疵），需要修改之后才能发表。
	1/拼写、标点、大小写、语法和用法和/或分段错误出现较多，以至于分散读者的注意力，难以阅读。作文反映了一个以上的下述问题：	A. 拼写错误频频发生，甚至一些常用语也拼错。 B. 标点符号（包括句号），经常遗失或不正确。 C. 大小写乱用，只有简单的规则能使用正确。 D. 语法或用法错误显而易见，频繁出现，影响意义的表达。 E. 不分段，或分段不规则，或者过于频繁（几乎每一句话都分段），有时与文本的组织结构没有任何关系。 F. 读者必须经过破解才能理解含义。大量的编辑错误（几乎每行），只有很好地去修改才能发表。

呈现	5/文章的呈现有助于增强读者的理解，增进信息交流，让人赏心悦目。	A. 稿子不论是手写还是打印的，倾斜一致，字母清晰，间距合理，适宜阅读。 B. 如果用文字处理软件，字体和字体大小要适合读者阅读。 C. 页面间隔和空白的运用要便于读者注意文本信息而不分心。文字和留白要合适，格式要合乎写作目的。 D. 标题、小标题、页码、着重号以及装饰（需要的话），要有利于读者阅读最重要的信息，这些有利于读者把握文本信息的层次。 E. 适合读者和目的的需要，合理整合文本、插图、图表、地图、表格等。文字和图表要对齐。这些视觉手段要使得重要信息和要点清楚。
	3/文章的格式适于理解作者传达的信息。	A. 书写清楚可读，尽管字母形状、倾斜和间隔有差异使得有些页比其他页容易读些。 B. 有些地方字体和字体大小的尝试是成功的，但有些地方就比较混乱，全文不一致。 C. 空白和行间距大致合理，可有的地方空白多，有的地方文字太拥挤，尽管行间距（单一、二倍、三倍）的选择使得某些部分更易读些。 D. 尽管运用了小标题、标号、着重号等，但还不能更好地引导读者阅读。 E. 有整合文本和视觉文本的努力，但做得还不够好。
	1/由于文本问题导致读者断章取义，理解困难。	A. 字母倾斜不一致或不正确，留白不均衡或者没有留白，让人理解文本有困难。 B. 作者乱用字体或者字形，给读者造成阅读困难。 C. 间距随机而混乱，页面很少或者不留空白。 D. 缺乏标示，如标题、小标题、页码、着重号等，让人不解某一部分和另一部分是如何联系起来的，页面文本为何处理成这种样式。 E. 视觉语言不能有效地说明呈现的主要观点，形成误导，或者太复杂让人难于理解。

资料来自：Northwest Regional Educational Laboratory, Oregon, USA[①].

① NWREL. 6+1Trait Writing. [EB/OL] .http://www.nwrel.org/index.php, 2008-08-11.

三、“6+1 Trait®（要素）”写作模式的评价与分析

先看优点。关于“6+1 Trait®（要素）”写作模式的优点，美国研究人员是这样说的：

1. 它把复杂的作文内容分成若干要素，把写作过程分解成可以操作的一系列模块，于是使作文教学有了相对明确的知识内容和程序。

2. 它与基于标准的教学结合起来，使学生知道什么是好的作文，自己将往哪方面努力。

3. 它为作文教学提供了一套共同的话语，不但为教师教学提供了一个评价并反馈学生作文的精确可靠的教学工具，也为年级之间，教师之间，教师和家长之间进行统一性的作文评价提供了话语平台和标尺。

4. 它使得写作可以独立自主进行，赋予学生评价自己作文的能力，能就学生的成绩和表现提供有价值的反馈信息。

5. 它能鼓励学生尝试新的写作方式，能提供机会监控学生的成长和进步。

6. 它可以最大限度地将读和写连接起来，达到读写技能的有效迁移。

可见，这个写作模式的最大好处是：将作文评价的笼统内容变成可以量化的科学指标，写作由一种内隐心智活动变为显性的教学内容。它其实是为作文教学提供了一套相对明晰的评价知识，一套供师生教学使用的操作程序，使得本来属于内在心理活动和隐性技能的写作过程外显化、程序化、策略化，作文于是可学、可教、可操作了。

我们知道作文技能单单依靠观察、生活、写真实等原则要求是没用的。我们要的是把作文这种心智技能尽量分解开来，形成能一步步模仿、训练、实施、达标的操作性的写作知识体系。“6+1 Trait®（要素）”

作文模式开发研制的这套指标，就是作文课程的操作性知识体系。它能使得教师、学生、家长甚至其他行业的人，在评价作文时都有章可循，有“法”可依，简便易行。这才是作文教学科学发展的路子。

再看缺点。该模式的缺点也显而易见：

（1）从产生背景来看，6+1作文要素评价模式，受当今美国“基于标准的教育改革”思潮的影响明显，带有一定的技术主义、工具主义和形式主义的倾向。美国国内也有人批评说这种模式只重形式，不重内容。“这样的文章看起来就像是一个标准的文件，用这种方法会导致学生批判性思维的根本贬值”“用这种方式可能会造成学生用一种内容空洞、格式化的东西”[①]，容易导致作文教学的应试化和功利倾向，忽视作文的学生心灵和思想的陶冶功能。我们认为，关键是扬长避短，科学运用。

（2）从语文学科的特点来看，写作是一种复杂的内隐思维、情感和言语的活动生成过程，属于言语心智技能的范畴。好文章是一个人生命情感的真实流露。作文确实存在一个很难量化的问题，内容指标和要素的确会存在很多分歧。然而，这也正是语文课程的特点、难点以及教学理论开发的着力点。

（3）语言不同，国度不同，文化背景不同，人的主观感受不同，好作文的指标自然不同。这个模式带有明显的西方文化重分析、量化的理性思维特征，对于我们具有直观整体特征的汉语言教学也许不那么贴切。汉语是“人治”，更重会意的语言；英语是“法治”的，更重语法的语言；汉语是方块文字，英语是拼音文字，这使得它们在构词、语法、造句、修辞、审美上各有特点，评价指标当然会有不同，尤其是语言惯例这一项，

① Tim-Hardin. Reification and the Standards Movement in Public Education. [EB/OL] http://bad.eserver.org/issues/1999/45/hardin.html.

我们汉语没有大小写，不存在拼写规则和书写的倾斜问题，因而，国外再好的评价指标体系绝不能照抄照搬。尽管有上述缺点，这种模式的引进和介绍，对我们目前的作文教学理论重建还是有启示意义的。

四、中美作文评价指标的比较与思考

下面我们结合我国北京2007年中考作文评价标准，比较中美两国作文评价指标，以辨明各自的优劣。

（一）思想的自由与限制

从中美作文评价的比较可以非常明显地看出：国外在设定作文评价的标准时非常实在，对学生的思想内容不拔高要求，尤其重视作文要写出自己的“声音”，表达自己的思想和真实意图。对于我们所强调的“立意高远”“思想健康”“积极向上”“思想深刻”等不属于语文教学本体意义上的东西几乎没有要求。再就是，他们把中心思想等就简单地称为“想法”“念头”“意见”“主意”“观点”等，不神秘化，这也有利于学生作文时“表达自我”“我手写我心”，避免了一味承担道德说教的“伪圣化”企图，扭捏作态、卖弄文采的“小文人写作”，有利于作文教学回到其正确的道路上来，丢掉伪装，找回自我。

我们比较重视“符合题意”，即按照出题者隐含的思想观念和价值倾向来写。这其实是上面问题的另一个侧面，都反映出一种“思想内容至上”的教化功能倾向，也从另一个方面流露出我们对于孩子自由活泼思想的控制，助长了他们从小就揣摩上级心理或长官意志的不良人格。同时，我国把“符合题意”“思想健康”放在比较突出的地位加以强调，即把作文的思想教化功能放大，学生文章很可能结构新颖、文辞优美，可就因为“思想格调低下”而打入另册，或不及格，这既偏离了语文教学的本体，也不利于培养学生健康的思想和人格。

表6.2 北京市中考作文评分标准（2007年）

等级\项目	内容、表达要求及赋分范围	说明	书写（5分）
一类（60～52）	要求：符合题意，内容充实，中心明确；条理清楚，结构合理，语言通顺，有1～2语病。 赋分范围：55～47分。	以51分为基准分，上下浮动后，加书写项的得分。	5分 字迹工整，标点正确，有1～2个错别字，格式规范。
二类（51～44）	要求：比较符合题意，内容比较充实，中心比较明确；条理比较清楚，结构比较合理，语言比较通顺，有3～4语病。 赋分范围：46～39分。	以43分为基准分，上下浮动后，加书写项的得分。	4分 字迹清楚，标点大体正确，有3～4个错别字，格式规范。
三类（43～36）	要求：基本符合题意，内容尚充实，中心基本明确；条理基本清楚，结构基本合理，语言基本通顺，有5～6处语病。 赋分范围：38～31分。	以34分为基准分，上下浮动后，加书写项的得分。	3分 字迹不够清楚，标点错误较多，有5～7个错别字，格式大体规范。
四类（35～0）	要求：不符合题意，内容空洞，中心不明确；条理不清楚，结构不完整，语言不通顺，有7处以上语病。 赋分范围：30～0分。	以14分为基准分，上下浮动后，加书写项的得分。	2～1分 字迹潦草，难以辨认，标点错误很多，错别字8～10个，格式不规范。

我国评价作文比较重视“符合题意”，即题目隐含的思想观念和价值倾向。这种“思想内容至上”的做法是一种隐蔽的、沿袭的、恶劣的公共知识“规训和控制”，它不利于我们孩子自由活泼思想的形成，尤其助长了他们从小就说假话、空话的不良文风和不良人格。

（二）双基的重视与虚置

分析美国的“6+1 Trait®（要素）”指标要求，我们会发现，它们大都是一些作文的基本要求，诸如主旨、内容、结构、用词、句子的流畅以及写作规范到标点符号等，非常明确、实在，这就有利于学生写作技能的具体化和明晰化。与我国过于关注思想、人文、技巧不同，美国评价作文时更重视基本技能、基本态度和习惯的评价与培养。一门课程有一门课程的“核心知识和技能”，一味追求什么玄虚高妙的“思想人文艺术”，可能得不偿失，导致语文本体的迷失和目标的错位。

（三）科学量化与模糊

评价作文一般有两个纬度：一是要素指标，二是层级指标。从要素指标看，我国基本上分为“内容”“结构”“语言”或“书面”等三四个，一般用几句笼统的套话敷衍，层级往往用几个表示程度的副词，如“比较”“基本”进行简单的区分，太主观随意，因而误差较大，以至于一篇作文的评价相差十几分或者几十分的情形屡见不鲜。最为关键的是，这种评价指标对学生提高写作能力的帮助不大，笼统随意地评价表述让学生根本不知道具体从哪儿改起。

美国“6+1 Trait®（要素）”要细致得多。其作文模式有七个大的指标，每个指标又分为三五个层级二级指标分项表述，然后对每层级的指标特征再分若干更细致的三级指标。层级细密、科学量化的特点比较明显，这些层级和指标很容易形成一个评价的、共同的、大家可以理解的语言和指标体系，避免了模糊的语言、笼统的层级和主观好恶带来的误差，其科学化、精细化和可行性程度较高。

（四）操作性程度

目前，我们的作文课其实是既没有教材，也没有教学。常见的作文教学往往是老师出一个题目，顶多自作主张地说上几条要求，说声“写吧”，应付了事，作文教学无从教起。

美国的这套模式就有极强的可操作性和实用性。使用时，教师一般先讲解训练的要素及指标的特点；接着，呈现作文范例（侧重于某一要素5分的优秀作文），讲解并强调它的优点所在。然后，让学生评价与这个优点类似的其他作文，进行正例强化。接下来，教师故意将没有这一优点但得了高分的作文放进去，让学生辨别，看他们是否真正掌握。最后，教师指导片断练习，鼓励学生重点练习某一特定要素。在这个过程中教师还要不间断地整合强调这六个要素。

“6+1 Trait®（要素）”作文评价还通过一套自我提问技术，将作文指标变得具有可操作性，通过层层要素指标和那些“问题”，学生对于自己的作文完全可以有一个非常清晰的认识和准确的评价，以便及时调整操作方案和步骤。这种对自己作文的优缺点及其程度的了解，既是教的前提，也是学的目标。学生据此完全可以自设目标、自我训练、自我评价，写作就变成了可评、可控、可行、可以不断改进的练习过程。

目前的心理学研究特别推崇这种操作程序、反省思维、策略知识和元认知功用，它的监控和调整知识的技术是该模式的核心优势所在。我们的语文教育要走出蒙昧和玄虚，走向科学，一定要重视这种知识的引进和开发。

（五）功能的多样与单一

“6+1 Trait®（要素）”不仅具有教学和评价功能，它还具有其他多种用途：现在美国许多州和基层学区的学校不但采用它作为作文教学和评价的工具，还作为作文课程开发，阅读教学，教师培训，家长指导学生作文的工具使用。国外还据此编写了《“6+1 Trait®（要素）”作文家长使用手册》，以便家长辅导自己孩子的作文，配合教师搞好教学，达到家校合作、校际间协作的目的。国外还利用网络、出版、训练营等多种方式，进行学生自学辅导、作文自测、教师和家长的培训等活动。

第四节 我国写作教学的核心问题及解决路径

一、学生写作所面临的主要问题与矛盾

写作教学要面临学生真实的问题和困难。据我们对1979~2009年30年间全国141份中小学作文研究所作的“后设分析”发现，我国中小学写作面临的问题主要有三个：

（1）不想写：绝大多数（62.74%）学生对作文不感兴趣；

（2）没的写：没内容、没素材、没东西可写；

（3）不会写：没有词句、不会表达、不会结构文章等。

从本质上来说：一是写作的兴趣、动机、态度问题，即“为何写”的问题。二是“写什么”，即写作内容的问题。三是“怎么写”，即写作的技能、策略问题。这三个问题是我国写作教学的核心问题。

从写作发生学看，三者任何一个都会影响写作的顺利进行；同时，三者又有先后主次之分。我们认为，写作教学应该先解决“为何写”，再解决“写什么”，最后才是解决“怎么写”。其关系如下图所示：

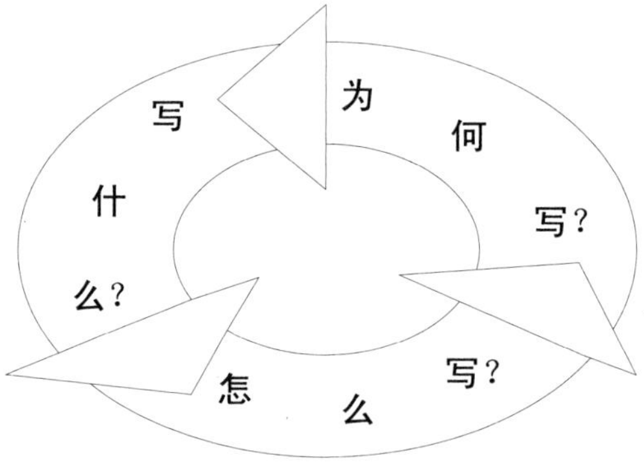

图6.1 学生写作面临的三个主要问题

这些问题是由学生写作的主要矛盾，即学生现有的写作经验与这一次写作任务之间的落差造成的。

学生现有的写作经验包括：学生的写作动机、现有的生活积累及表达水平；这一次的写作任务包括：题目的要求、相关话题信息、生活经验，这次写作所需技能。写作教学要填补学生现有经验与这次写作任务所需经验两者之间的落差。这些需要填补的经验，填补的过程、方法、策略等构成了写作教学的核心内容。如下图所示：

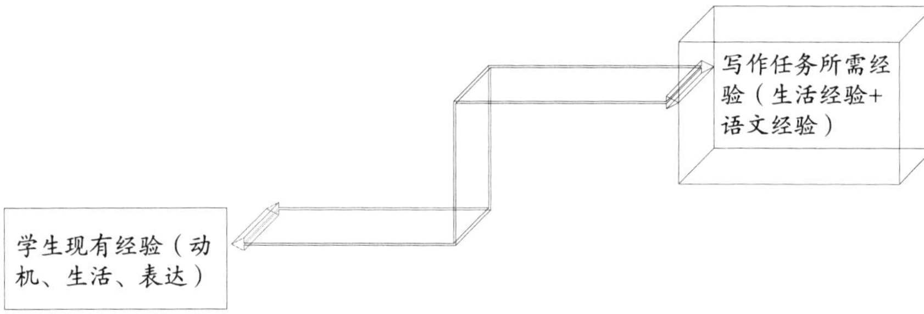

图6.2 学生写作的主要矛盾

二、学生写作的主要问题分析

（一）问题之一：写作任务的交际语境缺失

过去我们以为，写作就是“文章制作”，这是非常狭隘和片面的。其实，写作同说话一样，是面向明确或潜在的受众表达交流的行为和结果。写作不仅是字词句段篇的制作，实质更是作者和读者之间的对话交流。

写作时，作者总是揣摩并分析读者的需求和已有的知识经验，根据表达意图，选择话题和信息进行交流。在这里，读者、目的、意图等交际语境要素决定着对写作的内容、体裁、语言等一系列的安排。这也就是说，我们在写作时，写什么、怎么写和为什么写，是受交际语境制约的。简单地说，就是“语境决定语篇”。

写作任务语境包括读者、目的、角色、话题、语言等要素。这些要素一直没有引起我们的高度重视。它们是写作真正重要的“潜在的动机资源”①。

写作动机有实用的、审美的等区别。写作的动机目的不同，文章的内容、体裁、语言、表达也就不同。正是交际语境要素的选择、互动、触发，导致了意义的生成和语篇“赋形”。

写作是作者基于交流需要，通过假想的方式，与不在场的读者或读者群，进行书面对话的过程。这个过程，不像听说似的近乎人的本能，可以自然发生；写作是一种具有较高难度的语言技能，如果没有较强的目的动机，很难启动完成。叶圣陶说：“写东西，全都有所为。如果无所为，就不会有写东西这回事。”②写作行为的启动与维持，除一般活动动机外，还需要“写作任务语境”的潜在力量。这种力量就是功能语言学大师韩礼德所说的“语言潜势”③。它其实是一种语境感知、想象、还原、塑造的能力。写作任务情境是写作活动启动、推进、完成的最根本动力。

斯皮维认为写作不仅是书面符号的表达，更是与读者共同完成的一场“意义建构”。她从读者要素出发指出：“读者对作者具有重要的启发价值，能成为作者表达创造的有力工具。正如许多老师所意识到的，一旦作者能预想出读者们已知的、想要知道的和将对他们的思维方式产生影响的东西，反过来会有助于写作。”④一切写作都是为着读者而进行的。这个读者有时是明确的，有时是我们假想的。托尔斯泰、朱自

① 高文．教学模式论［M］．上海：上海教育出版社，2002：301．

② 叶圣陶．和老师谈写作［A］//叶圣陶语文教育论集［C］．北京：教育科学出版社，1980：466 ~ 472．

③ ［英］唐纳德·韩礼德．功能语法导论［M］．北京：外语教学与研究出版社，2000：F13 ~ F20．

④ ［美］莱斯利·P．斯特弗等．教育中的建构主义——《21世纪人类学习的革命》译丛［M］．上海：华东师范大学出版社，2002：244．

清等作家都谈到过这种“读者意识”在写作中的作用。国外的大量研究也证实高明的写作者总是具有很强的读者意识。[①]接受美学家伊瑟尔指出：“写作过程中，作者头脑里始终有一个隐在的读者，而写作过程便是向这个隐在的读者叙述故事并进行对话的过程。”[②]绝大多数的写作总是面向别人、公众和社会的，是有着明确或潜在读者的。即使纯粹写给自己看的、秘不示人的日记或者作品，我们也可以看作是自己与自己之间心灵的对话。正是读者的参与、牵引塑造着我们所写的作品。读者是写作活动最重要的启动者、牵引者、合作者。

我国的写作教学常常忽视读者在写作中的作用、忽视写作活动的交际语境功能，而专注于文章的制作。这种只问结果，不问动机，不问过程的写作，已经使写作教学成了一种不涉及实际交往功能的“虚假写作”。尤其是“应试文写作”，这种写作除写给教师、考官看，捞取考分外，几乎没有实际的交流功用和存在的价值。这种无实际用途、动机、目的、对象的写作，充斥着我们的语文课堂，成为中国写作的主要形态。被动的、机械的、没意义的写作行为，严重背离了写作活动的本质，它是学生“不愿写作文”和作文成为“老大难”的根本原因。

（二）问题之二：没有内容可写

学生“没内容可写”，原因很多。其中最典型而又似是而非的说法是“学生缺乏生活”。的确，写作有一个必要条件：作者要有与所写话题相关的生活经验、事实、信息百科知识等。这就是“巧妇难为无米之炊”的道理。

基于此点考虑，目前“成功”的写作教师们往往采用“搞活动”或

① Stephen D. Krashen. Writing: Research, Theory And Appliction[M]. Laredo PublishingCo. Inc. 1984: 7～8.

② 转引自章国锋. 文学与读者[N]. 文艺报，1987-09-19.

者“制造生活”的办法来教学生写作。比如通过现场游戏、观察、感受，像吃西瓜、擦皮鞋、讲故事、放音乐、看图片、做实验、做动作、演小品、静物写生、野外活动等模拟或制造一段生活来弥补学生生活阅历的不足。这自然可以。可是，在这里我们忘了一点：学生真的缺乏生活吗？他们时时刻刻都在“生活”之中啊。家庭、学校、读书以及各种活动都是生活，其中应该有无数的信息、资料、思想可供写作，其中任何一点都足以写成一篇文章。

再说，有时那种活动或直接制造生活的教学方式也并不见效。比如秋游了，可很多学生还是写不出来，原因何在呢？

关于“写什么”，我们大都以为是“生活经验贫乏”造成的，其实不尽然，学生时时刻刻在生活之中：学习生活、学校生活、家庭生活、街头见闻、电视网络、读书生活、想象世界等。他的五官在感受、思维在运转、情绪在波动，只要人活着，就不缺乏生活，怎么可能缺乏生活经验呢？有人说“关键是缺乏观察生活的眼睛和感悟生活的心灵”，这就比较接近问题的实质了，但又是什么遮蔽了他观察生活的眼睛和感悟生活的心灵呢？

其实，“注意、激发和转化”才是关键。生活、活动、信息，只有注意、激发并转化、加工之后，才能化为写作内容或材料。信息加工写作心理学认为，写作是信息的搜集、加工、处理的过程。作文所涉及的主要内容大多储存在作者长期记忆里。这些信息有的是平时所累积的各种生活经验、人生阅历，有的是阅读、思考或各种闻见所得，平时处于潜藏闭锁的状态，必须有一个动机或外界触动，才能被激活、提取、加工。

文与可画竹之所以能“振笔直遂”“胸有成竹”，首先是因为他有关于竹子的大量真实信息，更关键的是他能将眼中“真实之竹”转化为“胸中之竹”，进而变成了“手中之竹”。写作不仅要有真实的生活，更要有“作者经验了的生活”，即经过作者内心感悟、加工、提炼、重组、再造的生活。在这里，体验是将直接生活转化为写作内容的“加工厂”“转化器”。

写作即经验的改造。写的过程是搜集、再现、重组生活经验的过程，也是重新体验、生成、再造生活经验的过程。并不是我们积累够一定材料之后才去写，通常我们是“通过写作”来做事、交流、生活、思考、探究、学习、工作。写的内容就在写的过程之中，在这个过程中，因为交流的需要，无限丰富的物象、意象、思想、人物、事件，被语境激发出来，澄清、定型、呈现。交际需要所激发出来的东西，既是交际的资源和信息，又是写作的内容和结果。当你体验、思考、探究并交流的时候，写作内容也就源源不断地催生出来，写作也就发生了。有人说，学生不会写作有可能是由于其生活或阅读不足造成的，但很可能不是这样的。

学生没内容可写主要是由于他们“不会转换”，是因为缺乏对生活进行唤醒、激活、体验、加工、转换、再造的能力，因此，写作教学的关键问题是：如何帮助学生学会将“外在的生活”转化为“内心的生活”，“体验生活”并形成一种“经验了的生活”。换句话说，写作教学要教学生“通过写作”去体验、去分析、去思考、去表达、去交流、去学习、去做事。当他们学会以这种“准写作状态”生活、学习、做事时，写作教学的任务才算完成了。

写作教学的重要任务是：培养学生唤起、生成、转化已有生活记忆和经验的能力。

基于此，写作才是认知训练、思想训练、审美训练，进而是一种生活训练、做人训练。正是从这个意义上说，“作文即做人”才有意义。

（三）问题之三：不知道怎么写

写作最终当然需要将“经验了的生活”转换为“书面语篇”。这也就是将获得的意义、思想转换为语词、句子、段落、篇章表达呈现出来。

写作一般要经过“物—意—文”的三级转换，要顺利实现“从意到文”的转换主要靠语言表达能力。

学生“不会表达”的原因有：字词不会写，句式不会用，缺乏篇章结构样式，表达技巧等。这些都属于学生语文经验的缺失，需要通过平时的语文教学和学生自己的读写活动来解决。

上面我们分析了学生写作面临的三个主要困难。如何解决？其路径如下。

三、写作教学的基本路径

（一）分析和设计写作任务的交际语境，激发学生表达欲望和动机

学生作文兴趣缺失是目前第一重要的问题。解决这个问题的有效办法，目前来看就是：分析写作任务语境，激活学生语境下的表达欲。

请看下面的命题案例：一本地公司赞助了你学校一笔钱以资助教育参观。请选择一个你们班级想去的地方。给你的校长写一封信，劝说他同意支付一些钱用于你们该次参观。

在后面这个作文题中：写作的对象（读者）——校长；写信的目的——劝说；写作的话题——申请资金进行教育参观；写作的体裁——写一封信，交际语境要素交代得非常具体。当写作者面对这样的作文命题时能够非常清楚地知道：要说（写）什么、怎么说（写）、最后达到什么目的。我们认为这样的写作是具体的、真实的、有意义的表达和交流。正是这种交际语境的真实具体，激发作者的写作动机，才使写作交流顺利地启动、进行、完成。

从动机理论看，人的写作动机非常复杂，然而真正直接起作用的是：这一次写作任务所面临的写作交际语境所触发的认知内驱力。迪恩·蒙

莫里和福克兰·奥哈勒在《写作者的选择》中说："学好写作的第一步是要明白写作的时候到底做了些什么。有时你的写作意图是要取悦读者，有时则是想与人争辩或说服他人，有时你想要发现想了些什么（如果我不写出来，别人又怎么能够知道我有哪些想法呢）。你的读者也是多种多样的，他或许是你最亲密的朋友，或许是些不知名姓从未谋面的陌生人。这一切便形成了来自以下各方面的选择（有意识的或潜意识的）：你的经历，你作品中所代表的自我，以及用于传播书面信息并称之为语码的结构和语言，因此，写作就是一种选择行为。"①S. 皮特·科德将"交际和意义"连起来思考，认为"交际"产生"选择"，而"选择"产生"意义"。②

正是交际语境要素的选择、互动，触发了言语活动的交流机制，并导致了写作中"材料的涌现""意义的生成"和"语篇的赋形"。真实具体的交际目的、真实具体的对象（读者）、真实具体的交际活动作为最重要的潜在的动机资源，直接触发并赋予了这一次写作行为所具有的交往的合理性、意义性和必要性。这样的写作才是真实的写作，才还原了写作交流的本来目的。

激发学生写作动机的关键就是：让学生明了这一次写作行为的交际性，帮助学生"探究、发现或玄想这一次写作交际语境要素"，并使之具体化。

教师教作文时，先要教学生分析、探究、还原、想象这个作文题（写作任务）的交际语境。这种对写作语境的分析、探究、想象、设计能力就是写作审题能力。审题能力就是去全面而准确地分析、判定写作任务语

① ［美］迪恩·蒙莫里，福克兰·奥哈勒．写作者的选择，转引自刘锡庆．外国写作教学理论辑评［M］．呼和浩特：内蒙古教育出版社，1992：6～7．

② ［英］S．皮特·科德．应用语言学导论［M］．上海：上海外语教育出版社，1983：12．

境要求的能力；构思是寻找并设计出一种恰当的交际样式的能力；表达是构造出适合这一特定语境要求的语言样式和语篇形态的能力。一句话，写作能力其实就是一种基于语境的自如恰当的交流能力。

设置真实或拟真的任务情景，或设计有趣的活动。对于有些学生，尤其是低年级学生，不能够通过分析写作任务顺利进入语篇语境，那就要采取第二种方案：设计写作任务情景或者写作活动，让学生在有趣的、乐于参与的写作活动和步骤中完成写作。

例如：有这样一堂“有趣的作文课”，教师设计了一个“拼句游戏”。

规则是：一组的同学在纸条上写“姓名”；二组的同学在纸条上写“在什么地方”；三组的同学在纸条上写“怎么样地”；四组的同学在纸条上写“干什么”。写完后，每组一名同学读纸条上的内容，这样就会拼成一句话。

不一会儿，精彩的场景出现了——

生：“张达在公园里伤心地读书。”

生：“苏月在教室里着急地叠被子。”

生：“马烨在操场上快乐地吃油条。”

生：“商明紫在太空中高兴地刷碗。”

生：“赵明明在教室里高兴地爬树。”

生：“李奇在池塘里大声地睡觉。”

生：“孙大朋在床上伤心地跑步。”

生：“刘智伟在铅笔盒里快乐地踢足球。”

生：“张尧尧在桌洞里高兴地跳舞。”

生：“李国艺在厕所里幸福地吃汉堡。”

这时学生已经被这样怪诞、离奇的句子笑翻了天。它不但解决了写的兴趣问题，还解决了内容缺失问题。

当然，像这样精彩的设计需要教师高超的教育智慧和灵感。然而，我们认为最根本的引发写作动机和兴趣的方式，还是去设计真实的写作任务。

（二）填补学生生活经验和写作经验，生成写作内容

1. 填补学生的生活经验

（1）通过“搞活动”，帮助学生获得与写作话题有关的直接生活经验，这是目前“活动式”作文常见的做法。这样做，写作材料缺乏的问题当然可以部分地得以解决。

（2）通过阅读等，获取与写作话题相关的间接生活经验。另外还有“话题讨论”“专题阅读”“资料梳理”“调查访谈”等。

2. 唤醒学生的生活经验

从理论上讲，学生作为一个不断感知的人，大脑中储存着无限丰富的信息、记忆、感受。任何一个孩子现有的生活经验、情感经历、心理活动等，都足够去写几篇“作文”了。学生之所以没东西写，不是因为大脑中没东西，主要是没有学会将所拥有的东西激发出来，并适时适当地加工转化为写作内容和材料。

王崧舟的作文课《亲情测试》①是指导学生激活生活并进行内容转化的经典案例。这节作文课设计了如下四个环节：

（1）写下五个亲人的名字。

（2）回忆与他们相关的故事。

（3）写一段文字，然后读出来交流。

（4）划去一个人的名字。

---

① 陆霞．王崧舟《亲情测试》课堂实录［J］．语文教学通讯，2007（1）.

这节课中，王老师运用情境创设、回忆联想、叙述交流等手段，帮助学生激活了关于亲情的话题；又通过暗示、渲染、聚焦、放大、情境体验把这个话题具象化、细节化、条理化、情绪化。通过他的教学，学生将过去视而不见、习焉不察的生活转换为新鲜生动的生活故事、浓浓的亲情，进而变成写作内容。当学生以一种新的视角和感受，“重新体验一番生活”时，就进入了“准写作”的亢奋状态，那些与亲情有关的故事、细节、情感通过课堂交流自然而然地变成了写作素材，写作也就水到渠成。

大多数的写作内容，通过想象等手段都是可以生成的。如果学生真的想象不到某些生活内容和场景，教师命题时可以避开。写作心理学上有一个“自由目标效应”①，是说当学生自由地选择写的题目、内容，写自己熟悉的生活时，高水平的写作者更容易发挥出其应有水平。中小学写作教学只需要写学生已有的熟悉的生活就行了。其实，学生缺乏的信息也完全可以通过技巧性地转换题目和教学活动设计填补。

3. 教给“生成写作内容”的策略

我们认为，学生不是缺乏生活，而是缺乏发现生活的心灵。我们也坚信，学生不是缺乏写作内容，而是缺乏发现、提取内容的方法和策略。

目前“成功”的作文名师们一般采用“临场创生生活（写作内容）”的方法。比如运用“谈话法”调动其学生的生活储备与经验；模拟或制造一段生活的方法，如现场游戏、观察、感受（如吃西瓜、擦皮鞋、讲故事、看图片、做实验、放音乐、做动作、演小品、静物写生、野外活动等），这些师生共同创造的活动对于低年级活泼好动的孩子是比较有效的。

然而“制造生活”不可能是作文课堂教学的常态（偶尔表演可

① 朱晓斌. 写作教学心理学［M］. 杭州：浙江大学出版社，2007：28.

以)。这种“搞活动”的方式,效果很可能只是暂时临场的有效。最根本的作文内容、素材的引发应该主要靠“写作策略”解决。比如“头脑风暴”(Brainstorming)、自由写作(Free writing)、树枝分叉法(Clustering)、“5W1H”提问(Questioning)、讨论法(Discussing)、列要点(Listing)、列提纲(Outlining)、表格法(Charting)、画地图(Mapping)、访谈(Iterview)、角色扮演(Role play)以及想象、联想、读书、查资料、调查、访谈、研究、观察、回忆、聊天、笔记和涂画等写作素材的触发、搜索、提取策略。与我国在写作过程中比较注重审题、立意、布局谋篇的文章写作技巧的训练不同,国外比较注重思维方法和写作策略的开发,如分门别类地整理信息的“簇型图”(Clustering),比较两种事物之间特征的“比较和对比图”(Compare/Contrast),展示事件发生的相互影响的“环形结构图”(Cycle),展示复杂事件现象、原因和结果之间的关系的“鱼骨图”(Fishbone Mapping),展示人与人、组织与组织之间的复杂关系的“框架互动图”(Interaction Outline),用来组织复杂的问题和可能的解决方案类的文章的“问题解决法”(Problem Solution),用来梳理文章主题和分论点以及细节之间复杂关系的“蜘蛛图”(Spider Map),另外还有流程图、维恩图、故事图等,这些既是基本的思考方法和思维框架,也是一些基本的文章图式,它们对于开发写作思维和组织文章很有帮助。

(三) 弥补语文经验的不足,训练语言表达技能

所谓“语文经验”是指学生在语文学习中所积累的范文、语感、语识、语式、措辞以及其他语言表达的经验。这些语文经验的缺乏,表现在学生作文中就是不能准确连贯自如地表达,不能实现“意—言”之间高效自如的转换。

解决学生语文经验缺乏，即不会表达的问题的关键途径有如下几点：

1. 提高语言表达能力

学生存在“有东西表达不出”“说得头头是道，一写就没词了”的现象，这既涉及字词句段篇章知识，也包括写作过程中的程序、步骤、选材、立意、谋篇布局、起草、修改等技能性的知识。这些知识可以帮助学生将思想内容转化成语言文字，将散乱的物象、素材、文字建构成精美的篇章，而这些字词句段篇章的知识（话语知识）可能离不开传统的读背积累、读写结合、范文模仿等做法。著名作家巴金在谈到自己创作时说，主要仰仗着小时候背的一二百古文。无论怎么说，多读、多背一些名篇范文，形成语感文感，丰富学生的资料库都是必要的。

研究表明，学生整体的写作水平与语言技能水平相关。Santos（1988），Astika（1993），Engber（1995）发现词汇量与写作质量显著相关，词汇量水平最能说明写作质量。其他许多研究也表明学习者在写作中的许多困难是由于缺乏词汇造成的（Uzawa &Cumming 1989, Leki &Carson 1994, Raimes 1985）。①然而，词汇量的增加，并不一定必然地带来写作技能的相应提高，语法知识教学对写作的促进作用也很有限，有时会起反作用。②在语言表达训练过程中，很重要的一点就是要处理好“语言形式”和“交际语境”之间的关系。语篇是语境的产物，衡量语篇表达得是否正确、恰当、精妙，要以与交际语境交相辉映为旨归，因而，最好是“在语境中教语言”③。

---

① 刘东虹．写作策略与产出性词汇量对写作质量的影响［J］．现代外语（季刊），2004（3）．

② Graham, S. & Perin, D. Writing next: Effective strategies to improve writing of adolescents in middle and high schools A report to Carnegie Corporation of New York［M］. Washington, DC: Alliance for Excellent Education, 2007.

③ ［美］赫德利．在语境中教语言［M］．北京：外语教学与研究出版社，2004：315.

2. 训练文体思维能力

写作是一种书面语篇构造，是有一定样式的。明代学者徐师曾说："文章之有体裁，犹宫室之有制度，器皿之有法式也。"[①]叶圣陶曾在《文体》一文中指出："写作文字，因所写的材料与要写作的标的不同，就有体制的问题。"[②]在文章学视域下看，文体是文章所要遵循的"体制或样式"，它是"外在的形式（文面、文辞）、内在的形式（如结构形式）、性质、规范、做法风貌及作用的集合体"[③]。从语言学角度看，文体是"语言模式、语言秩序、语言体式"[④]。在认知心理学视域下，文体可以解释为一种"文章图式"，这是围绕某一个主题组织起来的信息的表征和贮存方式。文体其实就是人们读解和创作文章的信息模式和认知图式。某一类文体的诞生，可能是因为某篇（类）知名文章的广泛传播，成为大家认可并遵循的认知模型固定下来而成为"言语体式"。"言语体式感包括对某一文体（语体）一切构成因素（主题、材料、结构、语言等）的特殊要求的领悟，涵盖了文章（口语）形式规范的具体而微的全领域，在言语认知与创造中贯穿于阅读与表现行为的全过程。"[⑤]在学生文体意识不足的情形下，多读书也可以帮助他们积累言语文体感，形成文章图式认知，进而再转化为文体思维和文体建构能力。

3. 培养语篇构造能力

写作的"语篇营构"环节主要围绕"写作是特定交际环境所孕育的具体的语篇"这一原理展开，最终落实在这一语篇的"赋形"，即主

① 吴纳，徐师曾. 文章辨体序说　文体明辨序说[C]. 北京：人民文学出版社，1998：5.

② 叶圣陶. 叶圣陶集第九卷（作文论—文体）[M]. 南京：江苏教育出版社，1990：220.

③ 曾祥芹. 文章本体学[M]. 郑州：文心出版社，2007：213.

④ 童庆炳. 文体与文体的创造[M]. 昆明：云南人民出版社，1994：1.

⑤ 潘新和. 阅读与写作是一种文体思维[J]. 语文教学通讯（初中刊），2006(8).

题、材料、结构、语言的呈现上。如果阅读是由语篇到语境的意义获得过程，那么写作就是一个通过写的语境分析，了解写作任务的“认知语境”，最后通过字词句段篇的排列建构出“语篇成品”的过程。实践证明，在构造语篇过程中，利用“簇型图”“比较和对比图”“环形结构图”“鱼骨图”“框架互动图”“蜘蛛图”“新闻倒金字塔”等帮助学生展开思考，搭建思维框架，有利于培养学生的语篇构造能力。

4. 写作任务“检查清单”（Checklist）

将教学内容和技能指标化为可供学生操作的检查表（Checklist）或行动清单是写作过程中引导、监控和修改策略的主要应用方式。这包括制作学生检测表，讲解传授这个检测表，设想并且研制出可供学生实施的一步步细节，为学生使用检测表提供切实可行的建议。比如运用著名的“6+1”写作策略，教学生文章的“组织（结构）”这一项目，就要相应地把训练的要求细化为学生可以操作的学习行为。如运用自我提问或同伴互助的方式进行问题自检。正如前文设计的一系列问题，诸如我的开头吸引读者吗？我这篇文章的顺序是什么？文章细节有没更好的呈现方式？我的文章易于浏览吗？文章的主要信息是否与主题有关？文章的结尾如何，是否完整并让人回味？……通过使用这样一套“自我提问技术”，可以将语篇写作指标变得具体化、操作化以便及时调整写作方案和步骤。学生据此完全可以自设目标、自我训练、自我评价，这样，写作变成了可评、可控、可行、可以不断改进的练习过程。

下面提供一些关于读者意识、行文目的和文章形式的检查清单。

（1）关于读者意识的修改：

- 文章的详细程度是否适合我的读者（不过于笼统或过于具体）？
- 观点的提出是否符合逻辑，顺序对读者而言是否显而易见？

●是否使用明确的过渡，帮助读者遵循我的思路？

●我的每个句子是否明确具体？我是否说出了我想说的意思？

●我的语气和风格是否适合我的读者？

（2）关于行文目的的修改：

●我的目的对读者来说是否清晰？

●我是否通过资料清晰地表明了我的目的？

●我所有的信息是否清楚地支持我的目的？

●我组织思想的方式是否符合我的目的？

（3）关于文章形式的修改：

●我是否遵循了这种文体的格式？

●我是否用明确的主题句将段落切分开来？

●我文章各部分的展开是否保持某种平衡？

（4）运用自我提问的方式进行修改也是一种有效的策略，比如：

●写作的目的是明确的吗？

●写作的观众清楚了吗？

●主要的问题或论点清楚吗？

●词汇、语调、风格对目标、受众是否恰当？

●段落的安排是否有说服力？

●是否有足够多的具体的例子来说服读者，或者使得主题句充分有力？

●文章内容是否切题？所有的例子和内容是否与主题有关？

●句子和段落之间过渡是否自然？

例如"由'穿睡衣上街'说起"学生《作文自检表》：

1. 我是以什么角色写的？（如官员、宣传员、记者、一般市民等）

2. 文章观点是什么？提出来了吗？

3. 讲了哪几条理由？能服人吗？

4. 文章的阅读对象是谁？他们能接受吗？我的语言得体吗？

5. 下面有两种文章的用途：你觉得自己的文章属于（接近）哪一种？

目前心理学研究特别推崇这种具有反省思维和策略认知的操作程序。写作过程中的这些写作任务提示或者“检查清单”，能让写作能力差的学生严格按照清单上的条目，进行写作过程的自我引导和自检，可以帮助学生激活反省思维力，养成积极主动自检修改的良好习惯。

参考文献

语文教育类

1. 黎锦熙. 新著国语教学法[M]. 北京：商务印书馆，1924.

2. 张志公. 传统语文教育初探[M]. 上海：上海教育出版社，1962.

3. 傅斯年. 怎样做白话文. 北京大学等. 文学运动史料选[C]. 上海：上海教育出版社，1979.

4. 吴立岗，李吉林. 苏联教育家改革语文教学的理论和实验[M]. 上海：上海教育出版社，1986.

5. 夏丏尊. 论语文教育[M]. 郑州：河南教育出版社，1987.

6. 朱绍禹. 美日苏语文教学[M]. 长春：吉林文史出版社，1991.

7. 顾黄初，李杏保. 二十世纪前期中国语文教育论集[M]. 成都：四川教育出版社，1991.

8. 童庆炳. 文体与文体的创造[M]. 昆明：云南人民出版社，1994.

9. 倪宝元. 语言学与语文教育[M]. 上海：上海教育出版社，1995.

10. 余应源. 语文教育学[M]. 南昌：江西教育出版社，1996.

11. 张隆华，曾仲珊. 中国古代语文教育史[M]. 成都：四川教育出版社，1995.

12. 柳斌等. 中学教学全书（语文卷）[Z]. 上海：上海教育出版社，1996.

13. 余应源. 语文教育学［M］. 南昌：江西教育出版社，1996.

14. 阎立钦，倪文锦. 语文教育学引论［M］. 北京：高等教育出版社，1998.

15. 谢象贤. 语文教育学［M］. 杭州：浙江教育出版社，1999.

16. 柳士镇，洪宗礼. 中外母语课程标准译编［M］. 南京：江苏教育出版社，2000.

17. 柳士镇，洪宗礼. 外语文教材评介［M］. 南京：江苏教育出版社，2000.

18. 李海林. 言语教学论［M］. 上海：上海教育出版社，2000.

19. 李杏保，顾黄初. 中国现代语文教育史［M］. 成都：四川教育出版社，2000.

20. 章熊. 中国当代写作与阅读测试［M］. 成都：四川教育出版社，2000.

21. 朱绍禹. 国际中小学课程教材比较研究丛书. 本国语文卷［C］. 北京：人民教育出版社，2001.

22. 倪文锦. 语文教育展望［M］. 上海：华东师范大学出版社，2002.

23. 倪文锦. 初中语文新课程教学法［J］. 北京：高等教育出版社，2003.

24. 王荣生. 语文科课程论基础［M］. 上海：上海教育出版社，2003.

25. 教育部基础教育司语文课程标准研制组. 语文课程标准解读［C］. 武汉：湖北教育出版社，2003.

26. 何文胜. 中国初中语文教科书编选体系的比较研究［M］. 香港：文思出版社，2003.

27. 付宜红. 日本语文教育研究［M］. 北京：北京师范大学出版社，2003.

28. 马浩岚. 美国语文［C］. 北京：北京同心出版社，2004.

29. 江苏母语课程教材研究所. 当代外国语文课程教材评介［C］. 南京：江苏教育出版社，2004.

30. 何更生，吴红耘. 语文学习与教学设计［M］. 上海：上海世纪出版集团，2004.

31. 何更生，吴红耘. 语文学习与教学设计［M］. 上海：上海世纪出版集团，2004.

32. 丛立新、章燕译. 澳大利亚课程标准［S］. 北京：人民教育出版社，2005.

33. 钱理群，孙绍振. 对话语文［C］. 福州：福建人民出版社，2005.

34. 王荣生. 教学内容重构［M］. 上海：上海教育出版社，2007.

35. 洪宗礼，柳士镇，倪文锦主编. 母语教材研究［C］. 南京：凤凰出版传媒集团，江苏教育出版社，2007.

36. 郤启扬，徐志勤. 语文教育论：心理学视角的探索［M］. 北京：社会科学文献出版社，2007.

37. 曾祥芹. 文章本体学［M］. 郑州：文心出版社，2007.

38. 倪文锦，欧阳芬，余立新. 语文教育学概论［M］. 高等教育出版社，2009.

39. 潘新和. 语文高考：反思与重构［M］. 福州：福建人民出版社，2009.

40. 吴忠豪. 外国小学语文教学研究［M］. 上海：上海教育出版社，2009.

41. 董蓓菲. 全景搜索：美国语文课程、教材、教法、评价［M］. 上海：华东师范大学出版社，2009.

写作教学类

1. 陈望道. 作文法讲义［M］. 北京：开明书店，1951.

2. 章熊编. 语言和思维的训练［M］. 上海：上海教育出版社，1982.

3. ［苏］T·A. 拉德任斯卡雅. 苏联的作文教学［C］. 吴立岗编译. 北京：教育科学出版社，1982.

4. 夏丏尊. 文章作法［M］. 杭州：浙江文艺出版社，1983.

5. 周振甫. 文章例话［M］. 北京：中国青年出版社，1983.

6. ［美］威廉·W. 韦斯特. 提高写作技能［M］. 福州：福建教育出版社，1984.

7. 中央教育科学研究所教改实验小组. 作文（1–6）册［C］. 北京：人民教育出版社，1984.

8. 夏丏尊，叶绍钧. 国文百八课［C］，北京：人民教育出版社，1985.

9. 张中行. 作文杂谈［M］. 北京：人民教育出版社，1985.

10. 钟为永. 写作教学心理学［M］. 上海：上海文艺出版社，1989.

11. 杨成章. 作文教学原理［M］. 福州：福建人民出版社，1987.

12. 刘锡庆. 外国写作教学理论辑评［M］. 呼和浩特：内蒙古教育出版社，1992.

13. 吴立岗. 小学作文教学论［M］. 南宁：广西教育出版社，1993.

14. 董小玉，王朝彦，任遂虎. 高校写作学教程［M］. 成都：电子科技大学出版社，1993.

15. 朱作仁. 小学作文教学心理学［M］. 福州：福建教育出版社，1993.

16. 叶圣陶. 作文论—叶圣陶教育文集［M］. 北京：人民教育出版社，1994.

17. 朱自清. 论教本与写作. 朱自清散文（下）［M］. 北京：中国广播电视出版社，1994.

18. 于漪. 教你学作文［M］. 济南：山东教育出版社，1994.

19. 韦志成. 作文教学论［M］. 南宁：广西教育出版社，1998.

20. ［俄］列夫·托尔斯泰. 列夫·托尔斯泰日记（1852年）［M］. 外国作家谈创作经验（下）. 西安：陕西人民出版社，1998.

21. 韦志成. 作文教学论［M］. 南宁：广西教育出版社，1998.

22. 祈寿华. 西方写作理论、教学与实践［M］. 上海：上海外语教育出版社，2000.

23. 刘淼. 作文心理学［M］. 北京：高等教育出版社，2001.

24. 何更生. 知识分类学习论和教学论在作文教学中的应用研究［D］. 上海：华东师范大学，2001.

25. 马正平. 高等写作学引论［M］. 北京：中国人民大学出版社，2002.

26. 黄建成. 写作学教程［M］. 合肥：安徽教育出版社，2002.

27. 方明生. 日本生活作文教育研究［M］. 上海：上海教育出版社，2002.

28. 马正平. 中学写作教学新思维［M］. 北京：中国人民大学出版社，2003.

29. 林一平. 读者意识写作教学论[M]. 北京：中国文联出版社，2003.

30. 戴健林，朱晓斌. 写作心理学[M]. 广州：广东高等教育出版社，2003

31. [美]约翰·宾曾. 研究性学习(Engaging Ideas)[M]. 南京：江苏教育出版社，2004.

32. 黄孟轲. 中学作文教例剖析与教案研制[M]. 南宁：广西教育出版社，2005.

33. 朱水根. 新课程小学作文教学[M]. 北京：高等教育出版社，2006.

34. 高志华. 中学生作文学[M]. 西安：陕西师范大学出版社，2006.

35. 刘锡庆. 基础写作学[M]. 北京：人民教育出版社，2007.

36. 朱晓斌. 写作教学心理学[M]. 杭州：浙江大学出版社，2007.

37. 肖福寿. 英语写作教学的原则和策略[M]. 上海：上海大学出版社，2007.

38. 朱晓斌. 写作教学心理学[M]. 杭州：浙江大学出版社，2007.

39. 叶黎明. 语文科写作教学内容研究[D]. 上海：上海师范大学，2007.

40. [美]魏姬·厄克特，莫内特·麦基沃. 教会学生写作[M]. 北京：教育科学出版社，2008.

41. 张文质，窦桂梅. 小学语文名师作文课堂实录[C]. 上海：华东师范大学出版社，2008.

42. 余文森，林高明，郑华枫. 可以这样教作文[C]. 上海：华东师范大学出版社，2009.

43. 刘东虹. 第二语言写作的心理与语言探索［M］. 北京：中国地质大学出版社，2009.

44. 曾亚平. 英语阅读与写作研究［M］. 上海：上海交通大学出版社，2009.

45. 原野. 二语写作的认知—功能语言学研究［M］. 北京：科学出版社，2009.

46. 魏小娜. 语文科真实写作教学研究［D］. 重庆：西南大学，2009.

47. 孔凡成. 语境教学研究［M］. 北京：人民出版社，2009.

语言学

1. ［英］S. 皮特·科德. 应用语言学导论［M］. 上海：上海外语教育出版社，1983.

2. 王德春. 修辞学探索［M］. 北京：北京出版社，1983.

3. 申小龙. 语文的阐释［M］. 沈阳：辽宁教育出版社，1991.

4. 西槙光正. 语境研究论文集［C］. 北京：北京语言学院出版社，1992.

5. 王占馥. 语境学导论［M］. 呼和浩特：内蒙古大学出版社，1993.

6. 胡壮麟. 语篇的衔接与连贯 ［M］. 上海：上海外语教育出版社，1994.

7. 王占馥. 语境与语言运用［M］. 呼和浩特：内蒙古教育出版社，1995年.

8. 寸镇东. 语境与修辞[M]. 贵阳: 贵州人民出版社, 1996.

9. [苏]列维·谢苗诺维奇·维果斯基. 思维与语言[M]. 杭州: 浙江教育出版社, 1997.

10. 贾玉新. 跨文化交际学[M]. 上海: 上海外语教育出版社, 1997.

11. [苏]列维·谢苗诺维奇·维果斯基. 思维与语言[M]. 杭州: 浙江教育出版社, 1997.

12. 何自然. 语用学与英语学习[M]. 上海: 上海外语教育出版社, 1997.

13. 张德禄. 功能文体学[M]. 济南: 山东教育出版社, 1998.

14. 王德春, 吴本虎, 王德林. 神经语言学[M]上海: 上海外语教育出版社, 1999.

15. 胡明扬. 西方语言学名著选读[C]. 北京: 中国人民大学出版社, 1999.

16. [英]唐纳德·韩礼德. 韩礼德语言学文集[M]. 长沙: 湖南教育出版社, 2000.

17. [英]唐纳德·韩礼德. 功能语法导论[M]. 北京: 外语教学与研究出版社, 2000.

18. [美]诺姆·乔姆斯基. 乔姆斯基语言学文集[M]. 长沙: 湖南教育出版社, 2000.

19. 王宁, 州晓丽. 篇章应用通则[M]. 沈阳: 春风文艺出版社, 2000.

20. 裴文. 现代英语语境学[M]. 合肥: 安徽大学出版社, 2000.

21. 姜望琪. 语用学理论及应用[M]. 北京: 北京大学出版社, 2000.

22. 陈申. 语言文化教学策略研究［M］. 北京：语言文化大学出版社，2001.

23. ［法］托多罗夫. 巴赫金. 对话理论及其他［M］. 天津：百花文艺出版社，2001.

24. 王建华，周明强，盛爱萍. 现代汉语语境研究［M］. 杭州：浙江大学出版社，2002.

25. ［美］卫道真. 篇章语言学［M］. 徐纠纠译. 北京：中国社会科学出版社，2003.

26. 张良田. 语篇交际原理与语文教学［M］. 长沙：湖南师范大学出版社，2003.

27. 陈嘉映. 语言哲学［M］. 北京：北京出版社，2003.

28. 姜望琪. 当代语用学［M］. 北京：北京大学出版社，2003.

29. 熊学亮. 认知语用学概论［M］. 上海：上海外语教育出版社，2004.

30. ［美］斯蒂芬·平克. 语言本能：探索人类语言进化的奥秘［M］. 汕头：汕头大学出版社，2004.

31. 刘辰诞. 教学篇章语言学［M］. 上海：上海外语教育出版社，2004.

32. 周明强. 现代汉语实用语境学［M］. 杭州：浙江大学出版社，2005.

33. 朱永生. 语境动态研究［M］. 北京：北京大学出版社，2005.

34. 张德禄，苗兴伟，李学宁. 功能语言学与外语教学［M］. 北京：外语教学与研究出版社，2005.

35. 高登亮，钟琨茂，詹仁美. 语境学概论［M］. 北京：中国电力出版社，2006.

36. 高登亮等. 语境学概论[M]. 北京: 中国电力出版社, 2006.

37. [英]唐纳德·韩礼德. 语言与教育[M]. 北京: 北京出版社, 2007.

38. 李美霞. 话语类型研究[M]. 北京: 科学出版社, 2007.

39. 何自然. 语用三论: 关联论·顺应论·模因论[M]. 上海: 上海教育出版社, 2007.

40. 胡壮麟, 朱永生, 张德禄, 李战子. 系统功能语言学概论[M]. 北京: 北京出版社, 2008.

41. 冯广艺. 汉语语境学教程[M]. 武汉: 湖北人民出版社, 2012.

心理学类

1. [美]A. 纽厄尔, H. A. 西蒙. 人类问题解决[M]. 普林特斯霍尔公司, 1972.

2. 朱智贤. 心理学大辞典[Z]. 北京: 北京师范大学出版社, 1989.

3. 皮连生. 智育心理学[M]. 北京: 人民教育出版社, 1996.

4. 皮连生. 学与教的心理学[M]. 上海: 华东师大出版社, 1999 .

5. 林崇德. 教育的智慧——写给中小学教师[M]. 北京: 开明出版社, 1999.

6. 吴庆麟等. 认知教学心理学[M]. 上海: 上海科学技术出版社, 2000.

7. 韩雪屏. 语文教育的心理学原理[M]. 上海: 上海教育出版社, 2001.

8. ［美］布兰斯福特等. 人是如何学习的——大脑、心理、经验及学校［M］. 程可拉等. 上海：华东师范大学出版社，2002.

9. ［美］莱斯利·P. 斯特弗等. 教育中的建构主义——21世纪人类学习的革命［M］. 上海：华东师范大学出版社，2002.

10. 邵瑞珍，皮连生，吴庆麟. 教育心理学［M］. 上海：上海教育出版社，2003.

11. 莫雷. 教育心理学［M］. 北京：高等教育出版社，2005.

文史哲等

1. ［瑞士］皮亚杰. 儿童的语言与思维［M］. 北京：文化教育出版社，1980.

2. ［美］威尔伯·施拉姆，威廉·波特. 传播学概论［M］. 李启，周立方译. 北京：新华出版社，1984.

3. ［英］托克托斯. 科学研究纲领方法论［M］. 兰征. 上海：上海译文出版社，1986.

4. ［央］卡尔·波普. 历史决定论的贫困［M］. 北京：华夏出版社，1987.

5. ［德］姚斯. 走向接受美学［M］. 沈阳：辽宁人民出版社，1987.

6. ［英］特雷·伊格尔顿. 二十世纪西方文学［M］. 伍晓明. 西安：陕西师范大学出版社，1987.

7. 刘小枫. 接受美学译文集［C］. 上海：生活·读书·新知三联书店，1989.

8. ［美］M. H. 艾布拉姆斯. 镜与灯：浪漫主义文论及批评传统［M］. 北京：北京大学出版社，1989.

9. 王守元. 英语文体学教程[M]. 济南: 山东教育出版社, 1990.

10. [德]沃·伊瑟尔. 阅读行为[M]. 长沙: 湖南文艺出版社, 1991.

11. [美]法伊尔阿本德. 反对方法[M]. 上海: 上海译文出版社, 1992.

12. 章国锋. 文学批评的新范式——接受美学[M]. 海口: 海南出版社, 1993.

13. 章国锋. 批评的魅力: 二十世纪西方文论[M]. 海口: 海南出版社, 1993.

14. 童庆炳. 文体与文体的创造[M]. 昆明: 云南人民出版社, 1994.

15. 金元浦. 接受反应文论[M]. 济南: 山东教育出版社, 1998.

16. [美]斯坦利·费什. 读者反应批评: 理论与实践[M]. 北京: 中国社会科学出版社, 1998.

17. 王岳川. 现象学与解释学文论[M]. 济南: 山东教育出版社, 1999.

18. [美]罗比特·罗森塔尔. 社会研究的后设分析程序[M]. 台北: 弘智文化事业有限公司, 1999.

19. [英]戴维·米勒. 开放的思想和社会——波普尔思想精粹[C]. 南京: 江苏人民出版社, 2000.

20. [英]迈克尔·波兰尼. 个人知识——迈向后批判哲学[M]. 贵阳: 贵州人民出版社, 2000.

21. [法]雅克·德里达. 书写与差异[M]. 北京: 生活·读书·新知三联书店, 2001.

22. [美]班杜拉. 思想和行动的社会基础——社会认知论(上下)[M]. 林颖等译. 上海: 华东师范大学出版社, 2001.

23. [法]奥古斯特·孔德. 论实证的精神[M]. 黄建华译. 北京: 商务印书馆, 2001.

24. 朱立元, 李钧. 二十世纪西方文论选[C]. 北京: 高等教育出版社, 2002.

25. [日]丸山高司. 伽达默尔——视野融合[M]. 石家庄: 河北教育出版社, 2002.

26. [美]托马斯·库恩. 科学革命的结构[M]. 北京: 北京大学出版社, 2003.

27. [德]伽达默尔. 伽达默尔集[M]. 上海: 上海远东出版社, 2003.

28. [德]汉斯–格奥尔格·伽达默尔. 哲学解释学[M]. 上海: 上海译文出版社, 2004.

29. 王先霈, 王又平. 文学理论批评术语汇释[Z]. 北京: 高等教育出版社, 2006.

30. 赵一凡等. 西方文论关键词[Z]. 北京: 外语教学与研究出版社, 2006.

31. 廖炳惠. 关键词200: 文学与批评研究的通用词汇编[Z]. 南京: 江苏教育出版社, 2006.

32. [比]伊·普里戈金, [法]伊·斯唐热. 从混沌到有序[M]. 上海: 上海世纪出版集团, 2006.

33. 朱光潜. 谈文学[M]. 合肥: 安徽教育出版社, 2006.

34. [德]沃尔夫冈·伊瑟尔. 怎样做理论[M]. 南京: 南京大学出版社, 2008.

35. [美]亨利·A. 吉鲁. 教师作为知识分子——迈向批判教育学[M]. 朱红文译. 北京: 教育科学出版社, 2008: 72.

论文类

1. 莫雷. 能力结构研究的基本方法与方法论问题[J]. 心理学报，1988(3).

2. 汪潮. 中国语文读写结合相关研究[J]. 杭州大学学报，1991(12).

3. 刘国正. 关于“实用文体”的通信[J]. 语文学习，1991(12).

4. 周庆元. 关于写作教学过程的思考[J]. 课程·教材·教法，1992(11).

5. 朱佩荣，季亚琴科. 论教学本质(上)[J]. 外国教育资料，1993(5).

6. 潘新和. 夏丏尊写作教学观初探[J]. 福建师范大学学报(哲学社会学科版)，1994(3).

7. “五四”现代应用文发展简述[J]. 应用写作，1994(4).

8. 王小英. 中美高中课程目标比较研究[J]. 外国教育研究，1994(6).

9. 张孔义. 美国小学写作教学的一些特点[M]. 外国中小学教育，1994(6).

10. 张志公. 提倡两个“全面发展”[J]. 语文学习，1996(1).

11. 赵静. 写作教学的实用化倾向—国外写作教学的启示之一[J]. 学科教育，1998(11).

12. 郝善学. 浅论策略性知识的教学[J]. 自贡师专学报，1998(3).

13. 何自然，冉永平. 关联理论——认知语用学基础[J]. 现代外语，1998(3).

14. 曹勇军. 对"读写结合"的冷思考[J]. 语文教学通讯,1999(6).

15. 张华. 论课程实施的涵义与基本取向[J]. 外国教育资料,1999(2).

16. 钟启泉. "学校知识"与课程目标[J]. 教育研究,2000(11).

17. 范守纲. 中外作文命题的显异与趋同[N]. 上海教育报,2000(5).

18. 崔允漷,沈兰. 澳大利亚维多利亚州《课程标准框架》述评[J]. 外国教育资料,2000(1).

19. 倪文锦. 西方国家语文教育发展的三种模式[J]. 全球教育展,2001(4).

20. 袁刚. 阅读教学中的"读写结合"新探[J]. 广西教育学院学报,2001(6).

21. 高文. 情境学习与情境认知[J]. 教育发展研究,2001(8).

22. 汪凌. 法国普通教育高中语文大纲介绍[J]. 全球教育展,2001(12).

23. 曾茂林,罗刚. 对策略性知识的理解及教学初探[J]. 宜宾学院学报,2001(1).

24. 王荣生. 简论制约语文课程与教学目标的知识状况[J]. 学科教育,2002(10).

25. 韩雪屏. 重视审视语文课程的知识基础[J]. 语文建设,2002(5).

26. 林一平. "读者意识"写作教学观再认识[J]. 语文新圃,2002(1).

27. 王文静. 情境认知与学习理论研究述评[J]. 全球教育展望,2002(1).

28. 胡壮麟. 语境研究的多元化[J], 外语教学与研究, 2002(3).

29. 谢少万. 语境理论的交际观[J]. 山东外语教学, 2002(4).

30. 吴显友. 文体学中的几个基本问题[J]. 重庆师院学报(哲学社会科学版), 2002(2).

31. 郑博真. 大陆与台湾义务教育写作课程的比较评析[J]. 初等教育学报(台湾), 2002(9).

32. 何更生. 写作策略性知识教学的实验研究[J]. 心理科学, 2002(1).

33. 郑国民. 高中语文新课标新在哪里? [J]. 中学语文教学, 2003年(8).

34. 郑国民, 季雪娟. 美国威斯康辛州高中语文课程标准评析[J]. 中学语文教学, 2003(1).

35. 王云峰, 姬升果.《全日制义务教育语文课程标准(实验稿)》修订建议汇总报告[R]. 语文建设, 2003(11).

36. 邓鹂鸣, 刘红, 陈芃, 陈艳, 章毓文. 过程写作法的系统研究及其对大学英语写作教学改革的启示[J]. 外语教学, 2003(11).

37. 吴刚平. 课程意识及其向课程行为的转化[J]. 教育理论与实践, 2003(9).

38. 韦志成. 试论写作教学的规律[J]. 中学语文教学参考, 2003

39. 刘东虹. 写作策略与产出性词汇量对写作质量的影响[J]. 现代外语(季刊), 2004(8).

40. 张英彦. 建构主义写作观述评[J]. 皖西学院学报, 2004(8).

41. 李乾明. 国外作文教学: 危机、对策及启示[J]. 课程·教材·教法, 2004(7).

42. 王晓霞. 国外及港台地区初中语文教材选文标准观比较研究[J]. 学科教育, 2004(3).

43. 钟启泉. 课程改革的文化使命[J]. 人民教育, 2004(8).

44. 陈玲. 初中生写作策略培养[J]. 中学语文教学, 2004(8).

45. 汤丰林, 申继亮. 情境认知的理论基础与教学条件[J]. 全球教育展望, 2004(4).

46. 巩子坤, 李森. 论情境认知理论视野下的课堂情境[J]. 课程·教材·教法, 2005(8).

47. 郭英德. 由行为方式向文本方式的变迁——论中国古代文体分类的生成方式[J]. 陕西师范大学学报(社会科学版), 2005(1).

48. 张广顺. 重视写作策略性知识的教学和研究[J]. 现代语文, 2005(11).

49. 王俊菊. 写作过程模式比较研究[J]. 山东大学学报(哲学社会科学版双月刊), 2005(5).

50. 范金豹. 中外作文教学目标取向的比较[J]. 中学语文教学, 2005(2).

51. 方帆. 中美语文课程标准的初步比较[J]. 中学语文教学, 2005(10).

52. 吴忠豪. 语文课程资源的开发和利用[J]. 中学语文教与学, 2005(4).

53. 李海林. 语文课程改革的进展、问题及前瞻[J]. 语文建设, 2006(3).

54. 章熊. 关于中学写作教学的几点思考[J]. 中学语文教学, 2006(10).

55. 黄伟. 高中作文教学的百年回眸与检讨[J]. 德州学院学报, 2006(4).

56. 潘新和. "文从字顺"是平庸者的执照[J]. 作文成功之路(高中版), 2006(9).

57. 吴忠豪. 谈中国语文课程的现状与改革——访上海师范大学教育科学学院教授吴忠豪[J]. 教育理论与实践B, 2006(7).

58. 张莹. 成品写作法向过程写作法的嬗变[J]. 外语研究, 2006(6).

59. 章熊. 关于中学写作教学的几点思考[J]. 中学语文教学, 2006(10).

60. 孙慧. 功能文体学理论及其应用原则[J]. 山东教育学院学报, 2006(6).

61. 曾祥芹, 李银超. "文本三分法"科学吗? [J]. 语文建设, 2006(9).

62. 冯建军. 主体教育理论: 从主体性到主体间性[J]. 华中师范大学学报(人文社会科学版), 2006(1).

63. 王洪玲, 李莹翡. 看"作文"与"写作"概念在语文作文教学理论中的混用现象[J]. 现代语文, 2006(3).

64. 马正平. 作文教学有没有一个体系? 应该是一个什么体系[J]. 语文教学通讯·初中刊, 2006(4).

65. 沈凌荣. 让文本为写作铺路领航——《美国语文》课后练习写作部分简析[J]. 宁波大学学报(教育科学版), 2006(1).

66. 羿小平. 关于"文体变异"的思考[J]. 语文学习, 2006(1).

67. 王荣生. 完整地理解"语文知识"的问题[J]. 中学语文教学, 2007(10).

68. 王荣生. 中国的语文课为什么几乎没有写作教学? [J]. 语文教学通讯(初中刊), 2007(12).

69. 刘光成. 语文知识教学的历程与反思[J]. 当代教育论坛, 2007(5).

70. 傅丹萍. 语文学科的知识取向［J］. 现代语文，2007(12).

71. 肖川. 课程知识的特征［J］. 教育发展研究，2007(3 A).

72. 周淼龙. 写作语境功能论［J］. 应用写作，2007(10).

73. 范秀娟. 试论语境与语义的理解［J］. 文教资料，2007(2上).

74. 胡光明. 论语境对话语的作用［J］. 绥化学院学报，2007(7).

75. 肖川. 课程知识的特征. 教育发展研究，2007(3 A).

76. 潘新和. "文体""教学文体"及其他［J］. 中学语文教学，2007(12).

77. 董蓓菲. 课程标准中一个不可或缺的要素——以美国母语《写作内容标准》为例［J］. 语文教学通讯·小学刊，2007(4C).

78. 朱文秀. 日本作文评价给我国作文评价的启示［J］. 写作教学与研究，2007(2).

79. 陈钟梁. 反思之后的回归［J］. 中学语文教学，2007(10).(12).

80. 王荣生. 为什么中小学语文课几乎没有写作教学?［N］. 中国教育报，2008-02-29.

81. 王荣生. 从四对关系谈语文教学内容的确定性［J］. 小学语文，2008(5).

82. 王荣生. 语文课程标准编制的历央经验与教训［J］. 课程·教材·教法，2008(11).

83. 韩雪屏. 语文课程内容建构刍议［J］. 课程·教材·教法，2008(4).

84. 李海林. 语文教学内容重构的途径：系统开发与点滴积累［J］. 小学语文，2008(11).

85. 罗明礼. 国外外语写作教学法之回顾［J］. 国外理论动态，2008(11).

86. 林润生. 运用知识分类论，分析指导习作教学[J]. 小学语文教学，2008(7).

87. 巫萍. 高职英语学生跨文化交际能力的培养[J]. 新课程研究，2008(6).

88. 王荣生. 教的根本目的是帮助学生学[J]. 语文学习，2009(9).

89. 倪文锦. 关于写作教学有效性的思考[J]. 课程·教材·教法，2009(3).

90. 倪文锦. 语文教学的去知识化和技能化倾向[J]. 语文建设，2009(7-8).

91. 倪文锦. 新课标的公布对语文教学的影响[J]. 中学语文教学，2009(7).

92. 倪文锦. 从技能训练到策略教学的发展趋势[J]. 中华活页文选（教师版），2009(6).

93. 王荣生. 语文教学内容的确定性及其面临的问题[J]. 语文学习，2009(9).

94. 韩雪屏. 也谈语文课程知识观念的嬗变[J]. 新语文学习，2009(3).

95. 李海林，荣维东. 关于“作文”或“写作”的正名[J]. 中学语文教学，2009(08).

96. 李海林，荣维东. 关于“写作”和“写作教学”问题分类. 中学语文教学，2009(9)

97. 魏小娜. 美国2011年NAEP写作试题编制研究[J]. 外国中小学教育，2009(5).

98. 高芳. 西方写作过程模式研究综述[J]. 赤峰学院学报（哲学社会科学版），2009(3).

99. 荣维东. 谈写作课程的三大范式[J]. 课程·教材·教法，2010(5).

100. 韩雪屏. 审理我国百年语文课程的语用知识[J]. 课程·教材·教法，2010(10).

101. 荣维东. 我国写作教学的主要问题及其解决路径[J]. 课程·教材·教法，2012(11).

102. 荣维东. 交际语境写作：中国写作教学的发展方向[J]. 语文教学通讯，2013(4).

103. 荣维东，杜娟. 语文教育亟待语用转型与课程体系重建[J]. 中国教育学刊，2015(5).

外文参考文献类

1. Ken Hyland. Teaching and Researching Writing. Foreign Languge Teaching and Research Press, 2005.

2. Keith Johnson&Helen Johnson. Encyclopedic Dictionaey of Applied Linguistics: A Handbook for Languge Teaching, Foreign Languge Teaching and Research Press&Blach Well Publish Ltd, 2001.

3. Stephen D. Krashen. Writing Research. Theory And Appliction. Laredo Publishing Co. , Inc. 1984.

4. Alice Omaggio Hadley. Teacheing Language in Context. Beijing: Foreign Languge Teaching and Research Press, 2004.

5. Peter Elbow . Writing Without Teachers. New York: Oxford University Press, 1973. Print.

6. Jack C. Richards, Willy A. Renandya. Methodology in language teaching: an anthology of current practice. Cambridge University Press, 2002.

7. IRA and NCTE. Standards for the English Language Arts, Published by the International Reading Association and the National Council of Teachers of English, 1996.

8. Sperber, D. & D. Wilson. Relevance: Communication and Cognition. Beijing: Foreign Language Teaching and Research Press. The first edition and the second edition by Blackwell (Oxford, 1986 /1995), 2001.

9. Collins A. Congnitive Apprenticeship and Instructional Technology (Technical Report No. 6899). BBN Labs Inc. ,

Cambridge, MA. 1988.

10. Judy, S. N. and S. J. Judy. A n Introduction to the Teaching of Writing. Illiono is: Scott, Foresman Company, 1981.

11. Jeremy Harmer. How To Teach Wrting. Pearson Education, Inc. 2004.

12. Thomas Kent. Post–Process Theory: Beyond the Writing–Process Paradigm. Carbondale: Southern Illinois University Press. 1999.

13. Willian E. Messenger &Peter A. Taylor. Essentials of Writing. Prentice–Hall Canada Inc. , Scarborough, Ontario, 1989.

14. National Writing Project and Carl Nagin. Because Writing Matters: Improving Student Writing in Our Schools. San Francisco, CA: Jossey–Bass, 2003.

15. Graham, S. , & Perin, D. (2007). Writing next: Effective strategies to improve writing of adolescents in middle and high schools – A report to Carnegie Corporation of New York. Washington, DC: Alliance for Excellent Education.

16. Tompkins, Gail E. Literacy for the Twenty–First Century: A Balanced Approach. (2nd ed.)Upper Saddle River, N. J. : Merrill Education, 2001.

17. QCA. The National Curriculum for English. http: //curriculum. qca. org. uk. 2009–8–19.

18. Rose Ellen Carter, Teachers as co–authors: internalizing the writing process, Journal of Educational Enquiry, Vol. 7, No. 2, 2007.

19. National Writing Project and Carl Nagin. Because Writing

Matters: Improving Student Writing in Our Schools. San Francisco, CA: Jossey-Bass, 2003.

20. John Wiley &Sons, Because Wrting Matter: Inprove Student Writing in Our School, Published by Jossey-Bass.

21. NCTE. NCTE Beliefs about the Teaching of Writing. http: // www. ncte. org/positions/statements/writingbeliefs.

22. Legum, S. E. , & Krashen, S. D. (1972). Conceptual framework for the design of a composition program. Los Angeles, Cal. : Southwest Regional Laboratory for Educational Research and Development. ERIC Reproduction Service No. ED108 239.

23. Linda S. Flower; John R. Hayes, Problem-Solving Strategies and the Writing Process, College English, Vol. 39, No. 4, Stimulating Invention in Composition Courses. (Dec. , 1977).

24. Shulman, L. S. (1987). Knowledge and Teaching: Foundations of New Reform. Harvard Education Review, 57(1).

25. NWREL. 6+1 Trait Writing. http: //www. nwrel. org/ index. phf, 2008—8—11.

26. NCTE and IRA. Standards for the English Language Arts.http: //www1. ncte. org/library/files/Store/Books/Sample/ StandardsDoc. pdf.

27. Kathleen Cotton, Teaching Composition: Research on Effective Practices.http: //www. hawaii. edu/mauienglish/department/ pages/Teaching_composition. pdf.

28. School improvement research series, Northwest Regional Educational Laboratory, School Improvement Program, 1988.

29. Gerald Nelms. Reassessing Janet Emig's The Composing Processes of Twelfth Graders: An Historical Perspective, Rhetoric Review, Vol. 13, No. 1, 1994 Fall.

30. Donald M. Murray, Teach Writing as a Process Not Product, http: //www2. hawaii. edu/~weisser/Murray. pdf.

31. Hayes, J. R. (1996). "A new framework for understanding cognition and affect in writing. " In C. M. Levy. & S. Ransdell (eds.), The Science of Writing: Theories, Methods, Individual Differences, and Applications. Mahwah, NJ: Lawrence Erlbaum.

32. Clark, Irene L. "Process. " Concepts in Composition: Theory and Practice in the Teaching of Writing. By Irene L. Clark. Mahwah, NJ: Lawrence Erlbaum, 2003.

33. Charney, Davida. "Teaching Writing as a Process. " Strategies for Teaching First-Year Composition. Ed. Duane Roen, Veronica Pantoja, Lauren Yena, Susan K. Miller, and Eric Waggoner. Urbana, IL: NCTE, 2002.

34. Shulman, L. S. (1987). Knowledge and Teaching: Foundations of New Reform. Harvard Education Review, 57(1).

35. Linda S. Flower, John R. Hayes, Problem-Solving Strategies and the Writing Process, College English, Vol. 39, No. 4, Stimulating Invention in Composition Courses. (Dec. , 1977).

36. Flower, Linda, and John R. Hayes. "A Cognitive Process Theory of Writing. " College Composition and Communication. 32: 4 (December 1981).

37. Anne Haas Dyson, Sarah Warshauer Freedman. (1990). On

Teaching Writing: A Review Of The Literatur. Occasional Ppper No. 20.

38. Karen R. Harris, Steve Graham, Linda H. Mason. (2006). Improving the Writing, Knowledge, and Motivation of Struggling Young Writers: Effects of Self-Regulated Strategy Development With and Without Peer Support. American Educational Research Journal Summer 2006, Vol. 43, No. 2.

39. Ekaterina Midgette, Priti Haria, Charles MacArthur. The effects of content and audience awareness goals for revision on the persuasive essays of fifthand eighth-grade students. Read Writ (2008) 21.

40. Wright RE, Rosenberg S . Knowledge of text coherence and expository writing: A developmental study. Journal of Educational Psychology.

41. Swayze, M. & Wade, B. (1998). Investigating the Development of Writing. Educational Review, 1998.

42. Graham, S. (1997). "Executive control in the revising of students with learning and writing difficulties. " Journal of Educational Psychology, 89 (2).

43. Hume, A. (1983). Research on the composing process. Review of Educational Research, 1983.

44. E. Steinberg eds. Cognitive processes in writing. Hillsdale, NJ: Erlbaum.

45. Berninger, V. W. , et al (1997). "Treatment of handwriting problems in beginning writers: Transfer from handwriting to

composition. " Journal of Educational Psychology, 89, (4).

46. Berninger, V. W. , Vaghan, K. , Abbott, R. D. , Brooks, A. , Abbott, S. P. , Rogan, L. , Reed, E. , & Graham, S. (1998). "Early intervention for spelling problems: Teaching functional spelling units of varying size with a multiple connections framework. " Journal of Educational Psychology.

47. Freedman, S. (1994). Moving Writing Research into the 21st Century. Occasional Paper 36. Berkeley, CA: National Center for the Study of Writing.

48. Graham, S. , MacArthur, C. , & Schwartz, S. (1995). "Effects of goal setting and procedural facilitation on the revising behavior and writing performances of students with writing and learning problems. " Journal of Educational Psychology, 87(2).

49. Perl, S. (1979). "The composing processes of unskilled college writers. " College Composition and Communication, 31.

50. Carey, Linda, et al. "Strategies for Writing: Theories and Practices. " College Composition and Communication 1986(37).

51. Hyland, Ken. "Genre-Based Pedagogies: A Social Response to Process. " Journal of Second Language Writing 12. 1(February 2003).

52. Alexander. Seeshing & Yeung et a1. Cognitive Load and Learner Expertise: Split--Attention and Redundancy Effects in Reading with Explanatory Notes. Contemporary Educational Psychology, 1998, 23(1).

53. Alice Omaggio Hadley, 何向明导读. Teaching Language in Context. 北京: 外语教学与研究出版社, 2003. 816.

54. Judith L. Shrum & Eileen W. Glisan, Teacher's handbook: contextualized language instruction. Heinle & Heinle, 2000.

55. Hadley, Alice Omaggio. Teaching Language in Context, Thomson Learning, 2001-01-01.

56. T. A. van Dijk. 2008. Discourse and Context: A Socio-cognitive Approach. Cambridge: Cambridge University Press.

57. William Grade &Robert B. Kaplan. Theory and Practice of Writing: An Applied Linguistic Perspective. Longman, London and Newyork, 1986.

58. Dean, Deborah. 2006. Strategic Writing: The Writing Process and Beyond in the Secondary English Classroom. Urbana, IL: NCTE.

跋

当改完书稿最后一节，从美国中部小城劳伦斯窗外望去：湛蓝天空下无边树林泛起绿色的波涛，租住的寓所窗下马路上仍然是川流不息的车流，秋蝉自由舒畅的喧嚣。从窗外红叶浸染的枫树和偶尔袭来的凉意让我意识到：秋天要来了！我要回国了！受师友叮嘱访学期间修改书稿的任务终于完成了！十年磨一剑，从当初考博到现在正好十年，我完成了自己的第一部专著。

这本《交际语境写作》是我2010年博士论文《写作课程范式研究》的进一步深化。与当初那篇论文比较，本书有很大调整和不同：博士论文属于写作理论发展史研究；本书属于交际语境理论专著。前者主要梳理了“文章写作”“过程写作”“交际语境写作”三个写作范式各自的知识要素、理论依据、课程内容、教学策略等，本书则重点对第三个范式——“交际语境写作”的发生发展、理论依据、知识要素、运行机制以及写作策略作深入研究。借鉴当今语用学、语境学、语篇学的最新研究成果，从“语境—语篇互动生成”的视角全面论述写作原理，这是在当初写论文时想做而没有来得及做的。

钟启泉先生指出：“人类社会积累着丰富多样的信息、知识、文化，从中选择出极有价值的信息、知识、文化，作为学校教育的内容。”[①] 写作教学理论开发无疑是学校知识开发的一部分。美国课程学家泰勒（R. W. Tyler）指出课程理论有三个来源：一是对学习者本身的研究，二是对当代社会生活的研究，三是学科的知识供给。[②]感谢命运让我从

① 钟启泉．教育的挑战［C］．上海：华东师范大学出版社，2008：57.

② ［美］拉尔夫·泰勒．课程与教学的基本原理［M］．施良方译．北京：人民教育出版社，1994. 1-4.

一个中学语文教师成长为一个大学学科教育教师和语文教育研究者，有机会将建构写作理论所需的那些学科理论和实践经验统统涉猎。我知道语文教育需要什么，一线教师们需要什么。

回想八年前，选择写作教学理论研究是很诚惶诚恐的。一是因为这是“老大难”问题，任务巨艰；二是因为涉及理论太多，学力不逮，但中国的事情总得有人去做。当容易做的已经做完，硬骨头总得有人去啃。在倪文锦先生、王荣生先生、李海林先生等师友的鼓励与支持下，我选择了写作教学理论，坚持了下来，也取得了一些成果。2011年相关研究被评为教育部首批“国培计划”课程资源。2012年交际语境写作的一些观点被教育部颁《国培计划语文课程标准》采纳。其他一些研究成果编入《语文学科教育前沿》《语文教学问答100例》《语文学科知识与教学能力》等教师教育教材。近些年来在全国各类语文教师培训中作了一些讲座，也引起了一些反响。虽然那本博士论文尚未出版，但部分章节至今仍被一些教师在网络上贴出来研讨。尽管还有很多不完善的地方，但有人关注、研讨、应用仍是很欣慰的。在上海、江苏、重庆等地一些学校正主动开展交际语境写作实验。学界和一些教师也提出出版相关书籍的欲求。这些都给了我从事写作教学理论研究的勇气和动力。

理论塑造实践，中国写作课程建设离不开理论的支持。中国写作教育要实现根本变革，须构建全新写作理论。语文设科百年来的历史是一个学科教育理论从无到有，由零散到系统，由既有理论批判到新理论不断建构的历史。理念变革、知识更新、理论重建从来是教育发展的固有需求。当旧知识与理论无法适应语文教育发展的需求，旧的范式理论崩塌时，学科教育理论要与时俱进。“学科课程知识”向来是“驱除这一种学校知识而呼唤另一种学校知识的举动”[①]，本质上是对“什么知识最

① 钟启泉．“学校知识”与课程目标［J］．教育研究，2000（11）．

有价值”的不懈探寻。满足社会需要和学科发展的理论创新是我们教育学人不可推卸的责任。尽管理论建构充满艰辛，但我们需要完成我们时代应该完成的理论革新。正像牛顿的传统力学被爱因斯坦的相对论以及后来波尔等人的量子力学不断超越一样，写作教学理论也同样面临着一个不断进化、完善、发展的历程。尽管旧理论范式打破会带来观念和实践上的不适，但任何因循守旧和逃避都无济于事。

在美访学期间，从我接触到的大量关于写作理论的著作看，我国的写作教学理论与国外仍有巨大的差距。我国的一些科学技术，如数学、超级计算机、高铁以及其他一些领域已经追赶得差不多，有的甚至达到了国际先进水平，可我国的写作教育理论和国外的差距可能仍有三五十年！这与我们这样一个世界上第二经济体的泱泱大国的地位是不相称的。

重建中国写作教学理论，不是简单地推倒重来，它涉及极其宽泛的领域，需解决极其繁多的问题，需要我们立足本土、高瞻世界、融汇新知、继往开来，需要鉴别吸收，熔铸重建。这项艰巨的事业非一两人可以完成，需要团结协作，需要广泛的参与和支持。

在此，我要真诚感谢给予我指导、帮助的师友们：我的恩师倪文锦先生，他把我从一名普通中学语文教师培养为语文课程教学论博士，他是我一生学术、事业的引路人。感谢美国堪萨斯大学的Arlene L Barry教授，她热情善良、尽职敬业，为我的研究注入了国际视野，为我访学和科研提供了极大便利。感谢香港大学的岑绍基先生，2011年夏访港时他在堆满书籍的办公室接见我们，那时我才知道他的研究竟然是在与韩礼德本人合作，他坚定了我的学术方向的选择。感谢我的大师兄王荣生教授，他的学术研究令我难以望其项背，他对“写作课程重建”的嘱托给了我极大的动力。感谢李海林教授2013年对我博士论文的精批细改，他在上海为我提出的撰写"写作教学理论三部曲"的宏伟建议，值得我花费一生去努力。感谢我的山东同乡曹明海教授，我的硕士导师钱家清教授、张全之教授，他们一直关心着我的学术、工作和生活。感谢语文出版社社长王旭明先生，感谢李世江主编，感谢语文出版社的编辑过超、张家智、李茜女士为本书的出版付出的辛勤劳动！感谢全国各地支持写作教育改革的万千同人，他们的陪伴让我更有信心在这条路上一直坚定地走下去。感谢为本书提供案例的郭凯、朱小燕、曾扬明老师。感谢书中的文献作者，他们的学术研究让我将一个个问题看得清晰、深刻、透彻。感谢杨文老师和我的研究生杜娟、李宗元、李珊珊、段潇潇、王敏等对书稿做的校对工作。

中国的语文教育事业和写作理论建设，需要千千万万学科专家、心理学家、写作学家、课程专家、教学专家、一线教师及社会各界的广泛参与支持。这注定是一场筚路蓝缕的浩大学术工程，我们的视野、胸襟、干劲、毅力决定着它的成败。任何一个教育工作者和有志之士，都应以崇高的使命、科学的方法和扎实的努力，从我做起，从点滴做起。

2015年8月26日于美国堪萨斯大学